라즈베리파이 피코, 마이크로파이썬을 만나다

라즈베리파이 피코, 마이크로파이썬을 만나다

ⓒ 2022. 허경용 All rights reserved.

1쇄 발행 2022년 12월 14일

지은이 허경용
펴낸이 장성두
펴낸곳 주식회사 제이펍

출판신고 2009년 11월 10일 제406-2009-000087호
주소 경기도 파주시 회동길 159 3층 / **전화** 070-8201-9010 / **팩스** 02-6280-0405
홈페이지 www.jpub.kr / **원고투고** submit@jpub.kr / **독자문의** help@jpub.kr / **교재문의** textbook@jpub.kr

소통기획부 김정준, 이상복, 송영화, 권유라, 송찬수, 박재인, 배인혜
소통지원부 민지환, 이승환, 김정미, 서세원 / **디자인부** 이민숙, 최병찬

진행 송영화 / **교정·교열** 김은미 / **내지디자인** 최병찬 / **표지디자인** 미디어픽스
용지 에스에이치페이퍼 / **인쇄** 한승문화사 / **제본** 일진제책사

ISBN 979-11-92469-54-6 (93000)
값 25,000원

제이펍은 독자 여러분의 아이디어와 원고 투고를 기다리고 있습니다. 책으로 펴내고자 하는 아이디어나 원고가 있는
분께서는 책의 간단한 개요와 차례, 구성과 지은이/옮긴이 약력 등을 메일(submit@jpub.kr)로 보내주세요.

라즈베리파이 피코, 마이크로파이썬을 만나다

Raspberry Pi Pico+MicroPython

허경용 지음

제이펍

차 례

추천사

이 책은 라즈베리파이 피코를 처음 배우는 사람들을 위한 입문서로 만들어진 만큼, 자칫하면 어렵게 느껴질 수 있는 파이썬 언어를 기초부터 쉽게 풀어 설명하여 초보자에게 확실한 길라잡이로 활용하기에 좋습니다. 특히나 기본 사용법 외에도 다양한 하드웨어를 제어하는 방법 등에 대하여 서투른 초보 개발자의 눈으로 세심하게 챙기며 집필한 책이라고 생각합니다. 라즈베리파이 피코를 이제 막 시작하려는 분들께 기초부터 활용까지, 다방면의 접근방식으로 더욱 쉽게 풀어내어 보여주는 이 책을 추천합니다.

아이씨뱅큐 마케팅 엔지니어 팀

라즈베리파이는 사물인터넷 기반의 기기를 구현하기 위해 사용되는 임베디드 보드로, 가격이 저렴하고 접근성 또한 뛰어나다는 장점을 가지고 있습니다. 2012년 1월 29일 ARM 기반의 라즈베리파이가 출시된 후 10년이 지난 지금까지도 여전히 임베디드 리눅스 교육이나 Thinker & Doer를 위한 개발 장비로 널리 사랑받고 있습니다. 최근에 라즈베리파이 재단에서 더욱 특수한 분야를 위한 마이크로컨트롤러 보드로 라즈베리파이 피코라는 보드를 출시했습니다.

임베디드 시장은 자율 주행 자동차와 같이 높은 성능을 요구하는 것에서부터 냉장고, 세탁기와 같은 낮은 성능을 요구하는 것까지 다양한 분야로 구성되어 있습니다. 높은 성능을 요구하는 분야에는 높은 성능의 GPU나 ARM과 같은 고성능의 CPU, 마이크로프로세서가 사용되겠지만, 낮은 성능을 요구하는 분야에서는 아두이노와 같은 마이크로컨트롤러가 주로 사용됩니다. 기존에 발표된 라즈베리파이가 높은 성능을 요구하는 분야에 적합하다면, 라즈베리파이 피코는 보다 낮은 성능에 적합한 장비입니다.

이 책은 라즈베리파이 피코 보드의 기본적인 개념과 다양한 센서를 통한 사물인터넷 프로그래밍을 위한 책으로, 마이크로파이썬에서부터 각종 센서와 라즈베리파이 피코를 위한 하드웨어의 연결까지 자세하게 설명하고 있어서 사물인터넷을 처음 접하는 분들께 도움이 될 것입니다.

서영진(세종사이버대학교 겸임교수, 젠트솔루션 대표이사)

파이썬 언어가 만들어진 지도 30년이 지났습니다. 불과 10여 년 전만 해도 파이썬 개발자가 많지 않았는데, 이제는 너도나도 배우고 싶어 하고 사용하기 편리한 프로그래밍 언어 중 하나가 되었다는 게 참 아이러니합니다. 아마도 파이썬은 무엇보다 문법이 간결하면서 가독성이 좋고 유용한 오픈소스 모듈을 많이 포함하기 때문일 겁니다. 한편, 2000년대부터 아두이노와 같은 오픈소스 하드웨어 보드가 인기를 끌면서 전 세계적인 공학적 흐름으로 메이커 문화가 자리매김하면서 다양한 전자공학 응용기기와 사물인터넷 소프트웨어가 활용되고 있습니다.

이 책은 전 세계적으로 인기 있는 라즈베리파이 보드를 개발한 라즈베리파이 재단에서 출시한 라즈베리파이 피코 마이크로컨트롤러 보드를 다루고 있습니다. 라즈베리파이 피코에 경량 파이썬 인터프리터인 마이크로파이썬을 탑재하여 다양한 하드웨어 장치를 구동하고 소프트웨어를 설계하는 방법을 설명한 책입니다. 무엇보다도 이 책의 미덕은 이러한 분야를 처음 접하는 초보자도 쉽게 이해할 수 있도록 저자가 하드웨어 보드와 파이썬에 대한 기초부터 시작하여 각종 장치를 다루는 예제와 코드를 차근차근 설명하고 있다는 점입니다. 따라서 독자는 풍부한 예제와 코드를 따라가며 스스로 학습할 수 있으며, 이 책을 다 읽고 나면 책 내용을 기반으로 여러 가지 장치에 적용하거나 새로운 공학적 지식을 배우고 싶을 것입니다.

김성우(동의대학교 컴퓨터소프트웨어공학과 교수)

베타리더
후기

 강상용(쉬운제어)

C언어에 비해 상대적으로 쉽게 익힐 수 있는 마이크로파이썬을 활용하여 하드웨어를 제어하는 점이 좋습니다. 라즈베리파이 피코에 대한 기본 코드뿐만 아니라 필수적인 전자공학 관련 내용도 포함하여 더욱 유용한 도서입니다.

 강진덕(휴맥스네트웍스)

일반적인 파이썬 기초 문법도 자세히 설명해주는 친절함 덕분에 이 책만 읽어도 크게 부족함 없이 마이크로파이썬을 이용한 라즈베리파이 피코 사용법을 자세히 익힐 수 있습니다.

김경택

국내에 아직 제대로 된 라즈베리파이 피코 관련 서적이 없는 상황에서 베타리딩에 참여하게 되어 기뻤습니다. 이 책은 라즈베리파이 피코와 마이크로파이썬을 함께 다루고 있어 한 번에 두 가지를 학습할 수 있습니다. 군더더기 없이 간결한 구성이 내용을 이해하기 쉽도록 도와줍니다. 실질적이고 체계적인 구성과 예제를 통해 초보자도 쉽게 접근할 수 있습니다.

김태웅(클라크스퀘어)

스마트 홈 등 IoT 기반 시스템이 많이 도입되고 있습니다. 좋은 기술이지만 아쉽게도 가격에서 접근이 쉽지 않습니다. 다행히 라즈베리파이 피코는 경제적인 가격으로 기판 구매가 가능하고, 대중화된 언어인 마이크로파이썬을 이용해 코딩하다 보니 IoT 시스템에 입문하기로 적합하다는 생각이 듭니다. 기판 공부 및 IoT, 임베디드 분야에 관심이 있는 분들께 적극적으로 추천합니다.

나영호(테블라)

이 책은 초보자도 이해하기 쉽게 내용을 자세히 설명하는 점이 좋았습니다. 기술적인 내용의 설명이 다소 장황하기도 하지만, 초보자도 기술적인 부분까지 깊게 이해할 수 있도록 서술되어 있습니다.

 박정태(제이슨그룹)

이 책은 주제마다 상세한 동작 원리를 설명하고, 마이크로파이썬으로 구현한 소스를 제공하고 있어 라즈베리파이 피코를 제대로 활용할 수 있도록 구성한 점이 돋보입니다. 라즈베리파이 피코를 이용하여 각종 디바이스를 제어하고 네트워크 장치로 통신을 구현하려는 메이커들에게 추천합니다.

 안선환(강사)

이 책을 통해서 라즈베리파이 피코를 처음 알게 되었는데, 아두이노 우노에 비해 성능도 좋고 마이크로파이썬으로 코딩할 수 있다는 점이 매력적으로 다가왔습니다. 디지털 입출력부터 파일 시스템, 인터넷을 통한 공공데이터 활용까지 소개하는 이 책의 강점은 이해를 돕는 예제가 풍부하다는 것입니다. 라즈베리파이 피코 입문서로 훌륭한 선택이 될 것이라고 생각합니다.

제이펍은 책에 대한 애정과 기술에 대한 열정이 뜨거운 베타리더의 도움으로
출간되는 모든 IT 전문서에 사전 검증을 시행하고 있습니다.

머리말

저렴한 교육용 컴퓨터로 시작된 라즈베리파이는 2012년 첫 번째 버전이 출시된 이후 지금까지 가장 많이 팔린 단일 보드 컴퓨터로 자리 잡았다. 라즈베리파이는 성능과 기능이 개선되어 버전 4까지 출시되었고 애초 목적이던 교육 현장 이외에도 다양한 분야에서 사용되고 있다. 이러한 라즈베리파이의 인기는 여러 가지 라즈베리파이 변형 모델의 출시와 더불어 라즈베리파이 피코라는 제품의 출시로 이어졌다. 이 책에서 다루는 것이 바로 라즈베리파이라는 이름을 사용하고는 있지만, 라즈베리파이와는 다른 라즈베리파이 피코다.

라즈베리파이는 단일 보드 컴퓨터다. 반면 라즈베리파이 피코는 단일 칩 컴퓨터라고 불리는 마이크로컨트롤러를 사용한 보드다. 언뜻 비슷해 보일 수도 있지만, 단일 보드 컴퓨터와 단일 칩 컴퓨터는 사용 목적이 다르다. 단일 보드 컴퓨터와 단일 칩 컴퓨터 모두를 제품군에 포함하고 있는 회사가 없는 것은 아니지만, 두 가지 제품을 모두 성공시킨 예를 찾기가 쉽지 않은 것도 사실이다. 단일 보드 컴퓨터에서 성공한 라즈베리파이 재단이 단일 칩 컴퓨터, 즉 마이크로컨트롤러 보드를 출시한 이유는 무엇일까?

라즈베리파이는 교육용 컴퓨터 보급을 지향한다. 따라서 단일 보드 컴퓨터와 함께 교육용으로 많이 사용되고 있는 마이크로컨트롤러 보드로 영역을 넓히려는 시도는 자연스러운 행보일 수 있다. 하지만 마이크로컨트롤러 보드를 이야기할 때 빼놓을 수 없는 것이 아두이노다. 단일 보드 컴퓨터에 라즈베리파이가 있다면 마이크로컨트롤러 보드에는 아두이노가 있다. 라즈베리파이보다 2년 앞서 아두이노 우노를 출시하면서 쌓아 올리기 시작한 아두이노의 아성은 여전히 굳건하다. 라즈베리파이 재단에서 아두이노를 의식할 수밖에 없는 것은 분명하지만, 그럼에도 라즈베리파이 피코를 내놓은 것은 나름의 경쟁력을 자신하였기 때문이지 않았을까 싶다. 또한 교육 현장에서 라즈베리파이가 차지하고 있는 무게, 즉 라즈베리파이라는 생태계도 하나의 이유가 될 것이다.

라즈베리파이 피코를 라즈베리파이와 별개로 생각하더라도 저렴한 가격과 높은 하드웨어 성능, 즉 가성비는 라즈베리파이 피코의 장점이 아닐 수 없다. 다른 마이크로컨트롤러에서는 쉽게 찾아볼 수 없는 듀얼 코어를 사용한다는 점, 그리고 아두이노를 포함한 다른 마이크로컨트롤러 보드에 비해 저렴한 4달러에 판매된다는 점은 호기심 많은 독자를 잡아두기에 충분하다. 사물인터넷 환경에 맞는 무선 통신 기능이 포함되지 않았다는 점이 불만 중 하나였지만, 이 책의 집필을 거의 마무리할 무렵 와이파이 기능이 추가된 라즈베리파이 피코 W가 출시되면서 사물인터넷 환경에 적용할 수 있는 범위 또한 넓어지고 있다.

라즈베리파이 피코에 사용된 RP2040 마이크로컨트롤러를 라즈베리파이 재단에서 직접 설계하여 만들었다는 점도 체계적인 지원에 대한 기대감을 높인다. 아두이노는 자체 제작한 마이크로컨트롤러를 사용하지는 않는다. 그래서인지 아두이노에서도 라즈베리파이 피코와 호환되는 아두이노 보드를 출시하였다. 이는 아두이노와 라즈베리파이가 경쟁자인 동시에 협력 관계에 있다는 점을 보여주는 단면이 아닐까 싶다.

하드웨어 측면 이외에 라즈베리파이 피코에서 파이썬을, 정확히는 마이크로파이썬을 공식 프로그래밍 언어 중 하나로 채택한 점 역시 라즈베리파이 피코에서 눈을 뗄 수 없게 한다. 인공지능의 확산과 함께 파이썬의 인기 역시 식을 줄 모르고 있으며, 프로그래밍 언어 중 가장 많이 사용되고 있는 언어로 자리매김한 지도 1년 가까이 되었다. 인터프리터 언어라는 특성상 낮은 사양의 하드웨어에서 파이썬을 사용하기가 어렵다는 인식은 RP2040 마이크로컨트롤러의 개선된 성능으로 상당 부분 해소되었다. 물론 여전히 C/C++ 언어에 비해 실행 속도가 느린 것은 사실이다. 하지만 마이크로컨트롤러를 파이썬이 사용되는 새로운 영역의 하나로 생각한다면 또는 마이크로컨트롤러를 위한 쉽고 간단한 언어로 파이썬을 생각한다면 라즈베리파이 피코는 분명 매력적이라 할 수 있다.

이 책은 라즈베리파이 피코와 마이크로파이썬을 사용하여 제어장치를 구성하는 방법을 설명한다. 높은 하드웨어의 성능은 물론, 마이크로파이썬을 사용한다는 점 역시 매력적이고 앞으로의 발전 가능성이 큰 것은 사실이지만, 라즈베리파이 피코는 이제 막 출발점을 떠났다는 점도 잊지 말자. 라즈베리파이 피코의 내일을 이야기하기는 조금 이르지만, 언급했던 이유로 라즈베리파이 피코는 라즈베리파이뿐만 아니라 아두이노와 함께 교육 현장에서부터 제자리를 잡아갈 것으로 기대한다. 이 책을 통해 라즈베리파이 피코의 기본적인 활용 방법을 이해하고 숨은 재미를 찾아볼 수 있기를 기대하며 라즈베리파이 피코의 다음 행보를 흥미진진하게 지켜보는 데 동참하기를 권해본다.

허경용 드림

장별
주요 내용

CHAPTER 1 라즈베리파이 피코 시작하기

라즈베리파이 피코는 라즈베리파이 재단에서 만든 첫 번째 마이크로컨트롤러 보드로 다양한 운영체제에서 C/C++과 파이썬을 사용하여 프로그램을 작성할 수 있다. 먼저 라즈베리파이 피코를 라즈베리파이 및 아두이노 보드와 비교해보고, Thonny IDE와 마이크로파이썬을 사용하여 라즈베리파이 피코를 위한 프로그램을 작성하는 방법에 대해 알아보자.

CHAPTER 2 RP2040과 라즈베리파이 피코

RP2040은 라즈베리파이 재단에서 선보인 첫 번째 마이크로컨트롤러이며, 라즈베리파이 피코는 RP2040 마이크로컨트롤러를 사용하여 만든 첫 번째 마이크로컨트롤러 보드다. RP2040은 Cortex-M0+를 기반으로 하고 있으며, 다른 Cortex-M0+ 기반 마이크로컨트롤러와 비교했을 때 빠른 속도와 큰 메모리는 RP2040과 라즈베리파이 피코의 다양한 활용 가능성을 열어준다. 먼저 RP2040 마이크로컨트롤러가 제공하는 기능을 살펴보고, RP2040의 기능을 라즈베리파이 피코에서 어떻게 활용하고 있는지 살펴보자.

CHAPTER 3 마이크로파이썬

파이썬은 인터프리터 기반의 프로그래밍 언어로 쉬운 프로그래밍을 위한 철학을 바탕으로 탄생한 것이니만큼 프로그래밍을 처음 배우는 용도로 흔히 사용된다. 하지만 파이썬은 비전문가를 위한 프로그래밍 언어에 멈추지 않고 다양한 분야로 그 영역을 넓혀가고 있으며, 마이크로컨트롤러를 위한 프로그래밍 언어로 만들어진 마이크로파이썬 역시 파이썬 변형 중 하나다. 이 장에서는 파이썬의 특징과 함께 마이크로파이썬을 사용하기 위한 기본적인 내용을 살펴본다.

CHAPTER 4 디지털 데이터 출력

마이크로컨트롤러는 디지털 컴퓨터의 한 종류이므로 디지털 데이터를 처리하는 것이 기본이다. 그중에서도 마이크로컨트롤러의 범용 입출력 핀으로 출력하는 비트 단위의 데이터로 마이크로컨트롤러에 연결된 주변장치를 제어하는 것이 마이크로컨트롤러 동작의 기본이 된다. 이 장에서는 라즈베리파이 피코의 범용 입출력 핀으로 1비트 데이터를 출력하고 이를 LED를 통해 확인하는 방법을 살펴본다.

CHAPTER 5 · 디지털 데이터 입력

마이크로컨트롤러는 비트 단위의 디지털 데이터를 기본으로 하고 있으므로, 핀을 통해 이루어지는 비트 단위 디지털 데이터 입력은 비트 단위 디지털 데이터 출력과 함께 마이크로컨트롤러의 가장 기본적이면서도 중요한 기능에 속한다. 이 장에서는 비트 단위 디지털 데이터 입력에 사용할 수 있는 푸시 버튼을 라즈베리파이 피코의 범용 입출력 핀에 연결하고 푸시 버튼의 상태를 알아내는 방법과 데이터 입력 과정에서 주의해야 할 점을 알아본다.

CHAPTER 6 · 아날로그 데이터 입력

마이크로컨트롤러는 디지털 컴퓨터이므로 디지털 데이터 입출력을 기본으로 한다. 하지만 주변 환경에서 얻을 수 있는 데이터는 모두 아날로그 데이터다. 마이크로컨트롤러에서 아날로그 데이터를 직접 처리할 수는 없으므로 먼저 아날로그-디지털 변환장치를 통해 아날로그 데이터를 디지털 데이터로 변환해야 한다. 라즈베리파이 피코에는 3채널의 아날로그-디지털 변환장치가 포함되어 있으므로 아날로그 신호를 디지털로 변환하여 읽을 수 있다. 이 장에서는 라즈베리파이 피코의 아날로그-디지털 변환장치를 사용하는 방법에 대해 알아본다.

CHAPTER 7 · 아날로그 데이터 출력

라즈베리파이 피코는 아날로그 데이터를 직접 처리할 수는 없고 아날로그 데이터를 디지털 데이터로 변환한 후 처리한다. 마찬가지로 라즈베리파이 피코는 아날로그 데이터를 출력할 수는 없고, 아날로그 데이터와 비슷한 효과를 얻을 수 있는 펄스폭 변조(PWM) 신호를 출력할 수 있다. 이 장에서는 PWM 신호를 출력하는 방법과 이를 통해 LED 밝기를 제어하는 방법을 살펴본다.

CHAPTER 8 · 타이머와 소프트웨어 RTC

라즈베리파이 피코에 사용된 RP2040 마이크로컨트롤러는 마이크로초 단위로 증가하는 64비트 카운터를 포함하고 있으므로 시간 관리를 위해 사용할 수 있다. 카운터를 사용하는 클래스로는 일정한 시간 간격으로 반복적인 작업을 진행하기 위해 사용하는 Timer 클래스와 날짜와 시간 관리를 위한 RTC 클래스가 대표적이다. 이 장에서는 라즈베리파이 피코에서 날짜와 시간을 사용하는 방법에 대해 알아본다.

CHAPTER 9 UART 시리얼 통신

UART 시리얼 통신은 시리얼 통신 중에서도 가장 오래된 통신 방법이다. 지금도 많은 장치가 UART 시리얼 통신을 지원하며, 라즈베리파이 피코에 사용된 RP2040 마이크로컨트롤러도 UART 시리얼 통신을 위한 전용 하드웨어로 2개의 UART 포트를 제공하고 있다. UART 포트에는 UART 시리얼 통신을 사용하는 다양한 주변장치를 연결하여 사용할 수 있고, UART 포트와 연결된 핀은 설정에 따라 변경하여 사용할 수 있다. 이 장에서는 UART 시리얼 통신과 라즈베리파이 피코에서 제공하는 UART 시리얼 포트를 사용하는 방법에 대해 알아본다.

CHAPTER 10 I2C 통신

적은 양의 데이터를 낮은 빈도로 전송할 때 유용한 I2C 통신은 UART, SPI와 더불어 마이크로컨트롤러에서 사용하는 대표적인 시리얼 통신 방법의 하나다. I2C 통신은 동기화 클록을 위해 별도의 연결선을 사용하는 동기식 통신이며, 송신과 수신이 동시에 이루어질 수 없는 반이중 방식 통신이라는 점에서 UART 통신과 차이가 있다. 또한, 하나의 포트에 여러 개의 주변장치를 연결할 수 있는 1:N 통신이 가능하고, 주변장치의 개수와 상관없이 항상 2개의 연결선만 사용하므로 연결과 확장이 간편한 장점이 있다. 이 장에서는 I2C 통신과 I2C 통신을 사용하는 텍스트 LCD를 사용하는 방법에 대해 알아본다.

CHAPTER 11 SPI 통신

SPI는 고속 데이터 전송을 위한 시리얼 통신 방법의 하나로 I2C 통신과 같은 동기식 통신이며 UART 시리얼 통신과 같은 전이중 방식 통신이다. 또한, I2C 통신과 같이 1:N 연결이 가능하지만, 소프트웨어적인 I2C 주소가 아닌 물리적인 연결선을 사용하므로 슬레이브의 수가 증가하면 연결선의 개수가 증가하는 특징이 있다. 이 장에서는 SPI 통신과 SPI 통신을 사용하는 OLED 디스플레이를 사용하는 방법에 대해 알아본다.

CHAPTER 12 1-와이어 통신

1-와이어 통신은 하나의 연결선만으로 비동기 반이중 방식 통신을 수행하는 시리얼 통신 방법으로 시리얼 통신 중에서는 가장 적은 연결선을 사용한다. 특히 1-와이어 통신은 구성 방식에 따라 전원 공급을 위한 별도의 연결선 없이 데이터 선으로 전원을 공급하는 것이 가능해 연결이 간단할 뿐 아니라 확장성이 뛰어난 장점이 있다. 하지만 지금까지 살펴본 시리얼 통신 방법 중에서는 가장 속도가 느리다는 단점을 안고 있다. 이 장에서는 1-와이어 통신 방법과 1-와이어 통신을 사용하는 DS18B20 온도 센서의 사용 방법을 알아본다.

CHAPTER 13 파일 시스템

라즈베리파이 피코는 2MB의 플래시메모리를 제공하는데, 이 중 일부는 마이크로파이썬 인터프리터 설치를 위해 사용된다. 나머지 공간에는 마이크로파이썬을 사용하여 작성한 소스 파일, 라이브러리 파일, 데이터 파일 등을 저장할 수 있으며 파일 시스템을 통해 관리한다. 이 장에서는 라즈베리파이 피코의 파일 시스템과 파일 시스템에 파일을 생성하여 데이터를 읽고 쓰는 방법에 대해 알아본다.

CHAPTER 14 디지털 온습도 센서

온도와 습도를 측정할 수 있는 센서에는 여러 종류가 있지만, DHT 시리즈 센서는 디지털 데이터를 출력하고 하나의 연결선만 사용하여 온도와 습도 정보를 한꺼번에 얻을 수 있는 등 연결과 사용이 간편하여 흔히 사용된다. 또한, 서로 다른 정밀도를 갖는 센서 중에서 선택하여 사용할 수 있다는 점도 장점이라 할 수 있다. 이 장에서는 DHT 시리즈 센서를 사용하여 온도와 습도 데이터를 얻는 방법을 알아본다.

CHAPTER 15 SD 카드

SD 카드는 플래시메모리를 사용하여 만든 외부 저장장치 표준의 하나로 스마트폰, 디지털카메라 등의 외부 저장장치로 흔히 사용된다. 마이크로파이썬에서도 SD 카드 제어를 위한 라이브러리를 제공하고 있으므로 많은 데이터를 저장해야 하는 경우 부족한 라즈베리파이 피코의 메모리를 대신하여 SD 카드를 사용할 수 있다. 하지만 SD 카드는 쓰기 속도가 느리다는 점을 염두에 두어야 한다. 이 장에서는 SD 카드 라이브러리를 사용하여 SD 카드에서 데이터를 읽고 쓰는 방법을 살펴본다.

CHAPTER 16 네오픽셀

WS2812(B)는 RGB LED를 하나의 제어선으로 제어할 수 있도록 RGB LED와 제어 칩을 하나의 소형 패키지로 만든 것이다. WS2812(B)를 직렬로 계속 연결해도 하나의 제어선만으로 연결된 모든 LED를 제어할 수 있으므로 연결이 간단하고 다양한 색상 표현 또한 지원하여 널리 사용하고 있다. 네오픽셀은 에이다프루트에서 WS2812(B)를 사용하여 만든 다양한 형태의 디스플레이를 가리키는 브랜드 이름이지만, WS2812(B)를 사용한 대표적인 제품이므로 일반 명사처럼 쓰이고 있다. 이 장에서는 네오픽셀 링을 사용하여 다양한 색상을 표시하는 방법에 대해 알아본다.

CHAPTER 17 정전식 터치 키패드

인체에 전기가 흐르는 특성을 사용하여 접촉과 비접촉 상태를 판별하는 터치 센서가 누르거나 뗀 상태를 입력할 수 있는 기계식 버튼 대신 사용되는 경우가 늘고 있다. 하지만 여러 개의 터치 센서를 동시에 제어하기는 번거로우므로 여러 개의 터치 센서가 필요한 경우에는 전용 컨트롤러와 함께 사용하는 것이 일반적이다. 이 장에서 12개의 터치 센서 상태를 I2C 통신으로 라즈베리파이 피코에 전달하기 위해 사용한 MPR121 컨트롤러가 그 예에 해당한다. 이 장에서는 MPR121 컨트롤러와 12개의 터치 버튼으로 이루어진 터치 키패드의 사용 방법에 대해 살펴본다.

CHAPTER 18 초음파 거리 센서

거리 측정은 기본적인 감지 기술의 하나로 다양한 분야에서 활용하고 있다. 거리를 측정하는 방법은 여러 가지가 있지만, 초음파를 이용한 거리 측정 센서는 가격이 저렴하고 사용법이 간단해서 흔히 사용하는 방법이다. 이 장에서는 초음파 거리 센서의 원리와 사용 방법에 대해 알아본다.

CHAPTER 19 모터

모터는 전자기유도 현상을 사용하여 전기에너지를 운동에너지로 변환하는 장치로 움직임을 구현하기 위해 필수적인 부품의 하나다. 마이크로컨트롤러에서 사용하는 모터는 종류가 다양하고 그 특성이 서로 다르므로 용도에 맞게 선택해야 한다. 이 장에서는 마이크로컨트롤러와 함께 흔히 사용하는 DC 모터, 서보 모터 그리고 스테핑 모터의 동작 원리와 이들 모터를 제어하는 방법을 살펴본다.

CHAPTER 20 RTC 모듈

라즈베리파이 피코에서 날짜와 시간을 유지하는 방법으로는 utime 라이브러리를 사용하는 방법과 machine 모듈의 RTC 클래스를 사용하는 방법이 있다. 하지만 이 두 가지 방법은 모두 라즈베리파이 피코의 클록을 기준으로 하기 때문에 라즈베리파이 피코에 전원이 주어질 때만 사용할 수 있다. 그런 이유로 절대적인 시간보다는 상대적인 시간을 관리하기 위한 용도로 쓰인다. 이 장에서는 라즈베리파이 피코와는 별도로 날짜와 시간을 유지하고 필요할 때 날짜와 시간을 알아낼 수 있는 외부 RTC 모듈의 사용 방법에 대해 알아본다.

CHAPTER 21 블루투스

블루투스는 유선통신인 RS-232C를 대체하기 위해 선보인 저전력의 무선통신 표준 중 하나로 컴퓨터와 스마트폰 등 여러 전자제품에서 널리 사용되고 있다. 마이크로컨트롤러에서 블루투스 통신을 사용하기 위해서는 UART 유선통신을 블루투스 무선통신으로 바꾸어주는 변환 모듈을 사용해야 한다. 블루투스 최신 버전은 연결 기반의 클래식 블루투스와 저전력에 중점을 둔 저전력 블루투스bluetooth low energe, BLE의 두 가지로 구성되며, 이 장에서는 HC-06 블루투스 모듈을 사용하여 클래식 블루투스를 사용하는 방법에 대해 알아본다.

CHAPTER 22 　ESP-01 모듈과 와이파이 통신

ESP-01 모듈은 ESP8266 칩을 사용하여 만든 ESP-nn 시리즈 중 가장 간단한 모듈로, 저렴한 가격과 쉬운 사용 방법으로 마이크로컨트롤러에 와이파이 통신 기능이 필요할 때 많이 사용한다. 이 장에서는 ESP-01 모듈의 특징과 라즈베리파이 피코에 연결하는 방법 그리고 ESP-01 모듈을 사용하여 인터넷에 연결하는 방법을 알아본다.

CHAPTER 23 　오픈 API 활용

인터넷에서 흔히 사용하는 프로토콜 중 하나가 웹 서비스를 위한 HTTP다. 하지만 일반적으로 웹 페이지에는 데이터 이외의 많은 양식 정보뿐 아니라 이미지나 소리 등 마이크로컨트롤러에서 처리하기 어려운 데이터 역시 포함되어 있다. 따라서 컴퓨터에서 브라우저로 웹 서버에 접속하는 것과 같은 방식으로 마이크로컨트롤러에서 웹 서비스를 사용하기는 어렵다. 이러한 단점을 해결하는 방법의 하나가 오픈 API로 필요한 데이터만을 JSON이나 XML 등의 형식으로 HTTP 프로토콜을 사용하여 얻어 오는 것이다. 이 장에서는 전 세계 날씨 정보와 국내 공공데이터를 오픈 API를 통해 얻어 오는 방법을 알아본다.

CHAPTER 24 　서킷파이썬

서킷파이썬은 에이다프루트에서 만든 마이크로파이썬의 변형으로 마이크로컨트롤러를 위한 파이썬의 한 종류다. 마이크로파이썬과 서킷파이썬 모두 파이썬을 기반으로 하고 있지만, 서킷파이썬은 교육용 언어라는 뚜렷한 목표 아래 등장한 것이니만큼 마이크로파이썬에 비해 간단하고 쉽게 사용할 수 있다. 또한, 에이다프루트에서 서킷파이썬을 위한 다양한 마이크로컨트롤러 보드와 주변장치는 물론, 이를 지원하기 위한 라이브러리까지 제공하고 있으므로 마이크로파이썬보다 쉽게 다양한 제어장치를 만드는 것이 가능하다. 이 장에서는 라즈베리파이 피코에서 서킷파이썬을 사용하는 방법에 대해 알아본다.

CHAPTER 25 　아두이노 환경에서의 라즈베리파이 피코

아두이노는 비전공자를 위한 마이크로컨트롤러 플랫폼으로서 쉽고 간단한 사용 방법을 내세워 다양한 사용자층을 끌어들임으로써 마이크로컨트롤러 분야에서 대표 프로젝트 중 하나로 자리 잡고 있다. 아두이노의 장점 중 하나는 거의 모든 마이크로컨트롤러를 아두이노 환경에서 사용할 수 있는 확장성에 있으며, 라즈베리파이 피코 역시 아두이노 환경에서 사용할 수 있다. 이 장에서는 아두이노 환경에서 C/C++ 언어를 사용하여 라즈베리파이 피코를 위한 스케치를 작성하고 업로드하는 방법을 알아본다.

라즈베리파이 피코
시작하기

라즈베리파이 피코는 라즈베리파이 재단에서 만든 첫 번째 마이크로컨트롤러 보드로 다양한 운영 체제에서 C/C++과 파이썬을 사용하여 프로그램을 작성할 수 있다. 먼저 라즈베리파이 피코를 라즈베리파이 및 아두이노 보드와 비교해보고, Thonny IDE와 마이크로파이썬을 사용하여 라즈베리파이 피코를 위한 프로그램을 작성하는 방법에 대해 알아보자.

이 장에서
사용할 부품

라즈베리파이 피코 × 1

1.1 라즈베리파이

라즈베리파이는 영국의 라즈베리파이 재단[1]에서 만든 신용카드 크기의 컴퓨터로 흔히 단일 보드 컴퓨터single board computer라고 불리는 컴퓨터의 일종이다. 라즈베리파이를 컴퓨터라고 하는 게 믿기지 않을 수도 있지만, 데스크톱 컴퓨터에 비해 성능이 낮다는 점을 제외하면 데스크톱 컴퓨터와 동일한 구조와 방식으로 동작하는 컴퓨터다. 따라서 컴퓨터로 상상할 수 있는 모든 작업을 라즈베리파이로 구현할 수 있다. 다만, 라즈베리파이는 학생들에게 컴퓨터의 동작 원리와 프로그래밍을 교육하기 위한 목적으로 만들어진 낮은 사양의 교육용 컴퓨터이므로 최신 게임을 실행시키기에는 무리가 있다. 처음 발표된 이후 라즈베리파이의 성능은 계속 높아지고 있으며, 표 1.1은 최신 버전[2]인 라즈베리파이 4 모델 B의 사양을 요약한 것이다.

표 1.1 라즈베리파이 4 모델 B 사양

항목	내용
SoC	Broadcom BCM2711, 쿼드 코어 Cortex-A72(ARM v8) 64비트, 1.5GHz
GPU	Broadcom VideoCore VI 500MHz
램	2/4/8GB LPDDR4
이더넷	10/100/1000Mbps
와이파이	802.11 b/g/n/ac, 2.4GHz 5GHz 듀얼 밴드
블루투스	블루투스 5
비디오	마이크로 HDMI × 2, 4K 60프레임 지원
USB	USB 2.0 × 2, USB 3.0 × 2
SD 슬롯	마이크로 SD
GPIO	표준 40핀(이전 버전과 호환)
전원	최소 5V 3A

---

1   https://www.raspberrypi.org

2   https://www.raspberrypi.com/products

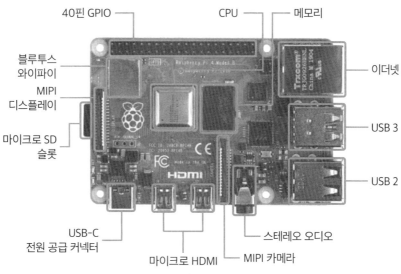

40핀 GPIO CPU 메모리

블루투스
와이파이

MIPI
디스플레이

마이크로 SD
슬롯

이더넷

USB 3

USB 2

USB-C
전원 공급 커넥터

마이크로 HDMI MIPI 카메라

스테레오 오디오

그림 1.1 **라즈베리파이 4 모델 B**

라즈베리파이는 단일 보드 컴퓨터다. 최신 버전의 성능이 많이 향상되었다고는 하지만, 데스크톱 컴퓨터에 사용되는 최신 프로세서와 비교하면 여전히 그 성능이 낮은 것이 사실이다. 그러나 라즈베리파이의 가격 역시 최신 데스크톱 컴퓨터와는 비교할 수 없을 정도로 저렴하다. 즉, **라즈베리파이와 데스크톱 컴퓨터는 구조와 동작 방식은 같지만 사용 목적이 서로 다를 뿐이다.**

라즈베리파이는 단일 보드 컴퓨터. 데스크톱 컴퓨터를 열어보면 메인보드 위에 CPU가 있고, 메모리와 하드디스크 등이 연결되어 있으며, 입출력장치를 연결하기 위한 다양한 커넥터들이 존재한다. 하지만 라즈베리파이는 '단일 보드' 컴퓨터라는 이름에 걸맞게 이들 모두를 하나의 보드 위에 모두 집약시켜놓았다. 다만, 하드디스크에 해당하는 외부 저장장치는 포함되어 있지 않으므로 별도의 SD 카드를 사용해야 한다. SD 카드만 있다면 라즈베리파이를 데스크톱 컴퓨터와 같은 방법으로 사용할 수 있다.

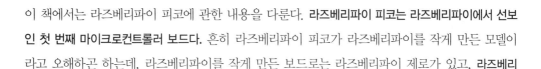

1.2 라즈베리파이와 라즈베리파이 피코

이 책에서는 라즈베리파이 피코에 관한 내용을 다룬다. **라즈베리파이 피코는 라즈베리파이에서 선보인 첫 번째 마이크로컨트롤러 보드다.** 흔히 라즈베리파이 피코가 라즈베리파이를 작게 만든 모델이라고 오해하곤 하는데, 라즈베리파이를 작게 만든 보드로는 라즈베리파이 제로가 있고, **라즈베리**

파이 피코는 단일 보드 컴퓨터인 라즈베리파이와는 다른 마이크로컨트롤러 보드, 즉 단일 칩 컴퓨터다. 표 1.2는 라즈베리파이 4 모델 B와 라즈베리파이 피코의 사양을 비교한 것이다.

표 1.2 라즈베리파이와 라즈베리파이 피코 비교

항목	라즈베리파이 4 모델 B	라즈베리파이 피코
SoC	Broadcom BCM2711 Cortex-A72 쿼드 코어	RP2040 Cortex-M0+ 듀얼 코어
클록	1500MHz	133MHz
CPU 비트	64비트	32비트
메모리	2/4/8GB DRAM	264KB SRAM 2MB 플래시메모리
GPIO	40핀	26핀
운영체제	리눅스 기반 운영체제, 라즈베리파이 OS(Raspberry Pi OS)	없음

표 1.2만 보면 굳이 라즈베리파이 피코를 사용할 이유를 찾을 수 없을 것이다. 여기서 주목할 점은 데스크톱 컴퓨터와 라즈베리파이 4의 관계가 라즈베리파이 4와 라즈베리파이 피코에도 적용된다는 것이다. 라즈베리파이 피코의 성능이 라즈베리파이 4의 1/10 이하인 만큼 가격 또한 1/10 이하다. 한마디로 라즈베리파이 4와 라즈베리파이 피코는 그 용도가 다르다.

라즈베리파이와 라즈베리파이 피코의 가장 큰 차이는 단일 보드 컴퓨터와 단일 칩 컴퓨터의 차이에 있다. 라즈베리파이 4는 메인 칩으로 브로드컴Broadcom의 BCM2711을 사용하고 라즈베리파이 피코는 라즈베리파이의 RP2040을 사용한다. BCM2711이 마이크로프로세서에 해당한다면 RP2040은 마이크로컨트롤러에 해당한다. 마이크로프로세서와 마이크로컨트롤러의 차이는 무엇일까?

마이크로프로세서는 CPU를 하나의 칩으로 만든 것이다. CPU와 메모리는 현대 디지털 컴퓨터의 동작에서 가장 중요한 두 가지 요소다. 이 중 CPU에 해당하는 마이크로프로세서는 그 자체만으로는 동작할 수 없다. 최소한 메인 메모리와 프로그램을 저장하기 위한 보조기억장치가 있어야 동작한다. 라즈베리파이 4에서는 메인 메모리로 DRAM을, 보조기억장치로 SD 카드를 사용한다. 주변장치를 연결할 다양한 커넥터도 필요하지만, 프로그램을 실행하는 데 꼭 필요한 것은 아니다.

마이크로컨트롤러는 특별한 용도로 사용할 수 있는 컴퓨터를 하나의 칩으로 구현한 것이다. 마이크로프로세서와의 차이는 컴퓨터를 하나의 칩으로 구현했다는 것이다. 마이크로컨트롤러 칩은 'CPU + 메인 메모리 + 보조기억장치'를 모두 포함하고 있다. 즉, 마이크로컨트롤러는 프로그램을 실행하는 데 꼭 필요한 것을 모두 갖추고 있다는 소리다. 마이크로프로세서에 전원을 가해도 그 자체만으로 동작하지는 않지만, 마이크로컨트롤러에 전원을 가하면 칩 하나만으로 동작할 수 있다. 따라서 마이크로컨트롤러는 단일 칩 컴퓨터single chip computer라고 불리며, 데스크톱 컴퓨터의 본체를 하나의 칩으로 구현한 것이라고 이야기한다.

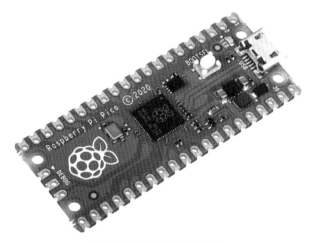

그림 1.2 **라즈베리파이 피코**

그림 1.2는 라즈베리파이 피코를 나타낸 것이다. 마이크로컨트롤러가 하나의 칩을 가리키는 데 반해 라즈베리파이 피코는 보드의 형태를 가지고 있다. 마이크로컨트롤러에 전원을 가하면 칩 하나만으로도 동작할 수는 있다. 그러나 전원 공급과 주변장치 연결 등을 위한 연결장치는 필요하다. 게다가 라즈베리파이 피코는 개발 보드이므로 프로토타이핑을 위해, 즉 여러 가지 주변장치를 필요에 따라 연결하고 테스트하기 위해 그림 1.2와 같은 형태를 가지고 있다. 하지만 프로토타이핑이 끝나고 실제 제품을 만드는 데 라즈베리파이 피코를 사용한다면 그림 1.2의 보드 전체가 필요한 것은 아니다.

마이크로컨트롤러의 사용 분야는 매우 다양하다. 데스크톱 컴퓨터와 비교했을 때 성능이 떨어지지만, 그것만으로 충분한 경우 역시 많다. 어두워지면 자동으로 불이 켜지는 가로등, 깜빡하고 우산을 놓고 오면 스마트폰으로 알림을 보내주는 스마트 우산, 3D 프린터 등 마이크로컨트롤러를 사용한 예는 주변에서 쉽게 찾아볼 수 있고, 마이크로프로세서보다 마이크로컨트롤러를 최소 10배 이상 많이 사용하고 있는 것으로 알려져 있다. 다만, **마이크로컨트롤러는 작은(마이크로) 제어장치(컨트롤러)를 만들기 위한 목적으로 사용**되며, 다른 시스템의 한 부분에 포함되는(임베디드) 경우가 많으므로 마이크로프로세서만큼 쉽게 눈에 띄지 않을 뿐이다.

RP2040은 칩 하나로만 동작할 수 있을까?

마이크로컨트롤러는 데스크톱 컴퓨터의 본체를 하나의 칩으로 만든 것으로서 전원만 가하면 칩 하나만으로 동작할 수 있다고 이야기했다. 하지만 라즈베리파이 피코에 사용된 마이크로컨트롤러인 RP2040은 칩 하나만으로는 동작하지 않는다. 마이크로컨트롤러 칩에는 CPU와 메인 메모리 그리고 보조기억장치를 포함하는 것이 일반적이다. 하지만 RP2040에는 CPU와 메인 메모리만 있고 보조기억장치는 없다. 마이크로 컨트롤러의 보조기억장치는 프로그램을 설치하는 목적으로 주로 사용하며, SSD(solid state drive)에도 사용되는 플래시메모리로 만들어진다. 하지만 RP2040에는 일반적인 마이크로컨트롤러와 달리 플래시메모리가 포함되어 있지 않다. 따라서 라즈베리파이 피코는 RP2040 이외에 외부 플래시메모리를 제공한다. 이처럼 플래시메모리를 별도로 사용하면 필요에 따라 플래시메모리의 크기를 결정할 수 있는 장점이 있다. RP2040에는 최대 16MB의 플래시메모리를 연결하여 사용할 수 있으며, 라즈베리파이 피코는 2MB의 플래시메모리를 포함하고 있다.

1.3 아두이노와 라즈베리파이 피코

라즈베리파이 피코는 프로토타입 제작을 위한 범용 마이크로컨트롤러 보드다. 이러한 목적의 마이크로 컨트롤러 보드에는 라즈베리파이 피코 이외에도 아두이노가 있다. 아두이노는 비전공자를 위한 쉬운 마이크로컨트롤러 플랫폼으로 시작해서 현재는 가장 많은 사용자를 거느린 마이크로컨트롤러 플랫폼으로 자리 잡고 있다. 아두이노 보드는 애초 8비트의 AVR 시리즈 마이크로컨트롤러를 탑재했는데, 아두이노의 적용 범위 확대에 따라 고성능 마이크로컨트롤러 보드에 대한 요구 역시 증가하면서 현재는 Cortex-M 시리즈 마이크로컨트롤러를 사용한 아두이노 보드도 출시하고 있다. 표 1.3은 아두이노 보드 중 가장 많이 사용하는 아두이노 우노와 라즈베리파이 피코와 같은 Cortex-M0+ 기반의 마이크로컨트롤러를 사용한 아두이노 MKR 제로를 라즈베리파이 피코와 비교한 것이다.

표 1.3 아두이노 보드와 라즈베리파이 피코 비교

항목	아두이노 우노	아두이노 MKR 제로	라즈베리파이 피코
SoC	AVR ATmega328	Cortex-M0+ SAMD21G	Cortex-M0+ RP2040
CPU 비트(비트)	8	32	32
코어(개)	1	1	2

표 1.3 **아두이노 보드와 라즈베리파이 피코 비교** **(계속)**

항목		아두이노 우노	아두이노 MKR 제로	라즈베리파이 피코
클록(MHz)		8	48	133
SRAM(KB)		2	32	264
플래시메모리(KB)		32	256	2048
GPIO(핀)		20	22	26
시리얼 통신 인터페이스 지원	UART	○	○	○
	I2C	○	○	○
	I2S	×	○	×
	SPI	○	○	○
	USB	×	○	○
가격($)		27.60[3]	30.30[4]	5.00[5]
기타		–	마이크로 SD 카드 슬롯 포함	–

그림 1.3 **아두이노 우노, 라즈베리파이 피코, 아두이노 MKR 제로**

표 1.3을 살펴보면 아두이노보다 라즈베리파이 피코가 가격과 성능 면에서 우수하다는 것을 알 수 있다. 라즈베리파이 피코에 사용된 RP2040은 듀얼 코어를 장착하여 실행 속도가 빠르고 메모리 또한 대용량이라 많은 연산이 필요한 복잡한 작업에 적합하다. 하지만 **어떤 마이크로컨트롤러를 사용할 것인지는 성능과 가격만으로 결정되는 것은 아니며, 어떤 용도로 사용할 것인지 그리고 그 용도에**

---

3   https://store-usa.arduino.cc/collections/boards/products/arduino-uno-rev3

4   https://store-usa.arduino.cc/collections/boards/products/arduino-mkr-zero-i2s-bus-sd-for-sound-music-digital-audio-data

5   https://www.adafruit.com/pico?src=raspberrypi

맞는 기능을 제공하는지가 더 중요하다. 또한, 가격은 개발 보드의 가격일 뿐 마이크로컨트롤러의 가격은 아니라는 점도 고려해야 한다.

라즈베리파이 피코는 라즈베리파이 재단에서 처음 발표한 마이크로컨트롤러 보드이자 라즈베리파이에서 직접 설계한 마이크로컨트롤러인 RP2040을 사용한다는 점, 그리고 같은 Cortex-M0+ 기반 마이크로컨트롤러를 사용하는 아두이노 보드보다 연산 능력이 높다는 점에서 주목받고 있다. 다양한 환경에서 다양한 용도로 라즈베리파이 피코를 사용할 수 있다는 장점을 제공하는 것이다. 특히, 최근 주목받고 있는 인공지능 분야에서는 빠르게 많은 연산을 수행하는 것이 필수적이다. 이를 구현하기 위해 주로 사용하는 언어가 파이썬이라는 점에서 라즈베리파이 피코는 훌륭한 선택지가 될 수 있다. 물론 SAMD21G 마이크로컨트롤러를 사용하는 아두이노 보드에서도 가능하지만, 인공지능 분야로 한정한다면 클록과 메모리의 차이는 의미가 있다. 재미있는 사실은 아두이노에서도 RP2040 마이크로컨트롤러를 장착한 아두이노 보드인 아두이노 나노 RP2040 커넥트connect를 출시하였다는 점이다. 아두이노 나노 RP2040 커넥트는 와이파이와 블루투스 통신을 지원하는 모듈과 가속도와 각속도를 측정할 수 있는 6축 IMUinertial measurement unit(관성 측정 장치) 센서를 제공하므로 사물인터넷 환경에서는 라즈베리파이 피코보다 더 적합한 선택이 될 수 있다. 하지만 여러 가지 기능을 포함하고 있는 아두이노 나노 RP2040 커넥트의 가격은 25.50달러로 라즈베리파이 피코보다는 훨씬 높다.

그림 1.4 **라즈베리파이 피코와 아두이노 나노 RP2040 커넥트**

라즈베리파이 피코

라즈베리파이 피코는 RP2040 마이크로컨트롤러를 탑재하고 있는 개발 보드로 표 1.2와 표 1.3에서 라즈베리파이 피코의 사양은 대부분 RP2040의 사양에 해당한다. 라즈베리파이 피코의 외형을 살펴보자.

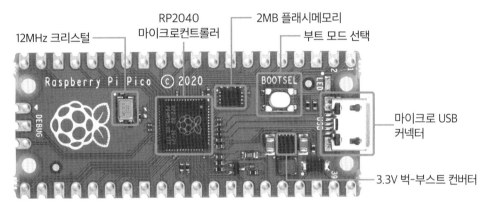

그림 1.5 라즈베리파이 피코

라즈베리파이 피코의 크기는 21mm×51mm로 성인의 엄지손가락만 하다. 라즈베리파이 피코는 USB 케이블로 컴퓨터에 연결하여 사용하며, 이를 위해 마이크로 USB 커넥터를 제공한다. 중앙에 있는 가장 큰 칩이 RP2040 마이크로컨트롤러에 해당하며, SPI serial peripheral interface 통신으로 연결된 외부 플래시메모리를 포함하고 있다. 라즈베리파이 피코에서는 2MB 플래시메모리를 제공하는 데 반해, 아두이노 나노 RP2040 커넥트에서는 이보다 큰 16MB 플래시메모리를 제공하므로 더 큰 메모리가 필요한 경우 사용을 고려할 수 있다.

라즈베리파이에서는 벅-부스트 컨버터 buck-boost converter를 사용하고 있다. 입력 전압보다 낮은 전압을 출력하는 컨버터를 강압 컨버터라고 하고, 입력 전압보다 높은 전압을 출력하는 컨버터를 승압 컨버터라고 한다. 벅 컨버터는 강압 컨버터의 일종이며, 부스트 컨버터는 승압 컨버터의 일종이다. **라즈베리파이 피코의 동작 전압은 3.3V이지만 벅-부스트 컨버터를 사용하고 있으므로 1.8~5.5V 전원을 연결하여 사용할 수 있다.** 벅-부스트 컨버터는 흔히 레귤레이터 regulator라고 부른다.

라즈베리파이 피코는 40핀의 핀 헤더를 가지고 있다. 핀 헤더 중에서 범용 입출력 general purpose input output, GPIO 핀으로 사용할 수 있는 핀은 26개이고, 그라운드 핀 8개를 포함하여 전원 관련 핀

13개, 그리고 리셋으로 활용할 수 있는 핀이 1개다. 범용 입출력으로 사용할 수 있는 26개의 핀은 다양한 시리얼 통신을 위해 사용할 수 있도록 설정할 수 있지만, 그림 1.6에는 마이크로컨트롤러의 기본이 되는 범용 입출력 기능만을 표시하였다.

그림 1.6 라즈베리파이 피코의 핀 헤더

라즈베리파이 피코에는 여러 가지 방법으로 전원을 공급할 수 있다. 가장 손쉬운 방법은 USB 커넥터를 통해 공급하는 것으로, 컴퓨터와 연결하였다면 USB를 통해 5V 전원이 공급되고 레귤레이터를 거쳐 3.3V 동작 전압이 만들어진다. USB 커넥터를 통해 들어오는 5V 전원은 VBUS(40번) 핀으로 출력되므로 주변장치에 전원을 공급하기 위해 사용할 수 있다.

USB 연결이 아닌 경우에는 별도의 전원을 VSYS(39번) 핀으로 연결하여 사용할 수 있다. 외부 전원 역시 레귤레이터를 거쳐 3.3V 전원이 만들어지므로 1.8~5.5V 전원을 연결하여 사용하면 된다.

3V3(36번) 핀은 레귤레이터를 거쳐 만들어진 3.3V 전원이 출력되는 핀으로 주변장치에 전원을 공급 시 사용할 수 있다. 이때 공급할 수 있는 최대 전류는 300mA다. 3V3_EN(37번) 핀은 레귤레이터 동작 제어용으로 사용한다. 3V3_EN 핀에 LOW를 가하면 레귤레이터가 동작하지 않으므로 보드에 전원이 공급되지 않으며 3V3 출력 역시 사용할 수 없다.

RUN(30번) 핀에 LOW를 가하면 마이크로컨트롤러가 리셋된다. 다른 많은 마이크로컨트롤러 보드와 달리 라즈베리파이 피코에는 리셋 버튼이 없으므로 필요하다면 RUN 핀에 버튼을 연결하여 사용해야 한다.

1.5

라즈베리파이 피코 프로그래밍

라즈베리파이 피코를 위한 프로그램은 파이썬과 C/C++ 언어로 작성할 수 있다. 파이썬 언어로는 마이크로파이썬MicroPython[6]과 서킷파이썬CircuitPython[7]을 사용할 수 있다. **마이크로파이썬은 마이크로컨트롤러를 위한 파이썬으로, 파이썬 3의 일부를 마이크로컨트롤러에 맞게 구현한 것이다.** 서킷파이썬은 에이다프루트Adafruit에서 마이크로파이썬을 변형한 것으로, 에이다프루트에서 판매하고 있는 다양한 주변장치에 대한 라이브러리를 제공하고 있으므로 간단하게 다양한 주변장치를 활용할 수 있는 장점이 있다. **라즈베리파이에서 공식적으로 사용하는 언어는 마이크로파이썬**이므로 이 책에서는 마이크로파이썬을 사용하여 라즈베리파이 피코를 위한 프로그램을 작성하는 것을 기본으로 한다.

그림 1.7 **라즈베리파이 피코를 위한 마이크로파이썬 공식 가이드북**[8]

---

6   https://micropython.org

7   https://circuitpython.org

8   https://www.raspberrypi.com/products/micropython-pico

C/C++ 언어를 사용하고자 한다면 아두이노 환경의 사용을 고려해볼 수 있다. 특히, 아두이노에서 판매하는 아두이노 나노 RP2040 커넥트는 RP2040 마이크로컨트롤러를 사용하면서 와이파이와 블루투스 기능까지 지원하므로 간편하게 사물인터넷을 위한 장치를 만들어볼 수 있다.

라즈베리파이 피코를 컴퓨터에 연결해보자. 라즈베리파이 피코를 처음 컴퓨터에 연결하면 이동식 디스크로 인식한다. 이동식 디스크에서는 2개의 파일을 확인할 수 있다. 만약 이동식 디스크로 나타나지 않는다면 '부트 모드 선택BOOTSEL' 버튼을 누른 상태에서 컴퓨터에 연결하면 이동식 디스크로 나타날 것이다. 2개 파일 중 'INDEX.HTM' 파일을 더블클릭하면 라즈베리파이 홈페이지의 라즈베리파이 피코 관련 페이지로 연결된다. 'INFO_UF2.TXT' 파일은 사용하고 있는 라즈베리파이 피코에 대한 정보를 포함하고 있다.

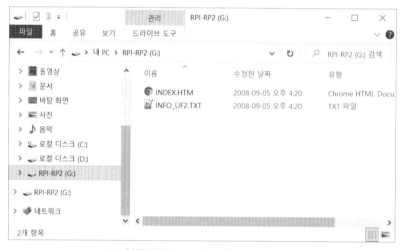

그림 1.8 이동식 디스크로 인식된 라즈베리파이 피코

마이크로파이썬으로 라즈베리파이 피코를 위한 프로그램을 작성하기 위해서는 먼저 마이크로파이썬을 위한 펌웨어를 라즈베리파이 피코에 설치해야 한다. 마이크로파이썬은 인터프리터를 사용하며 마이크로파이썬을 위한 펌웨어란 마이크로파이썬 인터프리터에 해당한다.

마이크로파이썬을 위한 펌웨어는 INDEX.HTM 파일을 더블클릭하여 연결되는 페이지를 통해 찾을 수 있으며 UF2 형식으로 내려받을 수 있다. 최신 버전의 펌웨어를 내려받자.[9]

---

9   https://www.raspberrypi.com/documentation/microcontrollers/micropython.html

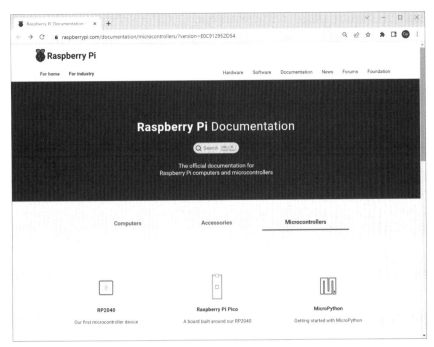

그림 1.9 **라즈베리파이 피코 문서 페이지**

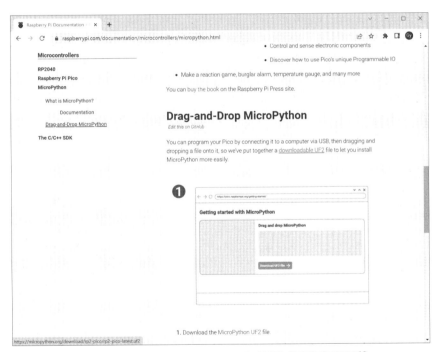

그림 1.10 **마이크로파이썬 인터프리터 펌웨어 내려받기 페이지[10]**

---

10 https://www.raspberrypi.com/documentation/microcontrollers/raspberry-pi-pico.html

라즈베리파이 피코를 위한 펌웨어 파일은 UF2 확장자를 가진다. UF2$_{\text{USB flash format}}$는 대용량 저장 장치를 통해 플래시메모리에 프로그램을 설치할 수 있도록 마이크로소프트에서 개발한 파일 형식이다. 내려받은 파일을 라즈베리파이 피코에 해당하는 이동식 디스크로 복사해 넣으면 마이크로파이썬을 위한 펌웨어의 설치가 이루어지고 라즈베리파이 피코는 리셋된다.

펌웨어 설치

마이크로컨트롤러는 운영체제가 없고 오직 하나의 프로그램만 설치하여 실행할 수 있다. 이 책에서는 마이크로파이썬으로 라즈베리파이 피코를 위한 프로그램을 작성하는 것을 목적으로 하며, 작성한 프로그램은 라즈베리파이 피코에 설치되어야 한다. 그렇다면 마이크로파이썬을 위한 펌웨어(마이크로컨트롤러를 위한 프로그램)를 설치한다는 것은 무슨 의미일까?

마이크로컨트롤러에는 하나의 펌웨어만 설치할 수 있으며, 마이크로파이썬을 사용할 때 라즈베리파이 피코에 설치하는 펌웨어가 바로 마이크로파이썬을 위한 인터프리터다. 마이크로파이썬은 파이썬과 마찬가지로 인터프리터를 사용한다. 반면 C/C++ 언어는 컴파일러를 사용한다. C/C++ 언어를 사용하여 소스 코드를 작성하면 이를 컴파일해서 기계어 파일, 즉 마이크로컨트롤러에 설치할 펌웨어를 만들고 이를 마이크로컨트롤러에 설치한다. 하지만 마이크로파이썬을 사용하여 작성한 소스 코드는 별도의 기계어 파일로 변환하는 과정이 없고 실행 과정에서 소스 코드를 직접 번역하여 실행하는 형태를 취한다. 이때 소스 코드를 번역하면서 실행하는 역할을 하는 것이 인터프리터다. 따라서 마이크로파이썬으로 작성한 소스 코드는 데이터 파일처럼 라즈베리파이 피코에 저장되고, 라즈베리파이 피코에 설치된 마이크로파이썬 인터프리터는 소스 코드를 읽어서 실행한다. 즉, 라즈베리파이 피코에 마이크로파이썬 인터프리터를 설치했다면 마이크로파이썬 인터프리터가 유일한 펌웨어이고, 전원을 연결했을 때 실행되는 프로그램이다. 전원 연결 시 마이크로파이썬 인터프리터는 마이크로파이썬으로 작성한 소스 코드를 번역하고 실행한다. 이처럼 C/C++ 언어로 작성한 소스 코드와 마이크로파이썬으로 작성한 소스 코드는 서로 다른 방식으로 다루어지며 **파이썬 또는 마이크로파이썬으로 작성한 소스 코드는 흔히 스크립트(script)라고 부른다.**

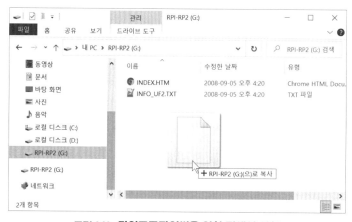

그림 1.11 **마이크로파이썬을 위한 펌웨어 설치**

라즈베리파이 피코가 다시 시작되면 라즈베리파이 피코는 이동식 디스크가 아닌 가상의 시리얼 포트로 인식되고, 라즈베리파이 피코에는 마이크로파이썬 인터프리터가 실행되고 있는 상태에 있다. 이처럼 **마이크로파이썬 인터프리터를 설치한 후에 라즈베리파이 피코에 전원을 연결하면 마이크로파이썬 인터프리터가 실행되고 가상의 COM 포트로 인식된다.** 만약 **마이크로파이썬 인터프리터를 설치한 후 마이크로파이썬을 이동식 디스크로 인식시키고 싶다면 'BOOTSEL' 버튼을 누른 상태에서 전원을 연결하면 된다.** 마이크로파이썬 인터프리터가 아닌 다른 펌웨어를 라즈베리파이 피코에 설치하고 싶다면 이동식 디스크로 인식시킨 후 UF2 파일을 복사해 넣으면 된다. 그림 1.12는 BOOTSEL 버튼을 누른 상태와 누르지 않은 상태에서 라즈베리파이 피코에 전원을 연결했을 때 장치 관리자에서 라즈베리파이 피코를 인식하는 상태를 비교한 것이다.

(a) 이동식 디스크로 인식
BOOTSEL 누른 상태에서 리셋

(b) 시리얼 포트로 인식
BOOTSEL 누르지 않은 상태에서 리셋

그림 1.12　라즈베리파이 피코 인식

마이크로파이썬 인터프리터가 실행되고 있는 상태에서 터미널 프로그램으로 라즈베리파이 피코에 할당된 시리얼 포트에 연결하면 마이크로파이썬 인터프리터를 사용할 수 있다. 그림 1.13은 터미널 프로그램의 하나인 CoolTerm으로 라즈베리파이 피코에 연결하여 파이썬 코드인 print('Hello Raspberry Pi Pico~')를 실행한 경우다.

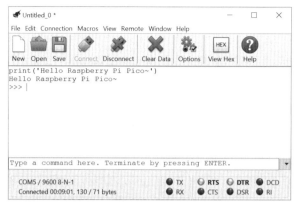

그림 1.13 터미널 프로그램으로 라즈베리파이 피코에 연결

터미널 프로그램으로 라즈베리파이 피코에 연결하여 파이썬 명령을 줄 단위로 입력하고 실행하는 것이 가능하지만, 많은 명령을 줄 단위로 입력하는 것은 불편할뿐더러 관리하기 힘든 것이 사실이다. 이런 경우라면 파일 단위의 스크립트로 작성하고 라즈베리파이 피코에 스크립트를 업로드하여 실행하는 방법을 사용할 수 있다. 스크립트 작성과 업로드는 전용 통합개발환경(IDE)을 통해 간단하게 수행할 수 있으며, 라즈베리파이 피코를 위해서는 Thonny IDE를 주로 사용한다. Thonny IDE를 사용하면 그림 1.13과 같이 줄 단위의 명령 입력과 실행은 물론 스크립트 파일을 작성하여 실행하는 것까지 가능하다. 먼저 Thonny 홈페이지에서 설치 파일을 내려받아 설치하자. 설치 과정에서는 디폴트 옵션을 사용하면 된다.

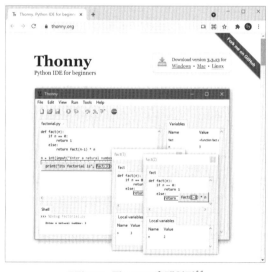

그림 1.14 Thonny 홈페이지[11]

---

11 https://thonny.org

설치한 프로그램을 실행하면 그림 1.15와 같은 화면이 나타나는 것을 확인할 수 있다.

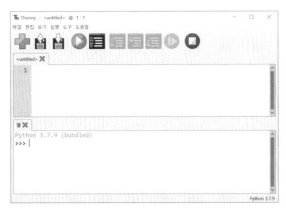

그림 1.15 **Thonny IDE**

Thonny IDE는 크게 두 부분으로 나뉘어 있다. 위쪽의 스크립트 영역은 파이썬 코드를 작성하여 파일에 저장하거나 저장한 코드를 읽어 수정하는 부분이다. 아래쪽의 셀은 명령을 입력하고 엔터 키를 누르면 바로 결과를 나타내주는 영역이다. 그림 1.15에서 오른쪽 아래에 'Python 3.7.9'라고 표시된 부분은 인터프리터를 선택하기 위해 사용할 수 있다. Thonny IDE는 컴퓨터를 위한 파이 썬 코드 작성을 위해 처음 만들어진 것으로, 이후 마이크로파이썬을 위한 인터프리터가 추가되었 다. **마이크로파이썬은 큰 틀에서는 파이썬과 같은 언어지만 대상이 파이썬은 컴퓨터, 마이크로파이썬은 마이크로컨트롤러로 다른 만큼 명령어뿐 아니라 인터프리터 또한 다른 것을 사용한다.**

'도구 ➡ 옵션...' 메뉴 항목을 선택하여 옵션 다이얼로그를 실행하고 '인터프리터' 탭을 선택한다. 디 폴트로 컴퓨터를 위한 파이썬 인터프리터가 선택되어 있는데, 드롭다운 메뉴를 펼치면 다양한 종류 의 파이썬 인터프리터가 나타난다. 그중 하나가 라즈베리파이 피코를 위한 마이크로파이썬이다.

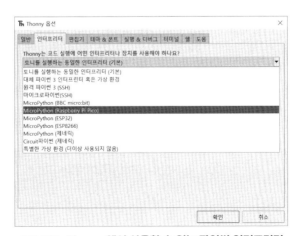

그림 1.16 **Thonny에서 사용할 수 있는 파이썬 인터프리터**

라즈베리파이 피코를 위한 마이크로파이썬을 선택하면 다이얼로그의 오른쪽 아래 '펌웨어 설치 혹은 업데이트'를 확인할 수 있다.

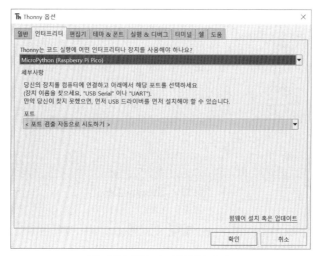

그림 1.17 라즈베리파이 피코를 위한 마이크로파이썬

'펌웨어 설치 혹은 업데이트'를 선택하면 라즈베리파이 피코를 위한 마이크로파이썬 펌웨어를 선택할 수 있는 다이얼로그가 나타난다. 이미 앞에서 이동식 디스크로 인식시킨 후 UF2 파일을 복사해 넣은 경우라면 펌웨어를 다시 설치할 필요는 없다. 설치 과정은 파일을 직접 복사해 넣는 경우와 비슷하다.[12]

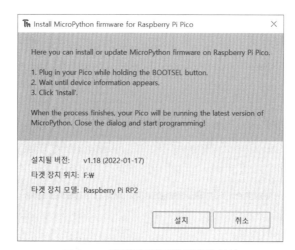

그림 1.18 마이크로파이썬 펌웨어 설치

---

[12] 일부 윈도우 운영체제에서는 SSL(secure socket layer) 오류가 발생하면서 펌웨어 업데이트에 실패하는 현상이 발생할 수 있다. Thonny IDE를 통한 펌웨어 업데이트에 실패하면 펌웨어 파일을 내려받아 직접 업데이트하면 된다.

① BOOTSEL 버튼을 누른 상태에서 라즈베리파이 피코에 전원을 연결하면 이동식 디스크로 인식한다.

② 이동식 디스크로 인식하면 Thonny IDE에서 '타겟 장치 위치'와 '타겟 장치 모델'을 자동으로 표시한다.

③ '설치'를 선택하면 펌웨어 설치가 이루어진다.

Thonny IDE에서 오른쪽 아래 버튼을 눌러 파이썬 인터프리터를 선택하자. 이 책에서는 디폴트로 Thonny IDE에 포함된 파이썬 인터프리터를 사용하지만, 별도로 설치한 파이썬 인터프리터나 라즈베리파이 피코를 위한 마이크로파이썬 인터프리터 역시 선택할 수 있다. 인터프리터를 선택하면 그 인터프리터에 해당하는 메시지가 셸에 출력된다.

그림 1.19 **파이썬 인터프리터 선택**

라즈베리파이 피코의 전원 연결을 끊은 후 BOOTSEL은 누르지 않은 상태에서 다시 연결해보자. 그림 1.20에서 볼 수 있듯이 전원 연결을 끊으면 시리얼 포트 연결이 끊어지고 셸 역시 사용할 수 없다. 전원을 다시 넣은 후에 툴바의 오른쪽 끝에 있는 '정지/재시작' 버튼(⬤)을 누르면 셸이 시작된다. BOOTSEL 버튼을 누른 상태에서 라즈베리파이 피코에 전원을 연결하면 시리얼 포트가 아닌 이동식 디스크로 인식하므로 Thonny IDE에서 사용할 수 없다.

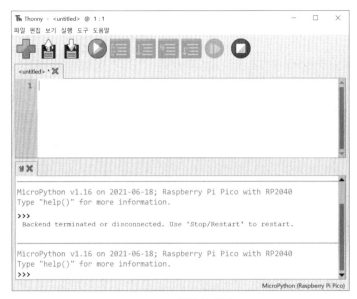

그림 1.20 **셸 다시 시작**

마이크로파이썬 셸에서는 그림 1.13의 CoolTerm에서와 같이 파이썬 명령을 입력하고 그 결과를 바로 확인할 수 있다.

그림 1.21 **마이크로파이썬 셸 동작**

줄 단위의 명령 실행 이외에도 파일 단위의 스크립트를 작성해서 실행할 수도 있다. 스크립트 영역에 그림 1.22와 같이 코드를 입력하자.

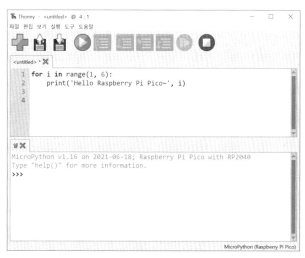

그림 1.22 **스크립트 영역에 코드 입력**

저장 버튼(📥)을 누르면 파일을 저장할 위치를 선택하는 다이얼로그가 나타난다. 'Raspberry Pi Pico'를 선택하자.

그림 1.23 **저장 위치 선택 다이얼로그**

저장할 파일 이름을 'hello5.py'로 지정하여 라즈베리파이 피코에 저장한다.

그림 1.24 **파일 이름 설정**

저장 후 '현재 스크립트 실행' 버튼(▶)을 눌러 저장된 스크립트 파일을 실행하면 메시지와 함께
1부터 5까지 증가하는 카운터값을 셀에서 확인할 수 있다. 그림 1.23에서 '이 컴퓨터'를 선택하면
소스 파일이 라즈베리파이 피코가 아니라 Thonny IDE가 실행되고 있는 데스크톱에 저장될 뿐
결과는 똑같다.

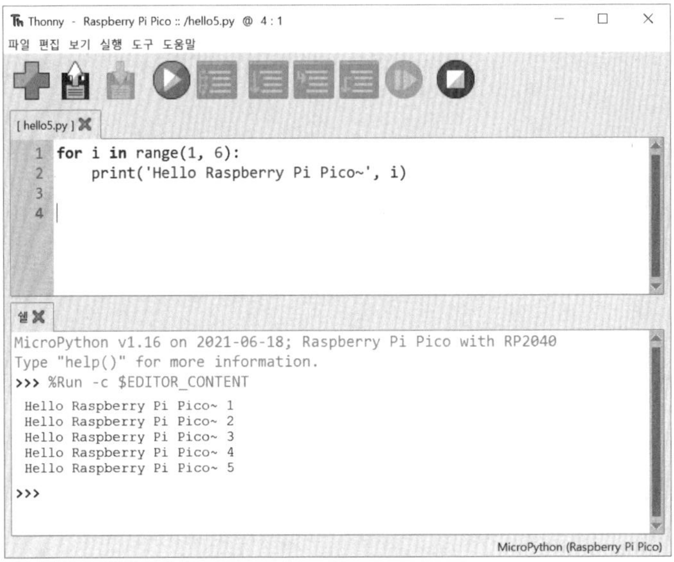

그림 1.25 **스크립트 파일 실행**

코드의 의미는 2장에서 살펴볼 것이므로 정확한 동작을 이해할 수 없다고 해도 걱정할 필요는 없
다. 이 장에서는 Thonny IDE에서 셀을 이용하여 명령어를 실행하는 방법과 스크립트를 작성하
여 실행하는 방법을 이해하면 된다.

지금까지 Thonny IDE에서 스크립트를 작성하고 저장하여 Thonny IDE에서 스크립트를 실행하
는 방법을 알아보았다. 이 방법을 사용하기 위해서는 라즈베리파이 피코가 항상 컴퓨터에 연결되
어 있어야 한다. 라즈베리파이 피코를 컴퓨터에 연결하지 않고 동작시키기 위해서는 작성한 스크
립트를 특별한 이름, main.py로 저장하면 된다. **BOOTSEL 버튼을 누르지 않은 상태에서 라즈베리파**
이 피코에 전원을 연결하면 마이크로파이썬 인터프리터가 실행된다. 마이크로파이썬 인터프리터가 실행
되면 가장 먼저 main.py라는 이름의 스크립트 파일을 찾아 실행한다. main.py라는 이름의 스크립트
파일이 존재하지 않는다면 셀에서 명령 입력을 기다리는 상태가 된다.

맺는말

이 장에서는 라즈베리파이 재단의 첫 번째 마이크로컨트롤러인 RP2040을 사용하여 만든 라즈베리파이 피코를 컴퓨터에 연결하고 프로그램을 작성하는 방법을 살펴보았다. 라즈베리파이 피코를 위한 프로그램은 다양한 환경에서 여러 가지 프로그래밍 언어로 작성할 수 있지만, 이 책에서는 Thonny IDE에서 마이크로파이썬을 사용하여 작성하는 것을 기본으로 한다. 파이썬은 최근 인공지능 분야를 중심으로 사용이 증가하고 있는 언어로, 마이크로컨트롤러를 위한 파이썬인 마이크로파이썬과 서킷파이썬 역시 간단한 지능형 장치 구현에 사용된 예를 쉽게 찾아볼 수 있다. 이 장에서 라즈베리파이 피코와 Thonny IDE를 사용하기 위한 준비를 마쳤으니, 2장에서는 RP2040 마이크로컨트롤러와 RP2040을 사용하여 만든 라즈베리파이 피코의 하드웨어 측면의 특징에 대해 살펴볼 것이다.

RP2040과
라즈베리파이 피코

RP2040은 라즈베리파이 재단에서 선보인 첫 번째 마이크로컨트롤러이며, 라즈베리파이 피코는 RP2040 마이크로컨트롤러를 사용하여 만든 첫 번째 마이크로컨트롤러 보드다. RP2040은 Cortex-M0+를 기반으로 하고 있으며, 다른 Cortex-M0+ 기반 마이크로컨트롤러와 비교했을 때 빠른 속도와 큰 메모리는 RP2040과 라즈베리파이 피코의 다양한 활용 가능성을 열어준다. 먼저 RP2040 마이크로컨트롤러가 제공하는 기능을 살펴보고, RP2040의 기능을 라즈베리파이 피코에서 어떻게 활용하고 있는지 살펴보자.

라즈베리파이 피코 × 1

이 장에서
사용할 부품

RP2040 마이크로컨트롤러

RP2040은 라즈베리파이 재단에서 선보인 첫 번째 마이크로컨트롤러이며, 이를 사용하여 만든 첫 번째 마이크로컨트롤러 보드가 라즈베리파이 피코다. 라즈베리파이 재단은 교육용 컴퓨터 보급을 위해 라즈베리파이 보드를 만든 것으로 널리 알려져 있다. 라즈베리파이 보드는 단일 보드 컴퓨터로, 작은 크기의 컴퓨터에 해당한다. 저렴한 가격과 높은 성능을 가진 라즈베리파이 보드는 교육 이외의 다양한 분야에서도 사용하고 있지만, 컴퓨터를 대체하기 위해 만든 단일 보드 컴퓨터라는 점에서 사용 분야가 제한될 수밖에 없다. 단일 보드 컴퓨터와 함께 임베디드 시스템에서 널리 사용하는 것 중 하나가 단일 칩 컴퓨터라고 불리는 마이크로컨트롤러를 사용한 보드로 아두이노 보드가 대표적인 마이크로컨트롤러 보드 중 하나다. 아두이노 보드는 간단한 제어장치를 만들 수 있도록 8비트 AVR 시리즈 마이크로컨트롤러를 사용하여 만들어지기 시작했다. 이후 사물인터넷과 인공지능의 확산 등으로 고성능 마이크로컨트롤러 보드에 대한 요구가 증가하면서 32비트의 Cortex-M 시리즈 마이크로컨트롤러를 사용한 아두이노 보드가 나왔으며, 라즈베리파이 재단에서 이에 대응하기 위해 발표한 것이 RP2040 마이크로컨트롤러와 이를 사용한 마이크로컨트롤러 보드인 라즈베리파이 피코다. RP2040은 라즈베리파이 재단에서 직접 설계한 마이크로컨트롤러이니만큼 기존의 라즈베리파이 보드와 호환성이 높고 라즈베리파이와 시너지 효과를 발휘할 수 있을 것으로 기대되고 있다.

먼저 'RP2040'이라는 이름부터 살펴보자. 'RP2040'이라는 이름은 다음과 같이 5개 부분으로 이루어져 있다.

- 'RP'는 라즈베리파이$_{RaspberryPi}$의 약어로 라즈베리파이 재단에서 설계하여 만든 것임을 나타낸다.
- 첫 번째 숫자 '2'는 코어의 수를 의미한다. RP2040은 2개의 코어를 포함하는 듀얼 코어 프로세서를 제공한다.
- 두 번째 숫자 '0'은 코어의 아키텍처를 나타내는 것으로 Cortex-M0+를 사용했음을 나타낸다.
- 세 번째 숫자 '4'는 램의 크기를 나타내는 것으로 $\left\lfloor \log_2 \dfrac{RAM}{16K} \right\rfloor$로 계산한다. RP2040에는 264KB의 램을 포함하고 있으므로 $\left\lfloor \log_2 \dfrac{264K}{16K} \right\rfloor = \lfloor \log_2 16.5 \rfloor \approx \lfloor 4.044 \rfloor = 4$의 값을 가진다.
- 마지막 숫자 '0'은 칩에 포함된 플래시메모리의 크기를 나타내며 $\left\lfloor \log_2 \dfrac{FLASH}{16K} \right\rfloor$로 계산한다. RP2040은 외부 플래시메모리를 사용하므로 0으로 표시한다. 라즈베리파이 피코의 경우 2MB의 외부 플래시메모리가 포함되어 있다.

RP2040은 56핀의 칩으로 이루어져 있는데, 핀 배치는 그림 2.1과 같다.

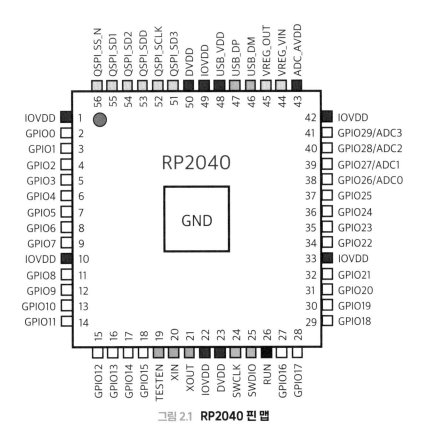

그림 2.1 **RP2040 핀 맵**

56개의 핀 중 범용 입출력 핀으로 사용할 수 있는 핀은 30개이며, 범용 입출력 핀은 설정에 따라 여러 가지 시리얼 통신을 위해서도 사용할 수 있다. 또한, 30개의 GPIO 핀 중 GPIO26에서 GPIO29까지 4개의 핀은 12비트의 아날로그-디지털 변환장치analog digital converter, ADC를 통해 연결되어 있으므로 아날로그 데이터 출력장치를 연결하여 사용할 수 있다. 나머지 26개 핀은 전원 관련 핀 12개, 외부 플래시메모리 연결 핀 6개, USB 연결 핀 2개, 크리스털 연결 핀 2개, 프로그램 업로드 및 디버깅 관련 핀 2개, 리셋 핀 1개, 칩 테스트용 핀 1개 등으로 구성되어 있다. 표 2.1은 RP2040 칩의 핀 기능을 요약한 것으로 범용 입출력 핀의 경우 시리얼 통신 등의 기능에 대해서는 해당 장에서 설명하므로 표시하지 않았다.

표 2.1 **RP2040 핀**

핀 번호	이름	설명
–	GPIOx	범용 입출력 핀(x = 0, … , 29)
38~41	ADCx	아날로그 입력 핀으로 아날로그-디지털 변환장치에 연결되어 있다(x = 0, 1, 2, 3).

표 2.1 **RP2040 핀** (계속)

핀 번호	이름	설명
51~56	QSPI_*	SPI 인터페이스로 외부 플래시메모리 연결에 사용한다. 라즈베리파이 피코는 4개의 데이터 선을 반이중 방식으로 사용하는 QSPI(Quad SPI) 방식을 사용하며, QSPI는 전이중 방식을 사용하는 SPI와 비교했을 때 약 4배의 데이터 전송 속도를 얻을 수 있다.
46	USB_DM	USB 데이터 연결 핀으로 풀 스피드 USB 장치 및 USB 호스트를 지원한다.
47	USB_DP	
20	XIN	12MHz 크리스털을 연결한다.
21	XOUT	
26	RUN	리셋 핀으로 LOW에 연결하면 리셋된다. 리셋이 필요하지 않다면 IOVDD에 연결하면 된다. 라즈베리파이 피코에서는 풀업 저항이 연결되어 있으므로 버튼을 사용하여 리셋 용도로 사용할 수 있다.
24	SWCLK	SWD(serial wire debug) 핀으로 프로그램 업로드 및 디버깅에 사용할 수 있다.
25	SWDIO	
19	TESTEN	생산 과정에서 마이크로컨트롤러 테스트용으로 사용한다. 라즈베리파이 피코에서는 그라운드에 연결되어 있다.
44	VREG_VIN	내부 코어 전압 레귤레이터를 위한 입력 전원으로 1.8~3.3V 전원을 연결한다. 라즈베리파이 피코에서는 3.3V에 연결되어 있다.
45	VREG_VOUT	내부 코어 전압 레귤레이터의 출력으로 1.1V 전압에 최대 100mA 전류를 출력한다.
1, 10, 22, 33, 42, 49	IOVDD	범용 입출력 핀을 위한 전원으로 1.8~3.3V 전원을 연결한다. 라즈베리파이 피코에서는 3.3V에 연결되어 있다.
23, 50	DVDD	코어 전원으로 1.1V를 연결한다. VREG_VOUT의 출력을 연결하거나 외부 전원을 사용할 수 있다. 라즈베리파이 피코에서는 VREG_VOUT의 1.1V에 연결되어 있다.
43	ADC_AVDD	아날로그-디지털 변환장치를 위한 전원으로 3.3V 전원을 연결한다.
48	USB_VDD	내부 USB 연결을 위한 전원으로 3.3V 전원을 연결한다.

2.2 라즈베리파이 피코

라즈베리파이 피코는 RP2040 마이크로컨트롤러를 사용하여 만든 마이크로컨트롤러 보드다. RP2040은 56개의 핀을 가지고 있지만, 라즈베리파이 피코에서는 RP2040의 모든 핀을 사용할 수는 없다. 그림 2.2는 라즈베리파이 피코의 핀 맵을 나타낸 것이다.

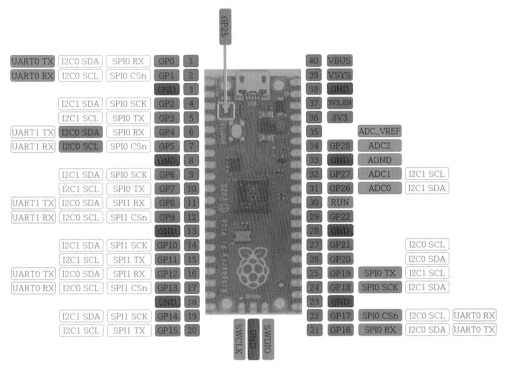

그림 2.2 **라즈베리파이 피코 핀 맵**

그림 2.2에서 알 수 있듯이 **라즈베리파이 피코는 RP2040의 30개 GPIO 핀 중 26개만 사용할 수 있다.** 이 밖에 플래시메모리, 클록 등은 라즈베리파이 피코에 포함되어 있으므로 RP2040 칩을 사용하여 보드를 설계하는 경우가 아니라면 신경 쓰지 않아도 된다.

UART, I2C, SPI 등의 시리얼 통신을 위해서는 GPIO 핀을 통신 모듈로 연결하여 사용한다. 시리얼 통신을 사용할 때 그림 2.2에서 짙은 색으로 표시된 핀이 디폴트로 사용하는 핀이지만 통신의 초기화 과정에서 다른 핀을 지정하여 사용할 수 있다. 자세한 내용은 각각의 시리얼 통신을 다루는 장을 참고하자.

GPIO 이외의 핀 중 GND를 제외한 핀의 기능은 다음과 같다.

- **VBUS(40번)**: 마이크로 USB 커넥터로 공급되는 5V 전원 출력이다. USB로 전원이 공급되고 있지 않다면 출력은 없다. USB로 공급되는 전원은 레귤레이터를 거쳐 라즈베리파이 피코에 공급된다.

- **VSYS(39번)**: 전원 공급을 위해 1.8~5.5V의 외부 전원을 연결한다. 입력 전원은 레귤레이터를 거쳐 라즈베리파이 피코에 공급된다.

- **3V3(36번):** 레귤레이터를 거쳐 만들어진 3.3V 전원 출력이다. 다른 장치에 전원을 공급하는 용도로 사용할 수 있지만, 최대 300mA 전류만 공급할 수 있다.

- **3V3_EN(37번):** 레귤레이터 동작을 제어한다. LOW를 가하면 레귤레이터가 동작하지 않으므로 보드에 전원이 공급되지 않으며 3V3 출력 역시 사용할 수 없다. 라즈베리파이 피코에서는 풀업 저항을 통해 HIGH로 연결되어 있다.

- **RUN(30번):** LOW를 가하면 마이크로컨트롤러가 리셋된다. 라즈베리파이 피코에서는 풀업 저항을 통해 HIGH로 연결되어 있다. 라즈베리파이 피코에는 리셋 버튼이 없으므로 RUN 핀에 버튼을 연결하여 리셋으로 사용하면 된다.

표 2.2는 라즈베리파이 피코의 핀 기능을 요약한 것이다.

표 2.2 라즈베리파이 피코의 핀

핀 번호	핀 이름	기타	핀 번호	핀 이름	기타
1	GP0	UART0 TX	21	GP16	SPI0 RX
2	GP1	UART0 RX	22	GP17	SPI0 CSn
3	GND	–	23	GND	–
4	GP2		24	GP18	SPI0 SCK
5	GP3		25	GP19	SPI0 TX
6	GP4	I2C0 SDA	26	GP20	
7	GP5	I2C0 SCL	27	GP21	
8	GND	–	28	GND	–
9	GP6		29	GP22	
10	GP7		30	RUN	리셋
11	GP8		31	GP26	ADC0
12	GP9		32	GP27	ADC1
13	GND	–	33	GND	AGND
14	GP10		34	GP28	ADC2
15	GP11		35	ADC_VREF	ADC 기준 전압
16	GP12		36	3V3	3.3V 출력
17	GP13		37	3V3_EN	3.3V 레귤레이터 제어
18	GND	–	38	GND	–
19	GP14		39	VSYS	외부 전원 공급
20	GP15		40	VBUS	USB 전원 출력

표 2.3은 RP2040 마이크로컨트롤러의 30개 GPIO 핀과 라즈베리파이 피코의 핀을 대응시킨 것이다.

표 2.3 RP2040과 라즈베리파이 피코의 데이터 핀

RP2040		라즈베리파이 피코		비고
핀 번호	핀 이름	핀 번호	핀 이름	
2	GPIO0	1	GP0	UART0 TX
3	GPIO1	2	GP1	UART0 RX
4	GPIO2	4	GP2	
5	GPIO3	5	GP3	
6	GPIO4	6	GP4	I2C0 SDA
7	GPIO5	7	GP5	I2C0 SCL
8	GPIO6	9	GP6	
9	GPIO7	10	GP7	
11	GPIO8	11	GP8	
12	GPIO9	12	GP9	
13	GPIO10	14	GP10	
14	GPIO11	15	GP11	
15	GPIO12	16	GP12	
16	GPIO13	17	GP13	
17	GPIO14	19	GP14	
18	GPIO15	20	GP15	
27	GPIO16	21	GP16	SPI0 RX
28	GPIO17	22	GP17	SPI0 CS
29	GPIO18	24	GP18	SPI0 SCK
30	GPIO19	25	GP19	SPI0 TX
31	GPIO20	26	GP20	
32	GPIO21	27	GP21	
34	GPIO22	29	GP22	
35	GPIO23	-	-	3.3V 레귤레이터 동작 모드 설정에 사용
36	GPIO24	-	-	USB 전원(VBUS)이 공급될 때 HIGH 값이 가해짐
37	GPIO25	-	-	내장 LED
38	GPIO26	31	GP26, ADC0	
39	GPIO27	32	GP27, ADC1	
40	GPIO28	34	GP28, ADC2	
41	GPIO29	-	(ADC3)	ADC3를 통해 외부 전압(VSYS / 3) 측정용으로 사용

표 2.3에서 알 수 있듯이 **RP2040의 30개 GPIO 핀 중 라즈베리파이 피코에서는 26개만 사용**할 수 있으며, 나머지 4개는 라즈베리파이 피코에서 다른 용도로 사용하고 있다.

- **GPIO23:** 라즈베리파이 피코의 3.3V 레귤레이터 제어를 위해 사용한다. 라즈베리파이 피코에서는 디폴트로 LOW가 가해지고 레귤레이터가 PFM~pulse frequency modulation~ 모드에 있도록 한다. PFM 모드는 라즈베리파이 피코의 전력 소비가 적을 때 변환 효율을 높여주는 효과가 있다. HIGH가 가해지면 레귤레이터는 PWM~pulse width modulation~ 모드로 바뀐다. PWM 모드는 변환 효율은 떨어지지만 출력 전압이 PFM 모드보다 안정적인 장점이 있다.
- **GPIO24:** USB를 통한 전원 공급 여부를 나타내기 위해 사용한다. 즉, VBUS에 5V 출력이 있는 경우 HIGH, 이외의 경우에는 LOW 값이 가해진다.
- **GPIO25:** 내장 LED에 연결되어 있다.
- **GPIO29:** 4개의 ADC 채널 중 라즈베리파이 피코에서 아날로그 데이터 출력장치를 연결할 수 없는 ADC3에 해당한다. **ADC3는 외부 전압 측정용으로 사용되며 VSYS 전압의 3분의 1을 측정하도록 연결되어 있다.** 3분의 1의 전압을 측정하도록 한 것은 VSYS에 1.5~5.5V 전원을 연결할 수 있지만, ADC에 입력 가능한 최대 전압은 3.3V이기 때문이다.

2.3 맺는말

라즈베리파이 피코에 사용된 RP2040은 ARM의 Cortex-M0+ 기반 마이크로컨트롤러로, 다른 Cortex-M0+ 기반 마이크로컨트롤러에 비해 속도가 빠를 뿐 아니라 SRAM 역시 커서 활용 분야가 매우 다양하다. 또한, 2개의 코어를 가지고 있다는 점은 다른 Cortex-M0+ 기반 마이크로컨트롤러에서는 찾아보기 힘든 특징이다. 이 장에서는 RP2040과 라즈베리파이 피코에서 제공하는 하드웨어 측면의 특징에 대해 살펴보았다. 사실 마이크로컨트롤러가 제공하는 기능은 거의 비슷하다. 다만, 빠른 속도와 큰 메모리를 충분히 활용할 수 있다면 라즈베리파이 피코를 더욱 다양한 분야에 적용할 수 있을 것이다. 이를 위해서는 라즈베리파이 피코를 위한 프로그램 작성에 사용될 마이크로파이썬의 도움이 필요하다. 이 장에서 라즈베리파이 피코의 하드웨어 측면을 살펴보았으므로, 3장에서는 라즈베리파이 피코를 위한 프로그램 작성에 사용되는 마이크로파이썬에 대해 알아보자.

마이크로파이썬

파이썬은 인터프리터 기반의 프로그래밍 언어로 쉬운 프로그래밍을 위한 철학을 바탕으로 탄생한 것이니만큼 프로그래밍을 처음 배우는 용도로 흔히 사용된다. 하지만 파이썬은 비전문가를 위한 프로그래밍 언어에 멈추지 않고 다양한 분야로 그 영역을 넓혀가고 있으며, 마이크로컨트롤러를 위한 프로그래밍 언어로 만들어진 마이크로파이썬 역시 파이썬 변형 중 하나다. 이 장에서는 파이썬의 특징과 함께 마이크로파이썬을 사용하기 위한 기본적인 내용을 살펴본다.

라즈베리파이 피코 × 1

이 장에서
사용할 부품

파이썬의 역사

파이썬은 네덜란드 출신 프로그래머인 귀도 반 로섬Guido van Rossum이 고안한, 인터프리터를 사용하는 객체지향 언어다. 파이썬이라는 이름은 파르나소스산 기슭의 델포이Delphoe에서 신탁을 관장하는 뱀의 이름에서 유래했다. 그리스 신화에 따르면 제우스의 아들인 아폴론이 파이썬을 퇴치하고 신탁을 관장하게 되었다고 한다. 이러한 유래에 따라 파이썬의 공식 로고는 뱀의 모양을 형상화하고 있다.

그림 3.1 파이썬 공식 로고

ABC 언어를 바탕으로 1980년대 후반 시작된 파이썬 언어는 1989년 로섬이 주도적으로 구현하기 시작했다. 1991년 처음 발표한 이후 2000년 파이썬 2.0을 발표하고, 2008년 파이썬 3.0을 발표하여 현재 파이썬 2와 파이썬 3를 함께 사용하고 있다. 다른 언어와 달리 파이썬 3은 파이썬 2와 완전히 호환되지 않으며, 파이썬 2에 대한 지원이 2020년 중단되었으므로 파이썬을 처음 시작한다면 파이썬 3을 선택해야 한다. 버전 정책을 비롯하여 파이썬 언어에 대한 모든 것은 비영리단체인 파이썬 소프트웨어 재단Python Software Foundation, PSF에서 관리하고 있다.

프로그래밍 언어의 사용 정도를 나타내는 지표의 하나인 TIOBE 인덱스에 의하면 2018년 이후 파이썬의 사용은 빠른 속도로 증가하고 있다. 2019년 8월 파이썬의 점유율이 처음으로 10%를 넘어 C, Java와 함께 주요 프로그래밍 언어로 자리 잡기 시작했으며, 2021년 10월에는 TIOBE 인덱스 기준으로 처음 1위를 차지했다. 파이썬은 2018년 TIOBE에서 올해의 프로그래밍 언어로 선정되기도 했다.

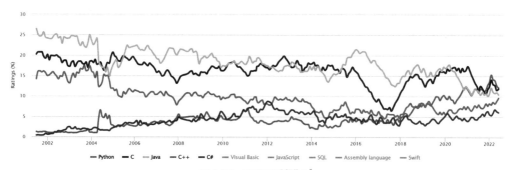

그림 3.2 TIOBE 인덱스[1]

---

[1] https://www.tiobe.com/tiobe-index

파이썬 언어는 비전공자를 위한 쉬운 프로그래밍 언어로 인기를 얻기 시작해 다양한 라이브러리 지원을 바탕으로 다양한 분야에서 사용할 수 있는 언어로 성장했다. 하지만 파이썬 역시 장점만 있는 언어는 아니며 단점 역시 존재한다. 파이썬이 인터프리터 기반의 언어라는 점, 모바일 장치를 위한 애플리케이션 개발에는 적합하지 않다는 점이 단점으로 꼽힌다. 하지만 파이썬 역시 진화하고 있다. 구글, 페이스북, 넷플릭스, 인스타그램, 드롭박스 등의 IT 기업에서 파이썬을 사용하고 있다는 점 그리고 인공지능 알고리즘 구현에 파이썬을 많이 사용한다는 점에서 파이썬의 인기는 당분간 계속될 것이라는 데 이견을 찾기는 어렵다.

3.2 파이썬 언어의 특징

파이썬 언어는 다른 언어에서는 볼 수 없는 몇 가지 특징을 가지고 있다. 그중 하나가 **들여쓰기를 통해 코드 블록을 구분하는 문법을 채용하고 있다**는 점이다. 들여쓰기를 통한 엄격한 코딩 방식은 프로그래머의 자유를 제한한다는 비판도 있지만, 가독성과 이식성을 높인다는 측면에서 대체로 호의적인 반응을 얻고 있다.

파이썬으로 작성한 코드를 다른 프로그래밍 언어로 작성한 코드와 비교해보면 코드 길이가 짧고 이해하기 쉽다는 점이 가장 큰 장점 중 하나다. 파이썬으로 작성한 코드가 이해하기 쉬운 이유는 언어가 단순하기 때문이다. 여기서 단순하다는 것은 다른 프로그래밍 언어에서 혼돈의 여지가 있는 부분을 제거하여 가능한 짧은 코드로 의도한 바를 명확하게 표현할 수 있도록 해준다는 의미다. C 언어를 사용하는 경우 같은 문제를 해결하기 위한 코드는 프로그래머에 따라 달라지기 마련이며, 이는 C 언어가 제공하는 자유와 다양성이라는 장점으로 이어진다. 반면 **파이썬은 같은 문제를 해결하기 위한 코드는 누가 작성하는지와 관계없이 비슷한 형태를 가지도록 하겠다는 철학을 언어 설계에 반영하여 간단하면서 읽기 쉬운 코드가 탄생하게 되었다.**

파이썬 언어와 관련한 모든 내용은 PEP_{Python Enhancement Proposal}를 통해 관리한다. PEP는 말 그대로 파이썬과 관련 있는 모든 수정 및 개선 사항에 대한 '제안'을 담고 있다. PEP가 제출되면 논의를 통해 이후 버전의 파이썬 언어에 반영할지를 결정한다. 수많은 PEP를 모두 읽어볼 수는 없고 그럴 필요도 없지만, 파이썬 언어의 철학을 담고 있는 PEP 20과 파이썬 코드의 작성 방식에 대한 가이드인 PEP 8은 파이썬을 공부하면서 흔히 참고하는 PEP이므로 한 번은 살펴볼 필요가 있다.

파이썬은 다른 언어와 마찬가지로 반드시 지켜야 하는 문법이 존재하는데, 여기에는 C/C++, Java 등과 다르게 들여쓰기를 강제한다는 점도 포함된다. 하지만 문법으로 정해지지 않은 부분은 코드를 작성하는 사람에 따라 다를 수밖에 없다. 이러한 다양성은 자유로움으로 여겨질 수도 있지만, 코드를 읽고 이해하기 어렵게 만드는 주범이기도 하다. 따라서 'PEP 8. 파이썬 코드 스타일 가이드Style Guide for Python Code'에서는 권장하는 코드 스타일을 제안한다. PEP 8은 파이썬 프로그램에서 제공하는 표준 라이브러리를 위한 코딩 관례를 설명하고 있으며, 간결하면서도 명확한 의미 전달이 가능하도록 코드를 작성하는 것을 목표로 하고 있다. 이 책에서 제시하는 코드들도 가능한 PEP 8의 스타일 가이드를 따랐다. 그러나 스타일 가이드는 반드시 따라야 하는 절대적인 것은 아니며, 상황에 따라 얼마든지 변경할 수 있다.

PEP 8의 스타일 가이드는 'PEP 20. 파이썬의 철학The Zen of Python'을 반영하고 있다. PEP 20은 팀 피터스Tim Peters가 파이썬 언어가 지향하는 바를 19개의 문장으로 나타낸 것으로, '간단하고 명확하게' 코드를 작성하는 것으로 요약할 수 있다.

표 3.1 파이썬의 철학

추한 것보다 아름다운 것이 낫다.
암시하는 것보다 명시적인 것이 낫다.
복잡한 것보다 단순한 것이 낫다.
난해한 것보다는 복잡한 것이 낫다.
얽혀 있는 것보다 단조로운 것이 낫다.
많은 것보다는 적은 것이 낫다.
가독성이 중요하다.
실용성이 규칙을 따르는 것보다 우선이긴 하다.
하지만 규칙을 깰 정도로 특별한 경우란 없다.
조용히 지나가도록 명시되어 있지 않다면,
오류는 절대 조용히 지나가서는 안 된다.
의미를 정확히 알 수 없을 때도 절대 추측하지 말라.
처음에는 그 방법이 명백하게 보이지 않을 수도 있지만,
문제를 해결하는 명백한 그리고 유일한 한 가지 방법이 있어야 한다.
지금 당장 하는 것보다는 하지 않는 것이 나을 때가 있지만,
하지 않는 것보다는 지금 하는 것이 낫다.
설명하기 어렵다면 좋은 아이디어가 아니다.
설명하기 쉽다면 좋은 아이디어일 수 있다.
네임 스페이스는 정말 좋은 아이디어다, 많이 활용하자.

파이썬의 또 다른 장점은 다양한 라이브러리를 사용할 수 있다는 점이다. 물론 다양한 라이브러리를 사용할 수 있다는 점이 파이썬만의 장점은 아니지만, 파이썬의 짧고 명확한 코드와 맞물려 다

양한 라이브러리를 쉽게 사용할 수 있다는 점은 다시 다른 라이브러리를 만들 수 있는 선순환 체계를 구축한 것으로 평가되고 있다. 파이썬에 포함된 표준 라이브러리가 다른 프로그래밍 언어에서 제공하는 표준 라이브러리보다 많은 기능을 제공하고 있다는 점도 무시할 수 없다. 또한, 별도로 설치해야 하는 외부 라이브러리 역시 파이썬 환경과 통합되어 표준 라이브러리와 같은 방법으로 사용할 수 있다는 점은 파이썬이 인기를 얻은 이유 중 하나가 되었다. 파이썬과 함께 흔히 사용되는 라이브러리에는 벡터와 행렬 연산을 위한 넘파이NumPy, 과학 및 공학 계산을 위한 사이파이SciPy, 빅데이터 조작과 분석을 위한 팬더스Pandas, 인공지능을 위한 사이킷런Scikit-Learn 등이 있다.

파이썬의 또 다른 특징 중 하나는 인터프리터를 사용한다는 점이다. 프로그래밍 언어 중 C/C++과 Java는 컴파일러를 사용한다. 인터프리터를 사용하는 언어로는 웹 페이지를 동적으로 만드는 데 사용하는 PHP가 대표적이다. 인터프리터를 사용하는 언어로 작성한 코드는 흔히 스크립트라고 불리므로 파이썬으로 작성한 코드 역시 '소스 코드' 또는 '스크립트'라고 한다.

컴파일러와 인터프리터의 차이는 여러 가지가 있지만, 프로그래머가 작성한 코드를 컴퓨터가 이해할 수 있는 기계어 명령으로 변환하는 시점에 근본적인 차이가 있다. C/C++로 작성한 소스 코드는 컴파일 과정을 통해 작성한 전체 코드를 목적 프로그램으로 변환하고, 여기에 사전에 준비된 라이브러리를 연결linking하여 실행 가능한 기계어 파일을 만든다. 따라서 실행 가능한 파일이 만들어진 후에는 컴파일러가 필요하지 않다. 반면 인터프리터는 실행 시점에서 스크립트를 줄 단위로 번역하여 실행한다. 따라서 **파이썬 코드를 실행하기 위해서는 파이썬 인터프리터가 실행되고 있는 상태여야 한다.** 표 3.2는 컴파일러와 인터프리터를 사용하는 프로그래밍 언어의 특징을 비교한 것이다.

표 3.2 컴파일러와 인터프리터

항목	컴파일러	인터프리터
번역 단위	소스 코드 전체	줄(문장)
번역 속도	느림	빠름
번역 효율, 최적화	높음	낮음
실행 파일 생성	○	×
실행 속도	빠름	느림
실행 중 번역기 사용	×	○
사용 언어	C/C++, Java	Python, PHP, MATLAB

줄 단위로 스크립트를 번역하는 인터프리터는 작성하는 코드를 바로 실행하여 결과를 얻을 수 있으므로 대화형 개발이 가능하다. 하지만 실행 시에 매번 코드를 번역해야 하므로 실행 속도가 느리고 인터프리터 역시 실행 상태에 있어야 하므로 메모리 소비가 많은 점은 단점이라고 할 수 있다.

파이썬 프로그램 설치

파이썬을 시작하기 위해서는 파이썬 인터프리터 또는 파이썬 프로그램이 당연히 필요하다. 이 책에서는 마이크로컨트롤러를 위한 마이크로파이썬을 사용할 것이지만, 마이크로파이썬이 파이썬을 기반으로 하고 있으므로 비교를 위해 파이썬을 설치해두자. 파이썬 설치 프로그램은 파이썬 홈페이지에서 무료로 내려받을 수 있다.

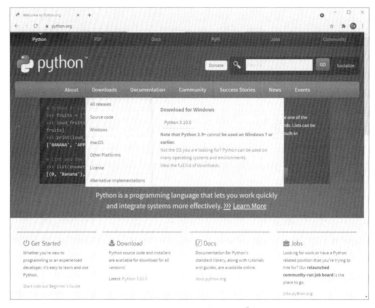

그림 3.3 **파이썬 홈페이지**[2]

파이썬을 처음 시작한다면 최신 버전을 내려받으면 된다. 'Download' 버튼을 눌러보면 여러 가지 버전의 파이썬을 확인할 수 있다.

---

2   https://www.python.org

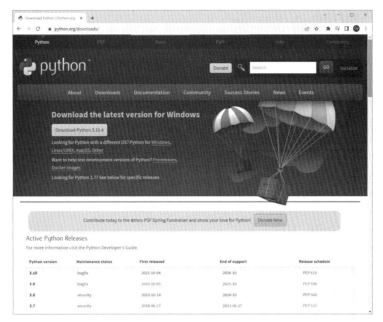

그림 3.4 **파이썬 버전**

파이썬의 버전 정책은 다른 프로그램과 차이가 있다. 일반적인 프로그램의 경우 버전 업데이트가 이루어지면 이전 버전은 사용하지 않지만, 파이썬의 경우에는 새로운 버전으로 업데이트된 후에도 이전 버전에 대한 지원을 지속해 왔다. 파이썬은 크게 2.x 버전과 3.x 버전으로 나뉘며 이들은 서로 호환되지 않는다. 아직도 2.x 버전을 사용하는 경우가 많긴 하지만, 2020년 1월 1일 이후로 지원을 중단한 상태이므로 3.x 버전을 선택하자. 내려받은 설치 프로그램을 실행하여 파이썬 인터프리터를 설치한다.

그림 3.5 **파이썬 프로그램 설치 초기 화면**

초기 화면에서 'Add Python 3.10 to PATH' 옵션을 선택하여 명령 프롬프트에서 경로를 변경하지 않고 파이썬 셸을 실행할 수 있도록 한다. 'Install Now'를 누르면 설치가 시작된다.

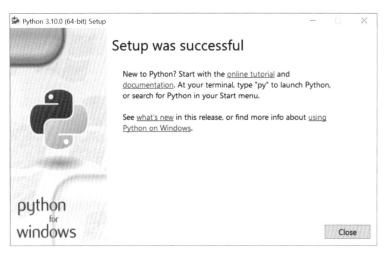

그림 3.6 **파이썬 프로그램 설치 완료**

파이썬 프로그램 설치를 완료하면 두 가지 방법으로 파이썬 셸을 실행할 수 있다. 첫 번째는 'Python( )'을 실행하는 방법이고, 두 번째는 'IDLE( )'를 실행하는 방법이다. 'Python'을 실행하면 명령 프롬프트에 파이썬 셸이 실행된다. 반면 'IDLE'는 파이썬을 위한 통합개발환경으로 파이썬 프로그램에 포함된 터미널에 파이썬 셸이 실행된다. 이 두 프로그램을 실행하면 출력되는 초기 메시지는 똑같다.

```
 Python 3.10 (64-bit)                                        −   □   ×
Python 3.10.0 (tags/v3.10.0:b494f59, Oct  4 2021, 19:00:18) [MSC v.1929 64 bit
 (AMD64)] on win32
Type "help", "copyright", "credits" or "license" for more information.
>>>
```

그림 3.7 **'Python' 실행**

```
 IDLE Shell 3.10.0                                           −   □   ×
File  Edit  Shell  Debug  Options  Window  Help
    Python 3.10.0 (tags/v3.10.0:b494f59, Oct  4 2021, 19:00:18) [MSC v.1929 64 bit
    (AMD64)] on win32
    Type "help", "copyright", "credits" or "license()" for more information.
>>>
                                                                    Ln: 3  Col: 0
```

그림 3.8 **'IDLE' 실행**

IDLEintegrated development and learning environment는 파이썬 프로그램과 함께 설치되는 통합개발환경이다. IDLE는 사용 방법이 간단하여 파이썬을 처음 시작하는 경우 또는 교육용으로 사용하기에 적당하다. IDLE의 파이썬 셸은 자동 들여쓰기는 물론 키워드 색을 다르게 표시하는 구문 채색syntax highlighting을 지원하므로 오류를 쉽게 찾아낼 수 있다. 파이썬 셸에서는 파이썬 인터프리터를 통해 줄 단위로 명령을 실행한다. 파이썬 셸을 통해 줄 단위로 명령을 실행하는 것을 REPLread-evaluate-print loop이라고 하며, 줄 단위로 읽고 실행한 후 결과를 출력하는 파이썬 인터프리터의 동작을 나타낸다. 다만, 하나 이상의 문장으로 이루어지는 코드 블록의 경우 코드 블록이 완성될 때까지는 실행되지 않는다. 그림 3.9에서 for 문을 입력한 후 엔터키를 누르면 자동으로 들여쓰기가 된다. print 문을 입력한 후 엔터키를 누르면 여전히 들여쓰기가 유지되므로 백스페이스키(Backspace)를 누른 후 엔터키를 눌러 블록이 완성되었음을 알려주어야 블록을 실행한다.

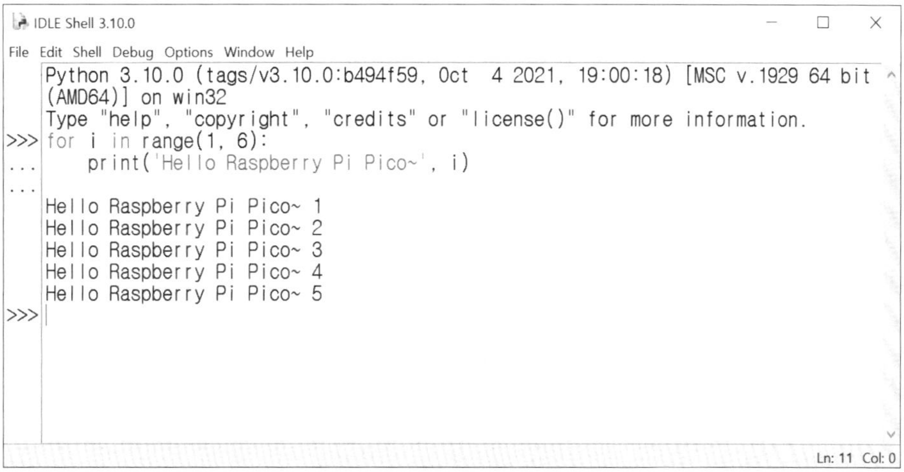

그림 3.9 **파이썬 셸에서의 REPL**

여러 개의 문장으로 이루어지는 코드 블록을 실행할 때는 셸을 사용하기가 쉽지 않으므로 파이썬 명령을 파일 단위로 작성하고 실행하는 것이 일반적이다. IDLE에서 'File ➡ New File' 메뉴 항목을 선택하면 스크립트를 파일 단위로 작성할 수 있는 편집기가 실행된다. 편집기에서 스크립트를 작성하여 저장한 후 'Run ➡ Run Module' 메뉴 항목을 선택하면 작성한 스크립트를 실행할 수 있다.

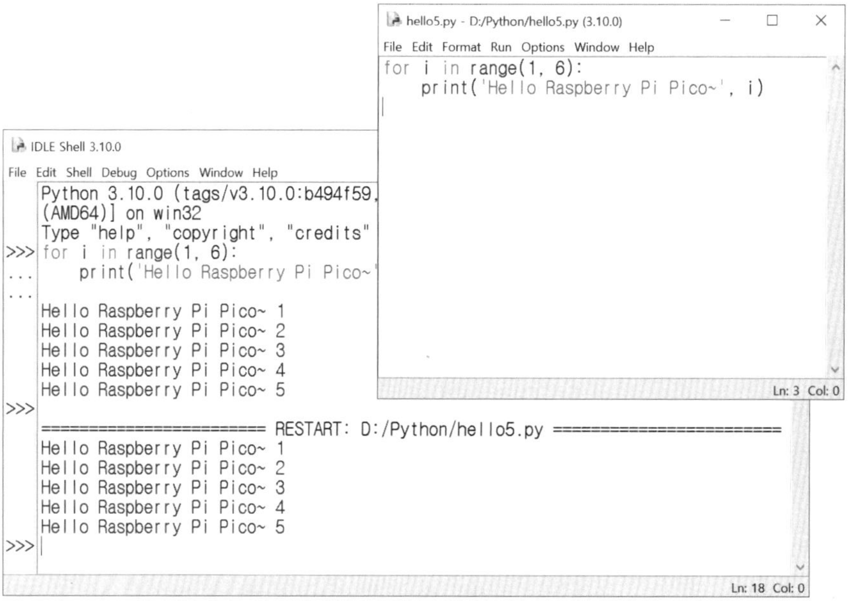

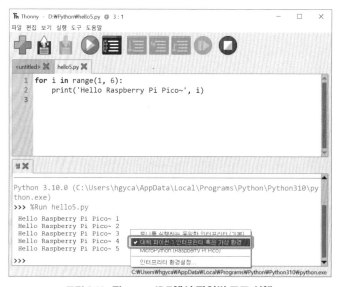

그림 3.10 **IDLE에서 파이썬 코드 실행**

이 책에서는 컴퓨터를 위한 파이썬을 사용하는 것이 아니라 마이크로컨트롤러를 위한 마이크로파이썬을 사용하므로 'Python'이나 'IDLE'를 사용하지는 않는다. Thonny IDE를 설치하면 Thonny IDE와 함께 컴퓨터를 위한 파이썬 인터프리터가 설치되지만, 별도로 설치한 파이썬 인터프리터 역시 사용할 수 있다. 그림 3.11은 Thonny IDE에서 별도로 설치한 파이썬 인터프리터를 실행한 예를 보여준다.

그림 3.11 **Thonny IDE에서 파이썬 코드 실행**

IDLE에 스크립트 편집기와 셸이 있는 것처럼 Thonny IDE에도 스크립트 영역과 셸이 있다. 그림 3.10과 그림 3.11은 서로 다른 통합개발환경에서 같은 파이썬 인터프리터를 사용하여 같은 코드를 실행한 것이다. 한 가지 주의해야 할 점은 그림 3.11은 마이크로파이썬을 사용한 것이 아니라 파이썬 3을 사용한 것이라는 점이다. 마이크로파이썬은 마이크로컨트롤러를 위해 파이썬의 일부만을 구현한 것으로 파이썬과는 다르다. 물론 그림 3.10과 그림 3.11의 코드는 마이크로파이썬에서도 같은 결과를 얻을 수 있다.

그림 3.12 Thonny IDE에서 마이크로파이썬 코드 실행

그림 3.11과 그림 3.12의 차이점은 사용하는 인터프리터가 다르고 인터프리터가 저장된 위치 또한 다르다는 점이다. 파이썬 인터프리터가 컴퓨터의 하드디스크에 저장되어 있다면, 마이크로파이썬 인터프리터는 라즈베리파이 피코에 저장되어 있다. 스크립트 역시 파이썬에서는 하드디스크에 저장되고, 마이크로파이썬에서는 라즈베리파이 피코의 플래시메모리에 저장하는 것이 일반적이다. 물론 스크립트의 이름은 'hello5.py'로 같다. 하지만 두 가지 모두 같은 구조와 실행 방법을 가지고 있으므로 라즈베리파이 피코를 작은 컴퓨터로 생각할 수 있다.

마이크로파이썬

이 책에서 사용하는 것은 파이썬이 아니라 마이크로
컨트롤러를 위한 파이썬인 마이크로파이썬이다. 마
이크로파이썬은 2013년 킥스타터kickstarter 프로젝트
로 시작하여 Cortex-M4 마이크로컨트롤러를 위해 처
음 구현되었다. 마이크로파이썬을 사용할 수 있는 첫
번째 보드는 파이보드pyboard로 STMicroelectronics의
STM32F405RG 마이크로컨트롤러를 사용하여 만들
어졌다. 파이보드는 지금도 판매되고 있다.

그림 3.13 파이보드

이후 마이크로파이썬은 다양한 마이크로컨트롤러에서 사용할 수 있도록 확장되어 영국 BBC에서
교육용 마이크로컨트롤러 보드로 만든 마이크로비트micro:bit, 레고 마인드스톰 EV3, 블루투스와
와이파이 기능을 포함하고 있는 에스프레시프Espressif의 ESP8266과 ESP32, 라즈베리파이의 첫 번
째 마이크로컨트롤러 보드인 라즈베리파이 피코 등의 보드가 마이크로파이썬을 지원하고 있다.

이 장에서는 마이크로파이썬 언어의 기본적인 내용을 살펴본다. 마이크로파이썬이 파이썬을 기
반으로 하고 있지만, 실행 환경의 차이로 완전히 호환되지는 않으므로 약간의 차이는 있을 수 있
다. 모든 코드는 Thonny IDE에서 작성하고 라즈베리파이 피코에서 실행하였다.

3.4.1 파이썬 식별자

파이썬의 식별자는 변수, 함수, 클래스, 모듈 등의 이름을 포함한다. 식별자는 다음의 규칙에 따라 만
들어진다.

* 파이썬 언어의 키워드는 식별자로 사용할 수 없다.
* 식별자는 영어 대문자(A~Z)와 소문자(a~z) 그리고 언더스코어(_)로 시작할 수 있다.
* 식별자의 첫 글자 이후에는 영어 대문자와 소문자, 언더스코어, 숫자(0~9) 등이 나올 수 있다.

식별자를 정하는 일반적인 관례는 PEP 8에 설명되어 있으므로 자세한 내용은 PEP 8 '파이썬 코
드 스타일 가이드[3]'를 참고하자. 흔히 사용하는 관례는 다음과 같다.

---

3   https://www.python.org/dev/peps/pep-0008/

- 클래스 이름은 영어 대문자로 시작한다. 다른 식별자는 영어 소문자로 시작한다.

- 클래스 이름에는 언더스코어를 사용하지 않고 대문자로 시작하는 단어의 조합을 사용한다. 이를 (파스칼 언어에서 유래한 방법이라는 의미에서) 파스칼 표기법PascalCase, 대문자 표기법 CapWords, (낙타 등과 비슷한 모양이라는 의미에서) 낙타 표기법CamelCase[4] 등으로 부른다.

- 모듈, 패키지, 변수, 함수 등의 이름은 영어 소문자와 언더스코어를 사용하여 만든다.

- 상수는 영어 대문자와 언더스코어를 사용하여 만든다.

- 이름의 시작이나 끝에 들어가는 언더스코어는 특별한 의미가 있는 경우가 많으므로 사용에 주의해야 한다.[5]

- 하나의 언더스코어로 끝나는 이름은 파이썬 키워드와 충돌을 방지하기 위해 사용한다. 비슷한 용도로 C/C++에서는 언더스코어로 시작하는 이름을 사용하는 때가 있지만, 언더스코어로 시작하는 이름은 내부적으로 사용하는 경우가 대부분이므로 주의해야 한다.

3.4.2 문장과 줄 그리고 들여쓰기

C/C++, Java 등의 언어에서는 코드 블록을 나타내기 위해 중괄호를 사용한다. 하지만 파이썬에서는 중괄호를 사용하지 않는다. 파이썬에서 중괄호는 수학에서와 마찬가지로 집합을 나타낸다. **코드 블록을 나타내기 위해 파이썬에서는 들여쓰기**indentation**를 통해 코드를 구조화하므로 들여쓰기를 반드시 지켜야 한다.** 들여쓰기할 때 들여 쓸 공백문자의 수는 정해져 있지 않지만, 같은 블록 내의 문장은 모두 같은 수의 공백문자로 들여쓰기를 해야 한다. 스타일 가이드에서는 **한 수준 들여쓰기를 위해 4개의 공백문자를 사용하도록 추천하고 있다.** 코드 3.1에서 2번과 3번 줄은 같은 들여쓰기 수준에 놓여야 하지만 수준이 맞지 않아 오류가 발생하며, 5번과 6번은 들여쓰기를 하지 않아 오류가 발생한다.

코드 3.1 잘못된 들여쓰기

```
01  if True:
02      print("정답은 ")
03          print("True")       # 'unexpected indent' : 잘못된 들여쓰기
04  else:
05  print("정답은 ")            # 'invalid syntax' : 들여쓰기를 하지 않은 블록
06  print("False")
```

---

4   첫 글자가 대문자로 시작하지 않는 경우도 낙타 표기법이라고 한다.

5   정확한 의미를 이해할 때까지는 언더스코어를 이름의 처음과 끝에 사용하지 않는 것을 추천한다. 다만, 단어를 연결할 때 사용하는 언더스코어는 가독성을 높이기 위해 사용하는 것을 추천한다.

그림 3.14 잘못된 들여쓰기에 의한 오류

코드 3.1의 들여쓰기 오류를 수정한 것이 코드 3.2다. 5번과 6번 줄의 코드 블록은 2번과 3번 줄의 코드 블록과 같은 수준이지만, 2번과 3번 줄의 코드보다 한 번 더 들여쓰기가 된 것을 볼 수있다. 하지만 오류는 발생하지 않는다. 이는 들여쓰기가 블록 내에서만 정확하게 이루어지면 아무문제가 없기 때문이다. 물론 이렇게 사용하는 경우는 거의 없다. 같은 수준의 블록은 같은 정도의 들여쓰기를 하는 것이 바람직하다.

코드 3.2 수정된 들여쓰기

```
01  if True:
02      print("정답은 ")
03      print("True")
04  else:
05          print("정답은 ")
06          print("False")
```

Thonny IDE 셸 실행 결과

```
>>> %Run -c $EDITOR_CONTENT
 정답은
 True
>>>
```

파이썬에서 들여쓰기할 때는 콜론(:)에 주의해야 한다. 코드 3.2의 1번 줄의 끝에 콜론이 있는 것은**이후 문장들이 하위 블록을 형성한다는 의미다.** 편집기에서 1번 줄을 입력하고 엔터키(Enter)를 누르면 자동으로 한 수준 들여쓰기가 된다. 이처럼 들여쓰기의 시작은 쉽게 구별할 수 있지만, 들여쓰기 끝은 자동으로 구별할 수 없다. 따라서 들여쓰기를 끝내야 하는 지점에서는 백스페이스(Backspace)를 눌러 들여쓰기를 조정해야 한다. 코드 3.1에서 '#'은 코멘트를 표시하는 것이다. 문자열 내부에 있지 않은 '#' 이후 줄의 끝까지는 코멘트로 인터프리터에서 무시한다.

스타일 가이드에서는 **한 줄에 72개 이하의 문자만 입력하도록 추천**하고 있다. 하지만 문장을 입력하다 보면 더 많은 문자가 필요할 수 있다. 이런 경우라면 하나의 문장을 여러 줄에 걸쳐 입력해야 한다. **여러 줄에 걸쳐 입력한 내용이 이어지는 하나의 문장임을 표시하기 위해서 줄 끝에 역슬래시('\')를 사용한다.** 코드 3.3의 5번과 6번 줄은 4번 줄에 이어지는 내용이다. 이처럼 여러 줄에 걸쳐 내용을 입력할 때는 들여쓰기를 하지 않아도 된다.

한 가지 더 주의해서 볼 것은 1번 줄의 세미콜론(;)이다. C/C++과 달리 파이썬에서는 문장의 끝에 세미콜론을 사용할 필요는 없지만, **여러 문장을 하나의 줄에 입력할 때 문장을 구분하기 위해 세미콜론을 사용하기도 한다.**

📄 코드 3.3 여러 줄에 문장 입력하기

```
01  one = 1; two = 2       # 문장 구분을 위해 세미콜론 사용
02  three = 3;             # 필수는 아니지만 사용 가능
03
04  total = one + \
05          two + \
06          three          # 문장이 끝날 때는 역슬래시를 쓰지 않음
07
08  print("전체 합은", total)
```

📄 Thonny IDE 셸 실행 결과

```
>>> %Run -c $EDITOR_CONTENT
 전체 합은 6
>>>
```

다만, 괄호를 사용할 때는 줄의 끝에 역슬래시를 사용하지 않아도 괄호 쌍이 완성될 때까지는 자동으로 이어지는 문장으로 인식한다. 코드 3.4에서 1번 줄 끝에 역슬래시를 입력해도 결과는 달라지지 않는다.

📄 코드 3.4 역슬래시 없이 여러 줄에 문장 입력하기

```
01  days = ['월요일', '화요일', '수요일',
02          '목요일', '금요일', '토요일', '일요일']
03
04  for day in days:
05      print(day)
```

```
>>> %Run -c $EDITOR_CONTENT
 월요일
 화요일
 수요일
 목요일
 금요일
 토요일
 일요일
>>>
```

코드 3.3과 코드 3.4를 살펴보면 문자열을 나타내기 위해 큰따옴표와 작은따옴표를 사용한 것을 볼 수 있다. 파이썬에는 문자를 다루는 데이터 타입이 없고 문자를 길이가 1인 문자열로 처리한다. 따라서 문자와 문자열을 구별하기 위해 작은따옴표와 큰따옴표를 구분해서 사용하는 C/C++과 달리 **파이썬에서는 문자열을 나타내기 위해 작은따옴표나 큰따옴표 중 어느 것이든 사용할 수 있다.** 작은따옴표로 표시되는 문자열에는 제어 문자escape sequence라고 불리는 특별한 방법을 사용하지 않고 큰따옴표를 포함할 수 있고, 마찬가지로 큰따옴표로 표시되는 문자열에는 이스케이프 시퀀스 없이 작은따옴표를 포함할 수 있으므로 선택하여 사용하면 된다.

코드 3.5 문자열 표시와 따옴표 사용

```
01   str1 = '\'작은따옴표\'로 표시하고 작은따옴표를 포함하는 문자열'
02   str2 = '"작은따옴표"로 표시하고 큰따옴표를 포함하는 문자열'
03   str3 = "'큰따옴표'로 표시하고 작은따옴표를 포함하는 문자열"
04   str4 = "\"큰따옴표\"로 표시하고 큰따옴표를 포함하는 문자열"
05
06   print(str1)
07   print(str2)
08   print(str3)
09   print(str4)
```

```
>>> %Run -c $EDITOR_CONTENT
 '작은따옴표'로 표시하고 작은따옴표를 포함하는 문자열
 "작은따옴표"로 표시하고 큰따옴표를 포함하는 문자열
 '큰따옴표'로 표시하고 작은따옴표를 포함하는 문자열
 "큰따옴표"로 표시하고 큰따옴표를 포함하는 문자열
>>>
```

표 3.3은 파이썬에서 문자열 내에 특별한 문자를 포함할 때 사용할 수 있는 제어 문자 중 흔히 사용하는 것을 나타낸 것으로 C/C++에서와 같은 방법으로 사용할 수 있다.

표 3.3 **제어 문자**

제어 문자	이름	아스키코드값	제어 문자	이름	아스키코드값
\b	백스페이스	8	\r	캐리지 리턴	13
\t	탭	9	\\	역슬래시	92
\n	라인 피드	10	\'	작은따옴표	39
\f	폼 피드	12	\''	큰따옴표	34

3.4.3 변수와 데이터 타입

C/C++에서 사용할 수 있는 기본 데이터 타입은 숫자(정수와 실수)와 문자다. 반면 앞에서도 이야기한 것처럼 파이썬에는 문자를 다루기 위한 데이터 타입이 없으며, **파이썬에서 사용할 수 있는 기본 데이터 타입은 숫자와 문자열이다.** 파이썬에서는 변수를 사용하기 전에 변수를 선언하지 않는다는 점도 C/C++ 언어와 다른 점이다. 파이썬에서 변수에 등호(=)를 사용하여 값을 대입하면 값을 저장하기 위한 메모리를 할당하고, 할당 메모리에 값을 저장한 후 다시 변수를 위한 메모리를 할당하여 변숫값을 가리키도록 설정된다. 즉, C/C++에서 기본 데이터 타입의 변수는 값을 저장하는 메모리 이외에 추가 메모리가 필요하지 않지만, 파이썬에서는 기본 데이터 타입 역시 객체로 처리되고, 모든 변수는 객체에 대한 참조로, 즉 C/C++에서의 포인터처럼 처리된다. 예를 들어 파이썬에서 모든 정숫값은 정수 클래스의 객체로, 모든 실숫값은 실수 클래스의 객체로 만들어진 후 변수는 만들어진 객체를 가리키는 용도로만 사용된다.

파이썬에서 변수는 데이터 타입을 가지지 않는다는 점도 C/C++과 차이점이다. 파이썬에서 변수는 값(정확하게 이야기하자면 값이 저장된 객체)이 저장된 메모리를 가리키는 포인터 역할만 하므로 어떤 종류의 값(객체)도 가리킬 수 있다.

코드 3.6 변수에 값 대입하기

```
01  some_value = 10              # 정수
02  print(some_value)
03
04  some_value = 3.1415927       # 실수
05  print(some_value)
06
07  # 문자열
08  some_value = '하나의 변수에 모든 데이터 타입의 값을 대입할 수 있습니다.'
09  print(some_value)
```

```
>>> %Run -c $EDITOR_CONTENT
 10
 3.141593
 하나의 변수에 모든 데이터 타입의 값을 대입할 수 있습니다.
>>>
```

파이썬에서 다룰 수 있는 숫자에는 정수, 실수 그리고 복소수가 있다. 이 중 정수는 현재 사용할 수 있는 메모리 중 필요한 만큼의 메모리를 사용하는 방법을 사용하므로 오버플로 걱정 없이 큰 정수를 사용할 수 있다.[6] 정수 연산에서 주의할 점 중 하나는 **정수 사이의 나눗셈(/)도 결과가 실수로 나온다**는 점이다. 정수를 피연산자로 하는 경우 몫을 구하는 연산자(//)와 나머지를 구하는 연산자(%)가 별도로 준비되어 있다. 반면 실수는 C/C++ 언어와 마찬가지로 부동소수점 방식으로 고정된 크기의 메모리에 저장하며, 마이크로파이썬에서는 약 10^{38} 크기의 숫자를 나타낼 수 있다.

📟 **코드 3.7 정수와 실수 범위**

```
01  print(10 / 3)                              # 정수 사이의 나눗셈 결과는 실수
02  print(10 // 3)                             # 정수 나눗셈의 몫
03  print(10 % 3)                              # 정수 나눗셈의 나머지
04  print(100000000000000000000000)           # 큰 정수
05
06  print(10.0**38)
07  print(10.0**39)
```

📟 Thonny IDE 셸 **실행 결과**

```
>>> %Run -c $EDITOR_CONTENT
 3.333333
 3
 1
 100000000000000000000000
 1e+38
 inf
>>>
```

파이썬에서 문자열은 작은따옴표나 큰따옴표로 나타내며, 문자 역시 길이 1인 문자열로 처리된다. 문자열에서 문자를 얻어 오는 것은 C/C++의 배열을 다루는 것과 같이 대괄호를 사용하여

---

6   파이썬의 정수 연산에서는 다른 언어보다 오버플로를 덜 걱정해도 된다는 이야기지 오버플로가 전혀 발생하지 않는다는 말은 아니다. 하지만 일반적인 정수 연산에서는 오버플로 걱정은 하지 않아도 된다.

인덱스를 지정하면 된다. 인덱스는 C/C++과 마찬가지로 0부터 시작되지만, 음수를 지정하면 문자열의 끝에서부터 역방향으로 순서가 정해진다.

인덱스 범위([n1:n2]) 지정을 통해 문자열 일부를 얻어 올 수도 있다. 범위를 지정할 때는 n1 위치는 포함되지만, n2 위치는 포함되지 않는다는 점에 주의해야 한다. 범위를 지정할 때 시작 인덱스를 지정하지 않으면 인덱스 0인 첫 번째 문자부터, 종료 인덱스를 지정하지 않으면 문자열의 끝까지 지정된다.

문자열에 대해서도 '+'와 '＊' 연산을 사용할 수 있는데, 숫자와는 다른 의미를 나타낸다. '+'는 문자열 연결을, '＊'는 문자열 반복을 위해 사용한다. 특히, 문자열을 이어 붙이는 '+' 연산은 새로운 문자열 생성 시 흔히 사용한다.

코드 3.8 문자열 인덱싱

```
01  str = 'Hello Pico~'
02
03  for i in range(len(str)):
04      print(str[i])
05
06  # 시작 인덱스가 생략되면 0부터, 종료 인덱스가 생략되면 마지막까지
07  print(str[6:] + str[:6])
08  print((str + ' ') * 2)
```

Thonny IDE 셸 실행 결과

```
>>> %Run -c $EDITOR_CONTENT
 H
 e
 l
 l
 o

 P
 i
 c
 o
 ~
 Pico~Hello
 Hello Pico~ Hello Pico~
>>>
```

문자열 역시 문자열 클래스의 객체로 저장되며, 문자열 조작을 위해서는 다음과 같은 함수를 자주 사용한다.

표 3.4 문자열 조작 방법

코드	결과	설명
str = 'Hello World'	–	–
str[-1]	'd'	오른쪽부터의 인덱스로 –1이 오른쪽 끝을 나타냄
str[-3:-1]	'rl'	–1 위치는 포함되지 않음
len(str)	11	문자열의 길이
str.upper()	'HELLO WORLD'	소문자를 대문자로 변환
str.lower()	'hello world'	대문자를 소문자로 변환
str.replace('o', 'A')	'HellA WArld'	문자(열) 교체
str.find('W')	6	처음으로 주어진 문자(열)가 발견된 위치
str.split()	['Hello', 'World']	단어 단위의 리스트 생성
list(str)	['H', 'e', 'l', 'l', 'o', ' ', 'W', 'o', 'r', 'l', 'd']	글자 단위의 리스트 생성

3.4.4 연산자와 연산자 우선순위

파이썬에서 사용할 수 있는 연산자는 다른 프로그래밍 언어에서 사용할 수 있는 연산자와 거의 비슷하다. 연산자는 산술 연산자, 비교/관계 연산자, 논리 연산자, 비트 연산자, 대입 연산자, 멤버십membership 연산자, 아이덴티티identity 연산자 등으로 나눌 수 있다.

산술 연산자는 사칙연산을 기본으로 하고, 정수 연산을 위해 몫을 구하는 연산자(//)와 나머지를 구하는 연산자(%)를 별도로 제공한다. 이 밖에 거듭제곱을 위한 연산자(**)가 있다. 산술 연산자는 숫자를 피연산자로 하고 그 결과 역시 숫자로 나온다.

표 3.5 산술 연산자

연산자	의미	사용 예	비고
+	더하기	a = b + 3	–
–	빼기	a = b – 3	–
*	곱하기	a = b * 3	–
/	나누기	a = b / 3	정수 사이의 나누기도 결과는 실수로 주어진다.
//	정수 몫	a = b // 3	피연산자는 실수도 가능하다.[7]
%	나머지	a = b % 3	
**	거듭제곱	a = b ** 3	–

---

7 C/C++에서 정수 몫을 구하기 위해서는 피연산자를 정수로 하는 나누기를 수행하면 되고, 나머지 연산자는 정수에만 사용할 수 있다.

비교/관계 연산자는 두 숫자를 비교하여 관계를 알아보는 연산자로, 숫자를 피연산자로 하고 그 결과는 참True 또는 거짓False의 논릿값으로 나온다.

표 3.6 비교 연산자

연산자	의미	사용 예	비고
>	크다	a > b	-
>=	크거나 같다	a >= b	-
<	작다	a < b	-
<=	작거나 같다	a <= b	-
==	같다	a == b	대입 연산자 '='와 다른 점에 주의해야 한다.
!=	다르다	a != b	-

논리 연산자는 2개의 논릿값을 불대수Boolean algebra에 따라 계산하고 그 결과를 논릿값으로 반환하는 연산자다. 비교 연산자와 달리 논리 연산자는 피연산자와 결괏값 모두 참 또는 거짓의 논릿값을 가진다.[8]

표 3.7 논리 연산자

논리 연산자	의미	사용 예
and	논리 AND	(a > 100) and (a < 200)
or	논리 OR	(a == 100) or (b == 200)
not	논리 NOT	not (a < 100)

비트 연산자는 비트 논리 연산자와 비트 이동 연산자로 나눌 수 있다. 비트 논리 연산은 논리 연산의 일종이지만 논리 연산과 달리 피연산자와 결괏값 모두 정수로 주어진다. 비트 논리 연산은 피연산자에 대해 비트 단위로 논리 연산을 실행한다. 반면 비트 이동 연산은 피연산자를 지정한 비트 수만큼 메모리 내에서 왼쪽 또는 오른쪽으로 이동시키는 연산이다. 비트 이동 연산은 2의 거듭제곱에 의한 곱셈 또는 나눗셈에 사용할 수 있다.

---

8   컴퓨터 내부에서 논릿값은 정숫값과 같은 방식으로 저장되므로 True나 False의 논릿값이 아닌 정수에 대해서도 논리 연산이 가능하다. 하지만 논리 연산자는 논릿값에 대해서만 사용하는 것이 좋다.

표 3.8 **비트 연산자**

구분	연산자	의미	사용 예	비고
비트 논리 연산자	&	비트 AND	a & b	
	¦	비트 OR	a ¦ b	
	^	비트 XOR	a ^ b	
	~	비트 NOT	~a	1의 보수를 구한다.
비트 이동 연산자	«	왼쪽으로 이동	a « n	왼쪽/오른쪽으로 n비트만큼 메모리 내에서 이동한다. 빈칸은 0으로 채우고 밀려난 비트는 버린다.
	»	오른쪽으로 이동	a » n	

코드 3.9는 비트 연산의 예를 보인 것이다.

📋 코드 3.9 **비트 연산**

```
01  a = 0b00110011                          # 이진수 표현
02  b = 0x0F                                # 십육진수 표현
03
04  print('{0:08b}'.format(a & b))          # a의 하위 4비트 출력
05  print('{0:08b}'.format(a ^ b))          # a의 하위 4비트 반전하여 출력
06  print('{0:08b}'.format(~a), ~a)         # 부호 크기 형태의 음수 출력
07  print('{0:08b}'.format(a << 2))         # a를 왼쪽으로 2비트 이동 또는 4를 곱해서 출력
```

🖥 Thonny IDE 셀 **실행 결과**

```
>>> %Run -c $EDITOR_CONTENT
 00000011
 00111100
 -0110100 -52
 11001100
>>>
```

코드 3.9에서 format은 문자열의 출력 형식을 지정하기 위한 것이다. {0:08b}는 출력 형식을 나타내는 문자열로, 첫 번째 '0'은 format 함수의 첫 번째 매개변수를 나타낸다. 매개변수의 인덱스는 0부터 시작되며 비트 연산의 결괏값이 주어져 있다. 두 번째 '0'은 빈칸을 0으로 채운다는 의미이고, '8'은 값을 8칸으로 나타낸다는 것을, 마지막 'b'는 이진수 형식으로 표시한다는 것을 나타낸다. 콜론은 매개변수 인덱스와 형식 지정을 구분하는 용도다.

비트 NOT 연산은 비트 반전을 의미하며 비트 단위 반전을 1의 보수라고 한다. a의 값이 0b00110011이므로 비트 반전 결과는 0b11001100이 된다. 정수를 표현할 때 최상위 비트가 1인 것은 음수를, 0인 것은 양수를 나타내므로 반전된 결과 0b11001100은 음수가 된다. 음수를 나타내는 표현에서 다시 2의 보수를 취하면 그 크기를 얻을 수 있다. 0b11001100의 1의 보수는

각 비트를 반전시킨 0b00110011이고, 2의 보수는 1의 보수에 1을 더한 0b00110100 == 52이므로 0b11001100은 -52를 나타내는 2의 보수 표현이 된다. 코드 3.9에서 a를 반전시킨 값은 부호(-)와 크기(0b0110100 == 52)로 표현되어 있다.

표 3.9 양수와 음수 표현

연산	이진수	설명
-	0b11001100	-52가 파이썬에서 저장되는 방법
비트 반전	0b00110011	-52 표현의 1의 보수
+1	0b00110100	-52 표현의 2의 보수 음수의 절댓값 또는 양수 52가 저장되는 방법
비트 반전	0b11001011	+52 표현의 1의 보수
+1	0b11001100	+52 표현의 2의 보수 -52가 파이선에서 저장되는 방법

멤버십 연산자인 in과 not in은 여러 개의 값이 저장되는 문자열, 리스트, 튜플 등에서 지정한 값이 존재하는지를 검사하여 그 결과를 참 또는 거짓으로 반환한다. 리스트와 튜플에 대해서는 뒤에서 다시 설명한다.

📄 **코드 3.10 멤버십 연산**

```
01  days = ['SUN', 'MON', 'TUE', 'WED', 'THU', 'FRI', 'SAT']
02
03  print('mon' in days)
04  print('MON' in days)
```

📋 **Thonny IDE 셸 실행 결과**

```
>>> %Run -c $EDITOR_CONTENT
 False
 True
>>>
```

아이덴티티 연산자는 두 객체의 아이덴티티, 즉 메모리 내의 주소를 비교하여 같은 주소에 저장된 객체를 가리키면 참을, 이외의 경우에는 거짓을 반환한다. 파이썬에서 값은 메모리에 저장되고, 변수는 메모리를 가리키는 포인터 역할만 한다. 결과적으로 같은 값을 가리키는 변수는 같은 메모리를 가리킨다. **값이 저장된 메모리 주소는 id() 함수로 알아낼 수 있고, 변수가 가리키는 메모리 번지가 같은지 여부는 is와 is not 연산자를 통해 알아낼 수 있다.** 코드 3.11에서 출력되는 메모리 주소는 달라질 수 있으므로 같은 주소를 가리키는지 아닌지에만 주목하면 된다.

```
01   a = 1
02   b = 2 // 2
03   c = 2 / 2
04
05   print('a : ', a)
06   print('b : ', b)
07   print('c : ', c)
08
09   print('변수 a와 b는 같은 메모리를 가리킴 : ', a is b)
10   print('변수 a와 c는 같은 메모리를 가리킴 : ', a is c)
11
12   print('변수 a가 가리키는 메모리 주소 : ', id(a))
13   print('변수 b가 가리키는 메모리 주소 : ', id(b))
14   print('변수 c가 가리키는 메모리 주소 : ', id(c))
```

Thonny IDE 셀 실행 결과

```
>>> %Run -c $EDITOR_CONTENT
 a : 1
 b : 1
 c : 1.0
 변수 a와 b는 같은 메모리를 가리킴 : True
 변수 a와 c는 같은 메모리를 가리킴 : False
 변수 a가 가리키는 메모리 주소 : 3
 변수 b가 가리키는 메모리 주소 : 3
 변수 c가 가리키는 메모리 주소 : 536907936
>>>
```

파이썬에서 사용할 수 있는 연산자는 여러 가지다. 복잡한 연산을 표현하기 위해서는 하나의 문장에 여러 개의 연산자를 포함할 수 있다. 이처럼 **여러 개의 연산자가 하나의 문장에 사용되는 경우 어느 연산자를 먼저 계산할 것인지 결정해 주는 것이 연산자 우선순위**다. 표 3.10은 파이썬에서 사용할 수 있는 연산자의 우선순위를 나타낸 것으로, '산술 연산자 ➡ 비트 연산자 ➡ 멤버십, 아이덴티티, 비교 연산자 ➡ 논리 연산자' 순으로 우선순위가 낮아진다.

표 3.10 연산자 우선순위

우선순위	연산자	설명
1	( )	괄호
2	**	거듭제곱
3	+, -, ~	단항 연산자로 부호(+, -)와 비트 NOT(~)
4	*, /, //, %	곱하기, 나누기, 정수 나누기, 나머지
5	+, -	더하기, 빼기
6	«, »	비트 이동

표 3.10 **연산자 우선순위** (계속)

우선순위	연산자	설명
7	&	비트 AND
8	^	비트 XOR
9	¦	비트 OR
10	in, not in, is, is not, <, <=, >, >=, !=, ==	멤버십 검사, 아이덴티티 검사, 비교
11	not	논리 NOT
12	and	논리 AND
13	or	논리 OR

연산자에 우선순위가 정해져 있기는 해도 복잡한 계산을 하나의 문장으로 나타내면 코드를 이해하기가 어려워지므로 가능한 여러 개의 문장으로 나누어 단계별로 계산하는 것이 좋다. 또한, 연산자 중 우선순위가 가장 높은 것이 괄호이므로 우선순위가 명확하게 나타날 수 있도록 괄호를 사용하는 것을 추천한다.

3.4.5 제어문

컴퓨터를 위한 프로그램의 구조는 순차형sequence structure, 선택형decision structure, 반복형repetition structure의 세 종류로 나눌 수 있다. 이 중 기본이 되는 형태는 순차형으로 위에서 아래로 한 번에 하나씩 문장 단위로 실행한다. **순차형은 현대 컴퓨터의 모태가 된 폰노이만 구조에서의 실행 형태다.** 하지만 프로그램의 실행 순서는 필요에 따라 조정할 수 있다. 실행 흐름을 바꾸어야 할 경우, 주어진 조건에 따라 일부 코드만을 실행하는 선택형과 주어진 조건을 만족시키는 동안 코드 블록을 반복해서 실행하는 반복형을 사용한다. **파이썬에서 선택형은 if-else 조건문을 사용하여 구현할 수 있고, 반복형은 while과 for의 반복문을 사용하여 구현할 수 있다.**

■ 조건문

주어진 조건의 만족 여부에 따라 선택적으로 문장을 실행하고 싶을 때 조건문을 사용하는데 if-else가 대표적이다. if-else 문은 조건의 만족 여부에 따라 참 또는 거짓에 해당하는 2개 블록 중 하나만 실행하는 구조를 가진다. 그림 3.15는 if-else 문의 구조와 이를 코드로 나타낸 것이다. if-else 문에서 조건을 만족하지 않을 때 실행되는 else 부분은 생략할 수 있다.

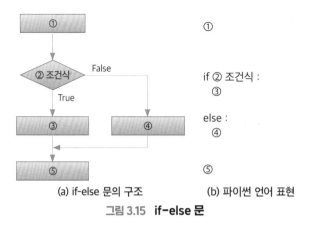

(a) if-else 문의 구조　　　　(b) 파이썬 언어 표현

그림 3.15　**if-else 문**

if로 시작하고 콜론(:)으로 끝나는 문장과 'else:'는 헤더_{header}라고 하고, 그 아래 한 단계 들여쓰기한 부분은 선택적으로 실행되는 코드 블록으로 스위트_{suite}라고 한다.

if-else 문은 참 또는 거짓의 두 가지 중 하나를 선택하도록 한다. 만약 세 가지 경우로 나누고자 한다면, 예를 들어 주어진 숫자를 양수, 음수, 영 세 가지로 나누고자 한다면 어떻게 해야 할까? 이 경우 그림 3.16과 같이 if나 else 내에 또 다른 if-else 문을 넣어야 하며, 이를 중첩_{nested} if-else 문이라고 한다. 중첩 if-else 문의 경우 elif를 써서 간단하게 나타낼 수 있다.

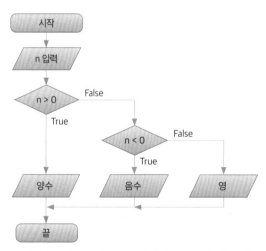

그림 3.16　**세 가지 경우로 나누는 중첩된 if-else 문**

📋 **코드 3.12　중첩된 if-else 문**

```
01  value = -5            value = -5
02
03  if value > 0:         if value > 0:
04      print('양수')          print('양수')
```

```
05  else:
06      if value < 0:                       elif value < 0:
07          print('음수')                        print('음수')
08      else:                               else:
09          print('영')                          print('영')
```

```
>>> %Run -c $EDITOR_CONTENT
 음수
>>>
```

파이썬에서 if 문을 위한 조건식을 표현할 때 C/C++과 달리 범위의 양 끝값을 한 번에 나타낼 수 있다. 코드 3.13에서 3번과 4번 줄은 C/C++과 같은 스타일로 –10에서 10 사이의 값을 찾아내는 방법이라면 6번과 7번 줄은 파이썬에서만 가능한 방법이다.

📋 **코드 3.13 범위 양 끝값의 지정**

```
01  value = -5
02
03  if value > -10 and value < 10:
04      print('-10에서 10 사잇값입니다.')
05
06  if -10 < value < 10:
07      print('-10에서 10 사잇값입니다.')
```

```
>>> %Run -c $EDITOR_CONTENT
 -10에서 10 사잇값입니다.
 -10에서 10 사잇값입니다.
>>>
```

■ 반복문

지정한 조건을 만족시키는 동안 코드 블록을 반복해서 실행하고 싶을 때 흔히 루프loop라고 이야기하는 반복문을 사용한다. 파이썬에서는 반복문을 위해 while과 for를 사용할 수 있다. **while 문은 주어진 조건을 만족하는 동안 반복해서 실행할 코드 블록을 지정하기 위해 사용한다. C/C++과 달리 파이썬에서 while 문은 조건을 만족하지 않는 경우 반복문을 끝내기 전에 한 번 실행할 수 있는 else를 사용할 수 있다.** 그림 3.17은 while 문의 구조와 이를 코드로 나타낸 것이다. if-else 문에서는 조건을 만족하는 경우 ③의 코드 블록이 한 번 실행된다면, while 문에서는 조건을 만족하는 경우 ③의 코드 블록이 0번 이상 실행된다. else 부분은 한 번만 실행되고 생략할 수 있다는 점은 if-else 문의 경우와 같다.

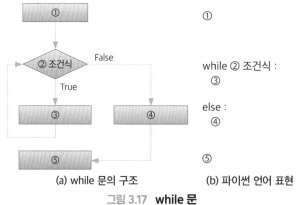

(a) while 문의 구조	(b) 파이썬 언어 표현

그림 3.17 **while 문**

코드 3.14 **while 문**

```
01  count = 0
02
03  while count < 5:
04      print(count, "는 5보다 작습니다.")
05      count = count + 1
06  else:
07      print(count, "는 5보다 작지 않습니다. 반복문을 끝냅니다.")
```

Thonny IDE 셸 **실행 결과**

```
Thonny IDE 셸 실행 결과
>>> %Run -c $EDITOR_CONTENT
 0 는 5보다 작습니다.
 1 는 5보다 작습니다.
 2 는 5보다 작습니다.
 3 는 5보다 작습니다.
 4 는 5보다 작습니다.
 5 는 5보다 작지 않습니다. 반복문을 끝냅니다.
>>>
```

while 문이 조건을 만족하는 동안 반복해서 실행된다면 **for 문은 시퀀스에 포함된 요소**element **각각에 대해 반복한다**는 차이가 있다. 시퀀스는 순서가 있는 요소의 모임으로 뒤에서 다시 다룬다. C/C++의 경우 for는 while과 거의 같은 기능을 하지만, 파이썬의 for 문은 while 문에서와 같은 조건식을 사용하지 않으며, 시퀀스 내에 처리하지 않은 요소의 존재 여부가 조건식으로 사용된다. 그림 3.18은 for 문의 구조와 이를 코드로 나타낸 것이다.

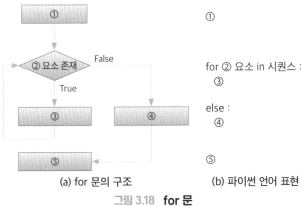

| (a) for 문의 구조 | (b) 파이썬 언어 표현 |

```
①                          ①

② 요소 존재    False       for ② 요소 in 시퀀스 :
      True                        ③
                               else :
③           ④                    ④

⑤                          ⑤
```

그림 3.18 for 문

코드 3.15는 숫자와 문자열로 이루어진 리스트에서 각각의 요소를 출력하는 예를 보여준다. 리스트에서 요소를 하나씩 가져오기 위해서 멤버십 검사 연산자인 in을 사용했다.

코드 3.15 for 문

```
01   item_list = [1, 2, 3.14, 2.71, "문자열", '리스트']
02
03   for item in item_list:              # 요소에 의한 나열
04       print(item)
05
06   print()
07   for i in range(len(item_list)):     # 인덱스에 의한 나열
08       print(item_list[i])
```

Thonny IDE 셸 실행 결과

```
>>> %Run -c $EDITOR_CONTENT
1
2
3.14
2.71
문자열
리스트

1
2
3.14
2.71
문자열
리스트
>>>
```

3.4.6 시퀀스

for 문에서 사용하는 시퀀스sequence는 파이썬에서 사용하는 데이터 타입의 하나로, **데이터에 순서 (또는 번호)를 붙여 나열한 것**을 말한다. 시퀀스는 시퀀스 내 각 요소에 인덱스(또는 위치)에 해당하는 숫자가 할당되어 있으며, 인덱스는 0부터 시작한다. 파이썬에서 사용할 수 있는 시퀀스에는 문자열, 리스트, 튜플, 범위 등이 있으며, 시퀀스 자체는 이들 데이터 타입의 공통적인 특징을 나타내는 추상적인 개념이다. 모든 시퀀스에는 인덱싱, 자르기, 더하기, 곱하기, 멤버십 검사 등의 작업이 가능하다.

■ 리스트

시퀀스 중 하나인 리스트list는 단어 의미 그대로 데이터를 나열한 것이다. **파이썬에서 리스트는 대괄호 사이에 콤마로 분리된 값을 나열하여 만들 수 있고, 리스트에 포함되는 요소가 모두 같은 데이터 타입일 필요는 없다.** 리스트의 요소는 문자열에서 각 문자를 인덱싱하는 것과 마찬가지로 대괄호를 써서 알아낼 수 있다. 이때 음의 인덱스를 지정하면 오른쪽 끝에서 왼쪽으로 인덱싱이 이루어진다. 문자열에서도 음의 인덱스를 사용할 수 있었던 것은 문자열과 리스트 모두 시퀀스의 한 종류이기 때문이다. 표 3.11은 리스트에서 흔히 사용하는 연산자 사용 방법을 나타낸 것이다.

표 3.11 리스트 조작 연산자

코드	결과	설명
a = [1, 2, 3] a[1] a[-1]	 2 3	리스트 생성 두 번째 요소 마지막 요소
len([1, 2, 3])	3	리스트 내 요소 수
[1, 2] + [3, 4]	[1, 2, 3, 4]	리스트 연결
['Hello'] * 3	['Hello', 'Hello', 'Hello']	요소 반복
3 in [1, 2, 3]	True	멤버십 검사
for x in [1, 2, 3] : print(x)	1 2 3	요소 나열

연산자를 사용하는 방법 이외에 리스트를 조작하는 기본적인 함수에는 요소를 추가하거나 제거하는 함수, 리스트를 정렬하는 함수 등이 있다. 표 3.12는 리스트를 조작하는 함수와 그 결과를 나타낸 것이다.

표 3.12 **리스트 조작 함수**

코드	결과	설명
a = [1, 2, 3]	[1, 2, 3]	리스트 생성
a.append(4)	[1, 2, 3, 4]	마지막 요소 추가
a.insert(1, 1.5)	[1, 1.5, 2, 3, 4]	인덱스 위치에 요소 추가
a.remove(1.5)	[1, 2, 3, 4]	값에 의한 요소 제거
del a[1]	[1, 3, 4]	인덱스에 의한 요소 제거
a.pop(1)	[1, 4]	인덱스에 의한 요소 제거 제거된 요소 반환
a.sort(reverse=True)	[4, 1]	내림차순 정렬
a.sort()	[1, 4]	오름차순 정렬
a.clear()	[]	모든 요소 제거

■ 튜플

튜플tuple은 한 번 만들어진 이후 변경할 수 없으며, 소괄호를 써서 만든다는 점을 제외하면 리스트와 같다. 하지만 변경할 수 없다는 것은 변수가 가리키고 있는 튜플의 내용을 변경할 수 없다는 것이지, 변수가 다른 튜플을 가리킬 수 없다는 말은 아니다.

튜플 생성 후 사용 방법은 리스트를 나타내는 대괄호가 소괄호로 바뀌는 점을 제외하면 리스트와 같다. 한 가지 주의할 점은 **하나의 요소로만 이루어지는 튜플을 만들 때는 요소 다음에 콤마를 추가해야 한다**는 점이다. 콤마 없이 하나의 요소만을 소괄호 안에 넣으면 튜플이 아니라 기본 데이터 타입으로 인식한다. 코드 3.16에서 변수가 가리키는 값의 종류를 알아내기 위해 type 함수를 사용하고 있다.

코드 3.16 **튜플**

```
01  number_tuple = (1)            # 기본 데이터 타입으로 인식
02  print(number_tuple)
03  print(type(number_tuple))
04
05  number_tuple = (1,)           # 요소가 1개인 튜플로 인식
06  print(number_tuple)
07  print(type(number_tuple))
```

Thonny IDE 셀 **실행 결과**

```
>>> %Run -c $EDITOR_CONTENT
 1
<class 'int'>
(1,)
<class 'tuple'>
>>>
```

■ 범위

범위range**는 연속된 정수를 나타내는 데이터 타입이다.** 범위를 나타낼 때는 시작값, 끝값 그리고 간격을 지정한다. 이때 끝값 자체는 연속된 정수에 포함되지 않으며, 이는 문자열이나 리스트의 인덱싱에서도 마찬가지다. 시작값 생략 시 0부터 시작하고, 간격을 생략하면 디폴트값인 1로 설정된다. 범위는 규칙에 따라 배열된 숫자 리스트와 비슷하지만, 리스트에는 실제 숫자가 저장된다면 범위에는 숫자를 만들어내기 위한 규칙이 저장되는 차이가 있다. 즉, 범위는 실제로 사용될 때 숫자열이 만들어지므로 리스트에 비해 메모리를 적게 사용한다. 범위 역시 시퀀스의 한 종류이므로 대괄호를 사용하여 인덱싱할 수 있다. for 문에서 일정한 규칙을 갖는 숫자열을 생성하기 위해 주로 범위를 사용하며, 필요한 경우 list 함수를 사용하여 리스트로 변환할 수 있다.

📋 **코드 3.17** **범위**

```
01   a = range(1, 7, 2)          # 1부터 7 미만까지 2 간격의 정수
02   b = list(a)                 # 범위(range)를 리스트(list)로 변환
03
04   for item in a:              # for 문에서 range 사용
05       print(item)
06
07   print()
08   for item in b:              # for 문에서 list 사용
09       print(item)
```

📋 **Thonny IDE 셸** **실행 결과**

```
>>> %Run -c $EDITOR_CONTENT
 1
 3
 5

 1
 3
 5
>>>
```

3.4.7 컬렉션

컬렉션collection**은** 데이터를 모아놓은 것으로 시퀀스와 달리 순서가 없다. 즉, **시퀀스는 순서가 있는 컬렉션에 해당한다.** 컬렉션에는 순서가 없지만, 컬렉션에 포함된 요소를 나열하는 것은 가능하다. 컬렉션에는 문자열, 리스트, 튜플, 범위 등의 시퀀스 이외에 집합과 사전이 포함된다.

■ 집합

집합set**은** 시퀀스와 달리 순서가 없고, 컬렉션의 일종인 사전과 달리 키도 없이 **단순히 요소를 모아**

놓은 데이터 구조로 중복된 요소가 없다는 점이 다른 데이터 타입과의 차이점이다. **파이썬에서 집합은 중괄호 사이에 콤마로 분리된 값을 나열하여 만든다.** 중괄호를 사용하여 집합을 나타내는 것은 수학에서와 동일하다. 집합에 포함되는 요소는 모두 같은 데이터 타입일 필요가 없다는 점은 리스트와 같으며, 사용 방법 역시 리스트와 비슷하다. 하지만 집합은 순서가 없는 값의 모임이므로 인덱싱을 통해 요소를 나열할 수 없다. 집합에는 더하기와 곱하기 연산자가 정의되어 있지 않지만, 수학에서 사용하는 합집합, 교집합 등의 집합 연산을 위해 union, intersection 등의 함수와 이에 해당하는 |, & 등의 연산자가 정의되어 있다.

코드 3.18 집합

```
01  my_set = {1, 2, 3, 4, 1, 2}        # 중복된 요소는 자동 제거
02  print(my_set)
03
04  for x in my_set:
05      print(x)
```

Thonny IDE 셀 실행 결과

```
>>> %Run -c $EDITOR_CONTENT
{1, 2, 3, 4}
1
2
3
4
>>>
```

표 3.13은 집합을 조작하는 기본적인 방법과 그 결과를 나타낸 것이다.

표 3.13 집합 조작 방법

코드	결과	설명
a = {1, 2, 3}	{1, 2, 3}	집합 생성
a.add(4)	{1, 2, 3, 4}	집합에 요소 추가
a.remove(3)	{1, 2, 4}	값에 의한 요소 제거
a.clear()	set()	모든 요소 제거

표 3.13에서 볼 수 있듯이 공집합은 set()으로 표시한다. 집합을 만들 때뿐 아니라 사전을 만들 때도 중괄호를 사용하므로, **{ }는 비어 있는 사전을 나타낼 때 사용하고 공집합은 set()을 사용한다.** 표 3.13은 하나의 집합에서 요소를 다루는 방법을 나타낸 것이고, 표 3.14는 두 집합 사이의 연산을 위한 방법을 보여준다.

표 3.14 집합 연산

코드	결과	설명
A = {1, 2, 3} B = {3, 4, 5} C = {3}		
A > C A > A	True False	C가 A의 진부분집합 여부 A가 A의 진부분집합 여부
A >= C A.issuperset(C) C.issubset(A)	True	C가 A의 부분집합 여부
A.isdisjoint(B)	False	서로소 집합
A ¦ B A.union(B)	{1, 2, 3, 4, 5}	A와 B의 합집합
B & C B.intersection(C)	{3}	B와 C의 교집합
B - C B.difference(C)	{4, 5}	차집합
A ^ B A.symmetric_difference(B)	{1, 2, 4, 5}	A와 B의 대칭차집합

■ 사전

사전dict은 집합과 마찬가지로 중괄호를 써서 나타내지만 하나의 요소가 키key와 값value의 쌍으로 이루어 **진다**는 점에서 차이가 있다. 사전에서 각 요소는 콜론으로 분리된 키와 값으로 나타낸다. 사전은 우리가 흔히 사용하는, 단어를 찾으면 그에 대한 설명이 나오는 사전을 생각하면 된다. 사전에서 표제어에 해당하는 것이 키고, 표제어의 설명에 해당하는 것이 값이다. 키를 사용하여 그에 해당 하는 값을 찾아내기 위해서는 빠른 속도로 키를 검색할 수 있는 자료구조 중 하나인 해시 테이블 hash table을 사용한다. 사전에 대한 더하기와 곱하기 역시 집합과 마찬가지로 정의되어 있지 않다.

지금까지 알아본 컬렉션 타입과 달리 사전에는 하나의 요소에 키와 값 두 가지를 포함하므로 다 른 컬렉션 타입과는 사용 방법이 다르다. 특히, **사전에서 멤버십 검사와 요소 나열이 키에 대해 이루 어진다**는 점에 주의해야 한다. 대괄호를 사용하는 인덱싱을 사용할 수는 있지만, 순서에 의한 인 덱싱이 아니라 키에 의한 인덱싱이라는 점도 염두에 두어야 한다. 코드 3.19에서 사전을 사용하는 기본적인 방법을 보여준다.

📑 **코드 3.19 사전**

```
01  my_dict = {'월':'사과', '화':'배', '수':'망고'}
02
03  # 키의 멤버십 검사, 값의 멤버십 검사는 불가능
04  print('월' in my_dict)
05
06  for x in my_dict:
07      print(x, ': ', end='')         # 키 나열
08      print(my_dict[x])              # 키에 의한 인덱싱으로 값 나열
```

📑 **Thonny IDE 셸 실행 결과**

```
>>> %Run -c $EDITOR_CONTENT
 True
 수 : 망고
 월 : 사과
 화 : 배
>>>
```

표 3.15는 사전을 조작하는 방법과 그 결과를 나타낸 것이다.

표 3.15 사전 조작 방법

코드	결과	설명
a = {'x':3, 'y':2}	{'x': 3, 'y': 2}	사전 생성
a['z'] = 1	{'x': 3, 'y': 2, 'z': 1}	요소 추가
del a['y']	{'x': 3, 'z': 1}	키에 의한 요소 제거
a.pop('x')	{'z': 1}	키에 의한 요소 제거 제거된 요소 반환
a.clear()	{}	모든 요소 제거

그림 3.19는 지금까지 설명했던 데이터 타입들의 관계를 나타낸 것으로, 화살표는 객체지향에서의 상속을 의미한다. 상속은 상위 클래스 또는 부모 클래스의 특성이 하위 클래스 또는 자식 클래스로 전달되는 것을 의미한다. 예를 들어, 그림 3.19에서 시퀀스는 컬렉션의 자식 클래스로 컬렉션의 특징을 그대로 가진다. 또한, 컬렉션은 컨테이너의 자식 클래스다. 따라서 시퀀스는 컨테이너의 특성을 컬렉션을 통해 물려받게 된다. 컨테이너, 컬렉션, 시퀀스는 추상적인 데이터 타입으로 인스턴스를 만드는 데 사용할 수 없으며, 공통적인 특징을 정의하기 위해 사용한다. 나머지는 인스턴스를 만드는 데 사용되는 클래스에 해당한다.

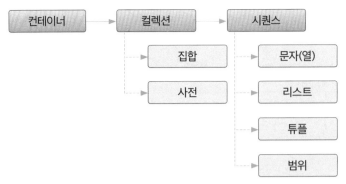

그림 3.19 **데이터 타입의 상속 관계**

3.4.8 함수

함수는 특정한 작업을 위해 재사용할 수 있도록 구현한 코드 블록을 말한다. 파이썬에는 변수의 값을 출력하는 print와 같이 많은 내장 함수가 정의되어 있을 뿐 아니라 필요에 따라 사용자 정의 함수 역시 만들 수 있다. 함수를 정의하는 규칙은 다음과 같다.

- 함수 블록은 키워드 def로 시작하고 함수 이름과 괄호 쌍이 나온다. 마지막에는 헤더의 끝을 나타내는 콜론이 나온다.
- 괄호 쌍 내에는 함수로 전달되는 0개 이상의 매개변수를 지정한다.
- 함수의 코드 블록은 함수를 정의하는 헤더보다 들여 써야 한다.
- return은 함수를 호출한 곳으로 0개 이상의 값을 반환하기 위해 사용하며, 반환값이 없는 경우에는 생략할 수 있다.
- 함수의 헤더 부분에는 반환값의 개수나 데이터 타입을 지정하지 않는다.

코드 3.20은 하나의 값 x를 매개변수로 받고, 여기에 2를 더해 반환하는 함수를 정의한 것이다. 코드 3.20을 실행했을 때 출력되는 값 10은 test_function 내에서 출력되는 값이고, 12는 함수에서 반환한 값이 출력된 것이다.

📋 코드 3.20 **함수의 정의와 사용**

```
01  def test_function(x):          # 함수 정의
02      print(x)
03      return x + 2
04
05  result = test_function(10)     # 함수 호출
06  print(result)
```

Thonny IDE 셸 실행 결과

```
>>> %Run -c $EDITOR_CONTENT
 10
 12
>>>
```

함수의 매개변수 중 호출하는 쪽에서 값을 지정하지 않은 매개변수에 디폴트값을 사용하도록 함
수 헤더에서 지정할 수 있다.

코드 3.21 디폴트 매개변수 사용

```
01  def test_function(x = 3):
02      for i in range(x):
03          print(i + 1)
04
05  test_function()          # 디폴트 매개변숫값 사용
06  print()
07  test_function(2)         # 사용자 지정 매개변숫값 사용
```

Thonny IDE 셸 실행 결과

```
>>> %Run -c $EDITOR_CONTENT
 1
 2
 3

 1
 2
>>>
```

함수의 매개변수는 1개 이상을 사용할 수 있다. 함수를 호출할 때 매개변수의 값을 지정하는 순
서는 함수의 헤더에 정의된 매개변수의 순서를 따르는 것이 기본이지만, **파이썬에서는 함수 헤더에
정의된 매개변수의 이름을 사용하여 매개변수의 순서를 임의로 바꾸는 것이 가능하다.** 다만, C/C++에
서와 마찬가지로 디폴트값을 갖는 매개변수는 그렇지 않은 매개변수보다 뒤에 나와야 한다.

코드 3.22 매개변수의 이름 사용

```
01  def test_function(x = 1, y = 2, z = 3):
02      print(x)
03      print(y)
04      print(z)
05
06  test_function(y=100)            # x 지정 없이 y만 지정
07  print()
08  test_function(z=300, x=100)     # z와 x의 순서를 바꾸어서 지정
```

🖥️ Thonny IDE 셸 **실행 결과**

```
>>> %Run -c $EDITOR_CONTENT
 1
 100
 3

 100
 2
 300
>>>
```

C/C++에서 함수는 1개 이하의 값만 반환할 수 있지만, **파이썬에서 함수는 2개 이상의 값을 반환할 수 있다.** 2개 이상의 값을 반환할 때 반환값은 하나의 변수에 대입할 수도 있고 여러 개의 변수에 대입할 수도 있다. 반환값을 여러 개의 변수에 대입하면 각각의 반환값은 기본 자료형에 해당하는 값을 가진다. 반면 반환하는 여러 개의 값을 하나의 변수에 대입하면 튜플 형식으로 저장된다.

📇 **코드 3.23 함수의 반환값**

```python
01   def test_function(x, y):
02       return x + y, x - y
03
04   result = test_function(10, 20)                   # 튜플로 반환
05   print(type(result), result)
06   for item in result:
07       print(type(item), item)
08   print()
09
10   xy_plus, xy_minus = test_function(10, 20)        # 개별값으로 반환
11   print(type(xy_plus), xy_plus)
12   print(type(xy_minus), xy_minus)
```

🖥️ Thonny IDE 셸 **실행 결과**

```
>>> %Run -c $EDITOR_CONTENT
 <class 'tuple'> (30, -10)
 <class 'int'> 30
 <class 'int'> -10

 <class 'int'> 30
 <class 'int'> -10
>>>
```

모듈

모듈은 연관된 코드의 집합을 말한다. 연관된 코드를 묶어 논리적으로 구성하면 코드를 이해하고 사용하기 쉽다. 모듈은 하나의 파일로 만들어지고 파일 내에는 관련된 함수, 클래스, 변수 등의 객체를 정의한다. 모듈 이름은 파일 이름과 같다. 파일로 만들어진 모듈을 다른 코드에서 사용하기 위해서는 import 문을 사용한다. import 문을 사용하여 모듈을 임포트한 후에는 모듈 이름과 도트 연산자를 사용하여 모듈에 정의된 객체를 사용할 수 있다. 코드 3.24는 2개의 함수가 정의된 'welcome. py'와 welcome 모듈을 임포트하여 사용하는 'module_test.py'를 보여준다. 이때 welcome.py는 module_test.py와 같은 디렉터리에 저장하거나 라이브러리를 위한 디렉터리에 저장해야 한다. 라즈베리파이 피코에서 module_test.py는 루트 디렉터리에 저장하는 것이 일반적이다. 따라서 welcome.py는 루트 디렉터리나 '/lib' 디렉터리에 저장하면 된다.

📋 코드 3.24 **모듈 정의와 사용**

```
▼  welcome.py
01  def print_message(x):
02      print(x, "마이크로파이썬 세계에 오신 것을 환영합니다.")
03      return
04
05  def print_square(x):
06      print(x * x)
07      return
▼  module_test.py
01  import welcome
02
03  welcome.print_message('Jason')
04  welcome.print_square(3.14)
```

📋 Thonny IDE 셸 **실행 결과**

```
>>> %Run -c $EDITOR_CONTENT
 Jason 마이크로파이썬 세계에 오신 것을 환영합니다.
 9.859601
>>>
```

모듈을 정의하면 셸에서도 모듈을 임포트하여 사용할 수 있다. 그림 3.20은 셸에서 모듈을 임포트하여 사용하는 예를 나타낸 것이다.

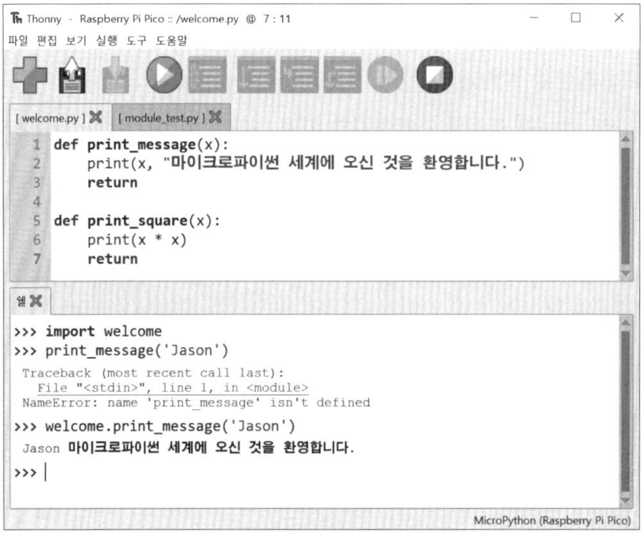

그림 3.20 **모듈 정의와 사용**

코드 3.24의 welcome.py에는 2개의 함수가 정의되어 있으므로 welcome 모듈을 임포트하면 2개 함수를 모두 사용할 수 있다. 하지만 **모듈에서 특정 객체만 필요하다면 모듈 전체가 아닌 일부만 임포트하는 것도 가능하며 이를 위해 from 키워드를 사용한다.** from 키워드를 사용하여 모듈을 임포트하면 모듈 이름과 객체 이름을 도트 연산자로 연결하지 않고 객체 이름만 써서 사용할 수 있다. 코드 3.25에서 welcome 모듈의 2개 함수를 from 키워드를 사용하여 임포트함으로써 모듈 이름 없이 함수 이름만으로 사용하는 방법을 보여준다. 코드 3.25에서는 코드 3.24의 welcome.py를 사용한다.

📑 **코드 3.25 모듈 이름 없이 모듈 내 객체 사용**

```
▼   module_test.py
01  from welcome import *
02
03  print_message('Jason')
04  print_square(3.14)
```

📑 **Thonny IDE 셸 실행 결과**

```
>>> %Run -c $EDITOR_CONTENT
 Jason 마이크로파이썬 세계에 오신 것을 환영합니다.
 9.859601
>>>
```

모듈을 임포트할 때 as 키워드를 사용하면 임포트하는 모듈의 이름을 변경하는 것도 가능하다. 코드 3.26은 welcome 모듈의 이름을 W로 변경하여 임포트하는 방법을 나타낸 것이다. 자주 사용해야하는 모듈의 긴 이름 대신 간단한 이름을 사용하기 위해 as 키워드를 흔히 사용한다.

코드 3.26 **코드 3.26 모듈 이름을 변경하여 임포트**

▼ module_test.py
```
01  import welcome as W
02
03  W.print_message('Jason')
04  W.print_square(3.14)
```

Thonny IDE 셸 실행 결과

```
>>> %Run -c $EDITOR_CONTENT
 Jason 마이크로파이썬 세계에 오신 것을 환영합니다.
 9.859601
>>>
```

as 키워드를 사용하면 모듈의 이름뿐 아니라 모듈 내의 객체 이름 역시 변경할 수 있다. 코드 3.27은 welcome 모듈 내 print_square 함수 이름을 ps로 변경하여 임포트하는 방법을 나타낸 것이다. 코드 3.27에서는 모듈 이름 welcome 역시 사용하지 않았다는 점도 주의해야 한다.

코드 3.27 모듈 내 함수 이름을 변경하여 임포트

▼ module_test.py
```
01  from welcome import print_square as ps
02
03  ps(3.14)
```

Thonny IDE 셸 실행 결과

```
>>> %Run -c $EDITOR_CONTENT
 9.859601
>>>
```

3.4.10 패키지

모듈은 하나의 파일로 만들어진 객체의 집합으로 객체의 재사용을 가능하게 해준다. 만약 모듈 내의 객체가 많아진다면 2개 이상의 파일로 나누어 저장하는 것이 편리할 수 있다. 하지만 2개 이상의 파일로 나누면 모듈 역시 2개 이상이 된다. 이처럼 **여러 개의 파일로 작성한 관련 객체의 집합을 연관된 하나의 이름으로 관리할 수 있도록 해주는 것이 패키지다.**

패키지는 모듈, 즉 파일을 디렉터리 형식으로 구조화한다. **모듈의 이름이 모듈을 위한 파일 이름과 같다면, 패키지 이름은 모듈을 모아놓은 디렉터리 이름과 같다.** 먼저 루트 디렉터리 아래에 패키지에 해당하는 디렉터리 'my_package'를 생성하고, my_package 디렉터리 아래에 객체를 정의할 파일을 1개 이상 작성하여 저장한다. 코드 3.28에서는 moduleA.py와 moduleB.py에 각각 2개씩의 함수를 정의하였다. 마지막으로 __init__.py를 작성하여 my_package 디렉터리 아래에 저장한다.
__init__.py 파일의 이름은 변경할 수 없으며, 그 내용은 패키지를 임포트할 때 각 모듈에서 임포
트할 객체를 지정한다. 코드 3.28에서는 moduleA와 moduleB의 모든 객체를 임포트하고 있다. 그
림 3.21은 my_package 패키지가 저장되는 디렉터리 구조를 나타낸다.

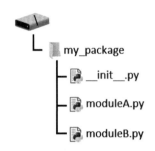

그림 3.21 패키지 저장 디렉터리 구조

코드 3.28 패키지 정의와 사용

```
▼ moduleA.py
01  def add(x, y):
02      return x + y
03
04  def subtract(x, y):
05      return x - y
▼ moduleB.py
01  def message1():
02      print('모듈 B의 1번 메시지 출력')
03      return
04
05  def message2():
06      print('모듈 B의 2번 메시지 출력')
07      return
▼ __init__.py
01  from my_package.moduleA import *
02  from my_package.moduleB import *
▼ package_test.py
01  from my_package import *
02
03  print(moduleA.add(2, 3))            # moduleA
04  print(add(10, 3))
05
06  moduleB.message1()                  # moduleB
07  message2()
08
09  print(dir())                        # 사용할 수 있는 객체 이름 나열
```

```
>>> %Run -c $EDITOR_CONTENT
 5
 13
 모듈 B의 1번 메시지 출력
 모듈 B의 2번 메시지 출력
 ['message2', 'moduleB', 'moduleA', 'message1', 'subtract', 'machine', '__name__', 'add', 'rp2']
>>>
```

코드 3.28의 실행 결과에서 볼 수 있듯이 패키지 내의 객체는 임포트하는 방법에 따라 여러 가지로 사용할 수 있다. 패키지를 임포트한 후에 dir 명령으로 사용할 수 있는 객체의 이름을 확인할 수 있으며 이는 모듈도 마찬가지다. 실행 결과에서 machine과 rp2는 디폴트로 임포트되는 모듈에 해당하며, __name__은 프로그램이 시작되는 파일을 구별하기 위해 미리 정의한 이름이다.

패키지는 계층적으로 구성되므로 패키지에 포함된 객체를 사용할 때는 패키지 이름과 도트 연산자를 모듈 이름 앞에 한 번 더 사용하는 것이 기본이다. 즉, '패키지 → 모듈 → 객체' 순서로 이름을 지정해야 한다.

3.4.11 클래스

객체지향 프로그래밍은 함수 중심의 절차적 프로그래밍과 달리 프로그램을 객체들의 모임으로 나타내고, 객체 사이의 메시지 교환을 통해 데이터를 처리하는 방식을 따른다. 객체지향 프로그래밍에서 나타내고자 하는 대상은 연관된 변수와 함수의 모임인 클래스로 추상화하여 표현된다. 파이썬 역시 객체지향 언어로 설계되었으며, 클래스를 표현하기 위해 class 키워드를 사용한다. 클래스의 이름은 대문자로 시작하고 여러 단어를 결합하여 만들 때 언더스코어를 사용하지 않고 단어의 시작 문자를 대문자로 표시하는 것이 일반적이다.

공통의 동작, 즉 연관된 함수만을 제공하기 위한 클래스도 존재하지만, 클래스 대부분은 인스턴스를 생성해야 의미가 있다. **클래스를 사용하여 인스턴스를 생성하는 것은 데이터 타입을 지정하여 변수를 선언하는 것과 비슷하다.** 코드 3.29는 키와 몸무게를 속성으로 가지는 Student 클래스의 예를 보인 것이다. 클래스 정의에서 사용된 변수는 멤버 변수 또는 속성attribute이라고 하며, **클래스 정의에 사용된 속성은 공용 속성으로 모든 인스턴스가 공유한다.** 즉, 공용 속성은 클래스 이름과 인스턴스 이름을 통해 접근할 수 있다. 하지만 인스턴스에서 공용 속성의 값을 변경하면 공용 속성을 변경한 인스턴스에서는 공용 속성이 아닌 인스턴스 속성으로 바뀌고 클래스 전체의 속성이 아닌 특정 인스턴스와 관련된 값이 된다. 클래스 정의에서 키(height = 165)는 학생의 평균 키로, 인스턴스 속성이 지정되지 않았을 때 사용하는 디폴트값이며, 인스턴스 속성은 인스턴스에 따른 개별 학생의 키를 나타낸다. 인스턴스 속성으로 변경된 후 공용 속성의 값은 인스턴스를 통해서는 알아낼 수 없고 클래스 이름을 통해서만 알아낼 수 있다.

코드 3.29 클래스

```
01   class Student:
02       height = 165
03       weight = 60
04
05   s = Student()            # 인스턴스 생성
06   print(s.height)          # 인스턴스 속성이 없으므로 공용 속성 출력
07
08   s.height = 180           # 인스턴스 속성 지정
09   print(s.height)          # 인스턴스 속성 출력
10
11   print(Student.height)    # 공용 속성 출력
```

Thonny IDE 셸 실행 결과

```
>>> %Run -c $EDITOR_CONTENT
  165
  180
  165
>>>
```

코드 3.29는 동작에 문제는 없지만, 공용 속성과 인스턴스 속성이 구별되지 않아 추천하지 않는다. **공용 속성은 클래스를 정의할 때 멤버 변수로 정의하고, 인스턴스 속성은 객체 초기화 과정에서 지정하여 구별하는 것이 일반적이다.** 객체를 생성할 때 초기화를 담당하는 함수는 __init__ 함수이며, __init__ 함수의 첫 번째 매개변수는 self로 인스턴스 자체를 가리킨다. 코드 3.29와 같이 인스턴스에 공통으로 할당되는 디폴트 속성값은 __init__ 함수에서 매개변수의 디폴트값으로 처리할 수 있다.

코드 3.30과 같이 Student 클래스에 __init__ 함수를 추가하자. 지금까지 만들어진 학생 인스턴스의 수를 나타내는 student_count 멤버 변수는 인스턴스의 초기화 과정에서 1씩 증가시킬 수 있다. 하지만 함수 내부와 클래스 내부는 들여쓰기가 다르므로, 즉 함수 내부에서 클래스 내부에 있는 멤버 변수에 직접 접근할 수 없으므로 변수 이름 앞에 클래스 이름과 도트 연산자를 사용해야 한다. 반면 인스턴스 속성 앞에는 self와 도트 연산자를 사용하여 구별한다.

코드 3.30 공용 속성과 인스턴스 속성

```
01   class Student:
02       student_count = 0
03
04       def __init__(self, height = 165, weight = 60):
05           # 공용 속성값 변경
```

```
06          Student.student_count = Student.student_count + 1
07
08          # 인스턴스 속성값 할당
09          self.height = height
10          self.weight = weight
11
12  s1 = Student()
13  print('Count :', Student.student_count)          # 공용 속성
14  print(s1.height, s1.weight)
15
16  s2 = Student(180, 70)
17  print('Count :', Student.student_count)          # 인스턴스 속성
18  print(s2.height, s2.weight)
```

```
>>> %Run -c $EDITOR_CONTENT
 Count : 1
 165 60
 Count : 2
 180 70
>>>
```

클래스에는 속성을 나타내는 변수와 함께 함수 역시 정의할 수 있으며, 이를 멤버 함수 또는 메서드method라고 한다. 멤버 함수를 작성할 때 주의할 점은 **인스턴스를 통해 호출하는 멤버 함수는 첫 번째 매개변수로 인스턴스 자신을 나타내는 self를 매개변수로 가져야 한다**는 점이다. 이는 객체 초기화에 사용되는 __init__ 함수 역시 마찬가지다. self를 매개변수로 가지지 않는 멤버 함수는 클래스 이름을 사용하여 호출할 수 있다.

코드 3.31 멤버 함수

```
01  class Student:
02      student_count = 0
03
04      def __init__(self, height = 165, weight = 60):
05          # 공용 속성값 변경
06          Student.student_count = Student.student_count + 1
07
08          # 인스턴스 속성값 할당
09          self.height = height
10          self.weight = weight
11
12      def getBMI(self):                                        # 비만 지수
13          return self.weight * 10000 / self.height / self.height
14
15      def print_student_count():
16          print('전체 학생 수 :', Student.student_count)
17
```

```
18   s1 = Student()
19   print(s1.getBMI())                                        # 인스턴스 멤버 함수
20
21   s2 = Student(180, 70)
22   Student.print_student_count()                             # 클래스 멤버 함수
```

🖥️ Thonny IDE 셸 **실행 결과**

```
>>> %Run -c $EDITOR_CONTENT
 22.03857
 전체 학생 수 : 2
>>>
```

3.4.12 라이브러리

객체를 재사용할 수 있도록 하나의 파일로 만든 것이 모듈이다. 모듈 내에는 함수, 클래스, 상수 등을 포함할 수 있다. 이를 확장하여 여러 개의 모듈 또는 파일을 하나의 이름으로 관리할 수 있도록 구조화한 것이 패키지다. **라이브러리는 모듈 또는 패키지를 가리키는 추상적인 용어다.** 라이브러리는 크게 표준 라이브러리와 외부 라이브러리로 나눌 수 있다. 표준 라이브러리는 파이썬과 함께 설치되는 라이브러리로 별도의 설치 없이 import를 통해 사용할 수 있다. 반면 외부 라이브러리를 사용하기 위해서는 별도의 설치가 필요하다. 파이썬을 사용할 때 필요한 외부 라이브러리는 검색을 통해 어렵지 않게 찾을 수 있으며, 외부 라이브러리를 등록할 수 있는 홈페이지 역시 존재한다.

그림 3.22 **PyPI 홈페이지**

PyPI 홈페이지에서는 파이썬을 위한 외부 라이브러리를 체계적으로 관리하고 있다. PyPI에는 30만 개 이상의 프로젝트가 등록되어 있으므로 필요한 라이브러리가 있다면 PyPI를 방문하여 검색해볼 것을 추천한다.

마이크로파이썬은 파이썬을 기본으로 하지만, 마이크로컨트롤러로 할 수 있는 작업이 한정적이므로 파이썬만큼 다양한 라이브러리를 사용할 수는 없다. **이 책에서는 라즈베리파이 피코의 하드웨어 기능을 사용할 수 있도록 해주는 machine 라이브러리를 주로 다루고, 주변장치에 따라 필요한 라이브러리를 설치하여 사용할 것이다.**

모듈과 패키지를 설명하면서 이미 라이브러리를 라즈베리파이 피코에 설치하고 사용하는 방법을 살펴보았다. 라이브러리는 설치할 디렉터리가 정해져 있다. 앞에서 모듈과 패키지를 모두 최상위 디렉터리에 설치하여 사용한 것은 최상위 디렉터리가 라이브러리를 검색할 디렉터리 목록에 포함되어 있기 때문이다. 라이브러리를 검색할 디렉터리 목록은 sys 모듈을 통해 알아낼 수 있다. sys 모듈은 시스템과 관련된 정보를 제공하는 모듈로, 라이브러리 디렉터리 목록이 그중 하나다. 셀에서 sys 모듈을 임포트하면 path 변수에서 라이브러리 디렉터리를 확인할 수 있다.

💻 Thonny IDE 셀 실행 결과

```
>>> import sys
>>> sys.path
['', '/lib']
>>>
```

마이크로파이썬에서 라이브러리 디렉터리는 최상위 디렉터리(' ')와 최상위 디렉터리 아래 'lib' 디렉터리('/lib')가 디폴트 디렉터리로 설정되어 있다. path 변수는 리스트 형식으로 append 함수로 라이브러리 디렉터리를 추가할 수도 있다.

라이브러리를 사용하기 위해서는 라이브러리를 설치해야 하지만, 파이썬과 함께 설치되어 별도의 설치 없이 사용할 수 있는 라이브러리를 내장built-in 라이브러리 또는 표준 라이브러리라고 하며 sys 모듈 역시 그중 하나다. 마이크로파이썬과 함께 설치되는 라이브러리는 셀에서 help('modules') 명령으로 확인할 수 있다.

💻 Thonny IDE 셀 실행 결과

```
>>> help('modules')
__main__        gc              uasyncio/funcs  uos
_boot           machine         uasyncio/lock   urandom
_onewire        math            uasyncio/stream ure
_rp2            micropython     ubinascii       uselect
_thread         onewire         ucollections    ustruct
```

```
_uasyncio   rp2                 uctypes      usys
builtins    uarray              uerrno       utime
cmath       uasyncio/__init__   uhashlib     uzlib
ds18x20     uasyncio/core       uio
framebuf    uasyncio/event      ujson
Plus any modules on the filesystem
>>>
```

내장 라이브러리 중에는 앞에서 언급한 machine 라이브러리를 확인할 수 있다. sys 라이브러리는 목록에서 찾을 수 없지만, sys 라이브러리 중 일부를 마이크로컨트롤러에 맞게 일부를 구현한 것이 usys 라이브러리다. usys 라이브러리는 import sys나 import usys 명령으로 임포트하여 사용할 수 있다.

3.5 맺는말

최근 사용이 증가하고 있는 대표적인 프로그래밍 언어가 파이썬이다. 파이썬은 쉬운 프로그래밍 언어라는 특징으로 인기를 얻기 시작했으며, 오픈소스 정책에 따라 자발적인 참여자들이 증가하면서 빠르게 그 영역을 넓혀가고 있다. 최근 많은 관심을 받는 인공지능 분야에서도 파이썬을 많이 사용한다는 점은 파이썬의 사용 빈도와 함께 위상 역시 높아지고 있다는 점을 단적으로 보여준다.

마이크로컨트롤러를 위한 프로그램 작성에 사용할 수 있도록 파이썬을 변경한 것이 마이크로파이썬이다. 마이크로컨트롤러를 위한 프로그램은 일반적으로 C/C++ 언어를 사용하여 작성하며, 하드웨어에 대한 이해가 필요하다는 점에서 일반적인 프로그램보다 작성하기 어려운 것으로 여겨진다. 이런 점에서 쉬운 프로그래밍 언어라는 파이썬의 특징은 하드웨어 프로그래밍의 부담을 줄여주는 것이 사실이다. 하지만 파이썬은 인터프리터 언어이므로 인터프리터가 마이크로컨트롤러 내에 설치되어 있어야 하고 실행 속도가 컴파일러 언어보다 느리다는 점에서 모든 마이크로컨트롤러에서 사용하기는 어렵다는 단점도 있다.

마이크로파이썬을 사용하는 마이크로컨트롤러로는 32비트의 Cortex-M 기반 마이크로컨트롤러 또는 그와 비슷한 성능의 마이크로컨트롤러에서 찾아볼 수 있으며, 이들 마이크로컨트롤러는 현재 사용이 증가하고 있다. 라즈베리파이 피코 역시 Cortex-M0+ 기반의 마이크로컨트롤러다. 마이크로파이썬은 마이크로컨트롤러를 위해 파이썬의 일부 기능만을 제공하고 있지만, 2013년 처음 선보인 이후 다양한 라이브러리를 제공하면서 마이크로컨트롤러를 위한 프로그래밍 언어로 C/C++ 언어의 대안이 될 것으로 기대된다. 여전히 마이크로컨트롤러를 위한 프로그램은 C/C++ 언어로 작성하는 경우가 대부분이기는 하지만, 파이썬과 32비트 마이크로컨트롤러의 보급과 함께 마이크로파이썬의 활약 역시 기대해볼 만하다.

이 장에서는 마이크로파이썬을 사용하기 위한 기본적인 문법을 살펴보았다. 마이크로파이썬이 파이썬의 부분집합인 만큼 이 장의 예들은 파이썬에서도 같은 결과를 얻을 수 있을 것이다. 더 자세한 내용은 파이썬 관련 책을 참고하자.

지금까지 라즈베리파이 피코의 하드웨어 측면에서의 특징과 프로그램을 작성하기 위한 마이크로파이썬에 대해 알아보았다. 4장부터는 마이크로파이썬을 사용하여 라즈베리파이 피코를 위한 프로그램을 작성하는 방법을 살펴볼 것이다. 먼저 마이크로컨트롤러의 기본이 되는 디지털 데이터 출력부터 살펴보자.

디지털 데이터 출력

마이크로컨트롤러는 디지털 컴퓨터의 한 종류이므로 디지털 데이터를 처리하는 것이 기본이다. 그 중에서도 마이크로컨트롤러의 범용 입출력 핀으로 출력하는 비트 단위의 데이터로 마이크로컨트롤러에 연결된 주변장치를 제어하는 것이 마이크로컨트롤러 동작의 기본이 된다. 이 장에서는 라즈베리파이 피코의 범용 입출력 핀으로 1비트 데이터를 출력하고 이를 LED를 통해 확인하는 방법을 살펴본다.

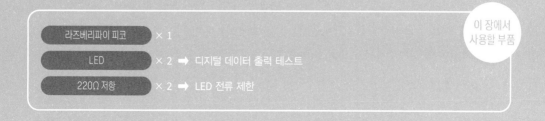

이 장에서
사용할 부품

라즈베리파이 피코	× 1	
LED	× 2	➡ 디지털 데이터 출력 테스트
220Ω 저항	× 2	➡ LED 전류 제한

디지털 데이터 출력

작고 계산 능력이 제한되어 있기는 하지만, 마이크로컨트롤러는 우리가 일상적으로 사용하는 데스크톱이나 노트북과 같은 디지털 컴퓨터다. 따라서 마이크로컨트롤러에서 다룰 수 있는 데이터는 디지털 데이터가 유일하다. 반면 주변 환경에서 얻을 수 있는 데이터는 아날로그 데이터이므로 마이크로컨트롤러에서 직접 처리할 수는 없다. 따라서 마이크로컨트롤러에서는 ADC~analog digital converter~를 통해 아날로그 데이터를 디지털 데이터로 바꾼 후 처리하고, 그 결과를 DAC~digital analog converter~를 통해 아날로그 데이터로 변환하여 출력함으로써 주변 환경과 상호 작용할 수 있다.

마이크로컨트롤러는 디지털 데이터 처리를 바탕으로 하고 있으며, 그중에서도 범용 입출력 핀을 통해 입출력할 수 있는 비트 단위의 디지털 데이터가 기본이 된다. 비트 단위의 데이터로 할 수 있는 일이란 LED를 켜고 끄거나 푸시 버튼의 눌림 여부를 알아내는 일이 전부지만 이를 확장하면 다양한 작업이 가능하다. 먼저 라즈베리파이 피코의 디지털 데이터 출력을 사용하여 LED를 제어하는 방법을 알아보자. 라즈베리파이 피코에서 디지털 데이터 출력을 위해서는 기본 모듈 중 하나인 machine 모듈에 포함된 Pin 클래스를 사용한다.

machine 모듈과 Pin 클래스

라즈베리파이 피코는 그림 4.1에서와 같이 26개의 범용 입출력 핀을 통해 디지털 데이터를 출력할 수 있다. 하지만 하나의 핀을 입력과 출력으로 동시에 사용할 수는 없으므로 사용하기 전에 먼저 입력 또는 출력으로 지정해야 한다. 이처럼 범용 입출력 핀을 입력 또는 출력으로 설정하고 비트 단위 데이터 입출력을 제어하기 위해 사용하는 클래스가 machine 모듈에 포함된 Pin 클래스다.

machine 모듈은 마이크로컨트롤러가 제공하는 여러 가지 하드웨어 모듈의 제어를 담당하는 클래스를 포함하고 있다. 표 4.1에서 소개하는 클래스 이외에도 여러 가지 함수와 클래스가 machine 모듈에 포함되어 있으며 셸에서 help(machine) 명령으로 확인할 수 있다.

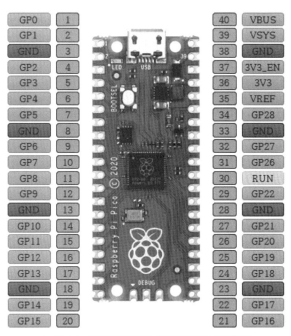

그림 4.1 라즈베리파이 피코의 범용 입출력 핀

표 4.1 machine 모듈에 포함된 클래스

클래스	설명
ADC	아날로그-디지털 변환장치
I2C	하드웨어로 지원되는 I2C(inter-integrated circuit) 통신
SoftI2C	소프트웨어로 에뮬레이션하는 I2C 통신
Pin	디지털 데이터 입출력
PWM	펄스폭 변조(pulse width modulation) 신호 출력
RTC	실시간 시계(real time clock)
SPI	하드웨어로 지원되는 SPI(serial peripheral interface) 통신
SoftSPI	소프트웨어로 에뮬레이션하는 SPI 통신
Timer	타이머
UART	UART(universal asynchronous receiver transmitter) 통신
WDT	와치도그 타이머(watchdog timer)

Pin 클래스는 비트 단위의 HIGH/LOW 데이터 입출력을 위한 멤버 함수를 정의하고 있다. 따라서 이 장에서 사용하는 Pin 클래스는 디지털 데이터 입력을 다루는 장에서도 사용한다. 라즈베리파이 피코에서 사용할 수 있는 Pin 클래스의 멤버 함수와 상수들은 셸에서 help(machine.Pin) 명령으로 확인할 수 있다.

■ **Pin**

class machine.Pin(id, mode, pull)

— 매개변수

　　id: 생성하고자 하는 객체와 연결된 핀 번호

　　mode: 입력(IN), 푸시풀 모드 출력(OUT), 오픈 드레인 모드 출력(OPEN_DRAIN) 중 선택

　　pull: 풀업 저항 사용(PULL_UP), 풀다운 저항 사용(PULL_DOWN), 또는 저항 사용하지 않음

　　　(None) 중 선택

Pin 클래스의 객체를 생성한다. 객체를 생성할 때는 생성되는 객체와 연결된 핀 번호를 지정해야
하며, 핀 번호는 범용 입출력 핀의 번호를 사용한다. mode는 입력 또는 출력 중 하나를 선택하기
위해 사용하며, 출력의 경우 푸시풀 모드(OUT)와 오픈 드레인 모드(OPEN_DRAIN)를 사용할 수 있다.
입력의 경우에는 매개변수 pull을 통해 풀업 또는 풀다운 저항 사용을 지정할 수 있다.

푸시풀 모드와 오픈 드레인 모드

푸시풀 모드와 오픈 드레인 모드를 이해하려면 먼저 전류 소스(current source)와 전류 싱크(current sink)에
대해 이해해야 한다. 전류 소스와 전류 싱크는 전류가 흐르는 방향과 관련이 있다. 출력 핀이 전류 소스로
사용된다는 것은 핀과 GND 사이에 소자를 연결하고 출력 핀으로 HIGH를 출력하여 핀에서 GND로 전류
가 흐르는 상태를 말한다. 반면 전류 싱크로 사용된다는 것은 핀과 VCC 사이에 소자를 연결하고 출력 핀
으로 LOW를 출력하여 VCC에서 핀으로 전류가 흐르는 상태를 말한다.

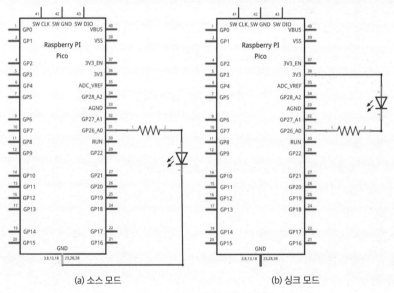

(a) 소스 모드　　　　　　　　　　　　　(b) 싱크 모드

그림 4.2　**소스 모드와 싱크 모드**

푸시풀 모드는 전류 소스와 전류 싱크로 모두 동작할 수 있지만, 오픈 드레인 모드는 전류 싱크로만 동작할 수 있다. 드레인은 금속 산화막 반도체 전계 효과 트랜지스터(metal oxide semiconductor field effect transistor, MOSFET)의 드레인 핀을 의미하는 것으로 쌍극 접합 트랜지스터(bipolar junction transistor, BJT)의 컬렉터 핀과 같은 역할을 한다.

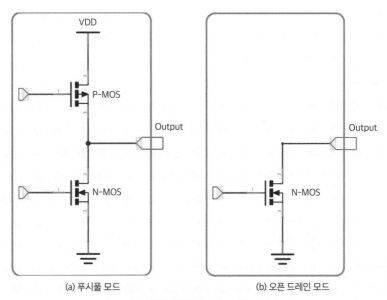

(a) 푸시풀 모드　　　　　　　　　　(b) 오픈 드레인 모드

그림 4.3 푸시풀 모드와 오픈 드레인 모드

푸시풀 출력은 2개의 트랜지스터로 구성되며 2개 중 하나의 트랜지스터만 스위치로 동작하도록 서로 다른 타입의 트랜지스터로 만들어진다. 푸시풀 모드에서 아래쪽 트랜지스터는 GND로 끌어 내리는 '풀(pull)'을 담당하고, 위쪽의 트랜지스터는 VDD로 끌어 올리는 '푸시(push)'를 담당한다. 따라서 아래쪽 트랜지스터가 동작할 때는 전류 싱크로, 위쪽 트랜지스터가 동작할 때는 전류 소스로 동작하여 HIGH와 LOW의 두 가지 상태를 출력할 수 있다.

오픈 드레인 출력은 푸시풀 출력과 비교했을 때 VDD로 연결되는 부분 없이 GND에만 연결되어 있으므로 전류 싱크로만 동작할 수 있다. 따라서 오픈 드레인 출력에서는 HIGH를 출력할 수 없고, 회로가 오픈된 상태인 하이 임피던스 상태만 존재하므로 HIGH를 출력하기 위해서는 외부에 추가적인 풀업 회로가 필요하다. 대표적인 예가 I2C 통신으로, **I2C 통신에서는 외부 풀업 저항을 사용하는 오픈 드레인 출력을 사용한다.**

■ **value**

Pin.value(value)
— 매개변수
　　value: 핀으로 출력할 논리 레벨로 True 또는 False로 변환 가능한 모든 값 사용 가능 핀의 논리 레벨을 읽거나 설정하기 위해 사용한다. 매개변수가 주어지면 디지털 데이터 출력을 위해 매개변수 value를 True 또는 False로 변환한 후 핀의 상태를 그에 따라 설정한다. 매개변수가 주어지지 않으면 현재 핀의 상태를 0 또는 1로 반환하며 디지털 데이터 입력을 위해 사용할 수 있다.

■ mode

Pin.mode(mode)
  — 매개변수
    mode: 핀의 입출력 모드

핀의 입출력 모드를 알아내거나 설정하기 위해 사용한다. 매개변수가 주어지면 핀의 입출력 모드를 그에 따라 설정하므로, 객체를 생성할 때 입출력 모드를 설정하지 않았거나 사용 중 입출력 모드를 변경하고 싶을 때 사용할 수 있다. 매개변수가 주어지지 않으면 현재 핀의 입출력 모드를 반환한다. 매개변수로는 입력(IN) 또는 출력(OUT)이 흔히 사용된다.

■ toggle

Pin.toggle()
  — 매개변수: 없음

핀의 현재 상태를 반전시킨다.

■ high

Pin.high()
  — 매개변수: 없음

핀의 현재 상태를 HIGH로 설정한다.

■ low

Pin.low()
  — 매개변수: 없음

핀의 현재 상태를 LOW로 설정한다.

4.3 LED 제어

Pin 클래스를 사용하여 범용 입출력 핀에 연결된 LED를 제어해보자. LED는 순방향으로 전원을 연결하면 빛을 내는 다이오드의 일종으로 비트 단위 데이터를 확인하기 위해 사용할 수 있다. LED를 일정한 시간 간격으로 점멸시키는 블링크blink는 마이크로컨트롤러를 위한 프로그램에서 가장 먼저 접하는 프로그램이다. 라즈베리파이 피코에는 내장 LED가 포함되어 있으므로 이를 사용하면 별도로 LED를 연결하지 않고도 블링크 프로그램을 테스트할 수 있다. **라즈베리파이 피코의 25번 범용 입출력 핀에는 내장 LED가 연결되어 있다.** 코드 4.1은 0.5초 간격으로 내장 LED를 점멸하는 코드다.

코드 4.1 블링크 - 1

```
01  from machine import Pin          # Pin 클래스 사용을 위해 포함
02  import utime                     # 시간 지연 함수를 위해 포함
03
04  led = Pin(25, Pin.OUT)           # 내장 LED 연결 핀을 출력으로 설정
05
06  while True:
07      led.value(1)                 # LED 켜기
08      utime.sleep(0.5)             # 0.5초 대기
09      led.value(0)                 # LED 끄기
10      utime.sleep_ms(500)          # 0.5초 대기
```

코드 4.1을 Thonny IDE의 편집기에 입력하고 라즈베리파이 피코에 저장한다. 저장을 완료하면 '실행 ➡ 현재 스크립트 실행' 메뉴 항목, 툴바의 '현재 스크립트 실행' 버튼 또는 단축키 'F5'를 눌러 코드 4.1을 실행한다. USB 커넥터 옆에 있는 LED가 0.5초 간격으로 깜빡이는가?

코드 4.1에서는 0.5초 간격으로 LED가 점멸하도록 지연 시간을 설정하기 위해 sleep와 sleep_ms 함수를 사용하고 있으며, 모두 utime 모듈에 포함되어 있다.

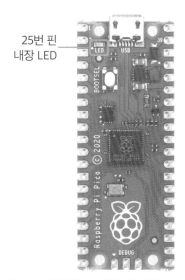

25번 핀
내장 LED

그림 4.4 라즈베리파이 피코의 내장 LED

- **sleep**

utime.sleep(seconds)
 ─ 매개변수
  seconds: 초 단위 지연시간

지정한 초 단위 시간만큼 실행을 일시 멈추고 대기한다. 라즈베리파이 피코에서는 지연시간을 실수로 지정할 수 있지만, 일부 보드에서는 정수로만 지정할 수 있다. 따라서 초 단위 이하의 시간을 지정해야 한다면 호환성을 위해 sleep_ms나 sleep_us 함수를 사용하는 것을 추천한다.

- **sleep_ms**

utime.sleep_ms(ms)
 ─ 매개변수
  ms: 밀리초 단위 지연시간

지정한 밀리초 단위 시간만큼 실행을 일시 멈추고 대기한다.

- **sleep_us**

utime.sleep_us(us)
 ─ 매개변수
  us: 마이크로초 단위 지연시간

지정한 마이크로초 단위 시간만큼 실행을 일시 멈추고 대기한다.

코드 4.1에서는 0.5초 간격으로 LED를 점멸시키기 위해 sleep 함수와 value 함수를 두 번 사용했다. 하지만 value 함수 대신 toggle 함수를 사용하여 LED의 현재 상태를 반전시키면 toggle 함수를 한 번만 사용하고도 같은 효과를 얻을 수 있다. 코드 4.2는 코드 4.1과 같은 기능을 toggle 함수를 사용하여 구현한 것이다. 코드 4.2에서는 utime 모듈 전체를 임포트하는 것이 아니라 utime 모듈 중에서 sleep 함수만을 임포트하고 있으므로 utime.sleep()와 같이 모듈 이름을 함께 사용하지 않아도 된다.

📋 코드 4.2 **블링크 - 2**

```
01  from machine import Pin
02  from utime import sleep
03
```

```
04    led = Pin(25, Pin.OUT)              # 내장 LED
05
06    while True:
07        led.toggle()                    # LED 상태 반전
08        sleep(0.5)                      # 0.5초 대기
```

코드 4.1과 코드 4.2 모두 LED가 0.5초 간격으로 점멸하는 데 아무런 문제는 없어 보인다. 하지만 한 가지 문제가 될 수 있는 것은 sleep 함수다. sleep 함수는 지정한 시간 동안 아무런 작업도 하지 않고 지정한 시간이 흐르기만을 기다린다. 코드 4.1이나 코드 4.2의 경우에는 0.5초 간격으로 LED를 점멸하는 것 이외에는 다른 작업을 수행하지 않으므로 문제가 되지 않지만, 0.5초 간격으로 LED를 점멸하면서 다른 작업을 수행해야 하는 경우라면 문제가 될 수 있다. 간단한 예로 0.3초와 0.5초 간격으로 서로 다른 LED를 점멸시키는 경우를 생각해보자. sleep 함수를 사용하여 이를 구현하기는 쉽지 않다. 0.3초를 대기하는 동안 0.5초 간격으로 점멸해야 하는 LED의 점멸 시간을 확인하기는 쉽지 않으며 그 반대의 경우 역시 마찬가지다.

sleep 함수처럼 자신의 작업, 즉 지정한 시간 동안 대기하는 동작이 끝났을 때 반환하는 함수를 블로킹blocking 함수라고 하며, 여러 가지 작업을 동시에 수행해야 할 때는 단어 의미 그대로 다른 작업을 방해blocking할 수 있다. 따라서 **여러 가지 작업을 동시에 수행해야 하는 경우라면 작업을 완료할 때까지 대기하는 것이 아니라 완료 여부를 즉시 반환하는 논블로킹non-blocking 함수를 사용해야 한다.** utime 모듈에는 논블로킹 함수인 ticks_ms 함수가 포함되어 있다. ticks_ms 함수는 기준 시간에서 지금까지의 시간을 즉시 반환하므로 이를 통해 지정한 시간의 경과 여부를 알아낼 수 있다.

■ ticks_ms, ticks_us

utime.ticks_ms(), utime.ticks_us()
 — 매개변수: 없음

특정 시점을 기준으로 경과 시간을 밀리초/마이크로초 단위로 반환한다. ticks_ms/ticks_us 함수가 반환하는 값은 일정 시간이 지나면 오버플로에 의해 0이 되며, 0이 되는 시점을 기준으로 경과 시간을 반환한다.

■ ticks_diff

utime.ticks_diff(ticks1, ticks2)
 — 매개변수
    ticks1, ticks2: 경과 시간

ticks_ms/ticks_us 함수에서 얻은 시간 차이를 구한다. 경과 시간을 얻기 위해서는 (ticks2 − ticks1)과 같이 계산할 수도 있지만, ticks_ms/ticks_us 함수가 반환하는 값은 주기적으로 0이 되므로 단순히 뺄셈으로는 정확한 차이를 얻을 수 없다.

코드 4.3은 코드 4.2에서 sleep 함수 대신 ticks_ms 함수를 사용하여 0.5초 간격으로 LED를 점멸하는 코드다.

🖥 **코드 4.3 블링크 - 3**

```
01   from machine import Pin
02   import utime
03
04   led = Pin(25, Pin.OUT)              # 내장 LED
05
06   time_previous = utime.ticks_ms()    # 기준 시간
07
08   while True:
09       time_current = utime.ticks_ms()                        # 현재 시간
10       time_elapsed = utime.ticks_diff(time_current, time_previous)
11       if time_elapsed >= 500:                                # 0.5초 경과
12           time_previous = time_current                       # 기준 시간 변경
13           led.toggle()                                       # LED 반전
```

코드 4.3과 같은 방법으로 2개의 LED를 0.3초와 0.5초 간격으로 점멸시키는 코드를 작성할 수 있다. 먼저 라즈베리파이 피코의 26번과 27번 핀에 LED를 연결하자.

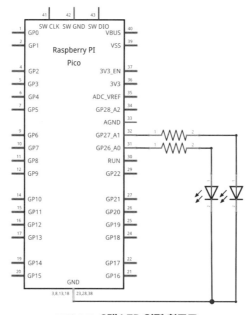

그림 4.5 **2개 LED 연결 회로도**

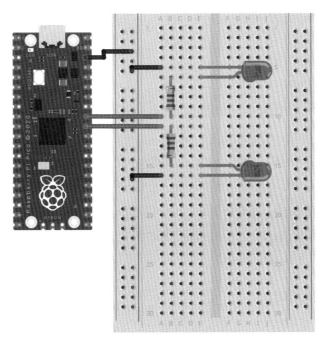

그림 4.6 **2개 LED 연결 회로**

LED 연결을 위해서는 과도한 전류가 흐르지 않도록 전류 제한용 저항을 연결해야 한다. 그림 4.5 의 회로도에서는 220Ω 크기의 저항을 사용했다. 코드 4.4는 2개 LED를 서로 다른 간격으로 점 멸하는 코드다.

코드 4.4 2개 LED 블링크 - 1

```
01  from machine import Pin
02  import utime
03
04  led1 = Pin(26, Pin.OUT)                  # 26번 핀에 연결된 LED
05  led2 = Pin(27, Pin.OUT)                  # 27번 핀에 연결된 LED
06
07  INTERVAL1 = 300                          # 점멸 간격
08  INTERVAL2 = 500
09
10  time_previous1 = utime.ticks_ms()        # 기준 시간
11  time_previous2 = time_previous1
12
13  while True:
14      time_current = utime.ticks_ms()      # 현재 시간
15
16      # 경과 시간 계산
17      time_elapsed1 = utime.ticks_diff(time_current, time_previous1)
18      time_elapsed2 = utime.ticks_diff(time_current, time_previous2)
19
```

```
20      if time_elapsed1 >= INTERVAL1:
21          time_previous1 = time_current      # 기준 시간 변경
22          led1.toggle()                       # LED1 반전
23      if time_elapsed2 >= INTERVAL2:
24          time_previous2 = time_current      # 기준 시간 변경
25          led2.toggle()                       # LED2 반전
```

코드 4.4의 동작에 문제는 없지만, 비슷한 코드를 두 번씩 작성했다. LED 수가 늘어나면 비슷한 코드를 더 많이 작성해야 한다. 이런 문제점을 해결하기 위해서는 리스트와 for 루프를 사용할 수 있다. 리스트는 여러 개의 값을 묶어서 나타내는 방법으로 사용법은 C/C++ 언어의 배열과 비슷하다. 코드 4.5는 리스트를 사용하여 코드 4.4를 간단히 구현한 것이다. LED의 개수가 늘어나면 LED가 연결된 핀을 추가하고 추가한 LED를 점멸시킬 시간 간격과 초기 시간만 추가하면 되므로 코드 4.4보다 간단하게 확장할 수 있다.

📋 코드 4.5 2개 LED 블링크 - 2

```
01  from machine import Pin
02  import utime
03
04  # 26번과 27번 핀에 연결된 LED 리스트
05  leds = [ Pin(26, Pin.OUT), Pin(27, Pin.OUT) ]
06
07  INTERVAL = [ 300, 500 ]                      # 점멸 간격
08  time_previous = [ utime.ticks_ms() ] * 2     # 기준 시간
09
10  while True:
11      time_current = utime.ticks_ms()          # 현재 시간
12
13      for i, led in enumerate(leds):
14          time_elapsed = utime.ticks_diff(time_current, time_previous[i])
15
16          if time_elapsed >= INTERVAL[i]:
17              time_previous[i] = time_current   # 기준 시간 변경
18              led.toggle()                       # LED 반전
```

코드 4.5에서 눈여겨볼 것 중 하나가 enumerate다. **enumerate 클래스를 사용하면 리스트의 각 요소에 대한 인덱스와 값을 얻을 수 있다.** 리스트를 그대로 사용하는 것과 비교하면 인덱스를 추가로 알아낼 수 있다는 점이 차이라고 할 수 있다. 코드 4.6은 enumerate 클래스의 사용 방법을 보여준다. enumerate 클래스의 각 요소를 2개의 변수로 저장하면 인덱스와 값이 별도로 저장되고, 1개의 변수로 저장하면 인덱스와 값이 튜플 형태로 저장된다.

코드 4.6 **enumerate 함수 사용**

```
01  colors = ['red', 'blue', 'green']
02
03  for color in enumerate(colors):        # 튜플로 반환
04      print(color)
05
06  print()
07  for i, color in enumerate(colors):     # 값으로 반환
08      print(i, color)
```

Thonny IDE 셸 **실행 결과**

```
>>> %Run -c $EDITOR_CONTENT
 (0, 'red')
 (1, 'blue')
 (2, 'green')

 0 red
 1 blue
 2 green
>>>
```

4.4 범용 입출력 핀의 전류 출력

범용 입출력 핀에 LED를 연결하고 Pin 클래스를 통해 LED를 제어하는 법을 살펴보았다. LED 한두 개를 제어할 때는 동작에 아무런 문제가 없었다. 하지만 많은 수의 LED를 연결해야 한다면 전류가 부족한 문제가 생길 수도 있다. 먼저 LED 연결에 사용된 저항의 크기부터 살펴보자.

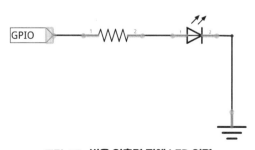

그림 4.7 **범용 입출력 핀에 LED 연결**

그림 4.7은 범용 입출력 핀에 LED와 저항을 연결한 것이다. LED에 많은 전류가 흐르면 LED가 파손될 수 있으므로 전류를 제한하기 위해 저항이 필요하다. 이 장에서는 220Ω 크기의 저항을 사용하였다. 220Ω 크기의 저항은 적절한 것일까? LED를 켜는 데 필요한 전압과 전류는 LED의 종류에 따라 차이가 있지만, 흔히 볼 수 있는 붉은색 LED의 경우 최대 밝기로 켜기 위해서는 2V 전압에 20mA 전류가 필요하다. 그림 4.7에서 범용 입출력 핀으로 3.3V를 출력하면 LED에는 2V 전압이 가해지고 나머지 1.3V가 저항에 가해진다. LED에 흐르는 전류는 저항에 흐르는 전류와 같으므로 옴의 법칙에 따라 다음과 같이 계산할 수 있다.[1]

$$I = \frac{V}{R} = \frac{1.3V}{220\Omega} \approx 5.9mA$$

5.9mA의 전류는 LED를 최대 밝기로 켜기에 충분하지 않다. 이 장의 코드를 테스트하면서 LED가 충분히 밝지 않다고 느꼈다면 저항이 너무 크기 때문이다. LED를 최대 밝기로 켜기 위해서는 어떤 크기의 저항이 필요할까? 역시 옴의 법칙에 따라 다음과 같이 계산할 수 있다.

$$R = \frac{V}{I} = \frac{1.3V}{20mA} = 65\Omega$$

저항을 65Ω으로 낮춘다면 LED가 최대 밝기로 켜질 거로 예상할 수 있는데 한 가지 문제가 있다. 바로 라즈베리파이 피코의 범용 입출력 핀으로는 20mA의 전류를 공급할 수 없다는 점이다. **범용 입출력 핀은 신호를 전달하기 위한 용도이지 외부 장치를 구동하기 위한 용도가 아니다.** 따라서 범용 입출력 핀의 출력으로 LED를 직접 켜는 것은 바람직하지 않다. **라즈베리파이 피코의 범용 입출력 핀으로 최대 12mA의 전류를 공급**할 수 있다. 여기서 한 가지 더 생각해야 할 점은 **라즈베리파이 피코의 모든 범용 입출력 핀으로 공급되는 전류의 합이 50mA를 넘지 말아야 한다**는 점이다. 즉, 앞에서 2개의 LED를 범용 입출력 핀에 직접 연결하여 사용하는 경우 핀당 5.9mA씩, 11.8mA의 전류가 공급되고 있으므로 동작에 문제는 없지만 최대 밝기로 켜지지는 않으며, 최대로 연결할 수 있는 LED의 수는 8개로 제한된다(50mA ÷ 5.9mA ≈ 8.5).

라즈베리파이 피코로 LED를 최대 밝기로 켜기 위해서는 범용 입출력 핀의 출력을 구동을 위한 목적이 아니라 신호 전달을 위한 목적으로 사용해야 하며, 이를 위해 필요한 것이 트랜지스터다. 트랜지스터는 아날로그 회로에서 작은 신호를 큰 신호로 만드는 증폭과 디지털 회로에서 ON/

---

1   옴의 법칙은 전압(V), 전류(I), 저항(R)의 관계를 나타내는 법칙으로 전압은 전류와 저항의 곱($V = IR$)이다. 이때 전압은 볼트(V), 전류는 암페어(A), 저항은 옴(Ω) 단위를 사용한다.

OFF를 전환하는 스위칭을 위해 사용되며 여기서 필요한 것이 스위칭 기능이다. 스위칭 기능을 사용하는 데 필요한 전류는 아주 적으므로 1mA 이하의 전류만으로도 스위칭 기능을 사용할 수 있다. **라즈베리파이 피코의 범용 입출력 핀으로는 1mA 이하의 전류만 공급하는 것을 추천한다.**

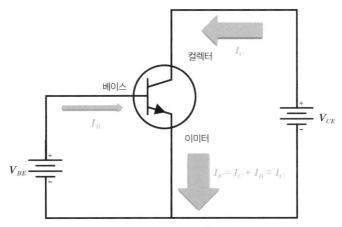

그림 4.8 **트랜지스터의 스위칭을 위한 기본 회로**

그림 4.8은 스위칭 기능의 동작을 보이기 위한 것으로 트랜지스터에 2개의 전원이 연결되어 있다. 2개 전원 중 V_{BE}는 낮은 전압과 적은 전류를, V_{CE}는 높은 전압과 많은 전류를 사용하는 것이 일반적이며, 베이스에 흐르는 전류(I_B)는 컬렉터에 흐르는 전류(I_C)나 이미터에 흐르는 전류(I_E)에 비해 아주 적다. 스위칭 동작은 베이스에 가하는 신호를 통해 컬렉터에서 이미터로 흐르는 전류를 제어하는 것이다. 즉, **베이스에 HIGH를 가하면 컬렉터에서 이미터로 전류가 흐르고, 베이스에 LOW를 가하면 전류가 흐르지 않는 전자식 스위치로 생각할 수 있다.** 트랜지스터를 사용하는 대표적인 예 중 하나가 모터를 제어하는 경우로 모터는 구동을 위해 수십 볼트의 높은 전압과 수 암페어의 많은 전류가 필요한 경우가 많다. 마이크로컨트롤러의 범용 입출력 핀의 출력은 모터를 구동하기에 턱없이 부족하므로 LED처럼 직접 구동할 수는 없고 범용 입출력 핀의 신호를 제어용으로만 사용해야 한다.

그림 4.9는 트랜지스터를 사용하여 LED를 제어할 수 있도록 구성한 것으로 2N2222 트랜지스터를 사용하였다. 모터를 구동하는 데 필요한 회로도 역시 그림 4.9와 기본적으로 같지만, 모터 구동을 위한 전원은 3.3V보다 높을 수 있으며, 트랜지스터 역시 모터 전원의 용량을 처리할 수 있는 것으로 바꿔야 할 수도 있다.

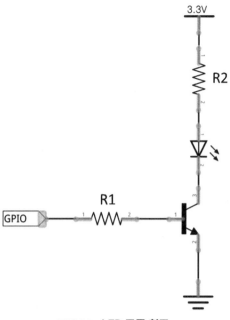

그림 4.9 **LED 구동 회로**

그림 4.9에서 범용 입출력 핀으로 3.3V 전압이 출력되면 베이스와 이미터 사이에서 0.6V 정도의 전압 강하가 발생하고, 저항 R1에는 3.3V − 0.6V = 2.7V의 전압이 가해진다. 범용 입출력 핀에서 공급되는 전류는 많을 필요가 없으므로 1mA 전류만 흐르는 것으로 가정하면 다음과 같이 저항 R1의 크기를 계산할 수 있다.

$$R1 = \frac{V}{I} = \frac{2.7V}{1.0mA} = 2.7k\Omega$$

LED와 연결된 저항 R2는 LED에 20mA 이상의 전류가 흐르지 않도록 하는 것은 앞에서와 같다. LED 쪽에 3.3V가 공급되면 앞에서와 마찬가지로 LED에 2V가, 저항에는 1.3V가 가해진다. 따라서 전류를 20mA로 제한하기 위한 저항의 크기는 앞에서와 같이 65Ω을 얻을 수 있다. 한 가지 더 생각할 수 있는 것은 컬렉터와 이미터 사이에서 발생하는 전압 강하로 0.2V 정도다. 컬렉터와 이미터 사이의 전압 강하까지 고려하여 저항 R2의 크기를 계산하면 다음과 같다.

$$R2 = \frac{V}{I} = \frac{1.3V - 0.2V}{20mA} = 55\Omega$$

저항 R2의 크기는 55Ω이므로 65Ω 저항을 사용하면 적은 전류가 흘러 최대 밝기보다는 어두워지 겠지만 밝기에 큰 차이는 없으며, 최대 전류보다 약간 적은 전류가 흐르도록 하는 것이 안전하다.

4.5 맺는말

마이크로컨트롤러는 디지털 컴퓨터의 한 종류로 디지털 데이터 입출력을 기본으로 한다. 그중에서도 비트 단위 데이터 입출력이 기본이 되는 것은 마이크로컨트롤러의 범용 입출력 핀을 비트단위 데이터로 제어할 수 있기 때문이다. 물론 CPU 내에서는 데이터를 최소 바이트 단위로 처리하지만, 외부 장치와의 데이터 교환이 흔한 마이크로컨트롤러의 경우 입출력 핀 단위로 제어하는 경우가 많으며, 범용 입출력 핀에 이름을 붙여 핀 단위로 개별적으로 제어하는 것을 흔히 볼 수 있다.

라즈베리파이 피코는 26개의 범용 입출력 핀을 사용할 수 있으며, 각 핀은 machine 모듈의 Pin 클래스를 통해 비트 단위 데이터 입출력을 제어할 수 있다. 이 장에서는 비트 단위 데이터 출력을 통해 LED를 제어하는 예를 살펴보았다. 4장에서는 버튼을 연결하고 비트 단위 데이터를 입력하는 방법을 살펴볼 것이다. 마이크로컨트롤러로 비트 단위 이상의 데이터를 교환하는 일도 가능하며 비트 단위 데이터를 교환하는 일보다 더 자주 볼 수 있다. 하지만 비트 단위 데이터 입출력은 마이크로컨트롤러에서 주변장치와 데이터를 교환하는 기본으로 바이트 단위 이상의 데이터 교환역시 비트 단위 데이터 교환을 바탕으로 하고 있다는 점은 잊지 말아야 한다.

디지털 데이터 입력

마이크로컨트롤러는 비트 단위의 디지털 데이터를 기본으로 하고 있으므로, 핀을 통해 이루어지는 비트 단위 디지털 데이터 입력은 비트 단위 디지털 데이터 출력과 함께 마이크로컨트롤러의 가장 기본적이면서도 중요한 기능에 속한다. 이 장에서는 비트 단위 디지털 데이터 입력에 사용할 수 있는 푸시 버튼을 라즈베리파이 피코의 범용 입출력 핀에 연결하고 푸시 버튼의 상태를 알아내는 방법과 데이터 입력 과정에서 주의해야 할 점을 알아본다.

이 장에서
사용할 부품

라즈베리파이 피코   × 1

푸시 버튼   × 1

디지털 데이터 입력

4장에서 비트 단위의 디지털 데이터를 범용 입출력 핀으로 출력하고 이를 LED를 통해 확인하는 방법을 살펴보았다면, 이 장에서는 디지털 데이터 출력과 함께 마이크로컨트롤러의 기본이 되는 비트 단위 디지털 데이터 입력 방법을 푸시 버튼을 통해 알아본다. 구체적으로는 푸시 버튼의 상태를 비트 단위로 읽어 들이는 방법을 알아볼 것이다. 비트 단위 디지털 데이터가 기본이 된다고는 하였지만, 비트 단위 데이터로 전달할 수 있는 정보가 그리 많지 않은 것이 사실이다. 비트 단위 데이터는 논릿값인 True와 False로 표현되며, LED의 켜짐과 꺼짐, 푸시 버튼의 눌림 여부를 나타낼 수 있다. 비트 단위 데이터로 표현할 수 있는 정보가 유용한 것은 사실이지만, 흔히 사용하는 문자나 숫자 등을 다루기 위해서는 8개의 비트를 모은 바이트 단위 또는 바이트의 정수배가 사용된다. 따라서 마이크로컨트롤러에서도 주변장치와 바이트 단위 이상을 교환하는 데 사용할 수 있는 방법이 필요하다. 이때 비트 단위 데이터 입출력을 바탕으로 하는 시리얼 통신을 사용한다. 라즈베리파이 피코에서도 UART, SPI, I2C 등의 시리얼 통신을 지원한다.

디지털 데이터 입력은 디지털 데이터 출력보다 번거롭다는 점을 염두에 두어야 한다. 디지털 데이터 출력은 원하는 시점에서 수행하면 된다. 예를 들어, LED를 켜고 싶다면 원하는 시간에 HIGH를 출력하는 것으로 충분하다. 하지만 디지털 데이터 입력은 어느 시점에서 발생할지 예상할 수 없다. 버튼이 눌러진 경우 특정한 동작을 수행하는 시스템에서 언제 버튼이 눌릴 것인지 미리 알 수 있을까? 정해진 시간이나 일정한 시간 간격으로 버튼이 눌러진다면 버튼을 사용하지 않고 타이머를 사용해서 해결할 수 있다. 따라서 디지털 데이터 입력을 감지하기 위해서는 버튼이 눌리는 시점을 알아내는 방법이 필요하다.

데이터 입력을 감지하기 위해 폴링polling **방식과 인터럽트**interrupt **방식을 주로 사용한다.** 폴링 방식은 무한 루프 내에서 반복적으로 버튼의 상태를 검사하는 방법으로 검사 간격은 가능한 짧을수록 좋다. 폴링 방식은 입력 검사를 소프트웨어에 의해 진행하는 방식으로 이 장에서 사용하는 방식이기도 하다. 폴링 방식에 비해 인터럽트 방식은 전용 하드웨어의 도움을 받는다는 점에서 차이가 있다. 즉, 무한 루프 내에서 입력의 변화를 계속해서 소프트웨어로 검사하는 것을 전용 하드웨어가 담당하고 입력의 변화가 있을 때 알려주는 방식이다. 이처럼 **인터럽트 방식은 소프트웨어가 담당하는 반복적인 검사 기능을 하드웨어가 대신하므로 코드가 짧고 여러 가지 작업을 동시에 수행해야 할 때 유리하다.** 하지만 일부 기능이 하드웨어에 의해 암묵적으로 실행되므로 코드 이해가 어렵고 폴링 방식에 비해 하드웨어의 특성에 대한 이해가 필요하다는 점은 단점이 될 수 있다.

machine 모듈과 Pin 클래스

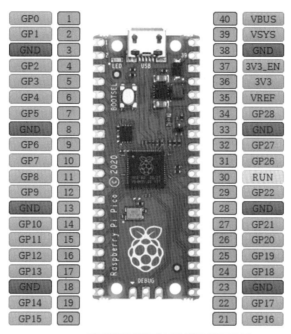

그림 5.1 라즈베리파이 피코의 범용 입출력 핀

라즈베리파이 피코는 그림 5.1과 같이 26개의 범용 입출력 핀을 통해 디지털 데이터를 읽어 올 수 있으며, 이는 디지털 데이터 출력의 경우와 같다. 디지털 데이터 입력을 위해 machine 모듈의 Pin 클래스를 사용한다는 점 역시 디지털 데이터 출력과 같다. 차이점은 데이터의 이동 방향이 반대라는 점뿐이다. LED를 제어하기 위해서는 마이크로컨트롤러에서 범용 입출력 핀을 거쳐 LED로 데이터를 전달해야 하고, 푸시 버튼 상태를 알아내기 위해서는 푸시 버튼에서 범용 입출력 핀을 거쳐 마이크로컨트롤러로 데이터를 전달해야 한다.

디지털 데이터 입력을 위해서는 먼저 Pin 클래스의 객체를 푸시 버튼이 연결된 핀과 연결해야 한다. 그 이후에는 value 함수로 핀의 현재 상태를 읽어 올 수 있다.

■ Pin

```
class machine.Pin(pin, mode, pull)
    — 매개변수
```

pin: 생성하고자 하는 객체와 연결된 핀 번호

mode: 입력(IN), 푸시풀 모드 출력(OUT), 오픈 드레인 모드 출력(OPEN_DRAIN) 중 선택

pull: 풀업 저항 사용(PULL_UP), 풀다운 저항 사용(PULL_DOWN), 또는 저항 사용하지 않음
(None) 중 선택

Pin 클래스의 객체를 생성하며, 이는 디지털 데이터 출력의 경우와 같다. 객체를 생성할 때는 생성되는 객체와 연결된 핀 번호를 지정해야 하며, 핀 번호는 범용 입출력 핀의 번호를 지정한다. mode는 입력 또는 출력 중 하나를 선택하기 위해 사용하며, 출력의 경우 푸시풀 모드(OUT)와 오픈 드레인 모드(OPEN_DRAIN)를 사용할 수 있다. 입력의 경우에는 매개변수 pull을 통해 풀업 또는 풀다운 저항 사용을 지정할 수 있다.

■ value

Pin.value(value)
— 매개변수
value: 핀으로 출력할 논리 레벨로 True 또는 False로 변환 가능한 모든 값 사용 가능

value 함수는 핀의 논리 레벨을 읽거나 설정하기 위해 사용하며, 이는 디지털 데이터 출력의 경우와 같다. 매개변수는 디지털 데이터 출력을 위해 사용하며 매개변수의 값에 따라 핀 상태가 설정된다. 매개변수를 사용하지 않으면 현재 핀의 상태를 0 또는 1로 반환한다.

그림 5.2는 디지털 데이터 입력을 위해 사용하는 푸시 버튼을 나타낸 것이다. 푸시 버튼은 2개의 핀만 있으면 연결된 상태와 연결되지 않은 상태를 나타낼 수 있지만, 흔히 사용하는 푸시 버튼은 4개의 핀을 가지고 있다.

(a) 4핀 푸시 버튼　　　　　(b) 4핀 푸시 버튼　　　　　(c) 4핀 푸시 버튼 기호

그림 5.2 **4핀 푸시 버튼**

그림 5.2에서 푸시 버튼의 1번과 4번 핀, 2번과 3번 핀은 연결되어 있으며, 푸시 버튼을 누르면 모든 핀이 연결된다. 푸시 버튼은 일반적으로 4개의 핀 중 대각선 방향에 있는 (1번과 3번 또는 2번과 4번) 2개의 핀 또는 같은 면에 있는 (1번과 2번 또는 3번과 4번) 2개의 핀을 사용한다.

이 장에서는 디지털 데이터 입력을 위해 푸시 버튼을 사용한다. 푸시 버튼을 사용할 때 주의할 점 한 가지는 **마이크로컨트롤러의 입력 핀이 개방된**open **상태에서 값을 읽어서는 안 된다**는 것이다. 개방된 핀으로는 주변 잡음 등의 영향으로 예측할 수 없는 값이 입력될 수 있다.

푸시 버튼을 사용할 때 가장 간단한 회로는 그림 5.3과 같이 푸시 버튼을 입력 핀과 VCC에 연결하여 푸시 버튼이 눌러지면 VCC(논리 1, True)가 가해지고, 누르지 않으면 GND(논리 0, False)가 가해지도록 하는 것이다.

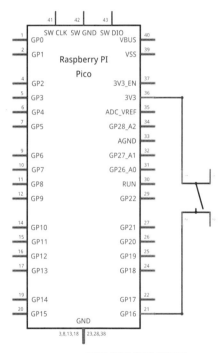

그림 5.3 **푸시 버튼 연결 회로도**

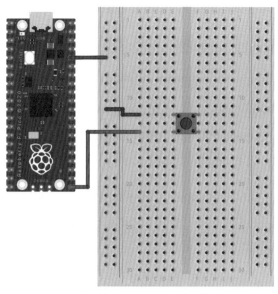

그림 5.4 **푸시 버튼 연결 회로**

버튼을 누르면 3V3 핀의 3.3V가 입력 핀에 가해지는 것은 맞지만, 푸시 버튼이 눌러지지 않았을 때는 입력 핀에 아무것도 연결되지 않은 상태, 즉 개방 상태다. 이처럼 데이터 핀이 개방되어 있는 것을 플로팅floating되어 있다고 하며 어떤 값이 입력될지 알 수 없다. 따라서 **입력 핀이 플로팅 상태에 있지 않도록 풀업 또는 풀다운 저항을 사용한다.** 그림 5.5 ⓐ는 풀업 저항을 사용한 예고, 그림 5.5 ⓑ는 풀다운 저항을 사용한 예를 나타낸 것이다.

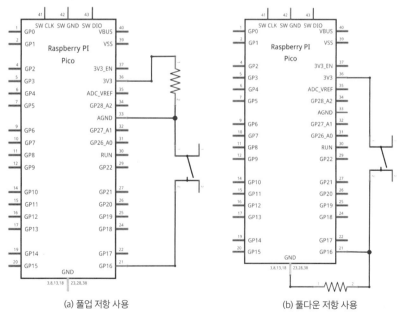

(a) 풀업 저항 사용   (b) 풀다운 저항 사용

그림 5.5 **풀업 및 풀다운 저항의 사용**

그림 5.5 (a) 회로에서 푸시 버튼을 누르지 않았을 때는 저항을 통해 VCC가 가해지고, 푸시 버튼을 눌렀을 때는 GND가 가해진다. 즉, **푸시 버튼을 누르지 않았을 때 입력 핀에 VCC가 가해지도록 끌어 올리는**pull-up **역할을 하므로 풀업 저항이라고 한다.** 반면 그림 5.5 (b) 회로에서 푸시 버튼을 누르지 않았을 때는 저항을 통해 GND가 가해지고, 푸시 버튼을 눌렀을 때 VCC가 가해진다. 즉, **푸시 버튼을 누르지 않았을 때 입력 핀에 GND가 가해지도록 끌어 내리는**pull-down **역할을 하므로 풀다운 저항이라고 한다.** 표 5.1은 그림 5.3과 그림 5.5의 세 가지 푸시 버튼 연결 방법에 따라 입력 핀에 가해지는 값을 비교한 것이다. 풀업 저항을 사용하면 푸시 버튼을 눌렀을 때 0이, 누르지 않았을 때 1이 입력되어 직관적인 방식과는 반대로 동작한다는 점도 주의해야 한다.

표 5.1 푸시 버튼 연결에 따른 핀의 입력

저항	스위치 ON	스위치 OFF	그림
없음	1	플로팅	그림 5.3
풀업 저항 사용	0	1	그림 5.5 (a)
풀다운 저항 사용	1	0	그림 5.5 (b)

5.4 푸시 버튼 상태 읽기

Pin 클래스를 사용하여 범용 입출력 핀에 연결된 푸시 버튼의 상태를 읽어보자. 푸시 버튼을 사용할 때는 풀업이나 풀다운 저항을 사용해야 하지만, 라즈베리파이 피코의 범용 입출력 핀에는 프로그램에서 설정할 수 있는 풀업 및 풀다운 저항이 포함되어 있으므로 별도로 저항을 연결하지 않아도 된다.

그림 5.3의 회로를 사용하여 내장 풀다운 저항을 사용하는 푸시 버튼의 상태를 확인해보자. 내장 풀다운 저항을 사용하기 위해서는 Pin 클래스의 객체를 생성할 때 매개변수 pull의 값으로 PULL_DOWN 상수를 지정해야 한다. 코드 5.1을 업로드하고 푸시 버튼을 누르면 내장 LED가 켜지고, 푸시 버튼을 누르지 않으면 내장 LED는 꺼지는 것을 확인해보자.

```
01   from machine import Pin
02   from utime import sleep
03
04   led = Pin(25, Pin.OUT)                          # 내장 LED
05   # 16번 핀에 푸시 버튼 연결, 내장 풀다운 저항 사용
06   button = Pin(16, Pin.IN, Pin.PULL_DOWN)
07
08   while True:
09       btn_status = button.value()                 # 푸시 버튼 상태 읽기
10       led.value(btn_status)                       # 푸시 버튼의 값으로 LED 설정
```

내장 풀다운 저항과는 반대로 내장 풀업 저항을 사용하기 위해서는 그림 5.6과 같이 푸시 버튼을 연결한다. 그림 5.3과 비교하면 푸시 버튼의 한쪽이 VCC가 아닌 GND에 연결되어 있다는 점에 주의해야 한다.

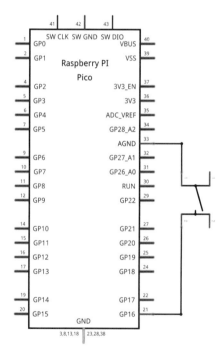

그림 5.6 내장 풀업 저항 사용을 위한 푸시 버튼 연결 회로도

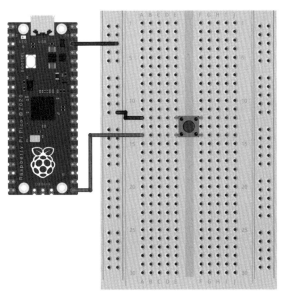

그림 5.7 **내장 풀업 저항 사용을 위한 푸시 버튼 연결 회로**

코드 5.2는 내장 풀업 저항을 사용하는 푸시 버튼의 상태를 읽어 LED에 표시하는 코드다. 내장 풀업 저항을 사용하기 위해서는 Pin 클래스의 객체를 생성할 때 매개변수 pull의 값으로 PULL_UP 상수를 지정해야 한다. 풀업 저항을 사용하면 푸시 버튼을 눌렀을 때 LOW 입력이 주어지므로 푸시 버튼을 눌렀을 때 LED가 켜지도록 not 연산자를 사용하여 푸시 버튼 상태의 반전된 값을 LED 출력으로 사용하고 있다. 즉, 코드 5.1과 코드 5.2의 동작은 서로 같다.

📋 **코드 5.2 푸시 버튼 입력 – 풀업 저항**

```
01  from machine import Pin
02  from utime import sleep
03
04  led = Pin(25, Pin.OUT)                      # 내장 LED
05  button = Pin(16, Pin.IN, Pin.PULL_UP)
06
07  while True:
08      btn_status = button.value()             # 푸시 버튼 상태 읽기
09      led.value(not btn_status)               # 푸시 버튼의 반전된 값으로 LED 설정
```

코드 5.1과 코드 5.2는 푸시 버튼이 눌린 상태일 때 LED를 켜고, 눌리지 않은 상태일 때 LED를 끈다. 하지만 푸시 버튼은 누르는 순간에 특정 동작을 실행하는 것이 일반적이다. 푸시 버튼을 누르는 순간을 알아내기 위해서는 HIGH나 LOW를 검사하는 것이 아니라 HIGH에서 LOW로 또는 LOW에서 HIGH로 입력이 변하는 시점을 찾아내야 한다. 입력 변화 시점을 찾아내기 위해서는 푸시 버튼의 이전 상태와 현재 상태를 저장하고 그 값을 비교하면 된다.

내장 풀다운 저항을 사용하는 그림 5.3의 회로도에서 푸시 버튼 입력이 LOW에서 HIGH로 변하는 시점rising edge(상승 에지)을 찾아 LED의 상태를 반전시키는 코드가 코드 5.3이다. 코드 5.3에서는 이전 푸시 버튼 상태를 button_state_previous에 저장하고, 현재 푸시 버튼 상태를 button_state_current에 저장한 후 이전 상태 LOW에서 현재 상태 HIGH로 바뀌는 시점에서 LED 상태를 반전시킨다. 또한, LED 상태가 반전된 횟수, 즉 푸시 버튼을 누른 횟수를 count에 저장한다. 코드 5.3을 업로드하면 푸시 버튼을 누를 때마다 LED의 상태가 반전되면서 count값이 출력되는 것을 확인할 수 있다.

📑 **코드 5.3 상승 에지 찾기**

```
01  from machine import Pin
02  import utime
03
04  button_state_previous = False
05  button_state_current = False
06
07  led = Pin(25, Pin.OUT)                          # 내장 LED
08  button = Pin(16, Pin.IN, Pin.PULL_DOWN)         # 16번 핀에 푸시 버튼 연결
09
10  count = 0
11
12  while True:
13      button_state_current = button.value()       # 푸시 버튼 상태 읽기
14      if button_state_current:                    # 현재 상태가 HIGH이고
15          if not button_state_previous:           # 이전 상태가 LOW이면 -> 상승 에지
16              count = count + 1
17              # utime.sleep(0.1)                   # 디바운싱
18              led.toggle()                         # LED 상태 반전
19              print(count)
20      button_state_previous = button_state_current
```

📑 **Thonny IDE 셸 실행 결과**

```
>>> %Run -c $EDITOR_CONTENT
1
2
3
4
5
```

코드 5.3을 업로드하고 푸시 버튼을 눌러보면 푸시 버튼을 한 번 눌렀음에도 count값이 2 이상 증가하는 경우를 볼 수 있다. 이는 코드 5.3의 문제가 아니라 푸시 버튼 자체의 문제다. 푸시 버튼에는 버튼을 눌렀다 뗄 때 원래의 상태로 되돌아오도록 스프링을 사용한다. 이로 인해 푸시 버튼을

누를 때 스프링의 진동으로 내부 접점이 완전히 연결되기 전에 연결되고 떨어지기를 짧은 시간 동안 반복한다. 이러한 현상을 바운스 현상bounce effect 또는 채터링chattering 이라고 한다. 그림 5.8은 풀다운 저항을 사용하는 푸시 버튼에서 발생하는 채터링의

그림 5.8 **채터링 현상**

예를 나타낸 것이다. 짧은 시간 동안 HIGH와 LOW 사이를 진동하기 때문에 버튼을 한 번 눌렀을 때도 두 번 이상 누른 것으로 인식될 수 있다.

채터링 현상을 없애는 것을 디바운싱de-bouncing이라고 하며, 채터링 현상은 소프트웨어 또는 하드웨어적인 방법으로 줄일 수 있다. **소프트웨어로 채터링을 줄이는 간단한 방법은 푸시 버튼을 누르기 시작한 이후 안정화될 때까지의 입력을 무시하는 것이다.** 안정화되는 시간은 푸시 버튼의 종류에 따라 다르지만, 수십 밀리초를 넘지 않는다. 코드 5.3에서 코멘트 처리를 한 utime.sleep 명령은 디바운싱을 위해 추가한 것이다. 푸시 버튼을 한 번만 눌렀는데도 count값이 2 이상 증가하는 경우, 코멘트를 제거하고 실행하면 채터링 현상이 줄어드는 것을 확인할 수 있다.

채터링 현상은 하드웨어를 사용하여 줄일 수도 있다. **하드웨어적인 방법으로 채터링을 줄이는 간단한 방법은 0.1μF 정도의 커패시터를 데이터 입력 핀과 전원 핀 사이에 추가하는 것이다.** 이때 풀업 저항인지 풀다운 저항인지에 따라 커패시터를 연결하는 방법이 다르다.

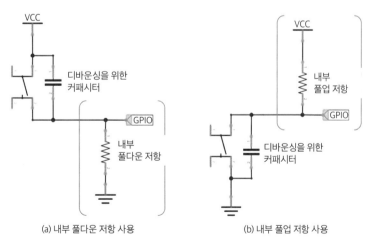

(a) 내부 풀다운 저항 사용   (b) 내부 풀업 저항 사용

그림 5.9 **디바운싱을 위한 커패시터**

그림 5.9는 내장 풀업 또는 풀다운 저항을 사용할 때 채터링을 줄이기 위해 커패시터를 연결하는 방법을 나타낸 것이다.

sleep 명령을 삽입하거나 그림 5.9처럼 커패시터를 추가하면 채터링을 줄일 수는 있지만, 완전히 제거할 수는 없다. 채터링 방지를 위해서는 설명한 방법 이외에도 여러 가지 방법을 사용할 수 있지만, 커패시터와 sleep 함수를 사용하면 대부분의 채터링을 효과적으로 제거할 수 있으며 실제 사용하는 방법이기도 하다.

5.5 맺는말

디지털 데이터 입력은 디지털 데이터 출력과 함께 마이크로컨트롤러가 주변장치와 데이터를 주고받는 기본이 된다. 이 장에서는 푸시 버튼의 상태를 알아내기 위해 Pin 클래스를 사용하였다. 푸시 버튼을 사용할 때 주의할 점 한 가지는 회로가 개방된 상태에서 읽지 말아야 한다는 점이다. 회로가 개방된 상태에 있지 않도록 하기 위해서는 풀업 또는 풀다운 저항을 사용할 수 있다. 라즈베리파이 피코의 범용 입출력 핀은 풀업 및 풀다운 저항을 내장하고 있으므로 필요한 경우 별도의 저항 연결 없이 소프트웨어를 통해 사용할 수 있다.

푸시 버튼을 사용할 때 또 한 가지 주의할 점은 푸시 버튼의 기계적인 특성으로 버튼을 한 번 누를 때 두 번 이상 눌린 것으로 인식하는 채터링이 발생할 수 있다는 점이다. 채터링은 sleep 함수를 사용하는 소프트웨어적인 방법이나 커패시터를 이용한 하드웨어적인 방법으로 대부분 해결할 수 있다. 이런 방법이 채터링을 완벽히 없애지는 못하지만, 일반적으로는 이 정도만으로 충분하다. 원한다면 채터링을 완전히 없앨 수 있는 회로 역시 어렵지 않게 찾을 수 있다.

기본적으로 디지털 데이터 입출력은 비트 단위의 데이터를 다룬다. 그러나 비트 단위 데이터를 모아 바이트 단위 이상의 데이터를 주고받는 것도 가능하다. 바이트 단위 이상의 데이터 입출력은 아날로그 데이터를 다루거나 시리얼 통신을 할 때 사용한다. 비트 단위 데이터 입출력을 이해했다면 6장에서 주변 환경에서 얻을 수 있는 아날로그 데이터를 입출력하는 방법에 대해 알아보자.

아날로그 데이터 입력

마이크로컨트롤러는 디지털 컴퓨터이므로 디지털 데이터 입출력을 기본으로 한다. 하지만 주변 환경에서 얻을 수 있는 데이터는 모두 아날로그 데이터다. 마이크로컨트롤러에서 아날로그 데이터를 직접 처리할 수는 없으므로 먼저 아날로그-디지털 변환장치를 통해 아날로그 데이터를 디지털 데이터로 변환해야 한다. 라즈베리파이 피코에는 3채널의 아날로그-디지털 변환장치가 포함되어 있으므로 아날로그 신호를 디지털로 변환하여 읽을 수 있다. 이 장에서는 라즈베리파이 피코의 아날로그-디지털 변환장치를 사용하는 방법에 대해 알아본다.

			이 장에서 사용할 부품
라즈베리파이 피코	× 1		
1kΩ 가변저항	× 1		

지금까지 살펴본 데이터는 모두 디지털 데이터다. LED 제어를 위한 데이터와 푸시 버튼 상태를 나타내는 데이터는 물론 뒤에서 살펴볼 시리얼 통신을 통해 주고받는 데이터 역시 디지털 데이터에 해당한다. 이는 마이크로컨트롤러가 디지털 컴퓨터의 한 종류이기 때문이다. 하지만 주변 환경에서 얻을 수 있는 데이터는 모두 아날로그 데이터이므로 **디지털 컴퓨터에서 아날로그를 데이터를 처리하기 위해서는 먼저 아날로그-디지털 변환장치**analog-digital converter, ADC**를 통해 디지털 데이터로 변환해야 한다.**

주변 환경에서 데이터를 얻는 장치를 흔히 센서라고 한다. 센서는 아날로그 데이터를 출력하는 것이 기본이다. 온도 센서에서 온도에 비례하는 전압을 출력하는 것이 그 예에 해당한다. 온도에 비례하는 전압이 아날로그 입력 핀에 가해지면 마이크로컨트롤러는 ADC를 통해 디지털 데이터로 변환한다. 아날로그 데이터를 디지털 데이터로 변환하는 방법은 여러 가지가 있지만, 라즈베리파이 피코는 축차 비교successive approximation 방식의 ADC를 사용한다. 축차 비교 방식은 변환될 디지털값의 모든 비트를 0으로 설정한 후, 최상위 비트부터 결정해 나가는 방법이다. 그림 6.1은 축차 비교 방식의 블록 다이어그램을 나타낸 것이다.

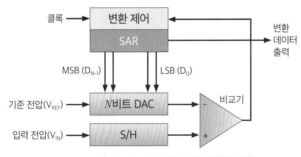

그림 6.1 축차 비교 방식의 블록 다이어그램

그림 6.1에서 변환하고자 하는 아날로그값은 S/Hsample and hold에 저장되고, 디지털로 변환된 값은 SARsuccessive approximation register에 저장된다. SAR은 0에서 시작하며, 먼저 최상위 비트를 1로 설정한다. 최상위 비트를 1로 설정했을 때의 아날로그값은 디지털-아날로그 변환장치digital-analog converter, DAC를 통해 얻을 수 있다. 이 값을 S/H에 저장된 값과 비교하여 DAC 출력값이 크면 최상위 비트는 0으로 바꾸고, DAC 출력값이 작거나 같으면 1을 유지하여 최상위 비트의 값을 결정한다. 이 과정을 최하위 비트까지 N번 반복하면 N비트의 디지털값을 얻을 수 있다. **축차 비교 방식으로 얻을 수 있는 디지털값은 아날로그값과 가장 비슷한 값을 가지면서 아날로그값보다 작거나 같은 값**

이 된다. 축차 비교 방식은 한 번에 한 비트만 결정하므로 구조가 간단하고 다른 방식보다 정확도가 높은 장점은 있지만, 반복 계산이 필요하므로 변환 속도가 느린 것은 단점이라 할 수 있다.

ADC 과정에서 N을 해상도라고 부르는데, 아날로그값을 몇 비트의 디지털값으로 변환할 것인지를 결정한다. N비트 해상도에서 아날로그값은 0과 2^N-1 사이의 값으로 변환되며, **라즈베리파이 피코는 12비트의 해상도를 가지므로 0~4095까지 4096단계(=2^{12})로 아날로그값을 표현한다.**

기준 전압은 아날로그값을 디지털값으로 변환하기 위한 기준으로 가장 큰 디지털값, 라즈베리파이 피코에서는 4095에 해당하는 전압을 나타낸다. 동작 전압인 3.3V를 기준 전압으로 사용하였다면 3.3V 값이 입력될 때 4095의 디지털값을 얻을 수 있다.

센서가 아날로그값을 출력하고 라즈베리파이 피코에서 이를 디지털값으로 변환하는 것이 기본이지만, 센서에 따라 출력하는 전압의 범위가 다를뿐더러 0~3.3V는 센서 출력값으로는 범위가 너무 넓은 경우가 많다. 또한, ADC로 디지털값으로 변환한 후 이를 실제 물리량으로 변환하기 위해서는 복잡한 변환 과정이 필요할 수 있다. 예를 들어, 온도 센서에서 1000이라는 디지털값을 읽었을 때 이는 실제 몇 도에 해당할까? 이러한 여러 가지 문제점을 해결할 수 있는 것이 디지털값을 출력하는 센서다. 디지털값을 출력하는 센서는 내부에 ADC를 포함하여 센서 특성에 맞게 디지털값으로 변환할 수 있으며, 변환한 디지털값은 시리얼 통신을 통해 라즈베리파이 피코로 전달한다. 디지털값을 출력하는 센서는 아날로그값을 출력하는 센서에 회로가 추가되어야 하므로 칩의 형태 또는 모듈 형태로 만들어진 경우가 대부분이다.

6.2 machine 모듈과 ADC 클래스

아날로그값을 디지털값으로 변환하여 읽기 위해서는 ADC라는 전용 하드웨어가 필요하다. 라즈베리파이 피코에는 그림 6.2와 같이 **3개의 핀(26, 27, 28번 핀)이 ADC에 연결되어 있어서 아날로그값을 출력하는 장치를 연결하고 디지털값으로 변환하여 읽을 수 있다.** 하지만 3개의 핀에 연결된 아날로그 입력을 동시에 읽을 수는 없으며, 한 번에 하나의 값만 읽을 수 있다. 즉, **라즈베리파이 피코에 포함된 ADC는 1개이고, 3개의 핀은 멀티플렉서를 통해 ADC에 연결되어 있으며 채널이라고 한다.** AGND 핀은 아날로그 회로의 접지 전압으로 디지털 회로의 접지 전압인 GND와 구별하여 사용할 수 있지만, 라즈베리파이 피코에서는 GND와 함께 연결되어 있으므로 구별 없이 같이 사용한다. ADC_

VREF 핀은 ADC 과정에서 필요한 외부 기준 전압을 지정하기 위해 사용한다. 라즈베리파이 피코에서는 3.3V가 연결되어 있다.

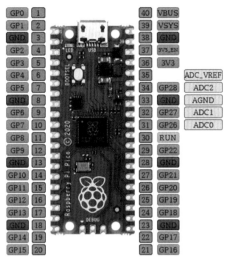

그림 6.2 **라즈베리파이 피코의 ADC 핀**

아날로그 데이터 입력을 위한 클래스는 machine 모듈의 ADC 클래스다. 아날로그값을 디지털값으로 변환하여 읽을 수 있도록 ADC 클래스는 다음과 같은 멤버 함수들을 정의하고 있다.

- **ADC**

class machine.ADC(id)
 — 매개변수
  id: 채널 번호

ADC 클래스의 객체를 생성한다. 객체를 생성할 때는 입출력 핀 번호가 아니라 생성되는 객체와 연결된 ADC의 채널 번호를 지정한다. **라즈베리파이 피코에서는 0~2번까지 3개의 채널을 사용할 수 있다.** RP2040에는 3번 채널도 있는데, 라즈베리파이 피코에서는 전원 전압 측정을 위해 3번 채널을 사용한다. 이 밖에 RP2040 내부 온도를 측정하는 데 사용할 수 있는 4번 채널도 있다. 그러나 4번 채널은 RP2040 칩에서도 핀으로 연결되어 있지 않다.

- **read_u16**

ADC.read_u16()
 — 매개변수: 없음

객체에 연결된 채널을 통해 아날로그값을 디지털값으로 변환하여 읽고 0~65535(=2^{16}-1) 사이의 값으로 반환한다. 라즈베리파이 피코의 ADC 해상도는 12비트이지만, ADC 클래스에서는 이를 16비트값으로 변환하여 반환한다.

6.3 아날로그값 읽기

ADC 클래스를 사용하여 가변저항값을 읽어보자. 가변저항의 3개 핀 중 양쪽 끝 핀에 VCC와 GND를 가해주면 회전 정도에 따라 가운데 핀으로 GND와 VCC의 사잇값을 전압 분배를 통해 얻을 수 있다. 가변저항은 극성이 없으므로 VCC와 GND를 연결하는 순서를 바꿀 수 있지만, 연결 순서에 따라 출력 전압이 증가하도록 가변저항을 회전시키는 방향이 바뀐다는 점은 기억해야 한다.

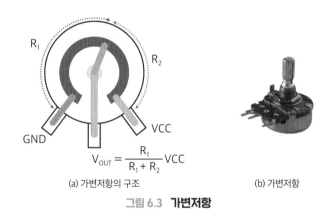

$$V_{OUT} = \frac{R_1}{R_1 + R_2} VCC$$

(a) 가변저항의 구조   (b) 가변저항

그림 6.3 **가변저항**

가변저항을 그림 6.4와 같이 0번 채널에 연결하자.

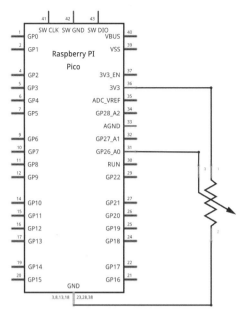

그림 6.4 **가변저항 연결 회로도**

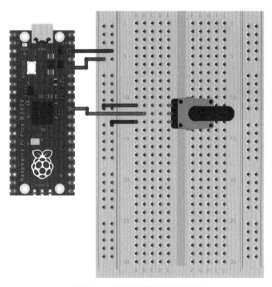

그림 6.5 **가변저항 연결 회로**

코드 6.1은 0.5초 간격으로 가변저항값을 읽어 출력하는 코드로, 실행 결과에서 알 수 있듯이 최대 65535가 출력된다.

```
01  import machine
02  from utime import sleep
03
04  analog_value = machine.ADC(0)          # 0번 채널에 가변저항 연결
05
06  while True:
07      reading = analog_value.read_u16()  # 16비트값으로 반환
08      print("ADC: ", reading)
09      sleep(0.5)
```

Thonny IDE 셸 실행 결과

```
>>> %Run -c $EDITOR_CONTENT
ADC:  41114
ADC:  51676
ADC:  63791
ADC:  65535
ADC:  61038
ADC:  54717
ADC:  41306
ADC:  33576
ADC:  21605
ADC:  12771
ADC:  2192
ADC:  608
ADC:  144
```

라즈베리파이 피코에서는 3개의 ADC 채널을 사용할 수 있지만, RP2040에는 4개의 ADC 채널이 존재한다. 즉, 라즈베리파이 피코에서는 RP2040에서 사용할 수 있는 4개 채널 중 ADC0에서 ADC2까지 3개 채널만 아날로그 데이터 입력을 위해 사용하고, 나머지 ADC3 채널은 다른 용도, 라즈베리파이 피코에 가해지는 외부 전원을 검사하기 위해 사용하고 있다.

라즈베리파이 피코에서 ADC3는 외부 전원인 VSYS 전압의 3분의 1을 측정하는 용도로 사용한다. 라즈베리파이 피코에 연결할 수 있는 외부 전원은 1.8~5.5V이지만, 아날로그 입력 핀에 가할 수 있는 전압은 3.3V를 넘을 수 없으므로 VSYS 전압의 3분의 1을 측정한다. USB를 통해 전원을 공급하면 VSYS에 USB 전원이 가해지므로 USB 전원 전압 역시 측정할 수 있다. 한 가지 주의해야 할 점은 ADC3를 사용하기 전에 **ADC3에 해당하는 핀인 29번 핀을 입력으로 설정해야 한다**는 점이다. 코드 6.2는 VSYS 전압을 측정하여 출력하는 코드다.

```
01  import machine
02  from utime import sleep
03
04  # ADC3 핀을 입력으로 설정
05  ADC3_pin = machine.Pin(29, machine.Pin.IN)
06
07  vsys = machine.ADC(3)                           # 3번 채널 사용
08  # ADC값을 실제 전압으로 변환하기 위한 상수
09  VOLTAGE_CONVERSION = 3.3 * 3 / 65535
10
11  while True:
12      reading = vsys.read_u16()                    # 16비트값으로 반환
13      voltage = reading * VOLTAGE_CONVERSION       # 실제 전압으로 변환
14
15      print(voltage)                               # 전압 출력
16
17      sleep(2)                                     # 2초에 한 번 출력
```

Thonny IDE 셸 실행 결과

```
>>> %Run -c $EDITOR_CONTENT
5.038297
4.939047
4.675591
4.308052
3.935829
3.710895
4.042179
4.397633
4.82303
5.067301
```

코드 6.2의 실행 결과는 VSYS 핀에 DC 전원 공급기를 연결하고 3.5~5.0V 사이의 전압을 가하면서 3번 채널을 통해 읽은 값을 전압으로 변환하여 출력한 것이다. USB 케이블을 컴퓨터에 연결하여 전원을 공급하고 있다면 5V에 가까운 전압을 얻을 수 있을 것이다.

핀을 통해 사용할 수 있는 4개의 ADC 채널 이외에 **RP2040에는 내부 온도 센서와 연결된 ADC4 채널 역시 존재한다.** ADC4는 다른 채널처럼 외부 장치를 연결하여 사용할 수는 없고 칩 내부의 온도 측정에만 사용할 수 있다. 온도 센서는 RP2040 칩의 내부에 있으므로 정확하게는 칩의 내부 온도를 측정한다. 칩의 내부 온도는 실내 온도와는 차이가 있지만, 실행 환경의 대략적인 온도를 나타내는 참고용으로 사용할 수 있다. 코드 6.3은 칩의 내부 온도를 측정하고 출력하는 코드다.

📋 코드 6.3 **ADC4를 통해 내부 온도 읽기**

```
01   import machine
02   from utime import sleep
03
04   sensor_temp = machine.ADC(4)
05   VOLTAGE_CONVERSION = 3.3 / 65535          # 실제 전압으로 변환하기 위한 상수
06
07   while True:
08       reading = sensor_temp.read_u16()
09       voltage = reading * VOLTAGE_CONVERSION   # 실제 전압
10       # 전압에서 온도 변환을 위한 식
11       temperature = 27 - (voltage - 0.706) / 0.001721
12
13       print(temperature)
14
15       sleep(2)
```

💻 Thonny IDE 셸 **실행 결과**

```
>>> %Run -c $EDITOR_CONTENT
 27.51255
 27.98069
 28.44883
 27.51255
 27.98069
 27.98069
 27.51255
 28.44883
```

코드 6.3의 실행 결과에서 칩의 내부 온도는 28도 정도임을 알 수 있다. ADC4를 통해 읽은 전압은 데이터 시트의 변환식을 사용하여 온도로 변환하였다.

$$T = 27 - \frac{VOLTAGE - 0.706}{0.001721}$$

6.4 맺는말

아날로그로 이루어진 주변 환경에서 얻을 수 있는 데이터는 모두 아날로그 데이터다. 하지만 우리가 사용하는 라즈베리파이 피코는 디지털 컴퓨터이므로 아날로그 데이터를 먼저 디지털 데이터로

변환해야 한다. 라즈베리파이 피코에는 아날로그 데이터를 디지털 데이터로 변환하여 사용할 수 있도록 ADC가 포함되어 있다.

라즈베리파이 피코에 포함된 ADC는 12비트 해상도를 가지며 3개 채널을 제공하고 있으므로 3개의 아날로그 데이터를 출력하는 주변장치를 연결하여 사용할 수 있다. 이 밖에도 라즈베리파이 피코에서 사용할 수 없는 네 번째 ADC 채널(ADC3)은 전원 전압을 검사하는 용도로 사용한다. 또한, 대응하는 핀은 없지만 내부 온도 센서에 연결된 다섯 번째 ADC 채널(ADC4)도 존재하므로 대략적인 동작 환경의 온도를 측정하는 용도로 사용할 수 있다. 표 6.1은 RP2040의 ADC 채널을 요약한 것이다.

표 6.1 ADC 채널

채널	설명
0	핀을 통한 아날로그 데이터 입력 핀으로 최대 3.3V 전압 인가 가능
1	RP2040 마이크로컨트롤러는 12비트 해상도를 가지지만 라즈베리파이 피코는 16비트값으로 변환하여 반환
2	
3	VSYS에 연결된 외부 전원 또는 USB 커넥터로 공급되는 전원의 3분의 1을 측정
	라즈베리파이 피코에는 해당 핀이 없어 데이터 입력용으로는 사용 불가
4	RP2040 칩의 내부 온도 측정 전용

이 장에서는 아날로그 데이터를 디지털 데이터로 변환하여 사용하는 방법을 살펴보았다. 라즈베리파이 피코가 디지털 컴퓨터이므로 아날로그 데이터를 읽기 위해서는 전용 하드웨어인 ADC가 필요하다. 마찬가지로 계산 결과를 주변 환경으로 되돌려주기 위해서는 계산 결과를 아날로그 신호로 변환해야 하는데, 이를 위한 하드웨어 역시 라즈베리파이 피코에 포함되어 있다. 아날로그 데이터 입력 방법을 살펴보았으니 7장에서는 라즈베리파이 피코에서 아날로그 데이터를 출력하는 방법을 알아보자.

아날로그 데이터 출력

라즈베리파이 피코는 아날로그 데이터를 직접 처리할 수는 없고 아날로그 데이터를 디지털 데이터로 변환한 후 처리한다. 마찬가지로 라즈베리파이 피코는 아날로그 데이터를 출력할 수는 없고, 아날로그 데이터와 비슷한 효과를 얻을 수 있는 펄스폭 변조(PWM) 신호를 출력할 수 있다. 이 장에서는 PWM 신호를 출력하는 방법과 이를 통해 LED 밝기를 제어하는 방법을 살펴본다.

이 장에서
사용할 부품

라즈베리파이 피코	× 1
LED	× 1
220Ω 저항	× 1
1kΩ 가변저항	× 1

라즈베리파이 피코에 포함된 RP2040 마이크로컨트롤러는 아날로그 데이터를 12비트의 디지털 데이터로 변환하여 읽을 수 있는 4개의 ADC_{analog-digital converter} 채널을 제공한다. 입력된 디지털 데이터는 처리 과정을 거쳐 아날로그 또는 디지털 데이터의 형태로 출력할 수 있는데, 아날로그 데이터로 출력할 때는 DAC_{digital-analog converter}가 필요하다. 하지만 **라즈베리파이 피코에는 DAC가 포함되어 있지 않으므로 아날로그 신호를 출력할 수는 없다. 대신 아날로그 신호와 비슷한 효과를 내는 펄스폭 변조**_{pulse width modulation, PWM} **신호를 출력할 수 있다.** PWM 신호는 디지털 신호의 한 종류지만 아날로그 신호와 비슷한 효과를 발휘하므로 LED의 밝기나 모터의 회전 속도를 조절하기 위해 사용한다.

PWM은 아날로그 신호를 디지털 신호로 나타내는 방법의 하나로 ADC를 통해 얻을 수 있는 신호인 펄스 진폭 변조_{pulse amplitude modulation, PAM} 방식과는 차이가 있다. PAM 방식에서는 디지털로 변환된 값을 이진수로 나타낸다. 반면 PWM 방식에서는 한 주기 내에서 HIGH인 비율로 디지털 신호를 나타낸다. 0에서 255까지의 값을 PAM 방식과 PWM 방식으로 나타내는 경우를 비교해보자. PAM 방식에서는 256개의 서로 다른 값을 나타내기 위해 8비트($\log_2 256 = 8$)의 이진수를 사용한다. 반면 PWM 방식에서는 펄스의 폭이 256단계로 바뀌어야 하므로 256비트[1]가 필요하다.

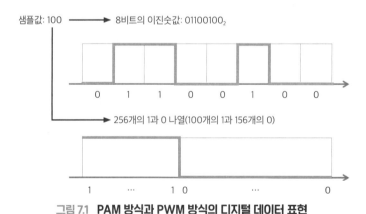

샘플값: 100 ⟶ 8비트의 이진숫값: 01100100₂

0 1 1 0 0 1 0 0

⟶ 256개의 1과 0 나열(100개의 1과 156개의 0)

1 ⋯ 1 0 ⋯ 0

그림 7.1 PAM 방식과 PWM 방식의 디지털 데이터 표현

---

1   256개의 서로 다른 값을 표현할 때 255개 비트가 모두 0이면 0을, 255개 비트가 모두 1이면 255를 나타내도록 하면 255비트로 가능하다. 하지만 여기서는 2의 거듭제곱으로 나타내는 것으로 가정하여 256비트를 사용하였다. 따라서 256개 비트가 모두 1인 경우는 사용하지 않는다.

그림 7.1은 PAM과 PWM 방식으로 100을 나타내는 방법을 비교한 것이다. 두 가지 방식에서 차이점 중 하나는 PWM 방식으로 표현된 데이터가 PAM 방식으로 표현된 데이터보다 32배가 많다는 점이다. 데이터가 많다는 것은 그만큼 많은 저장 공간이 필요하다는 의미이고, 또한 같은 양의 데이터를 처리하기 위해서는 동작 속도 역시 32배 빨라야 한다는 것을 의미한다. 이처럼 **PWM 방식 데이터는 많은 저장 공간과 빠른 처리 속도가 필요하므로 데이터 저장이나 전송에는 적합하지 않다.** 하지만 PWM 방식으로 표현된 데이터는 PAM 방식으로 표현된 데이터에 비해 쉽게 아날로그 신호로 변환할 수 있고, 그 자체로도 아날로그 신호의 효과를 얻을 수 있으므로 아날로그와 관련된 부분에서 흔히 사용된다.

PWM 신호는 한 주기에서 HIGH인 부분의 비율로 표시하며 이 비율을 듀티 사이클duty cycle**이라고 한다.** 그림 7.2는 듀티 사이클에 따른 PWM 신호의 파형을 나타낸 것이다.

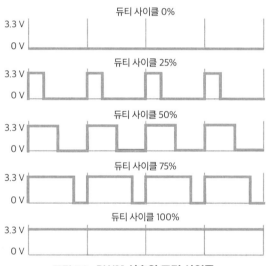

그림 7.2 PWM 신호의 듀티 사이클

마이크로컨트롤러에서 PWM 신호를 사용하는 예 중 하나가 LED 밝기를 조절하는 것이다. 이때 주의해야 할 점 중 하나가 빠른 속도다. 그림 7.2에서 50% 듀티 사이클을 갖는 PWM 신호의 파형은 0.5초 간격으로 LED를 점멸하는 블링크 프로그램에서 출력하는 파형과 같다. 하지만 50% 듀티 사이클의 PWM 신호를 출력하면 LED가 절반 정도 밝기로 켜지지만, 블링크 신호를 출력하면 LED가 일정한 시간 간격으로 깜빡인다. 이 차이가 바로 빠른 속도, 즉 PWM 신호의 주파수에서 나온다. 먼저 16번 핀에 LED를 연결하자.

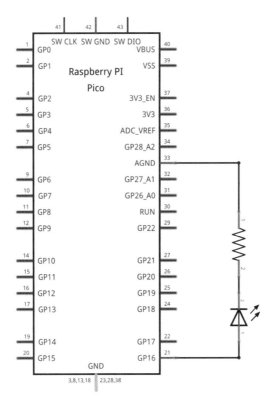

그림 7.3 **LED 연결 회로도**

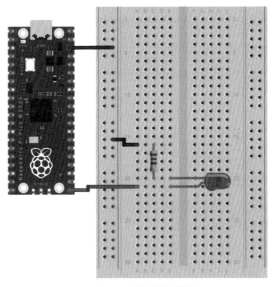

그림 7.4 **LED 연결 회로**

코드 7.1은 16번 핀에 연결된 LED를 0.5초 간격으로 점멸하는 코드다.

코드 7.1 블링크

```
01  from machine import Pin
02  import utime
03
04  INTERVAL = 500
05
06  led = Pin(16, Pin.OUT)          # 16번 핀에 LED 연결
07
08  while True:
09      led.value(1)               # LED 켜기
10      utime.sleep_ms(INTERVAL)   # 0.5초 대기
11      led.value(0)               # LED 끄기
12      utime.sleep_ms(INTERVAL)   # 0.5초 대기
```

코드 7.1에서 INTERVAL값을 줄여보자. INTERVAL값을 줄이면 LED가 깜빡이는 속도가 빨라지지만, INTERVAL값이 마이크로초 단위로 줄어들면 LED는 깜빡거림을 멈추고 절반 정도의 밝기로 켜진다. 마이크로초 단위의 지연시간을 설정하기 위해서는 sleep_us 함수를 사용해야 한다.

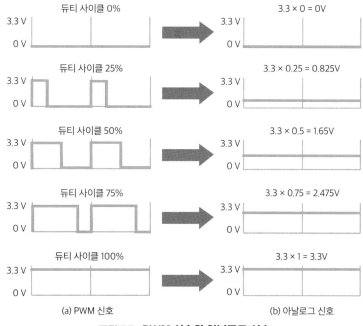

그림 7.5 PWM 신호와 아날로그 신호

LED의 반응 속도는 그렇게 빠르지 않으므로 HIGH를 출력했을 때 즉시 켜지는 것이 아니라 완전히 켜지기까지 어느 정도 시간이 걸린다. 마찬가지로 LOW를 출력했을 때도 즉시 꺼지는 것은 아

니다. LED 점멸 속도가 느릴 때는 PWM 신호의 한 주기 내에서 HIGH인 구간과 LOW인 구간에 LED가 각각 반응하여 LED가 깜빡거린다. 하지만 점멸 속도가 빨라지면 완전히 켜지거나 꺼진 게 아닌 상태가 되고, PWM 신호의 한 주기를 평균한 정도의 밝기로 LED가 켜진다. **블링크 코드로 출력하는 신호 역시 50% 듀티 사이클을 가지는 PWM 신호라고 할 수 있지만, 블링크 신호는 주파수가 낮아 아날로그 신호와 같이 밝기를 변화시키는 효과를 가져올 수는 없다.** 그림 7.5는 PWM 신호와 그에 상응하는 아날로그 신호를 나타낸 것이다.

7.2 machine 모듈과 PWM 클래스

코드 7.1에서 점멸 시간을 줄여 소프트웨어적으로 PWM 신호를 생성할 수도 있지만, 빠른 속도로 HIGH와 LOW 신호를 번갈아 출력하는 작업은 대부분의 CPU 시간을 PWM 신호 생성에 소비하므로 바람직하지 않다. 그래서 마이크로컨트롤러에서는 전용 하드웨어를 통해 지정한 듀티 사이클을 가지는 PWM 신호를 생성하는 방법을 사용하는데, 라즈베리파이 피코 역시 마찬가지다. **라즈베리파이 피코에는 8개의 PWM 블록이 포함되어 있고, 각 블록은 A와 B의 2개 PWM 출력을 제공한다.** 따라서 **라즈베리파이 피코에서 동시에 사용할 수 있는 PWM 출력은 최대 16개다.**

라즈베리파이 피코에는 26개의 범용 입출력 핀이 있고, 모든 범용 입출력 핀으로 PWM 신호를 출력할 수 있다. 하지만 26개 범용 입출력 핀 중 일부는 같은 PWM 블록에 의해 제어되므로 동시에 사용할 수는 없다. 예를 들어, 0번 핀과 16번 핀은 0번 PWM 블록의 출력 A를 사용하므로 동시에 PWM 신호 출력에 사용할 수는 없다. 또한, **같은 PWM 블록의 두 출력 A와 B는 같은 PWM 주파수를 사용한다**는 점도 기억해야 한다. 예를 들어, 16번과 17번 핀은 모두 7번 PWM 블록을 사용하므로 듀티 사이클을 다르게 설정할 수는 있지만, 서로 다른 주파수를 사용할 수는 없다. 만약 16번이나 17번 핀 중 하나의 PWM 주파수를 변경하면 다른 핀의 PWM 주파수 역시 그에 따라 바뀐다.

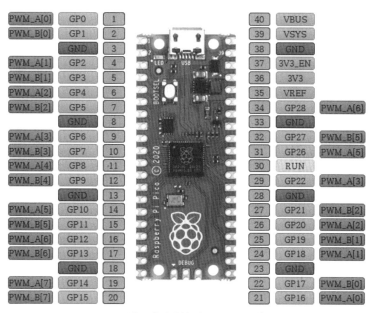

그림 7.6 **라즈베리파이 피코의 PWM 출력 핀**

PWM 신호 출력을 위한 클래스는 machine 모듈의 PWM 클래스다. PWM 클래스를 사용하여 펄스폭 변조 신호를 출력하기 위해서는 다음과 같은 멤버 함수를 사용할 수 있다.

- **PWM**

  class machine.PWM(dest)
  — 매개변수
  dest: PWM 신호를 출력할 핀을 제어할 Pin 클래스 객체

PWM 신호를 출력할 핀을 지정하여 PWM 신호 생성을 제어할 객체를 생성한다. 매개변수인 dest에는 범용 입출력 핀 번호가 아닌 Pin 클래스의 객체를 지정한다.

- **freq**

  PWM.freq(value)
  — 매개변수
  value: PWM 신호의 주파수

PWM 신호를 위한 주파수를 설정하거나 현재 주파수를 알아내기 위해 사용한다. 매개변수가 주어지면 PWM 주파수를 설정하고, 매개변수가 없으면 현재 PWM 주파수를 반환한다.

- **duty_u16**

PWM.duty_u16(value)
— 매개변수
value: PWM 신호의 듀티 사이클

PWM 신호의 듀티 사이클을 설정하거나 현재 듀티 사이클을 알아내기 위해 사용한다. 매개변수가 주어지면 듀티 사이클을 설정하고, 매개변수가 없으면 현재 듀티 사이클을 반환한다. **듀티 사이클을 지정하기 위해 사용할 수 있는 값은 부호 없는 16비트값으로 0~65535의 사이의 값을 지정하면 된다.**

7.3 LED 밝기 제어

하드웨어로 생성되는 PWM 신호를 사용하여 LED 밝기를 제어해보자. LED는 그림 7.3과 같이 16번 핀에 연결한다. 코드 7.2는 LED가 점점 밝아지다가 최대 밝기가 된 후 완전히 꺼질 때까지 점점 어두워지는 것을 반복하는 코드다.

📋 코드 7.2 **LED 밝기 제어**

```
01  from machine import Pin, PWM
02  import utime
03
04  pwm = PWM(Pin(16))                    # 16번 핀으로 PWM 신호 출력
05
06  pwm.freq(1000)                        # PWM 신호 주파수 지정
07
08  while True:
09      for duty in range(65536):        # 0~65535: 점점 밝게
10          pwm.duty_u16(duty)
11          utime.sleep_us(1)
12
13      for duty in range(65534, 0, -1):  # 65534~1: 점점 어둡게
14          pwm.duty_u16(duty)
15          utime.sleep_us(1)
```

가변저항으로 LED의 밝기를 제어해보자. 먼저 그림 7.7과 같이 가변저항은 ADC1 채널에, LED 는 18번 핀에 연결한다.

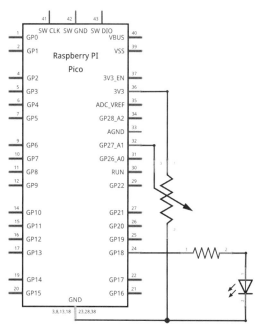

그림 7.7 가변저항과 LED 연결 회로도

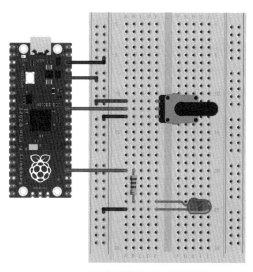

그림 7.8 가변저항과 LED 연결 회로

코드 7.3은 가변저항으로 LED의 밝기를 제어하는 코드다. 라즈베리파이 피코의 ADC는 12비트 해상도를 가지고 있지만, ADC 클래스의 read_u16 함수는 16비트값을 반환한다. 따라서 read_u16 함수가 반환한 값을 PWM 신호의 듀티 사이클로 그대로 사용할 수 있다. 코드 7.3을 업로드하고 가변저항을 돌리면서 LED의 밝기가 변하는 것을 확인해보자. LED의 밝기는 듀티 사이클에 선형적으로 변하지는 않으므로 가변저항을 돌린 정도와 밝기 변화 정도는 다를 수 있다.

```
01   from machine import Pin, PWM
02   import utime
03
04   analog_value = machine.ADC(1)        # 1번 채널에 가변저항 연결
05   pwm = PWM(Pin(18))                   # 16번 핀으로 PWM 신호 출력
06
07   pwm.freq(1000)                       # PWM 신호 주파수 지정
08
09   while True:
10       reading = analog_value.read_u16()
11       pwm.duty_u16(reading)
12       utime.sleep_ms(5)
```

7.4 맺는말

마이크로컨트롤러는 디지털 컴퓨터이므로 아날로그 데이터를 처리하는 데는 한계가 있을 수밖에 없다. 라즈베리파이 피코의 경우 ADC를 통해 아날로그 데이터를 디지털 데이터로 변환하여 읽는 것은 가능하지만 아날로그 데이터를 출력할 수는 없다. 대신 아날로그 데이터와 비슷한 효과를 얻을 수 있는 PWM 신호를 출력할 수 있다. PWM 신호는 디지털 신호이지만 주기 내에서 HIGH 인 구간의 비율인 듀티 사이클을 변경함으로써 아날로그 신호와 비슷한 효과를 얻을 수 있다.

라즈베리파이 피코는 26개 범용 입출력 핀 모두로 PWM 신호를 출력할 수 있다. 하지만 라즈베리파이 피코는 8개의 PWM 블록을 포함하고, 각 블록은 2개의 PWM 신호 출력을 지원하므로 최대 16개 PWM 신호를 동시에 출력할 수 있다. 즉, 26개 범용 입출력 핀 중 일부는 PWM 신호 출력을 위해 같은 하드웨어를 사용하고 있으며, 이들 핀은 동시에 사용할 수 없다.

마이크로컨트롤러의 기본 기능은 범용 입출력 핀을 통해 디지털 데이터를 입출력하는 것이지만, 주변 환경과 데이터 교환을 위해서는 아날로그 데이터 입출력 역시 필요하다. 즉, 디지털과 아날로그 데이터 입출력은 마이크로컨트롤러의 기본 기능에 속한다고 할 수 있다. 표 7.1은 라즈베리파이 피코에서 디지털 및 아날로그 데이터 입출력을 위해 사용하는 기본 코드를 나타낸 것으로, 모두 machine 모듈에 포함된 클래스를 사용하므로 별도의 라이브러리 설치 없이 사용할 수 있다.

표 7.1 **디지털 및 아날로그 데이터 입출력을 위한 클래스**

데이터 종류	입출력	코드
디지털 데이터	입력	myPin = machine.Pin(pin_no, machine.Pin.IN) read = myPin.value()
	출력	myPin = machine.Pin(pin_no, machine.Pin.OUT) myPin.value(write)
아날로그 데이터	입력	myPin = machine.ADC(channel) read = myPin.read_u16()
	출력	myPin = machine.Pin(pin_no) myPWM = machine.PWM(myPin) myPWM.duty_u16(write)

지금까지 디지털과 아날로그 데이터 입출력 방법을 살펴보았다. 8장에서는 여러 가지 작업을 동시에 진행하는 데 필요한 타이머와 인터럽트 사용 방법을 살펴보자.

타이머와 소프트웨어 RTC

라즈베리파이 피코에 사용된 RP2040 마이크로컨트롤러는 마이크로초 단위로 증가하는 64비트 카운터를 포함하고 있으므로 시간 관리를 위해 사용할 수 있다. 카운터를 사용하는 클래스로는 일정한 시간 간격으로 반복적인 작업을 진행하기 위해 사용하는 Timer 클래스와 날짜와 시간 관리를 위한 RTC 클래스가 대표적이다. 이 장에서는 라즈베리파이 피코에서 날짜와 시간을 사용하는 방법에 대해 알아본다.

라즈베리파이 피코 × 1

이 장에서
사용할 부품

8.1 타이머

카운터는 펄스를 세는 장치를 말한다. 만약 카운터에 일정한 속도로 펄스가 주어진다면 지금까지 센 펄스의 수로부터 시간을 알 수 있으므로 시간을 측정하기 위한 타이머로 사용할 수 있다. 따라서 마이크로컨트롤러에서는 흔히 '타이머/카운터'라고 이야기한다. 라즈베리파이 피코에 사용된 **RP2040 마이크로컨트롤러는 1마이크로초에 1씩 증가하는 64비트 카운터를 포함하고 있다.** 1마이크로초 단위의 카운트를 위해 사용하는 클록은 라즈베리파이 피코에서 사용하는 12MHz 크리스털로부터 얻는다. 64비트 카운터에서 셀 수 있는 최대 수는 2^{64}으로 (1마이크로초에 1씩 증가하는) 1MHz 클록을 세는 경우 $\dfrac{2^{64}}{1,000,000\times60\times60\times24\times365}\approx584,942$년의 시간을 측정할 수 있으므로 오버플로 걱정 없이 계속 증가하는 것으로 가정할 수 있다. 또한, 타이머를 통해 일정한 시간 간격으로 특정 함수를 호출하여 실행할 수 있다.

8.2 machine 모듈과 Timer 클래스

라즈베리파이 피코에서 일정한 시간 간격으로 특정 작업을 반복할 때 Timer 클래스를 사용한다. Timer 클래스에는 시간 관리를 위해 다음과 같은 멤버 함수를 정의하고 있다.

■ Timer

```
class machine.Timer(mode, freq, period, callback)
  ─ 매개변수
    mode: 타이머의 동작 방식으로 ONE_SHOT 또는 PERIODIC 중 지정
    freq: 1초 동안 지정한 콜백 함수를 호출하는 횟수
    period: 지정한 콜백 함수를 호출하는 밀리초 단위 간격
    callback: 타이머가 호출할 콜백 함수
```

타이머 객체를 생성한다. 타이머가 지정한 시간 후 한 번만 콜백 함수를 호출할 때는 mode에 ONE_SHOT을 지정하고, 지정한 시간 간격으로 반복해서 콜백 함수를 호출할 때는 PERIODIC을 지정하면 된다. 시간 간격은 매개변수 freq 또는 period로 지정한다. freq는 초당 호출 횟수를, period는 호출

간격을 밀리초 단위로 지정한다. callback에는 호출할 콜백 함수 이름을 지정한다. 콜백 함수는 호출한 Timer 클래스의 객체를 매개변수로 받는다.

- **init**

```
Timer.init(mode, freq, period, callback)
```
— 매개변수
  mode: 타이머의 동작 방식으로 **ONE_SHOT** 또는 **PERIODIC** 중 지정
  freq: 1초 동안 지정한 콜백 함수를 호출하는 횟수
  period: 지정한 콜백 함수를 호출하는 밀리초 단위 간격
  callback: 타이머가 호출할 콜백 함수

타이머의 동작 방식은 타이머 객체를 생성할 때 지정할 수도 있지만, 타이머 객체를 생성한 후 init 함수로 지정할 수도 있다. 타이머 객체를 초기화할 때 사용하는 매개변수는 객체를 생성할 때의 매개변수와 같다. 타이머 객체의 동작을 중지시킨 후 새로운 동작 방식을 지정할 때 init 함수를 사용할 수 있다.

- **deinit**

```
Timer.deinit()
```
— 매개변수: 없음

타이머 동작을 중지시킨다.

코드 8.1은 내장 LED를 1초 간격으로 점멸하는 코드를 타이머를 사용하여 작성한 것이다.

코드 8.1 타이머를 사용한 블링크

```
01  from machine import Pin, Timer
02
03  led = Pin(25, Pin.OUT)              # 내장 LED
04  LED_state = False                   # 꺼진 상태에서 시작
05  my_timer = Timer()                  # 타이머 객체 생성
06
07  # 콜백 함수, 콜백 함수를 호출한 Timer 클래스의 객체를 매개변수로 가짐
08  def blink(_timer):
09      global led, LED_state           # 전역변수 참조
10
11      LED_state = not LED_state       # LED 상태 반전
12      led.value(LED_state)
13
14  # 1초에 한 번(freq)씩 반복해서(mode) 콜백 함수(callback) 호출
15  my_timer.init(mode=Timer.PERIODIC, freq=1, callback=blink)
```

콜백 함수인 blink에서 global 키워드를 사용한 것은 함수 내에서 사용하는 변수 led와 LED_state 가 전역변수임을 나타내기 위해서다. global 키워드를 사용하지 않으면 함수 내에서만 사용되는 지역변수로 인식하여 LED가 깜빡이지 않는다. 코드 8.1에서는 초당 콜백 함수를 호출하는 횟수(freq)를 지정하고 있지만, 콜백 함수를 호출하는 간격(period)을 지정하는 방법 역시 사용할 수 있다.

```
# 500ms 간격(period)으로 반복해서(mode) 콜백 함수(callback) 호출
my_timer.init(mode=Timer.PERIODIC, period=500, callback=blink)
```

코드 8.1에서 주의해서 살펴봐야 할 점 중 하나는 다른 코드와 달리 무한 루프(while True:)가 존재하지 않는다는 점이다. 타이머는 객체를 생성하고 콜백 함수 호출 주기를 설정한 후 자동으로 실행된다. 따라서 코드 8.1을 실행하면 셀에서 바로 실행이 끝나고 프롬프트가 나타나지만, LED는 여전히 1초 간격으로 점멸한다.

8.3 RTC - utime 모듈

Timer 클래스는 마이크로초 단위의 카운터를 기반으로 지정한 시간의 경과 여부를 알아내기 위해 사용한다. 하지만 Timer 클래스로 날짜와 시간을 알아낼 수는 없으므로 날짜와 시간을 관리하기 위해서는 utime 모듈을 사용해야 한다. 카운터를 기반으로 하는 utime 모듈은 날짜와 시간을 관리할 수 있는 기능을 제공하며 이를 실시간 시계real time clock, RTC라고 한다. 다만, 마이크로컨트롤러에 전원이 연결되지 않았을 때 현재 시간과 날짜를 유지하는 방법은 없으므로 utime 모듈에서도 기준이 되는 날짜와 시간을 프로그램이 시작될 때 설정해야 한다. 기준 시간이 달리 설정되지 않으면 **마이크로파이썬에서는 1970년 1월 1일 0시 0분 0초 이후 경과한 초 단위 시간을 바탕으로 날짜와 시간을 유지하며 이를 알아내는 함수가 time이다.**

■ **time**

```
utime.time()
```
— 매개변수: 없음

기준 시간 이후 경과한 초 단위 시간을 반환한다. 반환되는 초 단위 시간에서 날짜와 시간을 얻기 위해서는 localtime 함수를 사용하면 된다.

■ **localtime**

utime.localtime(secs)
 — 매개변수
   secs: 기준 시간 이후 경과한 초 단위 시간

매개변수가 주어지면 주어진 초 단위 경과 시간을 날짜와 시간 형식으로 변환하여 반환한다. 매개변수가 주어지지 않으면 현재 날짜와 시간을 튜플 형식으로 반환하며, 각 값의 의미는 표 8.1과 같다. localtime 함수가 반환하는 날짜와 시간은 상대적이므로 절대적인 날짜와 시간을 관리하기 위해서는 전원이 주어질 때마다 날짜와 시간을 설정해야 한다.

표 8.1 날짜와 시간 형식

(year, month, mday, hour, minute, second, weekday, yearday)			
year	네 자리 형식의 연도	month	월(1~12)
mday	일(1~31)	hour	24시간 형식의 시간(0~23)
minute	분(0~59)	second	초(0~59)
weekday	요일(0~6, 월요일이 0)	yearday	1월 1일 이후 일수(1~366)

셸에서 localtime 함수를 사용하여 그 결과를 확인해보자. 매개변수로 0을 입력하면 기준 시간을 얻을 수 있다.

🖥 Thonny IDE 셸 실행 결과

```
>>> import utime
>>> utime.localtime(0)
(1970, 1, 1, 0, 0, 0, 3, 1)
>>>
```

localtime 함수가 기준 시간 이후 경과한 초 단위 시간에서 날짜와 시간을 얻는 함수라면, mktime 함수는 날짜와 시간에서 기준 시간 이후 경과한 초 단위 시간을 얻는 함수다.

■ **utime.mktime**

utime.mktime(dateTime)
 — 매개변수
   dateTime: 튜플 형식의 날짜와 시간

표 8.1의 튜플 형식으로 주어지는 날짜와 시간 데이터로부터 기준 시간 이후 경과한 초 단위 시간을 반환한다. 날짜와 시간을 지정할 때는 요일(weekday)과 1월 1일 이후 일수(yearday)는 임의의 값을 지정해도 된다.

```
>>> import utime
>>> today = utime.mktime((2021, 12, 25, 12, 34, 56, 0, 0))
>>> utime.localtime(today)
(2021, 12, 25, 12, 34, 56, 5, 359)
>>>
```

코드 8.2는 utime 모듈을 사용하여 현재 시간과 날짜를 유지하는 코드다. 코드를 업로드한 후 현재 날짜와 시간을 공백으로 분리하여 입력하면, 경과한 시간을 기준으로 날짜와 시간을 1초에 한번 출력한다.

코드 8.2 RTC – utime 모듈

```
01  import utime
02
03  print()
04  print("                        YYYY MM DD HH MM SS")
05  date_time = (input("Enter current date & time: ")) + ' 0 0'
06  # 기준 시간에서 입력한 시간까지 경과한 초 단위 시간
07  input_time = utime.mktime(list(map(int, tuple(date_time.split(' ')))))
08  # 현재 시스템 시간과 입력한 시간의 차이
09  time_delta = input_time - int(utime.time())
10
11  def timeNow():
12      # 입력한 기준 시간을 사용하여 현재 시간을 날짜와 시간으로 변환하여 반환
13      return utime.localtime(utime.time() + time_delta)
14
15  while True:
16      dateTime = timeNow()
17      print("{:04d}-{:02d}-{:02d} {:02d}:{:02d}:{:02d}".format(
18          dateTime[0], dateTime[1], dateTime[2],
19          dateTime[3], dateTime[4], dateTime[5]))
20      utime.sleep(1)
```

```
>>> %Run -c $EDITOR_CONTENT

                        YYYY MM DD HH MM SS
Enter current date & time: 2021 12 25 12 34 56
2021-12-25 12:34:56
2021-12-25 12:34:57
```

```
2021-12-25 12:34:58
2021-12-25 12:34:59
2021-12-25 12:35:00
2021-12-25 12:35:01
2021-12-25 12:35:02
2021-12-25 12:35:03
```

코드 8.2에서 리스트나 튜플의 각 요소에 적용할 함수를 지정하고 그 결과를 반환하기 위해 map 함수를 사용했다. 즉, 입력한 날짜와 시간은 문자열 형식이므로 split 함수를 통해 공백을 기준으로 분리한 후 각 요소에 int 함수를 적용하여 정수를 반환하도록 한 것이다. 코드 8.3은 map 함수를 사용하는 예를 보여준다. 변환 결과는 다시 list 객체로 변환하여 출력하였다.

코드 8.3 map 함수의 사용

```python
01  numbers_string = ['1', '2', '3', '4']       # 문자열 리스트
02  print(numbers_string)
03
04  numbers = [0] * len(numbers_string)          # 숫자 리스트
05  for i in range(len(numbers_string)):         # 반복문을 사용한 변환
06      numbers[i] = int(numbers_string[i])
07  print(numbers)
08
09  numbers = list(map(int, numbers_string))     # map 함수를 사용한 변환
10  print(numbers)
```

Thonny IDE 셸 실행 결과

```
>>> %Run -c $EDITOR_CONTENT
['1', '2', '3', '4']
[1, 2, 3, 4]
[1, 2, 3, 4]
>>>
```

time 모듈과 utime 모듈

utime 모듈은 파이썬의 time 모듈을 마이크로파이썬에 맞게 수정한 것이다. 따라서 마이크로파이썬에서 시간 관련 기능을 사용해야 한다면 utime 모듈을 임포트하는 것이 맞다. 하지만 호환성을 위해 time 모듈을 임포트하더라도 utime 모듈을 사용할 수 있도록 time 모듈에는 다음과 같이 utime 모듈을 임포트하는 하나의 명령만이 존재한다.

```
from utime import *
```

8.4 machine 모듈과 RTC 클래스

utime 모듈을 사용하면 현재 날짜와 시간을 관리할 수 있지만, 이를 간편하게 사용할 수 있도록 클래스로 구현한 것이 RTC 클래스다. RTC 클래스에서 날짜와 시간을 설정하거나 알아내기 위해서는 datetime 함수를 사용하면 된다.

■ RTC

```
class machine.RTC
— 매개변수: 없음
```

RTC 클래스의 객체를 생성한다.

■ datetime

```
RTC.datetime(datetimetuple)
— 매개변수
    datetimetuple: 날짜와 시간 데이터 튜플
```

매개변수가 없으면 현재 날짜와 시간을 반환하고, 매개변수를 지정하면 현재 날짜와 시간을 설정한다. 날짜와 시간을 지정하는 튜플 형식은 표 8.2와 같다. 표 8.2의 형식은 utime 모듈에서 날짜와 시간을 지정하는 표 8.1과 일부 차이가 있으므로 주의해야 한다.

표 8.2 날짜와 시간 형식

(year, month, day, weekday, hour, minute, second, subsecond)			
year	네 자리 형식의 연도	month	월(1~12)
day	일(1~31)	weekday	요일(0~6, 월요일이 0)
hour	24시간 형식의 시간(0~23)	minute	분(0~59)
second	초(0~59)	subsecond	

코드 8.4는 코드 8.2와 같이 현재 날짜와 시간을 설정하고 1초에 한 번 날짜와 시간을 출력하도록 RTC 클래스를 사용하여 구현한 것이다. 코드 8.4는 코드 8.2와 같은 동작을 하지만 RTC 클래스에서 대부분의 작업을 처리해주므로 코드 8.2보다 간단하게 날짜와 시간을 관리할 수 있다.

```
01  import utime
02
03  rtc = machine.RTC()
04  rtc.datetime((2021, 12, 25, 0, 12, 34, 56, 0))
05
06  while True:
07      print(rtc.datetime())
08      utime.sleep(1)
```

Thonny IDE 셸 실행 결과

```
>>> %Run -c $EDITOR_CONTENT
(2021, 12, 25, 0, 12, 34, 57, 0)
(2021, 12, 25, 0, 12, 34, 58, 0)
(2021, 12, 25, 0, 12, 34, 59, 0)
(2021, 12, 25, 0, 12, 35, 0, 0)
(2021, 12, 25, 0, 12, 35, 1, 0)
(2021, 12, 25, 0, 12, 35, 2, 0)
(2021, 12, 25, 0, 12, 35, 3, 0)
(2021, 12, 25, 0, 12, 35, 4, 0)
```

8.5 맺는말

라즈베리파이 피코는 64비트의 카운터를 포함하고 있으며 1MHz 클록에 의해 동작한다. 따라서 50만 년 이상의 시간 측정이 가능하므로 오버플로 걱정 없이 사용할 수 있다. 카운터는 일정 시간 간격으로 반복되는 작업을 진행하거나 날짜와 시간을 관리할 때 주로 사용된다. 일정 시간 간격으로 반복되는 작업 수행 시에는 카운터를 바탕으로 하는 Timer 클래스를 사용한다. Timer 클래스는 지정한 시간 간격으로 콜백 함수를 자동으로 호출해주므로 간단하게 반복 작업을 구현할 수 있다.

날짜와 시간을 관리하는 데 필요한 것을 흔히 실시간 시계라고 한다. RTC는 별도의 하드웨어로 구현해도 되고 소프트웨어로 구현할 수도 있다. 이 장에서 살펴본 방법은 카운터를 사용하여 소프트웨어로 구현하는 것이다. 소프트웨어 RTC의 경우 라즈베리파이 피코에 전원이 끊기면 동작을 멈추므로 라즈베리파이 피코를 시작할 때마다 현재 시간을 설정해야 하는 번거로움이 있다. 즉, 절대적인 시간을 관리하는 데는 한계가 있다. 만약 라즈베리파이 피코의 전원과 무관하게 시간을 유지하고 싶다면 별도의 전용 전원을 사용하는 하드웨어 RTC의 사용을 추천한다. 하드웨어 RTC를 사용하는 방법은 20장에서 다룬다.

UART 시리얼 통신

UART 시리얼 통신은 시리얼 통신 중에서도 가장 오래된 통신 방법이다. 지금도 많은 장치가 UART 시리얼 통신을 지원하며, 라즈베리파이 피코에 사용된 RP2040 마이크로컨트롤러도 UART 시리얼 통신을 위한 전용 하드웨어로 2개의 UART 포트를 제공하고 있다. UART 포트에는 UART 시리얼 통신을 사용하는 다양한 주변장치를 연결하여 사용할 수 있고, UART 포트와 연결된 핀은 설정에 따라 변경하여 사용할 수 있다. 이 장에서는 UART 시리얼 통신과 라즈베리파이 피코에서 제공하는 UART 시리얼 포트를 사용하는 방법에 대해 알아본다.

이 장에서
사용할 부품

라즈베리파이 피코 × 1

USB-UART 변환장치 × 1 ➡ 3.3V 지원

시리얼 통신

마이크로컨트롤러와 주변장치의 디지털 데이터 교환은 범용 입출력 핀을 통해 이루어진다. 범용 입출력 핀을 통한 데이터 교환은 비트 단위를 기본으로 하고 있지만, 비트 단위의 데이터로 할 수 있는 일이 그렇게 많지 않은 것이 사실이다. 비트 단위의 데이터로는 LED를 제어하거나 버튼 상태를 읽어 오는 것이 전부다. 하지만 주변장치를 제어하기 위해 비트 단위 이상의 데이터를 사용하는 경우를 쉽게 볼 수 있다. 예를 들어, 텍스트 LCD에 알파벳 한 글자를 나타내기 위해서는 알파벳에 해당하는 아스키코드값을 8비트로 전송해야 하고, GPSglobal positioning system 모듈은 위성으로부터 수신한 신호를 바탕으로 현재 위치 정보를 8비트의 문자 단위로 마이크로컨트롤러로 전송한다.

비트보다 큰 단위의 데이터를 교환하는 데 사용할 수 있는 방법은 병렬 통신과 시리얼[1] 통신의 두 가지가 있다. 병렬parallel 통신이 여러 개의 핀을 사용하여 한 번에 여러 개의 비트를 전송하는 방법이라면, **시리얼**serial **통신은 1개의 핀을 사용하여 한 번에 한 비트씩 여러 번에 걸쳐 데이터를 전송하는 방법이다.** 병렬 통신이 시리얼 통신보다 전송 속도가 빠르다는 점은 쉽게 알 수 있지만, 병렬 통신을 위해서는 많은 핀 연결이 필요하므로 마이크로컨트롤러에서는 주로 시리얼 통신을 사용한다. 컴퓨터와 주변장치 연결 시 사용하는 USBuniversal serial bus 역시 시리얼 통신의 한 종류다.

시리얼 통신에서 유의해야 할 점 중 하나는 몇 개의 연결선, 즉 데이터 핀을 사용하는지다. 시리얼 통신은 하나의 데이터 핀으로 비트 단위의 데이터를 연속해서 보낸다. 즉, 하나의 핀으로 바이트 단위 데이터를 전송할 수 있으며, 바이트 단위 데이터를 여러 번 보내면 바이트보다 큰 단위의 데이터 역시 보낼 수 있다. 그런데 몇 개의 연결선을 사용할지를 염두에 두어야 하는 이유는 무엇일까. 그건 바로 연결된 두 장치에서 서로 데이터를 주고받기 위해서다.

범용 입출력 핀은 설정에 따라 데이터 입력 또는 출력으로 사용할 수 있지만, 입력과 출력으로 동시에 사용할 수는 없다. 이는 시리얼 통신에서도 마찬가지다. 하나의 연결선으로 데이터를 보내거나(송신) 받을(수신) 수는 있지만, 동시에 주고받을 수는 없다. **시리얼 통신으로 연결된 두 장치 사이에서 데이터를 주고받는 방법에는 1개의 연결선을 사용하는 방법과 2개의 연결선을 사용하는 방법이 있**

---

[1] 병렬 통신에 대응하는 단어는 직렬 통신이다. 직렬 통신이라는 용어보다는 일반적으로 시리얼 통신이라는 용어를 더 많이 사용하므로 이 책에서는 직렬 통신이 아닌 시리얼 통신이라고 표기한다.

다. 1개의 연결선을 사용하는 방법을 반이중half-duplex 방식이라고 하고, 2개의 연결선을 사용하는 방법을 전이중full-duplex 방식이라고 한다. 반이중 방식은 1개의 연결선을 사용하므로 데이터를 주고받는 동작을 동시에 진행할 수 없으며, 특정 순간에는 데이터를 보내거나 받는 동작 중 하나만 가능하다. 반면 전이중 방식은 2개의 연결선을 사용하므로 데이터를 동시에 주고받을 수 있다. 병렬 통신과 시리얼 통신의 경우처럼 전이중 방식이 반이중 방식보다 데이터 전송 속도는 빠르지만 연결선이 더 필요하다는 점은 단점으로 꼽을 수 있다.

시리얼 통신에서 연결선의 개수 이외에 더 고려해야 할 점이 데이터 동기화다. 시리얼 통신은 비트 단위의 데이터를 연속해서 보내는 방법을 사용한다. 여러 비트의 데이터를 연속해서 보내는 경우 데이터를 받는 쪽에서는 송신 측에서 보낸 여러 비트의 데이터를 송신 속도와 같은 속도로 읽어야 정확한 데이터 수신이 가능하다. 이처럼 송신과 수신에서 속도를 맞추는 것을 데이터 동기화라고 한다.

데이터 동기화 방법에는 동기식synchronous과 비동기식asynchronous이 있다. 동기식 통신은 비트 단위 데이터 구별을 위해 별도의 신호를 사용하는데, 이 신호를 동기화 신호라고 한다. 동기화 신호는 데이터 전송을 위한 연결선과 별도의 연결선을 통해 전송된다. 반면 비동기식 통신에서는 별도의 동기화 신호를 사용하지 않으며, 데이터를 전송할 속도를 정한 후 데이터를 전송하는 방법을 주로 사용한다. 동기식 통신의 단점은 동기화 신호를 위해 별도의 연결선이 필요하다는 점이다. 그러나 데이터 송수신을 위한 하드웨어가 간단한 장점으로 인해 짧은 거리에서의 고속 통신에 많이 사용한다. 반면 비동기식 통신은 연결선이 적다는 것은 장점이지만, 동기화를 위해 데이터 이외에 제어 신호를 추가해야 하고 하드웨어가 복잡해지는 등의 단점이 있다.

표 9.1은 마이크로컨트롤러에서 흔히 사용하는 시리얼 통신을 반이중/전이중과 동기식/비동기식에 따라 나눈 것이다. 이 장에서 다루는 UART 시리얼 통신은 비동기식의 전이중 방식 통신으로 2개의 연결선만을 사용한다.

표 9.1 시리얼 통신 방법

	전이중	반이중
동기식	SPI (serial peripheral interface)	I2C (inter-integrated circuit)
비동기식	UART(universal asynchronous receiver/ transmitter)	1-와이어

표 9.2는 라즈베리파이 피코에서 주변장치 연결 시 사용하는 시리얼 통신 방법을 비교한 것이다.

라즈베리파이 피코에서 1-와이어 통신을 위한 전용 하드웨어를 제공하지는 않지만, 가장 적은 수의 연결선으로 센서를 연결하는 데 흔히 사용되며, 별도로 설치할 필요가 없는 기본 라이브러리를 제공하므로 함께 비교하였다.

표 9.2 시리얼 통신 방법 비교

항목			UART	I2C	SPI	1-와이어
슬레이브 연결 방법			1:1	1:N	1:N	1:N
데이터 전송 방법			전이중	반이중	전이중	반이중
데이터 동기화 방법			비동기식	동기식	동기식	비동기식
연결선 개수	1개 슬레이브 연결	데이터	2개	1개	2개	1개
		동기화 클록	-	1개	1개	-
		슬레이브 선택	-	-	1개	-
		총	2개	2개	4개	1개
	N개 슬레이브 연결		2N개	2개	(3 + N)개	1개
슬레이브 선택			-	소프트웨어 (주소 지정)	하드웨어 (SS 연결선)	소프트웨어 (주소 지정)
전용 하드웨어(포트) 지원			○	○	○	×
하드웨어 포트 수			2	2	2	-
지원 라이브러리			machine	machine	machine	onewire
지원 클래스			UART	I2C	SPI	OneWire

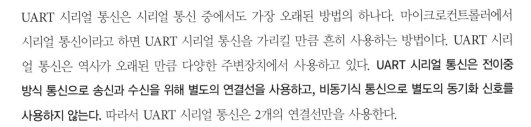

9.2 UART 시리얼 통신

UART 시리얼 통신은 시리얼 통신 중에서도 가장 오래된 방법의 하나다. 마이크로컨트롤러에서 시리얼 통신이라고 하면 UART 시리얼 통신을 가리킬 만큼 흔히 사용하는 방법이다. UART 시리얼 통신은 역사가 오래된 만큼 다양한 주변장치에서 사용하고 있다. **UART 시리얼 통신은 전이중 방식 통신으로 송신과 수신을 위해 별도의 연결선을 사용하고, 비동기식 통신으로 별도의 동기화 신호를 사용하지 않는다.** 따라서 UART 시리얼 통신은 2개의 연결선만을 사용한다.

UART 시리얼 통신은 비동기식 데이터 전송을 위해 전송 속도를 약속한 후 통신을 시작한다.

UART 시리얼 통신에서 데이터 전송 속도는 보율baud rate로 정하고 있다. 보율은 데이터의 변조 속도를 나타내는 단위로, 초당 전송되는 비트 수를 가리키는 bpsbits per second와 같은 의미로 사용되고 있다.

송신 측과 수신 측이 같은 속도로 데이터를 주고받도록 설정되어 있다고 해서 직렬로 전송되는 비트열을 정확하게 전달할 수 있는 것은 아니다. 송신 측은 항상 데이터를 보내는 것이 아니고 필요한 경우에만 보낸다. 따라서 수신 측은 송신 측에서 언제 데이터를 보내는지 알아낼 방법이 필요하다. 이를 위해 UART 시리얼 통신은 '0'의 시작 비트start bit와 '1'의 정지 비트stop bit를 사용한다. 송신 측에서 데이터를 보내지 않으면 연결선은 '1'의 상태에 있다. 데이터를 보내기 전에 송신 측은 '0'의 값을 전송함으로써 데이터 송신 시작을 알리고 이후 실제 데이터를 전송한다. 데이터 전송이 끝나면 '1'의 값을 전송함으로써 데이터 전송이 완료되었음을 알린다. **데이터 전송은 8비트 단위로 이루어지는 것이 일반적이므로 시작 비트와 정지 비트를 합해서 10비트 단위로 통신이 이루어지는 것이 대부분이다.** 그림 9.1은 UART 시리얼 통신에서 데이터를 전송하는 과정을 나타낸 것이다.

시작 비트　　　　　데이터 비트　　　　　정지 비트
(1비트)　　　　　　(8비트)　　　　　　(1비트)

그림 9.1 **UART 시리얼 통신에서의 데이터 전송**

UART 시리얼 통신은 전이중 방식의 통신으로 2개의 범용 입출력 핀으로 통신을 수행하며, 각각 TXtransmit와 RXreceive 또는 TXDtransmit data와 RXDreceive data라고 한다. **UART 시리얼 통신을 사용하는 두 장치를 연결할 때 주의할 점은 2개의 핀을 교차하여 연결해야**cross-connected **한다는 점이다.** UART 시리얼 통신용 핀은 데이터 송신 또는 수신 전용이므로 한 장치의 TX는 다른 장치의 RX에 연결해야 한다. 그림 9.2는 라즈베리파이 피코와 GPS 모듈을 UART 시리얼 통신으로 연결한 예를 나타낸 것이다. UART 시리얼 통신은 2개의 데이터 연결선 이외에 전원(VCC와 GND)까지 4개의 연결선을 사용한다.

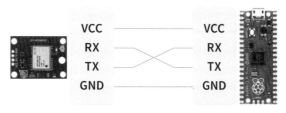

그림 9.2 **UART 시리얼 통신에서의 교차 연결**

UART 시리얼 통신은 라즈베리파이 피코에서 하드웨어로 지원하는 통신 중 하나이며, UART 시리얼 통신에 사용되는 하드웨어를 흔히 UART 포트라고 한다. UART 포트는 CPU에서 만들어진 8비트의 병렬 데이터를 직렬로 바꾸고 시작 비트와 정지 비트를 사용하여 범용 입출력 핀을 통해 송신하는 역할, 범용 입출력 핀을 통해 10비트 단위의 데이터를 수신하고 이 중 실제 8비트의 데이터를 병렬 데이터로 변환하는 역할 등을 수행한다.

라즈베리파이 피코에 사용된 **RP2040 마이크로컨트롤러에도 2개의 UART 포트가 포함되어 있다.** 라즈베리파이 피코의 UART 포트는 여러 개의 범용 입출력 핀 중 하나로 연결하여 사용할 수 있으며, 0번 포트는 0번(TX)과 1번(RX) 범용 입출력 핀을, 1번 포트는 4번(TX)과 5번(RX) 범용 입출력 핀을 디폴트로 사용한다. 그림 9.3은 라즈베리파이 피코에서 UART 시리얼 통신을 위해 사용할 수 있는 핀을 나타낸 것이다.

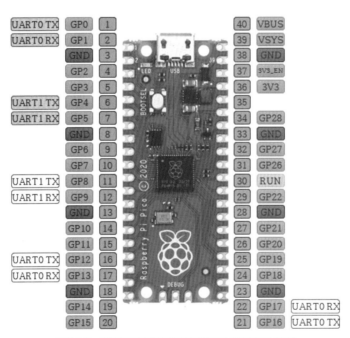

그림 9.3 **라즈베리파이 피코의 UART 시리얼 통신 핀**

표 9.3 **UART 통신에 사용할 수 있는 핀**

포트	포트 핀	디폴트 핀	사용 가능 핀	
UART0	TX	0	12	16
	RX	1	13	17
UART1	TX	4	8	–
	RX	5	9	–

컴퓨터와 라즈베리파이 피코 연결

UART 포트는 UART 시리얼 통신을 사용하는 주변장치를 연결하는 데 사용할 수 있으며, 컴퓨터와의 시리얼 통신에도 사용할 수 있다. 한 가지 주의할 점은 지금까지 USB 연결을 통해 컴퓨터와 시리얼 통신을 사용했다는 점이다. 이는 이 장에서 설명하는 UART 포트와는 다른 포트다. **라즈베리파이 피코에 사용된 RP2040 마이크로컨트롤러는 USB 통신 역시 지원하므로 컴퓨터와 연결하여 시리얼 통신을 위해 사용할 수 있다.** 먼저 USB 연결부터 살펴보자. 라즈베리파이 피코의 USB 커넥터를 컴퓨터에 연결하면 장치 관리자에서 COM 포트로 인식한다. 포트 번호는 컴퓨터에 따라 달라질 수 있다.

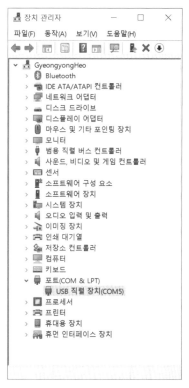

그림 9.4 **라즈베리파이 피코를 USB로 연결**

코드 9.1은 라즈베리파이 피코의 내장 LED를 0.5초 간격으로 점멸하면서 메시지를 셸로 출력하는 코드다. 코드 9.1에서 print는 USB 연결을 통해 컴퓨터의 시리얼 포트로 데이터를 전달하는 함수로 셸에서 결과를 확인할 수 있다.

```
01   import utime
02   from machine import Pin
03
04   LED = Pin(25, Pin.OUT)          # 내장 LED
05   LED.value(0)                    # LED는 꺼진 상태에서 시작
06
07   while True:
08       LED.toggle()               # LED 상태 반전
09       utime.sleep(0.5)           # 0.5초 대기
10       # USB 연결을 사용하여 컴퓨터로 메시지 출력
11       print('Toggle LED... ' + str(LED.value()))
```

Thonny IDE 셸 실행 결과

```
>>> %Run -c $EDITOR_CONTENT
 Toggle LED... 1
 Toggle LED... 0
 Toggle LED... 1
 Toggle LED... 0
```

UART 연결을 사용하는 방법 역시 USB 연결을 사용하는 방법과 비슷하지만 몇 가지 차이가 있다. USB 연결은 컴퓨터에서 시리얼(COM) 포트로 인식할 수 있지만, UART 연결은 그것이 불가능하다. 따라서 **UART 포트를 컴퓨터의 USB와 연결하기 위해서는 UART를 USB로 변환하는 장치가 필요**하며, 흔히 USB-UART 변환장치 또는 USB-시리얼 변환장치라고 한다. 마이크로컨트롤러와 컴퓨터 사이에 USB-UART 변환장치를 연결하는 경우 주의해야 할 점 한 가지는 동작 전압이다. UART 시리얼 통신은 마이크로컨트롤러의 동작 전압을 기준으로 통신을 수행하므로 라즈베리파이 피코를 컴퓨터에 연결하기 위해서는 라즈베리파이 피코의 동작 전압인 3.3V를 지원하는지 확인해야 한다.

그림 9.5와 같이 USB-UART 변환장치를 디폴트 핀인 0번과 1번 핀에 연결하고 컴퓨터에 연결하자. USB-UART 변환장치의 TX는 라즈베리파이 피코의 RX 핀인 1번 핀으로, 변환장치의 RX는 라즈베리파이 피코의 TX 핀인 0번으로 교차해서 연결해야 한다. RX와 TX 이외에 여러 가지 연결 핀을 가지고 있는 USB-UART 변환장치도 있지만 3V3, GND, TX, RX 등 4개의 핀은 모든 변환장치에 포함되어 있고 이 장에서도 이들 4개 핀만 사용하면 된다.

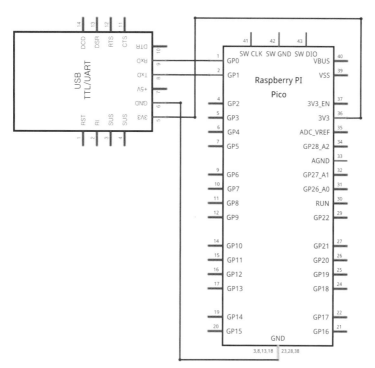

그림 9.5 **USB-UART 변환장치 연결 회로도**

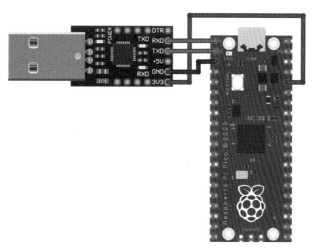

그림 9.6 **USB-UART 변환장치 연결 회로**

USB-UART 변환장치를 컴퓨터에 연결하면 라즈베리파이 피코의 USB 포트를 연결한 것과 마찬
가지로 장치 관리자에서 시리얼(COM) 포트로 나타난다.

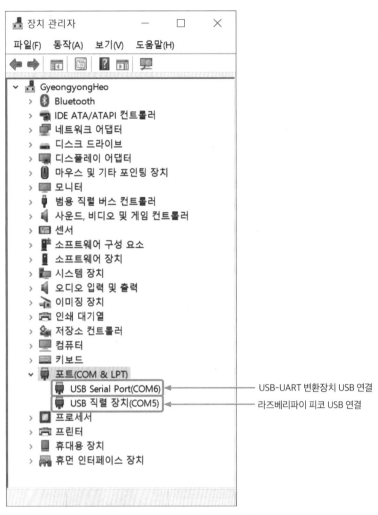

에서 위쪽 화살표 설명: USB-UART 변환장치 USB 연결
에서 아래쪽 화살표 설명: 라즈베리파이 피코 USB 연결

그림 9.7 라즈베리파이 피코와 USB-UART 변환장치를 USB로 연결

이제 COM6 포트를 통해 컴퓨터와 라즈베리파이 피코는 시리얼 통신을 수행할 수 있다. 하지만 실제 통신을 수행하기 위해서는 몇 가지 준비가 더 필요하며, 그중 하나가 COM6 포트를 통해 주고받는 데이터를 확인하기 위한 프로그램이다. 라즈베리파이 피코를 USB로 컴퓨터에 연결했을 때 시리얼 통신으로 보내는 데이터는 셸로 출력하여 확인할 수 있지만, 이는 USB 연결에만 사용할 수 있다. 따라서 **UART 포트를 통해 보내는 데이터를 컴퓨터에서 확인하기 위해서는 셸의 역할을 할 수 있는 별도의 프로그램이 필요한데, 이를 흔히 터미널**terminal **프로그램이라고 부른다.**

터미널 프로그램은 컴퓨터와 시리얼 통신으로 연결된 장치와의 데이터 송수신뿐만 아니라 장치 제어 등 다양한 용도로 사용할 수 있는데, 무료로 내려받아 사용할 수 있는 터미널 프로그램의

종류 또한 다양하다. 이 책에서는 무료로 사용할 수 있고 설치할 필요 없이 압축을 해제하는 것
만으로 사용할 수 있는 CoolTerm[2]을 사용한다. CoolTerm을 내려받아 원하는 디렉터리에 압축
을 해제한 후 실행하자.

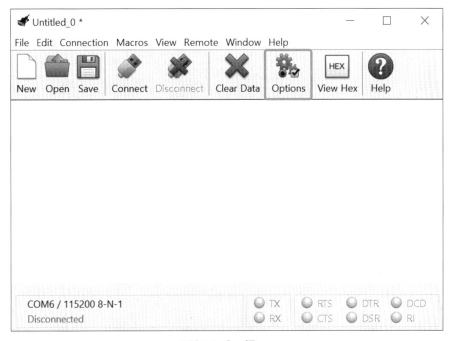

그림 9.8 **CoolTerm**

먼저 툴바의 'Options' 버튼을 눌러 옵션 다이얼로그를 실행한다. 옵션 다이얼로그는 여러 페이지로
구성되어 있으며, 첫 번째 'Serial Port' 페이지에서는 포트 번호와 통신 속도 등을 설정할 수 있다.

---

2 http://freeware.the-meiers.org

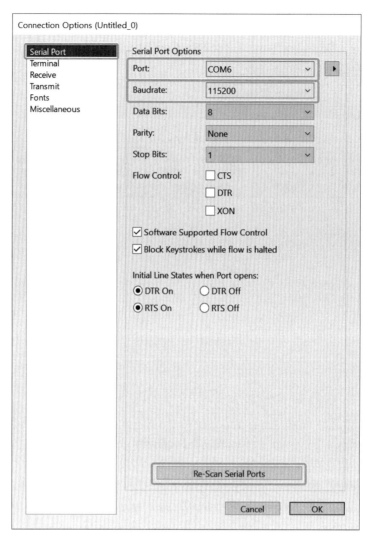

그림 9.9 **'Serial Port' 옵션 페이지**

그림 9.7의 포트 중 USB-UART 변환장치에 할당된 'COM6 Port'를 선택하고 보율은 '115200'을 선택한다. 포트 목록에 COM6이 나타나지 않으면 아래쪽의 'Re-Scan Serial Ports' 버튼을 눌러 포트를 다시 검색한다.

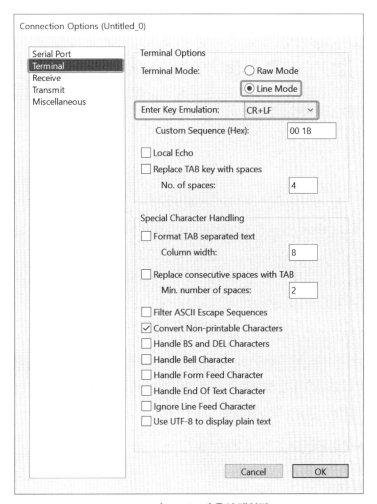

그림 9.10 'Terminal' 옵션 페이지

옵션 다이얼로그의 두 번째 페이지인 'Terminal' 페이지에서는 라즈베리파이 피코로 데이터를 전송할 때 사용하는 옵션을 설정할 수 있다. 'Terminal Mode'에서 디폴트로 설정되어 있는 'Raw Mode'는 데이터 입력이 발생할 때마다 즉시 라즈베리파이 피코로 데이터를 전송하는 바이트 단위 통신을 수행한다. 반면 **'Line Mode'는 데이터를 입력하고 엔터키를 누르면 줄 단위로 데이터를 전송하는 모드**다. 'Line Mode'를 선택하면 엔터키는 'Enter Key Emulation'에 선택된 키 조합으로 바뀌어 보내지며, 디폴트값으로 커서를 첫 번째 칸으로 옮기는 캐리지 리턴carriage return, CR과 커서를 다음 줄로 옮기는 라인 피드line feed, LF의 두 문자 조합을 사용한다. 그림 9.11은 라인 모드를 선택했을 때 CoolTerm을 나타낸 것으로 그림 9.8과 비교해보면 아래쪽에 문자열을 입력할 수 있는 창이 추가된 것을 확인할 수 있다.

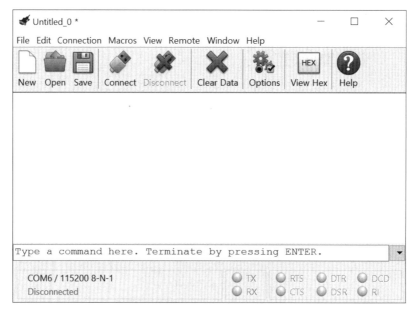

그림 9.11 **CoolTerm** - Line Mode

툴바의 'Connect' 버튼을 눌러 컴퓨터의 COM6 포트에 연결하고 코드 9.2를 실행하자. 코드 9.2
는 코드 9.1과 기본적으로 같은 동작을 하지만, 라즈베리파이 피코의 USB 연결이 아닌 UART 포
트 연결을 사용한다는 점에서 차이가 있다.

코드 9.2 UART 연결을 통해 컴퓨터에 메시지 출력

```
01   import utime
02   from machine import Pin
03   from machine import UART          # UART 통신을 위한 클래스
04
05   computer = UART(0)                # 0번 UART 포트 사용
06
07   LED = Pin(25, Pin.OUT)            # 내장 LED
08   LED.value(0)                      # LED는 꺼진 상태에서 시작
09
10   while True:
11       LED.toggle()                  # LED 상태 반전
12       utime.sleep(0.5)              # 0.5초 대기
13       # UART 연결을 사용하여 컴퓨터로 메시지 출력
14       computer.write('Toggle LED... ' + str(LED.value()) + '\n')
```

코드 9.2를 실행하면 CoolTerm에서 코드 9.1을 실행한 것과 같은 메시지를 확인할 수 있다.

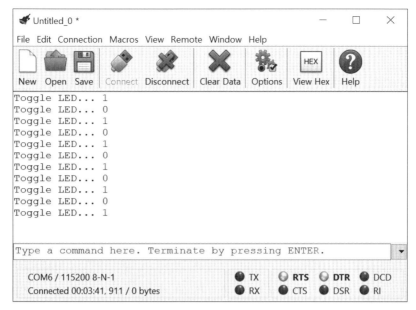

그림 9.12 **코드 9.2 실행 결과**

그림 9.13은 USB와 UART 포트를 사용하여 라즈베리파이 피코와 컴퓨터를 연결하는 방법을 비교한 것이다.

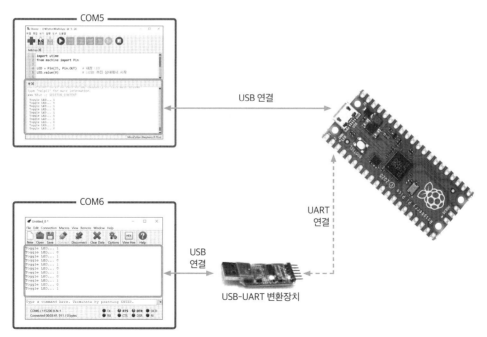

그림 9.13 **라즈베리파이와 컴퓨터 연결**

machine 모듈과 UART 클래스

라즈베리파이 피코는 2개의 UART 포트를 제공하고 있으며, machine 모듈에 포함된 UART 클래스를 통해 UART 포트를 제어한다. 코드 9.2에서도 UART 클래스를 사용하여 컴퓨터로 데이터를 전송하고, 전송된 데이터를 확인하기 위해 CoolTerm을 사용하였다.

■ machine.UART

```
class machine.UART(id, baudrate, tx, rx, timeout)
  ─ 매개변수
      id: UART 포트 번호로 0 또는 1
      baudrate : 통신 속도, 디폴트값은 115200
      tx: 데이터 송신을 위해 사용할 Pin 클래스 객체
      rx: 데이터 수신을 위해 사용할 Pin 클래스 객체
      timeout: 대기시간
```

UART 포트를 제어할 객체를 생성한다. id는 UART 포트 번호로 0 또는 1을 사용할 수 있다. baudrate에는 통신 속도를 보율로 지정하며 디폴트값은 115200이다. tx와 rx는 데이터 송수신에 사용할 핀을 Pin 클래스 객체를 사용하여 지정한다. 사용할 핀을 지정하지 않았을 때 0번 포트는 0번(TX)과 1번(RX) 핀을, 1번 포트는 4번(TX)과 5번(RX) 핀을 디폴트로 사용하며, 그림 9.3에서 UART 포트와 연결된 핀 중 선택하여 사용할 수 있다. timeout은 데이터 수신을 기다리는 대기시간이다.

코드 9.3은 12번과 13번 핀을 0번 UART 포트에 연결하는 코드다. Pin 클래스의 객체를 생성하여 연결하는 핀 번호를 변경한다는 점 이외에는 코드 9.2와 같으며, 실행 결과 역시 같다. 코드 9.3의 결과를 확인하기 위해서는 그림 9.5에서 0번과 1번 핀 연결을 12번과 13번 핀으로 변경해야 한다는 점도 잊지 말아야 한다.

📑 **코드 9.3 UART 연결을 통해 컴퓨터에 메시지 출력 – 12, 13번 핀 사용**

```
01  import utime
02  from machine import Pin
03  from machine import UART          # UART 통신을 위한 클래스
04
05  txPin = Pin(12)                   # 송신 핀 객체
06  rxPin = Pin(13)                   # 수신 핀 객체
```

```
07    computer = UART(0, tx=txPin, rx=rxPin)    # 0번 UART 포트 사용
08
09    LED = Pin(25, Pin.OUT)                     # 내장 LED
10    LED.value(0)                              # LED는 꺼진 상태에서 시작
11
12    while True:
13        LED.toggle()                          # LED 상태 반전
14        utime.sleep(0.5)                      # 0.5초 대기
15        # UART 연결을 사용하여 컴퓨터로 메시지 출력
16        computer.write('Toggle LED... ' + str(LED.value()) + '\n')
```

UART 클래스에서는 데이터 송신과 수신을 위해 사용할 수 있는 멤버 함수를 정의하고 있다. 데이터 송신을 위해서는 코드 9.3에서와 같이 write 함수를 사용한다. 데이터 수신을 위해서는 수신 버퍼에 저장된 모든 데이터를 읽는 read, 새 줄 문자(\n)가 나타날 때까지 데이터를 읽는 readline 등의 멤버 함수를 사용할 수 있으며, 데이터를 읽기 전에 any 함수로 데이터 수신 여부를 검사할 수 있다.

■ **write**

> **UART.write(buf)**
> — 매개변수
>   **buf:** 송신 데이터

UART 포트를 통해 buf에 저장된 데이터를 전송하고 전송한 바이트 수를 반환한다. 전송에 실패하면 None을 반환한다.

■ **any**

> **UART.any()**
> — 매개변수: 없음

수신 버퍼에서 읽을 수 있는 데이터의 바이트 수를 반환한다.

■ **read**

> **UART.read()**
> — 매개변수: 없음

수신 버퍼에서 읽을 수 있는 데이터를 모두 읽어 UTF-8 형식으로 인코딩된 bytes 형식의 데이터를 반환한다.

- **readline**

UART.readline()
— 매개변수: 없음

새 줄 문자를 만날 때까지 데이터를 읽는다. 대기시간$_{timeout}$을 초과하면 새 줄 문자를 만나지 않아도 반환한다. 대기시간은 객체를 생성할 때 지정할 수 있다. readline 함수 역시 read 함수와 마찬가지로 UTF-8 형식으로 인코딩된 bytes 형식의 데이터를 반환한다.

코드 9.4는 CoolTerm에서 문자열을 입력하면 이를 라즈베리파이 피코에서 읽은 후 다시 컴퓨터로 재전송하는 코드다. UART 시리얼 통신으로 읽은 문자열은 바이트 형식의 UTF-8 형식으로 인코딩되어 있으므로 읽은 문자열을 그대로 출력하면 bytes 형식을 나타내는 b' '가 함께 출력된다. 이를 일반적인 문자열로 변환하기 위해서는 bytes 클래스의 멤버 함수인 decode 함수를 사용하면 된다.

코드 9.4 UART 연결을 통해 컴퓨터에서 메시지 입력

```
01  import utime
02  from machine import Pin
03  from machine import UART            # UART 통신을 위한 클래스
04
05  computer = UART(0, timeout=100)     # 0번 UART 포트 사용, 0.1초 대기시간
06
07  while True:
08      count = computer.any()          # 수신 버퍼 검사
09      if count > 0:
10          str_bytes = computer.readline()  # 새 줄 문자까지 읽기
11          # 바이트 스트링을 문자열로 변환
12          str_unicode = str_bytes.decode('UTF-8')
13          print(str_bytes)            # 셀로 bytes 형식 문자열 출력
14          # UART 통신으로 컴퓨터로 변환된 문자열 출력
15          computer.write('=> ' + str_unicode)
```

Thonny IDE 셀 실행 결과

```
>>> %Run -c $EDITOR_CONTENT
 b'Send data from PC\r\n'
 b'Read and echo back to PC\r\n'
 b'UART test...\r\n'
```

그림 9.14는 코드 9.4의 실행 결과이며, CoolTerm에 입력한 문자열이 그대로 되돌아오는 것을 확인할 수 있다.

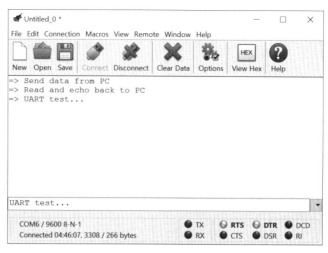

그림 9.14 **코드 9.4 실행 결과**

바이트 배열(bytes)과 문자열(str)

바이트 배열을 나타내는 bytes는 단어 의미 그대로 8비트값이 연속적으로 저장된 형태이며, 문자열을 나타내는 str은 문자가 연속적으로 저장된 형태다. 별 차이가 없어 보이고 아스키코드로 나타내는 문자열이라면 실제로도 큰 차이가 없지만, bytes 형식으로 문자열을 나타낼 때는 b'문자열'의 형태로 감싸서 bytes 형식임을 표시한다. 셸에서 bytes 형식과 str 형식을 비교해서 출력해보면 bytes 형식에서는 아스키코드값이, str 형식에서는 문자가 출력되는 것을 확인할 수 있다.

Thonny IDE 셸 실행 결과

```
>>> b = b'abc'          # bytes 형식
>>> for c in b:
    print(c)

 97
 98
 99
>>> s = 'abc'           # str(문자열) 형식
>>> for c in s:
    print(c)

a
b
c
>>>
```

아스키코드로 나타내는 문자가 아닌 경우라면 이야기가 다르다. **bytes 형식의 경우 UTF-8 형식으로 나타내지만, str 형식은 유니코드 형식으로 나타낸다. 유니코드는 하나의 문자를 2바이트로 표현한다. 반면 UTF-8 형식은 유니코드를 1~4바이트의 가변 길이로 나타낸다.**

```
>>> b = b'한'          # bytes 형식
>>> len(b)
 3
>>> for c in b:
    print(c)

 237
 149
 156
>>> s = '한'           # str(문자열) 형식
>>> len(c)
 1
>>> for c in s:
    print(c)

 한
>>>
```

이처럼 bytes 형식과 str 형식은 사용하는 메모리 크기와 저장하는 방식이 서로 다르므로 두 형식을 직접 비교할 수는 없다. 이는 bytes 형식과 str 형식의 데이터가 서로 다른 메모리에 저장된다는 것으로도 확인할 수 있다.

```
>>> b = b'abc'
>>> s = 'abc'
>>> b == s
 False
>>> id(b)              # bytes 형식 데이터가 저장된 메모리 주소
 536923520
>>> id(s)              # str 형식 데이터가 저장된 메모리 주소
 8322
>>>
```

bytes 형식과 str 형식의 데이터를 상호 변환하기 위해 encode와 decode 함수를 사용한다. encode 함수는 str 형식을 bytes 형식으로 변환하기 위해, decode 함수는 그 반대의 변환을 위해 사용한다.

```
>>> b = b'abc'
>>> s = 'abc'
>>> b2s = b.decode()   # bytes 형식을 str 형식으로 변환
>>> s2b = s.encode()   # str 형식을 bytes 형식으로 변환
>>> b == s2b
 True
>>> s == b2s
 True
>>>
```

9.5 맺는말

UART 시리얼 통신은 시리얼 통신 방법 중에서도 가장 오래된 방법의 하나로, 송수신이 동시에 가능한 전이중 방식, 별도의 동기 신호를 사용하지 않는 비동기식 통신 방법이다. 라즈베리파이 피코에 사용된 RP2040 마이크로컨트롤러는 2개의 UART 포트를 제공하며, UART 포트에 연결하여 사용할 수 있는 범용 입출력 핀을 변경할 수 있으므로 필요에 따라 선택하여 사용할 수 있다.

이 장에서는 UART 포트를 통해 컴퓨터와 연결하고 컴퓨터와 시리얼 통신을 수행하는 방법을 살펴보았다. 이 밖에도 UART 시리얼 통신은 블루투스 모듈이나 와이파이 모듈 등을 연결할 때도 흔히 사용된다. UART 시리얼 통신 이외에도 TFT LCD나 메모리와 같이 고속 통신이 필요한 경우에는 SPI 통신을, 센서와 같이 적은 데이터 전송만 필요한 경우에는 I2C 통신을 사용하는 등 마이크로컨트롤러에서 다양한 시리얼 통신 방법을 사용하고 있으므로 필요에 따라 선택하여 사용하면 된다.

I2C 통신

적은 양의 데이터를 낮은 빈도로 전송할 때 유용한 I2C 통신은 UART, SPI와 더불어 마이크로컨트롤러에서 사용하는 대표적인 시리얼 통신 방법의 하나다. I2C 통신은 동기화 클록을 위해 별도의 연결선을 사용하는 동기식 통신이며, 송신과 수신이 동시에 이루어질 수 없는 반이중 방식 통신이라는 점에서 UART 통신과 차이가 있다. 또한, 하나의 포트에 여러 개의 주변장치를 연결할 수 있는 1:N 통신이 가능하고, 주변장치의 개수와 상관없이 항상 2개의 연결선만 사용하므로 연결과 확장이 간편한 장점이 있다. 이 장에서는 I2C 통신과 I2C 통신을 사용하는 텍스트 LCD를 사용하는 방법에 대해 알아본다.

이 장에서
사용할 부품

라즈베리파이 피코 × 1

I2C 방식 텍스트 LCD × 1 ➡ 16×2 크기

바이트 이상의 데이터를 하나의 연결선을 사용하여 여러 번에 걸쳐 나누어 전송하는 방법을 시리얼 통신이라고 한다. 이전 장에서 시리얼 통신 방법 중에서도 가장 오래된 방법의 하나인 UART 시리얼 통신을 살펴보았다. UART 시리얼 통신은 2개의 연결선으로 송수신을 동시에 진행할 수 있는 전이중 방식 통신이며, 별도의 동기화 신호를 사용하지 않는 비동기식 통신이다. 이에 비해 I2C 통신은 1개의 연결선으로 송수신을 모두 진행하므로 송수신이 동시에 이루어질 수 없는 반이중 방식이며, 동기화 신호를 위해 별도의 연결선을 사용하는 동기식 통신이다.

반이중 방식 통신은 송신과 수신을 위해 하나의 연결선만 사용한다. 따라서 송신과 수신이 동시에 이루어질 수 없으며 특정 순간에는 송신 또는 수신만 이루어진다. 반이중 방식 통신은 송수신의 동시 진행이 불가능하여 통신 속도가 제한되므로 고속 통신에는 적합하지 않지만, 연결이 간편하므로 적은 데이터를 간헐적으로 교환하는 주변장치, 특히 센서에서 많이 사용한다. I2C 통신에서 데이터 송수신을 위해 사용하는 연결선을 SDA_{serial data}, 동기화 신호를 위해 사용하는 연결선을 SCL_{serial clock}이라고 한다.

동기식 통신은 동기화를 위해 별도의 신호를 사용한다. UART 시리얼 통신은 비동기식 통신으로 동기화를 위해 데이터를 보내기 전과 후에 시작 비트_{start bit}와 정지 비트_{stop bit}를 데이터 연결선으로 전송했다. 하지만 I2C 통신에서는 별도의 동기화 신호를 사용하므로 데이터 연결선으로 데이터만 전송하면 된다.

이 밖에 I2C 통신이 UART 시리얼 통신과 다른 점은 여러 개의 주변장치를 하나의 I2C 포트에 연결할 수 있는 1:N 통신이 가능하다는 점이다. UART 시리얼 통신은 하나의 UART 포트에 하나의 주변장치만 연결할 수 있는 1:1 통신 방식이다.

1:N 통신은 적은 수의 마이크로컨트롤러 핀으로 여러 개의 주변장치를 제어할 수 있는 장점이 있다. 하지만 하나의 포트를 통해 여러 주변장치가 동시에 데이터를 보내면 데이터가 정상적으로 전송되지 않으므로 특정 순간에는 N개의 주변장치 중 하나와만 통신을 수행할 수 있다. 따라서 1:N 통신에서는 여러 개의 주변장치와의 통신을 제어하고 통신 과정을 책임지는 장치, 즉 '1'에 해당하는 장치가 필요하며 이를 마스터_{master}라고 한다. 마스터에 연결된 'N'개의 주변장치는 슬레이브_{slave}라고 하며, 1:N 통신은 마스터-슬레이브 구조를 가진다고 이야기한다. UART 시리얼 통신에서는 연결된 두 장치가 동등한 역할을 하므로 마스터와 슬레이브의 구별이 없다.

1:N 통신이 가능하다고 하더라도 특정 순간에는 1개의 슬레이브와 통신할 수 있으며, 이를 위해서는 N개의 슬레이브를 구별하고 1개의 슬레이브를 선택하는 방법이 필요하다. **I2C 통신은 N개의 슬레이브를 구별하기 위해 I2C 주소를 사용한다.** 이는 수많은 컴퓨터가 연결된 인터넷에서 내 컴퓨터를 구별하기 위해 IP~internet protocol~ 주소를 사용하는 것과 같은 방식이다. **I2C 통신은 7비트의 I2C 주소를 사용한다.** 7비트가 어색할 수 있지만, 1비트의 읽기/쓰기 선택 비트와 함께 1바이트 단위의 데이터로 특정 슬레이브를 선택하고 데이터를 읽거나 쓸 수 있다.

I2C 통신은 송수신용 1개, 동기화 신호용 1개, 총 2개의 연결선으로 통신을 수행한다. 가장 간단하게는 그림 10.1과 같이 SDA와 SCL 연결선만 연결하여 통신할 수 있다. 물론 UART 시리얼 통신에서와 마찬가지로 VCC와 GND의 전원선 역시 연결해야 한다.

그림 10.1　1개 슬레이브를 I2C 통신으로 연결

I2C 통신은 1:N 연결이 가능하다. 그림 10.2는 그림 10.1에 1개의 슬레이브를 추가한 것이다.

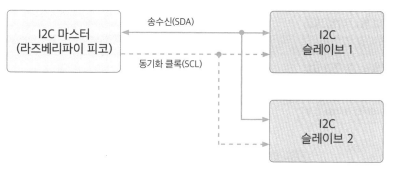

그림 10.2　2개 슬레이브를 I2C 통신으로 연결

그림 10.2에서 알 수 있는 것처럼 모든 슬레이브는 마스터와의 연결선인 SDA와 SCL을 공유하므로 연결된 슬레이브의 개수가 늘어나더라도 마스터에서 사용하는 핀은 2개로 변하지 않는다. 하지만 모든 슬레이브가 연결선을 공유하므로 마스터가 보낸 데이터는 모든 슬레이브가 받을 수 있으므로 통신을 시작하기 전에 주소를 먼저 전송하여 데이터를 교환할 슬레이브를 선택해야 한다.

I2C 통신에서 한 가지 주의해야 할 점은 풀업 저항의 사용이다. I2C 통신 시 사용하는 SCL과 SDA 연결선은 유휴 상태에서 HIGH 상태를 가진다. 따라서 SCL과 SDA 연결선에는 VCC와 연결된 풀업 저항을 사용한다. 하지만 I2C 통신을 사용하는 많은 장치에 풀업 저항이 포함되어 있

으므로 별도로 풀업 저항을 연결해야 하는 경우는 많지 않다. 그림 10.3은 2개의 슬레이브 장치를 풀업 저항을 사용하여 마스터와 연결하는 방법을 보여준다.

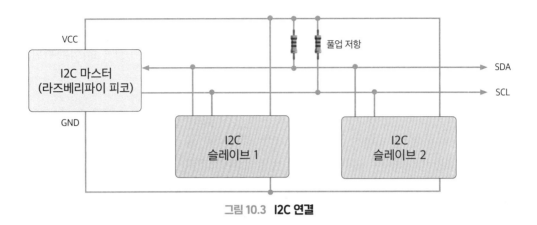

그림 10.3 I2C 연결

표 10.1은 라즈베리파이 피코와 주변장치를 연결할 때 사용하는 시리얼 통신 방법을 비교한 것이다. 1-와이어 통신의 경우 라즈베리파이 피코에서 전용 하드웨어를 지원하지 않지만, 가장 적은 수의 연결선만으로 센서를 연결할 때 흔히 사용하고, 별도로 설치할 필요가 없는 전용 라이브러리를 제공하므로 함께 비교하였다.

표 10.1 시리얼 통신 방법 비교

항목			UART	I2C	SPI	1-와이어
슬레이브 연결 방법			1:1	1:N	1:N	1:N
데이터 전송 방법			전이중	반이중	전이중	반이중
데이터 동기화 방법			비동기식	동기식	동기식	비동기식
연결선 개수	1개 슬레이브 연결	데이터	2개	1개	2개	1개
		동기화 클록	–	1개	1개	–
		슬레이브 선택	–	–	1개	–
		총	2개	2개	4개	1개
	N개 슬레이브 연결		2N개	2개	(3 + N)개	1개
슬레이브 선택			–	소프트웨어 (주소 지정)	하드웨어 (SS 연결선)	소프트웨어 (주소 지정)
전용 하드웨어(포트) 지원			○	○	○	×
하드웨어 포트 수			2	2	2	–
지원 라이브러리			machine	machine	machine	onewire
지원 클래스			UART	I2C	SPI	OneWire

라즈베리파이 피코에 사용된 RP2040 마이크로컨트롤러는 2개의 I2C 포트를 제공한다. 라즈베리파이 피코의 I2C 포트는 여러 개의 범용 입출력 핀 중 하나로 연결하여 사용할 수 있으며, 0번 포트는 8번(SDA)과 9번(SCL) 핀을, 1번 포트는 6번(SDA)과 7번(SCL) 핀을 디폴트로 사용한다. 그림 10.4는 라즈베리파이 피코에서 I2C 통신을 위해 사용할 수 있는 핀을 나타낸 것이다.

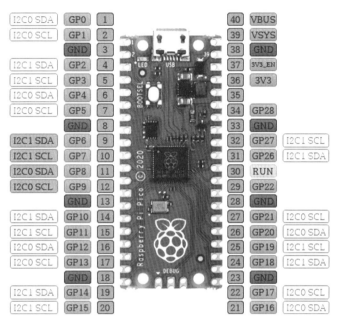

그림 10.4 **라즈베리파이 피코의 I2C 통신 핀**

표 10.2 **I2C 통신에 사용할 수 있는 핀**

포트	포트 핀	디폴트 핀	사용 가능 핀				
I2C0	SDA	8	0	4	12	16	20
	SCL	9	1	5	13	17	21
I2C1	SDA	6	2	10	14	18	26
	SCL	7	3	11	15	19	27

액정liquid crystal은 액체이면서도 고체의 성질을 갖는 액체와 고체의 중간 형태로 1960년대 후반에 이르러 디스플레이로 활용되기 시작했다. 액정을 사용한 디스플레이 장치로는 문자 기반의 텍스트 LCDliquid crystal display, 픽셀 기반의 그래픽 LCD, 컬러 표현이 가능한 TFT LCD 등 다양한 종류가 있다. 이 장에서 사용하는 텍스트 LCD는 문자 단위로 고정된 위치에 정보를 표시하는 출력 장치로, 한글 표현이 어렵고 표시할 수 있는 정보의 양이 적은 등의 단점이 있지만, 가격이 저렴하고 제어하기 쉬워 간단한 메시지 출력을 할 때 유용하다. 특히, LCD 제어 시 병렬 연결이 필요한 단점을 없애기 위해 I2C 통신을 사용하는 텍스트 LCD는 전원선까지 4개의 연결선만을 사용하므로 입출력 핀의 수가 제한된 마이크로컨트롤러에서 활용도가 높다.

텍스트 LCD는 표시할 수 있는 문자의 수에 따라 여러 종류가 있지만, 2줄 16칸 총 32문자를 표시하는 텍스트 LCD를 흔히 볼 수 있다. 텍스트 LCD는 16개의 연결 핀을 제공한다. 제어를 위해서는 16개의 핀을 모두 연결해야 하지만, I2C 통신을 위한 변환 모듈을 추

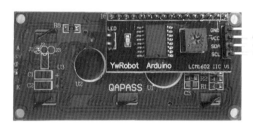

그림 10.5 **I2C 변환 모듈을 연결한 텍스트 LCD**

가하면 I2C 통신을 사용하여 2개의 데이터 핀만으로 제어할 수 있다.

그림 10.6은 2줄 16칸으로 문자를 표시할 수 있는 텍스트 LCD를 나타낸다. 문자는 지정한 위치에만 표시할 수 있다.

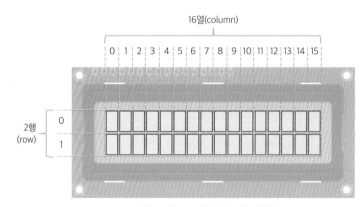

그림 10.6 **텍스트 LCD의 문자 표시 영역**

그림 10.6에서 한 문자를 표시할 수 있는 영역을 확대해서 나타낸 것이 그림 10.7이다. 하나의 문자는 5×8픽셀로 표시되므로 아스키코드로 정한 문자 이외에 한글과 같이 복잡한 문자는 나타낼 수 없다.

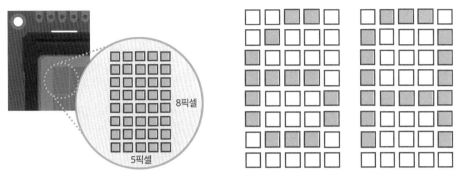

그림 10.7 텍스트 LCD의 문자 구성

I2C 방식 텍스트 LCD를 그림 10.8과 같이 레벨 변환장치를 사용하여 라즈베리파이 피코에 연결하자. 텍스트 LCD는 5V 기준 전압을 사용하므로 라즈베리파이 피코에 5V 전원이 주어지는 것을 가정하고 3.3V 전원인 3V3 핀이 아니라 VBUS 핀에 연결하였다. 레벨 변환장치는 3.3V 기준 전압을 사용하는 라즈베리파이 피코의 데이터 핀과 5V 기준 전압을 사용하는 텍스트 LCD의 핀을 연결하기 위해 사용하였다.

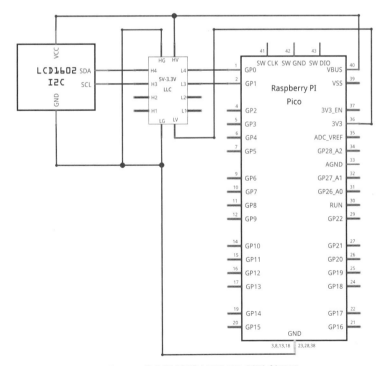

그림 10.8 I2C 방식 텍스트 LCD 연결 회로도

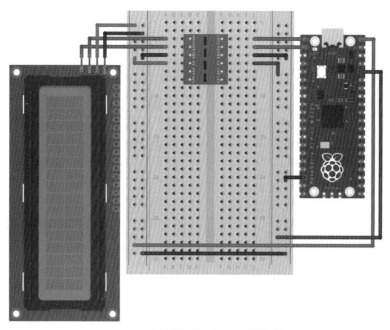

그림 10.9 **I2C 방식 텍스트 LCD 연결 회로**

텍스트 LCD와 라즈베리파이 피코의 연결

온라인에서는 라즈베리파이 피코의 범용 입출력 핀을 I2C 방식 텍스트 LCD와 직접 연결하는 예를 쉽게 찾아볼 수 있다. 흔히 접할 수 있는 텍스트 LCD는 5V 기준 전압을 사용하고 라즈베리파이 피코는 3.3V 기준 전압을 사용한다. I2C 방식의 장점 중 하나는 서로 다른 기준 전압을 사용하는 장치를 별도의 레벨 변환장치 없이 연결할 수 있다는 점이다. 하지만 이를 위해서는 낮은 기준 전압을 사용하는 장치에서 높은 기준 전압을 사용하는 장치의 입력을 허용해야 한다. 하지만 데이터 시트에 의하면 라즈베리파이 피코는 5V 기준 전압을 사용하는 입력을 허용하지 않는다. 따라서 텍스트 LCD와 라즈베리파이 피코를 직접 연결하면 라즈베리파이 피코가 손상될 수 있다. 하지만 텍스트 LCD의 경우 텍스트 LCD로 데이터를 보내기만 하고 텍스트 LCD로부터 데이터를 받지 않는 것이 일반적이므로 직접 연결하여 사용해도 손상 가능성은 거의 없다. 그림 10.8에서 레벨 변환장치를 없애고 텍스트 LCD와 라즈베리파이 피코를 직접 연결한 후 예제 코드를 실행해도 이상 없이 동작한다. 하지만 레벨 변환장치 없이 예제 코드 또는 다른 코드를 실행하여 발생하는 고장은 전적으로 사용자의 책임이다.

machine 모듈과 I2C 클래스

텍스트 LCD를 I2C 통신으로 제어하기 전에 반드시 알아야 할 것이 텍스트 LCD의 I2C 주소다. I2C 통신은 여러 개의 슬레이브를 I2C 주소로 구별하므로 주소를 알지 못하면 데이터를 교환할 수 없다. 장치의 I2C 주소는 데이터 시트를 확인하거나 연결된 I2C 장치의 주소를 찾아내는 스캔 과정(코드 10.1 참고)을 통해서도 알아낼 수 있다. 다만, 장치 스캔을 통해 얻어지는 결과는 특정 주소를 사용하는 I2C 장치가 연결되어 있다는 것만 알 수 있고 그 장치가 어떤 장치인지는 알 수 없다. I2C 통신을 위해서는 machine 모듈의 I2C 클래스를 사용할 수 있고, I2C 클래스의 멤버 함수 중 하나가 연결된 장치의 I2C 주소를 알아내는 scan이다.

■ I2C

```
class machine.I2C(id, sda, scl)
    — 매개변수
        id: I2C 포트 번호로 0 또는 1
        sda: 데이터 송수신을 위해 사용할 Pin 클래스 객체
        scl: 동기화 신호 전송을 위해 사용할 Pin 클래스 객체
```

I2C 포트를 제어할 객체를 생성한다. id는 I2C 포트 번호로 0 또는 1을 사용할 수 있다. sda와 scl에는 데이터 송수신과 동기화 신호 전송에 사용할 핀을 Pin 클래스 객체를 사용하여 지정한다. 사용할 핀을 지정하지 않으면 0번 포트는 8번(SDA)과 9번(SCL) 핀을, 1번 포트는 6번(SDA)과 7번(SCL) 핀을 디폴트로 사용하며, 그림 10.4에서 I2C 포트와 연결된 핀 중 선택하여 사용할 수 있다.

■ I2C.scan

```
I2C.scan()
    — 매개변수: 없음
```

연결된 I2C 통신을 사용하는 주변장치가 가지는 주소를 검색하여 리스트 형식으로 반환한다.

코드 10.1은 I2C 주소를 검사하여 출력하는 코드로, 그림 10.8과 같이 I2C 방식 텍스트 LCD를 연결한 후 실행하면 텍스트 LCD가 가지는 I2C 주소를 확인할 수 있다. 실행 결과에서 알 수 있 듯이 텍스트 LCD는 0x3f의 주소를 가지고 있으며 이는 제품에 따라 바뀔 수 있다.

🖥 코드 10.1 **I2C 장치 스캔**

```
01  from machine import Pin
02  from machine import I2C
03
04  sdaPIN = Pin(0)                               # 데이터 핀
05  sclPIN = Pin(1)                               # 클록 핀
06
07  i2c = I2C(0, sda=sdaPIN, scl=sclPIN)          # 0번 I2C 포트 사용
08
09  devices = i2c.scan()                          # 주소 검색
10
11  if len(devices) == 0:
12      print('* No I2C device !')
13  else:
14      print('* I2C devices found :', len(devices))
15
16  for device in devices:                        # 슬레이브 주소 출력
17   print("  => HEX address : ", hex(device))
```

🖥 Thonny IDE 셸 **실행 결과**

```
>>> %Run -c $EDITOR_CONTENT
 * I2C devices found : 1
   => HEX address :  0x3f
>>>
```

I2C 주소를 확인했다면 텍스트 LCD에 문자를 표시해보자. 먼저 I2C 방식 텍스트 LCD 제어를 위한 라이브러리를 라이브러리 홈페이지[1]에서 내려받는다. 내려받은 파일 중 lcd_api.py와 pico_i2c_lcd.py의 2개 파일을 라즈베리파이 피코의 루트 디렉터리('/')나 루트 디렉터리 아래 'lib' 디렉터리('/lib')에 저장한다. 파일을 저장하기 위해서는 먼저 Thonny IDE에서 파일 열기('파일 ➡ 열기' 메뉴 항목 또는 'Ctrl+O' 단축키)를 선택하고 파일을 열 위치를 '이 컴퓨터'로 선택하여 내려받은 파일을 선택한다. 파일이 열리면 '파일 ➡ ...(으)로 저장' 메뉴 항목을 선택하고 파일을 저장할 위치를 'Raspberry Pi Pico'로 지정하고 디렉터리를 선택한 다음 저장하면 된다. 이 책에서는 'lib' 디렉터리('/lib')에 저장하는 것으로 가정한다.

---

1   https://github.com/T-622/RPI-PICO-I2C-LCD

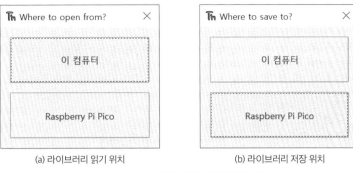

| (a) 라이브러리 읽기 위치 | (b) 라이브러리 저장 위치 |

그림 10.10 라이브러리 읽기와 저장

라이브러리 관리

Thonny IDE는 라이브러리 관리를 위한 도구 역시 제공하고 있다. '도구 ➡ 패키지 관리...' 메뉴 항목을 선택하면 패키지 관리를 위한 다이얼로그가 나오는데 여기에서 라이브러리를 검색하여 설치할 수 있다. 다이얼로그에서 'i2c lcd'를 검색하면 여러 가지 라이브러리가 나타난다.

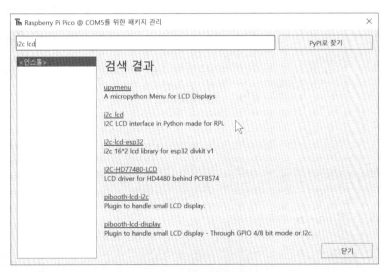

그림 10.11 라이브러리 검색

검색 결과에서 라즈베리파이 피코를 위한 라이브러리를 클릭하고 설치하는 것이 가능하지만, 모든 라이브러리가 검색되는 것이 아닐뿐더러 설치 과정에서도 오류가 발생하는 경우가 많으므로 이 책에서는 사용하지 않는다.

라이브러리 설치를 위해 앞에서는 편집기에서 파일을 연 후 다른 이름으로 파일을 저장하는 방식으로 라이브러리 파일을 저장하였지만, 내려받은 파일을 라즈베리파이 피코로 업로드하는 것도 가능하다. '보기 ➡ 파일' 메뉴 항목을 선택하면 컴퓨터의 파일과 라즈베리파이 피코에 저장된 파일이 나타난다. 라즈베리파이 피코가 정상적으로 연결되지 않은 경우 라즈베리파이 피코에 저장된 파일 목록을 확인할 수 없다. 이

때 툴바의 '정지/재시작' 버튼을 눌러 연결이 이루어지면 파일 목록을 확인할 수 있다. 컴퓨터에서는 내려받은 라이브러리 파일이 저장된 디렉터리로 이동하고, 라즈베리파이 피코에서는 '/lib' 디렉터리로 이동한다. 컴퓨터에서 파일을 선택하고 마우스 오른쪽 버튼을 눌러 '/lib에 업로드' 메뉴 항목을 선택하면 해당 파일을 라즈베리파이 피코로 업로드할 수 있다.

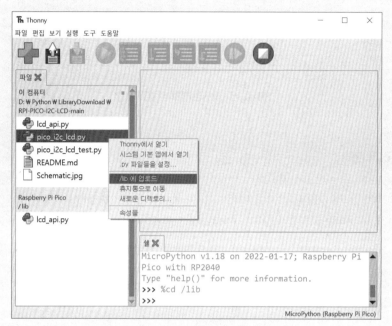

그림 10.12 **파일 업로드**

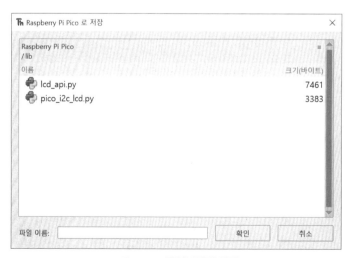

그림 10.13 **라이브러리 저장**

I2cLcd 클래스를 사용하면 I2C 방식 텍스트 LCD를 제어할 수 있다.

■ **I2cLcd**

```
class pico_i2c_lcd.I2cLcd(i2c, i2c_addr, num_lines, num_columns)
  ― 매개변수
      i2c: I2C 포트 제어를 위한 I2C 클래스 객체
      i2c_addr: I2C 주소
      num_lines: 텍스트 LCD에 나타낼 수 있는 줄 수
      num_columns: 텍스트 LCD에 나타낼 수 있는 칸 수
```

I2C 방식 텍스트 LCD 제어를 위한 객체를 생성한다. 객체를 생성할 때는 I2C 통신을 담당하는 I2C 클래스 객체와 텍스트 LCD가 가지는 I2C 주소를 지정해야 한다. 텍스트 LCD에 나타낼 수 있는 줄과 칸 역시 지정해야 하며, 최대 4줄 20칸 80글자를 나타낼 수 있는 텍스트 LCD까지 제어할 수 있다.

■ **clear**

```
I2cLcd.clear()
  ― 매개변수: 없음
```

텍스트 LCD에 출력된 모든 문자를 지운다.

■ **move_to**

```
I2cLcd.move_to(cursor_x, cursor_y)
  ― 매개변수
      cursor_x: 커서를 옮길 칸으로 첫 번째 칸이 0에 해당
      cursor_y: 커서를 옮길 줄로 첫 번째 줄이 0에 해당
```

임의의 위치에 문자를 출력할 수 있도록 커서를 옮긴다. 텍스트 LCD에 문자가 표시되는 위치는 현재 커서의 위치다.

■ **putstr**

```
I2cLcd.putstr(string)
  ― 매개변수
      string: 출력할 문자열
```

현재 커서 위치에 지정한 문자열(string)을 출력한다.

코드 10.2는 I2C 방식 텍스트 LCD를 제어하는 코드로 1초에 1씩 증가하는 카운터값을 텍스트 LCD에 나타낸다. I2C 방식 텍스트 LCD를 사용하기 위해서는 홈페이지에서 내려받은 라이브러리를 임포트해야 한다는 점을 기억하자.

코드 10.2 **I2C 방식 텍스트 LCD**

```
01  from machine import Pin
02  from machine import I2C
03  from time import sleep
04  from pico_i2c_lcd import I2cLcd
05
06  sdaPIN = Pin(0)                          # 데이터 핀
07  sclPIN = Pin(1)                          # 클록 핀
08
09  i2c = I2C(0, sda=sdaPIN, scl=sclPIN)     # 0번 I2C 포트 사용
10
11  addr = i2c.scan()[0]                     # 검색한 주소 중 첫 번째 주소
12  lcd = I2cLcd(i2c, addr, 2, 16)           # LCD 제어 객체
13
14  count = 0
15  lcd.clear()                              # LCD 지우기
16  lcd.putstr('Count : ')                   # 문자열 출력
17
18  while True:
19      lcd.move_to(8, 0)                    # 커서 위치 이동
20      lcd.putstr(str(count))
21      count = count + 1
22      sleep(1)
```

그림 10.14 **코드 10.2 실행 결과**

텍스트 LCD에는 미리 정의된 아스키코드 문자 이외에도 8개의 사용자 문자를 정의하여 사용할 수 있다. 그림 10.7에서 볼 수 있는 것처럼 하나의 글자는 5×8픽셀로 표시되므로 8바이트의 하위 5비트를 사용하여 문자를 정의하면 된다. 사용자 정의 문자를 사용하기 위해서는 먼저 그림 10.15와 같이 사용자 문자를 디자인하고 행 단위로 바이트값으로 나타낸다.

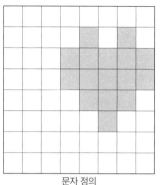

	0b00000000	0x00
	0b00001010	0x0A
	0b00011111	0x1F
	0b00011111	0x1F
	0b00001110	0x0E
	0b00000100	0x04
	0b00000000	0x00
	0b00000000	0x00
문자 정의	2진숫값	16진숫값

그림 10.15 사용자 문자 정의

정의한 사용자 문잣값은 bytearray 형식으로 저장한 후 custom_char 함수로 텍스트 LCD에 등록한다.

```
heart = bytearray([0x00, 0x0a, 0x1f, 0x1f, 0x0e, 0x04, 0x00, 0x00])
lcd.custom_char(0, heart)              # 0번 사용자 문자로 heart 데이터 등록
```

bytes와 bytearray

bytes와 bytearray는 모두 바이트 단위 데이터를 연속해서 저장한다는 점에서는 같다. 다만, bytes 타입은 내용을 변경할 수 없지만, bytearray 타입은 내용 변경이 가능하다는 점이 다를 뿐이다. bytearray 역시 UTF-8 형식으로 데이터를 저장하므로 문자열로 변환하기 위해서는 decode 함수를 사용해야 한다.

📇 Thonny IDE 셸 **실행 결과**

```
>>> bs = b'abc'
>>> ba = bytearray('abc')
>>> bs == ba
 True
>>>
>>> print(ba)
 bytearray(b'abc')
>>> print(bs)
 b'abc'
>>> ba[0] = 65          # bytearray 형식은 내용 변경 가능
>>> print(ba)
 bytearray(b'Abc')
>>> bs[0] = 65          # bytes 형식은 내용 변경 불가능
 Traceback (most recent call last):
   File "<stdin>", line 1, in <module>
 TypeError: 'bytes' object doesn't support item assignment
>>>
```

■ **custom_char**

I2cLcd.custom_char(location, charmap)
― 매개변수
location: 사용자 문자 번호(0~7)
charmap: 바이트 배열 형식의 사용자 문자 정의 데이터

지정한 사용자 문자 번호에 사용자 문자를 등록한다. 등록한 사용자 문자는 putstr 함수와 chr 함수를 사용하여 출력할 수 있다.

코드 10.3은 사용자 문자를 정의하고 이를 텍스트 LCD에 출력하는 코드다.

📘 **코드 10.3 사용자 문자 정의 및 출력**

```
01   from machine import Pin
02   from machine import I2C
03   from time import sleep
04   from pico_i2c_lcd import I2cLcd
05
06   sdaPIN = Pin(0)                              # 데이터 핀
07   sclPIN = Pin(1)                              # 클록 핀
08
09   i2c = I2C(0, sda=sdaPIN, scl=sclPIN)         # 0번 I2C 포트 사용
10
11   addr = i2c.scan()[0]                         # 검색한 주소 중 첫 번째 주소
12   lcd = I2cLcd(i2c, addr, 2, 16)              # LCD 제어 객체
13
14   # 사용자 문자 정의
15   heart = bytearray([0x00, 0x0a, 0x1f, 0x1f, 0x0e, 0x04, 0x00, 0x00])
16   lcd.custom_char(0, heart)                    # 사용자 문자 등록
17
18   lcd.putstr(chr(0) + ' With My Heart ')      # 사용자 문자 사용
```

그림 10.16 코드 10.3 실행 결과

I2C 통신은 적은 양의 데이터를 간헐적으로 전송하는 데 최적화된 시리얼 통신 방법으로 UART, SPI와 함께 마이크로컨트롤러에서 흔히 사용하는 시리얼 통신 중 하나다. 라즈베리파이 피코에 사용된 RP2040 마이크로컨트롤러는 2개의 I2C 포트를 제공하며, I2C 포트에 연결하여 사용할 수 있는 범용 입출력 핀을 변경할 수 있다.

이 장에서는 I2C 방식 텍스트 LCD를 연결하여 문자 단위 데이터를 출력하는 방법을 살펴보았다. 텍스트 LCD는 문자 단위로 고정된 위치에 정해진 문자만 출력할 수 있는 한계가 있지만, 제어가 쉬우므로 간단한 정보 표현에 유용하다. 다양한 정보를 표현하고 싶다면 TFT LCD나 OLED 등 픽셀 단위 제어가 가능한 출력장치를 사용해야 한다. 예로 11장에서는 SPI 통신을 사용하는 OLED 제어 방법을 살펴볼 것이다.

CHAPTER

11

SPI 통신

SPI는 고속 데이터 전송을 위한 시리얼 통신 방법의 하나로 I2C 통신과 같은 동기식 통신이며 UART 시리얼 통신과 같은 전이중 방식 통신이다. 또한, I2C 통신과 같이 1:N 연결이 가능하지만, 소프트웨어적인 I2C 주소가 아닌 물리적인 연결선을 사용하므로 슬레이브의 수가 증가하면 연결 선의 개수가 증가하는 특징이 있다. 이 장에서는 SPI 통신과 SPI 통신을 사용하는 OLED 디스플 레이를 사용하는 방법에 대해 알아본다.

이 장에서
사용할 부품

라즈베리파이 피코	× 1
OLED 디스플레이	× 1 ➡ 128×64, SPI 방식
OLED 디스플레이	× 1 ➡ 128×64, I2C 방식

SPI 통신

마이크로컨트롤러에서 사용할 수 있는 시리얼 통신은 십여 가지에 이르지만, 전용 하드웨어가 마이크로컨트롤러에 포함된 시리얼 통신은 그리 많지 않다. 많은 마이크로컨트롤러에서 전용 하드웨어, 즉 포트를 제공하는 시리얼 통신에는 UART, I2C, SPIserial peripheral interface 등이 있고 USB를 지원하는 마이크로컨트롤러 역시 증가하고 있다. **라즈베리파이 피코에 사용된 RP2040 마이크로컨트롤러 역시 UART, I2C, SPI, USB 등의 시리얼 통신을 위한 전용 하드웨어를 제공하고 있다.**

SPI는 고속 데이터 전송을 위한 시리얼 통신 방법이다. 고속 통신을 위해 SPI는 데이터 송수신을 위해 별도의 연결선을 사용하는 전이중 방식을 사용하며, 별도의 동기화 신호를 사용한다. 즉, UART와 I2C의 장점을 모두 가지고 있다. 하지만 이를 위해 UART나 I2C보다 많은 수의 연결선이 필요한 것은 단점이라 할 수 있다.

SPI의 다른 특징 중 한 가지는 I2C와 마찬가지로 1:N 연결을 지원하는 마스터-슬레이브 구조를 가진다는 것이다. 1:N 연결이 가능하면 N개의 슬레이브 중 통신할 특정 슬레이브를 선택해야 하는데, I2C에서는 소프트웨어적인 I2C 주소를 사용하였다. 반면 **SPI는 마스터에서 슬레이브로 선택 여부를 알려주기 위한 전용 연결선을 사용하는 하드웨어적인 방법을 사용한다.**

SPI 통신으로 하나의 마스터와 하나의 슬레이브를 연결하는 방법을 살펴보자. 하나의 슬레이브를 연결하기 위해서는 데이터 송수신용 2개(MOSImaster out slave in와 MISOmaster in slave out), 동기화 신호용 1개(SCKserial clock), 그리고 슬레이브 선택용 1개(SSslave select 또는 CSchip select) 총 4개의 연결선이 필요하다.

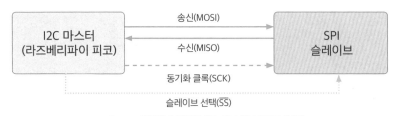

그림 11.1 1개의 슬레이브를 SPI 통신으로 연결

슬레이브 선택 핀 이름 위에 윗줄이 추가된 것은 슬레이브 선택 상황에서 LOW 값을 가지기 때문이다. 그림 11.2는 그림 11.1에 1개의 슬레이브를 추가한 것이다.

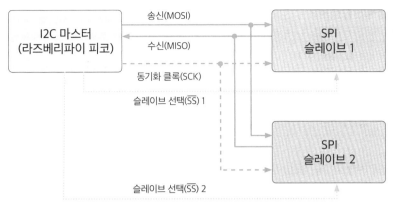

그림 11.2 **2개의 슬레이브를 SPI 통신으로 연결**

여러 개의 슬레이브를 연결할 때 SPI 통신은 I2C 통신과 마찬가지로 데이터 및 동기화 신호 연결선을 모든 슬레이브가 공유한다. 따라서 모든 슬레이브는 마스터가 보낸 데이터를 받을 수 있다. 하지만 I2C 통신에서 지정된 I2C 주소를 갖는 슬레이브만 실제로 데이터를 처리하는 것과 마찬가지로 SPI 통신에서는 슬레이브 선택 핀이 LOW 상태에 있는 슬레이브만 데이터를 처리한다. 다른 시리얼 통신과 다르게 SPI는 슬레이브 선택을 위해 전용 연결선을 사용하며, 슬레이브별로 하나씩 사용한다는 점도 주의해야 한다.

표 11.1은 라즈베리파이 피코에서 주변장치 연결을 위해 사용하는 시리얼 통신 방법을 비교한 것이다. 1-와이어 통신의 경우 라즈베리파이 피코에서 전용 하드웨어를 지원하지 않지만, 가장 적은 수의 연결선만으로 센서를 연결하고 별도로 설치할 필요가 없는 전용 라이브러리를 제공하므로 함께 비교하였다.

표 11.1 **시리얼 통신 방법 비교**

항목			UART	I2C	SPI	1-와이어
슬레이브 연결 방법			1:1	1:N	1:N	1:N
데이터 전송 방법			전이중	반이중	전이중	반이중
데이터 동기화 방법			비동기식	동기식	동기식	비동기식
연결선 개수	1개 슬레이브 연결	데이터	2개	1개	2개	1개
		동기화 클록	–	1개	1개	–
		슬레이브 선택	–	–	1개	–
		총	2개	2개	4개	1개
	N개 슬레이브 연결		2N개	2개	(3 + N)개	1개
슬레이브 선택			–	소프트웨어 (주소 지정)	하드웨어 (SS 연결선)	소프트웨어 (주소 지정)

표 11.1 **시리얼 통신 방법 비교**   (계속)

항목	UART	I2C	SPI	1-와이어
전용 하드웨어(포트) 지원	○	○	○	×
하드웨어 포트 수	2	2	2	–
지원 라이브러리	machine	machine	machine	onewire
지원 클래스	UART	I2C	SPI	OneWire

시리얼 통신을 사용할 때 전용 핀의 이름도 통신 방법에 따라 다르다는 점도 주의해야 한다. 표
11.2는 시리얼 통신에 사용되는 핀 이름을 비교한 것이다.

표 11.2 **시리얼 통신에 사용되는 핀 이름**

사용 핀 　　　　　시리얼 통신	SPI	I2C	UART
(마스터의) 데이터 송신 핀	MOSI(master out slave in)	SDA(serial data)	TXD(transmit data) 또는 TX
(마스터의) 데이터 수신 핀	MISO(master in slave out)		RXD(receive data) 또는 RX
동기화 신호 전송 핀	SCK(serial clock)	SCL(serial clock)	–
슬레이브 선택 핀	SS(slave select) 또는 CS(chip select)	–	–

라즈베리파이 피코에 사용된 RP2040 마이크로컨트롤러에는 2개의 SPI 포트가 포함되어 있다. 라
즈베리파이 피코의 SPI 포트는 여러 개의 범용 입출력 핀 중 하나로 연결하여 사용할 수 있으며,
0번 포트는 4번(RX, MISO), 6번(SCK), 7번(TX, MOSI) 핀을, 1번 포트는 8번(RX, MISO), 10번(SCK),
11번(TX, MOSI) 핀을 디폴트로 사용한다.

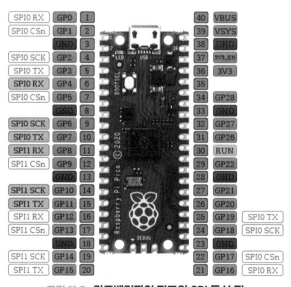

그림 11.3 **라즈베리파이 피코의 SPI 통신 핀**

그림 11.3은 라즈베리파이 피코에서 SPI 통신을 위해 사용할 수 있는 핀을 나타낸 것이다. CS를 위한 핀도 지정되어 있지만, **CS 핀은 슬레이브 선택을 위해 LOW 또는 HIGH 값만을 출력하면 되므로 임의의 범용 입출력 핀을 사용할 수 있다.** 또한, 2개 이상의 슬레이브를 연결하는 경우 2개 이상의 CS 핀이 필요하므로 디폴트로 설정된 1개의 CS 핀으로는 부족하다. 이때도 임의의 범용 입출력 핀을 사용하면 된다.

표 11.3 **SPI 통신에 사용할 수 있는 핀**

포트	포트 핀	디폴트 핀	사용 가능 핀	
SPI0	RX, MISO	4	0	16
	SCK	6	2	18
	TX, MOSI	7	3	19
SPI1	RX, MISO	8	12	–
	SCK	10	14	–
	TX, MOSI	11	15	–

11.2 OLED 디스플레이

OLED~organic light emitting diode~는 유기화합물에 전류를 흘리면 빛을 내는 현상을 이용해서 만든 유기 발광 다이오드를 말한다. OLED는 스마트폰에 채택되면서 주목을 받기 시작해 TV에도 사용되는 등 다양한 제품에 적용되고 있으며 기존 LCD를 대체할 후보로 주목받고 있다. **액정**~liquid crystal~**은 통과하는 빛의 양을 조절할 수 있는 막이므로 빛을 내는 광원(백라이트)이 별도로 필요하며 통과하는 빛의 양으로 색을 조절한다.** 반면 **OLED는 빛을 내는 소자이므로 별도의 백라이트를 사용하지 않고 직접 빛의 양을 조절할 수 있다**는 점이 OLED의 특징이면서 가장 큰 장점이라 할 수 있다.

OLED 디스플레이는 LCD와 비교했을 때 여러 가지 장점이 있다. OLED 디스플레이는 백라이트가 필요하지 않으므로 디스플레이를 만들 때 필요한 층의 수가 적어 LCD보다 얇게 만들 수 있다. 또한, OLED 디스플레이는 전력 소비가 적고 개별 픽셀을 완전히 끌 수 있으므로 LCD보다 검은색을 더 어둡게 표시할 수 있어 명암비가 높다. 시야각 역시 LCD보다 넓고, 표현할 수 있는 색 영역이 넓은 점 역시 장점으로 꼽힌다. 하지만 OLED 디스플레이는 LCD와 비교했을 때 제조

비용이 많이 드는 데다가, 같은 위치에 같은 색을 계속 표현했을 때 번인burn-in 현상이 발생하는 문제가 있다. 즉, LCD는 반영구적으로 사용할 수 있지만, OLED 디스플레이는 수명이 있다.

이 장에서는 0.96인치 크기에 128×64 해상도를 가지는 단색 OLED를 사용한다. OLED 제어에는 I2C나 SPI 통신을 사용할 수 있으며, 같은 라이브러리를 사용하여 제어할 수 있다. 그림 11.4는 이 장에서 사용하는 OLED 디스플레이로 SPI 방식의 경우 7개의 연결선을, I2C 방식은 4개의 연결선을 가지고 있으므로 쉽게 구별할 수 있다.

그림 11.4 **OLED 디스플레이**

SPI 방식 OLED 디스플레이를 그림 11.5와 같이 라즈베리파이 피코에 연결하자. OLED 디스플레이에서 사용하는 핀 이름이 SPI 통신에서 사용하는 핀 이름과 차이가 있으므로 연결에 주의해야 한다.

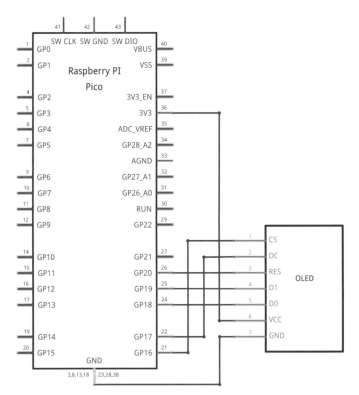

그림 11.5 **SPI 방식 OLED 디스플레이 연결 회로도**

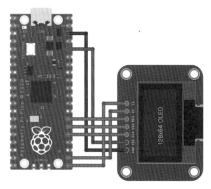

그림 11.6 **SPI 방식 OLED 디스플레이 연결 회로**

그림 11.5에서 OLED 디스플레이와 라즈베리파이 피코의 핀 연결을 요약한 것이 표 11.4다. 표 11.4에서 알 수 있는 것처럼 OLED 디스플레이 제어를 위해서는 클록(SCK)과 데이터 전송(MOSI) 핀만 SPI 포트의 핀을 사용한다. CS 핀은 SPI 통신에 사용하는 핀이지만 앞에서 이야기한 것처럼 임의의 핀을 사용할 수 있다. 나머지 DC, RES 핀은 SPI 통신과 무관하게 OLED 디스플레이 제어에 사용되는 핀으로 임의의 핀을 사용할 수 있다.

표 11.4 **OLED 디스플레이의 연결 핀**

OLED 핀	라즈베리파이 피코 핀	설명
CS	16	슬레이브 선택(chip select)
DC	17	데이터와 명령어(data/control) 선택
RES	20	리셋(reset)
D1	19(TX, MOSI)	SPI 통신 제어
D0	18(SCK)	
VCC	3.3V	전원
GND	GND	

11.3 machine 모듈과 SPI 클래스

라즈베리파이 피코는 2개의 SPI 포트를 제공하며, machine 모듈에 포함된 SPI 클래스를 통해 SPI 포트를 제어할 수 있다.

- **SPI**

class machine.SPI(id, baudrate, sck, mosi, miso)
— 매개변수
id: SPI 포트 번호로 0 또는 1
baudrate: 통신 속도
sck: 동기화 신호 전송을 위해 사용할 Pin 클래스 객체
mosi: 마스터에서 데이터 송신을 위해 사용할 Pin 클래스 객체
miso: 마스터에서 데이터 수신을 위해 사용할 Pin 클래스 객체

SPI 포트를 제어할 객체를 생성한다. id는 SPI 포트 번호로 0 또는 1을 사용할 수 있다. sck, mosi, miso는 각각 동기화 신호, 마스터의 데이터 송신, 마스터의 데이터 수신을 위해 사용할 핀을 Pin 클래스의 객체를 사용하여 지정한다.

OLED 디스플레이의 경우 SPI 클래스를 통해 직접 제어하는 것이 아니라 SPI 클래스를 바탕으로 하는 전용 클래스를 사용하여 제어한다. 먼저 OLED 디스플레이 제어를 위한 라이브러리를 라이브러리 홈페이지[1]에서 내려받는다. 내려받은 ssd1306.py 파일은 라즈베리파이 피코의 루트 디렉터리 아래 'lib' 디렉터리('/lib')에 저장한다.

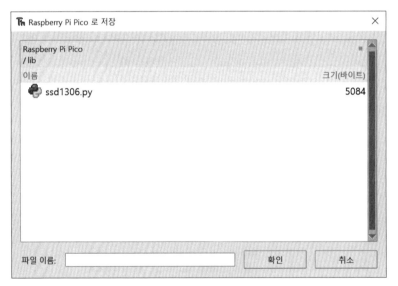

그림 11.7 **라이브러리 저장**

1　https://github.com/stlehmann/micropython-ssd1306

내려받은 ssd1306 라이브러리는 SPI 방식뿐만 아니라 I2C 방식 OLED 디스플레이 역시 지원한다. ssd1306 라이브러리에서 SPI 방식 OLED 디스플레이 제어에 사용하는 클래스는 SSD1306_SPI다.

■ **SSD1306_SPI**

class ssd1306.SSD1306_SPI(width, height, spi, dc, res, cs)
— 매개변수
    width: OLED 디스플레이의 x축 해상도
    height: OLED 디스플레이의 y축 해상도
    spi: OLED 디스플레이 제어를 위한 SPI 클래스 객체
    dc: OLED 디스플레이의 dc 핀과 연결하는 Pin 클래스 객체
    res: OLED 디스플레이의 res 핀과 연결하는 Pin 클래스 객체
    cs: OLED 디스플레이의 cs 핀과 연결하는 Pin 클래스 객체

SPI 방식 OLED 제어를 위한 객체를 생성한다. 객체를 생성할 때는 OLED 디스플레이의 해상도, OLED 디스플레이 제어를 위한 SPI 클래스의 객체, 그리고 OLED 디스플레이의 dc, res, cs 핀과 연결할 라즈베리파이 피코의 범용 입출력 핀을 Pin 클래스의 객체로 지정한다. OLED 디스플레이 제어를 위해서는 표 11.4에 나타낸 것처럼 SPI 클래스에서 MOSI와 SCK 핀만 SPI 포트에 연결하고 나머지는 임의의 핀을 사용해도 무방하다.

OLED 디스플레이에 문자를 나타내기 위해서는 text 함수를 사용한다. 다만, 주의해야 할 점은 **출력 함수로 출력한 내용은 버퍼에 저장되므로 출력이 끝난 후에는 show 함수를 사용하여 버퍼의 내용이 실제 OLED 디스플레이에 나타나도록 해주어야 한다**는 점이다.

■ **text**

SSD1306_SPI.text(s, x, y)
— 매개변수
    s: 출력할 문자열
    x: 문자열의 왼쪽 상단 점에 해당하는 x축 위치
    y: 문자열의 왼쪽 상단 점에 해당하는 y축 위치

지정한 위치에 지정한 문자열을 출력한다. 문자는 7×7 픽셀로 표현되고 여백을 포함하여 8×8 크기로 고정되어 있다. 출력되는 내용은 OLED 디스플레이를 위한 버퍼에 저장된다.

■ show

SSD1306_SPI.show()
  — 매개변수: 없음

버퍼에 저장된 내용을 OLED 디스플레이에 출력한다.

■ fill

SSD1306_SPI.fill(c)
  — 매개변수
      c: 색상

출력 버퍼 전체를 지정한 색상으로 채운다. 단색 OLED 디스플레이에서는 0이 배경색background color, 1이 전경색foreground color을 나타내므로 fill(0) 함수로 화면 전체를 지울 수 있다.

코드 11.1은 OLED 디스플레이에 'Hello World~'를 출력하는 코드다.

코드 11.1 문자열 출력

```
01  from machine import Pin, SPI
02  from ssd1306 import SSD1306_SPI
03
04  spi = SPI(0, mosi=Pin(19), sck=Pin(18))    # 0번 SPI 포트 사용
05  # OLED 디스플레이 제어 객체 생성
06  # (width, height, spi, dc, rst, cs)
07  oled = SSD1306_SPI(128, 64, spi, Pin(17), Pin(20), Pin(16))
08
09  oled.fill(0)                               # 배경색으로 버퍼 채우기
10  oled.show()                                # 버퍼 내용을 화면에 나타내기
11
12  oled.text("Hello World~", 10, 10)          # 문자열 출력
13  oled.show()                                # 버퍼 내용을 화면에 나타내기
```

그림 11.8 코드 11.1 실행 결과

OLED 디스플레이 제어에 사용되는 버퍼는 framebuf 라이브러리의 FrameBuffer 클래스를 상속하여 만들어져 있다. 따라서 FrameBuffer 클래스의 멤버 함수를 SSD1306_SPI 클래스에서 사용할 수 있으며, 앞에서 보인 fill, text, show 등의 함수도 FrameBuffer 클래스의 멤버 함수다. 이 밖에도 FrameBuffer 클래스에는 여러 가지 그리기 함수가 정의되어 있다.

```
FrameBuffer.pixel(x, y, c)              # 점 : (x, y, color)
FrameBuffer.hline(x, y, w, c)           # 수평선 : (x, y, width, color)
FrameBuffer.vline(x, y, h, c)           # 수직선 : (x, y, height, color)
FrameBuffer.line(x1, y1, x2, y2, c)     # 직선 : (x1, y1, x2, y2, color)
FrameBuffer.rect(x, y, w, h, c)         # 사각형 : (x, y, width, height, color)
FrameBuffer.fill_rect(x, y, w, h, c)    # 채워진 사각형 : (x, y, width, height, color)
```

코드 11.2는 FrameBuffer 클래스의 그리기 함수를 사용하는 방법을 보여준다.

코드 11.2 도형 그리기

```
01  from machine import Pin, SPI
02  from ssd1306 import SSD1306_SPI
03  from utime import sleep
04
05  spi = SPI(0, mosi=Pin(19), sck=Pin(18))    # 0번 SPI 포트 사용
06  # OLED 디스플레이 제어 객체 생성
07  # (width, height, spi, dc, rst, cs)
08  oled = SSD1306_SPI(128, 64, spi, Pin(17), Pin(20), Pin(16))
09
10  oled.fill(0)                               # 배경색으로 버퍼 채우기
11  oled.show()                                # 버퍼 내용을 화면에 나타내기
12
13  for x in range(0, 128, 4):
14      oled.line(0, 0, x, 63, 1)              # 직선 그리기
15      oled.line(127, 0, 127-x, 63, 1)
16      sleep(0.1)
17      oled.show()
```

그림 11.9 **코드 11.2 실행 결과**

FrameBuffer 클래스를 사용하면 임의의 비트맵 패턴을 정의하여 나타내는 것도 가능하다. 먼저 그림 11.10과 같이 16×16 크기의 비트 패턴을 정의한다.

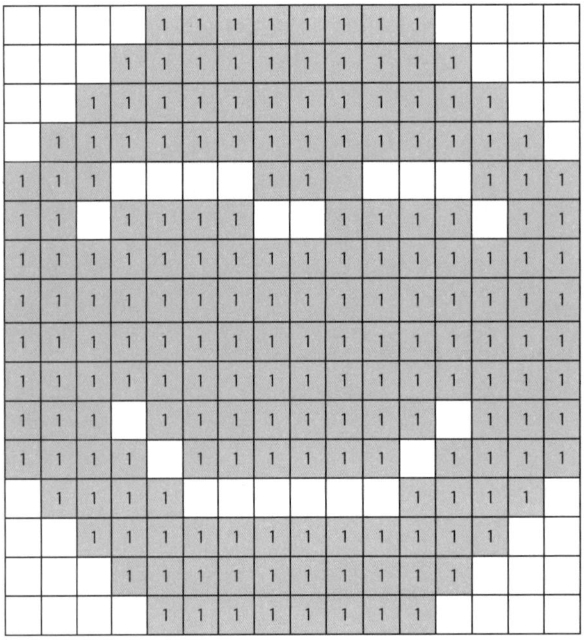

\x0F	\xF0
\x1F	\xF8
\x3F	\xFC
\x7F	\xFE
\xE1	\x87
\xDE	\x7B
\xFF	\xFF
\xFF	\xFF
\xFF	\xFF
\xFF	\xFF
\xEF	\xF7
\xF7	\xEF
\x78	\x1E
\x3F	\xFC
\x1F	\xF8
\x0F	\xF0

그림 11.10 **비트맵 패턴 정의**

정의한 비트맵 패턴은 bytearray 형식으로 저장한 후 이를 사용하여 FrameBuffer 클래스의 객체를 생성한다.

■ FrameBuffer

class framebuf.FrameBuffer(buffer, width, height, format)
— 매개변수
buffer: bytearray 형식의 비트맵 패턴 정의 데이터
width: 픽셀 단위의 FrameBuffer 너비
height: 픽셀 단위의 FrameBuffer 높이
format: 비트맵 패턴 데이터의 형식

bytearray 형식으로 저장된 데이터를 이용하여 지정한 크기의 비트맵 패턴을 정의한다. format은

비트맵 패턴 정의 데이터의 형식으로 그림 11.10과 같이 정의된 단색 데이터는 MONO_HLSB[2] 상수를 사용한다.

blit 함수를 사용하면 FrameBuffer 클래스 객체를 OLED 디스플레이에 표시할 수 있다.

■ SSD1306_SPI.blit

SSD1306_SPI.blit(fbuf, x, y)
— 매개변수
　　fbuf: 비트맵 패턴 데이터를 정의한 FrameBuffer 클래스 객체
　　x: x축 위치
　　y: y축 위치

비트맵 패턴(fbuf)을 지정한 위치 (x, y)에 표시한다.

코드 11.3은 그림 11.10으로 정의한 비트맵 패턴을 OLED 디스플레이에 표시하는 코드다.

코드 11.3 비트맵 패턴 출력

```
01  from machine import Pin, SPI
02  from ssd1306 import SSD1306_SPI
03  import framebuf
04
05  spi = SPI(0, mosi=Pin(19), sck=Pin(18))    # 0번 SPI 포트 사용
06  # OLED 디스플레이 제어 객체 생성
07  # (width, height, spi, dc, rst, cs)
08  oled = SSD1306_SPI(128, 64, spi, Pin(17), Pin(20), Pin(16))
09
10  smile = bytearray(                          # 비트맵 패턴 데이터
11      b'\x0F\xF0\x1F\xF8\x3F\xFC\x7F\xFE'
12      b'\xE3\x87\xDD\x7B\xFF\xFF\xFF\xFF'
13      b'\xFF\xFF\xFF\xFF\xEF\xF7\xF7\xEF'
14      b'\x78\x1E\x3F\xFC\x1F\xF8\x0F\xF0')
15
16  # OLED 디스플레이에 표시할 FrameBuffer 클래스 객체 생성
17  fb = framebuf.FrameBuffer(smile, 16, 16, framebuf.MONO_HLSB)
18
19  oled.fill(0)                                # 배경색으로 버퍼 채우기
20  oled.blit(fb, 10, 10)                       # 비트맵 패턴 표시
21  oled.show()
```

2　단색(1비트)을 사용하여 x축 방향 8개 픽셀을 한 바이트로 정의하고 바이트 단위 데이터에서 MSB가 가장 왼쪽 픽셀에 해당하는 형식이 MONO_HLSB다. 이 밖에 LSB가 가장 왼쪽 픽셀에 해당하는 형식으로 MONO_HMSB가 있다. 상수의 이름이 서로 바뀐 것처럼 보이지만, 잘못 만들어진 이름을 사용하고 있는 이전 코드와의 호환성을 위해 현재 이름이 유지되고 있다.

그림 11.11 코드 11.3 실행 결과

11.4 I2C 방식 OLED 디스플레이 제어

이 장에서 사용한 ssd1306 라이브러리는 SPI 방식 이외에 I2C 방식 OLED 디스플레이 역시 지원한다. I2C 방식 OLED 디스플레이는 객체를 생성할 때 I2C 통신을 위한 클래스를 사용한다는 점 이외에는 SPI 방식 OLED 디스플레이를 제어하는 것과 같은 함수를 사용한다. 먼저 I2C 방식 OLED 디스플레이를 그림 11.12와 같이 연결하자.

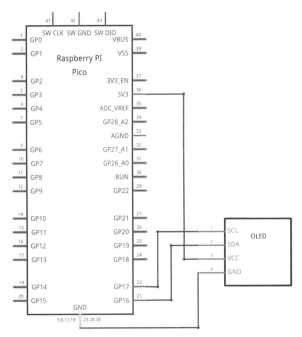

그림 11.12 I2C 방식 OLED 디스플레이 연결 회로도

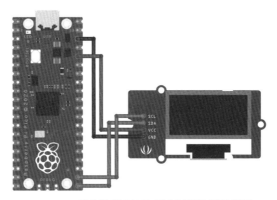

그림 11.13 I2C 방식 OLED 디스플레이 연결 회로

한 가지 주의할 점은 I2C 클래스가 아니라 SoftI2C 클래스를 사용하는 것이 좋다는 점이다. **I2C 클래스를 사용하면 알 수 없는 오류가 발생할 수 있다. I2C 클래스가 하드웨어로 I2C 포트를 사용한다면, SoftI2C 클래스는 소프트웨어로 에뮬레이션한 I2C 포트를 사용하여 I2C 통신을 수행한다.**

- **SoftI2C**

```
class machine.SoftI2C(sda, scl)
```
— 매개변수
sda: 데이터 송수신을 위해 사용할 Pin 클래스 객체
scl: 동기화 신호 전송을 위해 사용할 Pin 클래스 객체

소프트웨어로 에뮬레이션하는 I2C 포트를 제어할 객체를 생성한다. sda와 scl에는 데이터 송수신과 동기화 신호 전송에 사용할 핀을 Pin 클래스 객체를 사용하여 지정한다.

- **SSD1306_I2C**

```
class ssd1306.SSD1306_I2C(width, height, i2c, addr)
```
— 매개변수
width: OLED 디스플레이의 x축 해상도
height: OLED 디스플레이의 y축 해상도
i2c: OLED 디스플레이 제어를 위한 I2C 또는 SoftI2C 클래스 객체
addr: OLED 디스플레이의 I2C 주소

I2C 방식 OLED 제어를 위한 객체를 생성한다. 객체를 생성할 때는 OLED 디스플레이의 해상도, OLED 디스플레이 제어를 위한 I2C 또는 SoftI2C 클래스의 객체 그리고 OLED 디스플레이의 I2C 주소를 지정한다. I2C 주소는 scan 함수를 사용하여 확인할 수 있다.

코드 11.4는 I2C 방식 OLED 디스플레이를 사용한다는 점만 빼면 코드 11.1과 똑같다. 실행 결과 역시 코드 11.1의 실행 결과인 그림 11.8과 같다. 같은 방법으로 제어 객체 생성 방법만 변경하여 코드 11.2와 코드 11.3과 같은 동작 역시 같은 이름의 멤버 함수를 사용하여 구현할 수 있다.

코드 11.4 문자열 출력 – I2C 방식 OLED 디스플레이

```
01  from machine import Pin, SoftI2C
02  from ssd1306 import SSD1306_I2C
03
04  sdaPIN = Pin(16)
05  sclPin = Pin(17)
06
07  i2c = SoftI2C(sda=sdaPIN, scl=sclPin)    # 소프트웨어 I2C 포트 사용
08  print(i2c.scan())                        # I2C 주소 검색
09
10  # OLED 디스플레이 제어 객체 생성
11  # (width, height, i2c, addr)
12  oled = SSD1306_I2C(128, 64, i2c, 0x3C)
13
14  oled.fill(0)                             # 배경색으로 버퍼 채우기
15  oled.show()
16
17  oled.text("Hello World~", 10, 10)        # 문자열 출력
18  oled.show()
```

11.5 맺는말

SPI는 고속의 데이터 교환을 지원하는 전이중 동기식 시리얼 통신 방법으로 UART, I2C와 함께 마이크로컨트롤러에서 흔히 사용한다. 빠른 데이터 전송을 지원하는 만큼 많은 양의 데이터 전송이 필요한 EEPROM 등의 메모리, TFT LCD 등의 디스플레이, 와이파이와 블루투스 등의 무선 통신 모듈 등 다양한 장치가 SPI 통신을 사용하고 있다. 하지만 다른 시리얼 통신 방법보다 많은 연결선이 필요하다는 점은 단점으로 꼽힌다.

이 장에서는 SPI 통신을 사용하는 OLED 디스플레이의 제어 방법을 살펴보았다. OLED 디스플레이는 스스로 빛을 내는 유기 발광 다이오드를 사용하여 만든 표시장치로 LCD와 비교했을 때 백라이트를 사용하지 않는다는 점이 가장 큰 차이점이자 장점이다. 따라서 OLED 디스플레이를

사용하면 작고 가벼운 출력장치를 만들 수 있다. 이 장에서 사용한 OLED 디스플레이는 0.96인치로 SPI는 물론 I2C 통신을 사용하는 장치 역시 판매되고 있으며, 같은 라이브러리를 사용하여 제어할 수 있다. 다만, 단색만을 지원하고 해상도가 낮은 한계는 있다. 고해상도의 컬러 OLED 디스플레이도 판매되고 있지만, 같은 해상도의 다른 종류 디스플레이보다 고가이므로 가격이 문제가 된다면 TFT-LCD를 고려해볼 수 있다.

1-와이어 통신

1-와이어 통신은 하나의 연결선만으로 비동기 반이중 방식 통신을 수행하는 시리얼 통신 방법으로 시리얼 통신 중에서는 가장 적은 연결선을 사용한다. 특히 1-와이어 통신은 구성 방식에 따라 전원 공급을 위한 별도의 연결선 없이 데이터 선으로 전원을 공급하는 것이 가능해 연결이 간단할 뿐 아니라 확장성이 뛰어난 장점이 있다. 하지만 지금까지 살펴본 시리얼 통신 방법 중에서는 가장 속도가 느리다는 단점을 안고 있다. 이 장에서는 1-와이어 통신 방법과 1-와이어 통신을 사용하는 DS18B20 온도 센서의 사용 방법을 알아본다.

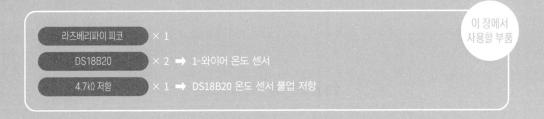

이 장에서
사용할 부품

라즈베리파이 피코	× 1	
DS18B20	× 2 ➡	1-와이어 온도 센서
4.7㏀ 저항	× 1 ➡	DS18B20 온도 센서 풀업 저항

지금까지 UART, I2C, SPI 세 가지 시리얼 통신 방법을 살펴보았는데, 이들은 모두 라즈베리파이 피코에서 전용 하드웨어를 제공한다. 이들 중 가장 적은 수의 연결선을 사용하는 시리얼 통신은 I2C로 데이터와 동기화 신호를 위해 2개의 연결선을 사용하며, 슬레이브의 수와 무관하게 항상 2개의 연결선을 사용한다. I2C 통신보다 더 적은 수의 연결선을 사용하여 시리얼 통신을 수행하는 방법은 없을까?

1-와이어 통신은 하나의 연결선을 통해 통신이 이루어지는 반이중 비동기 통신으로 I2C 통신과 가장 비슷하다. I2C 통신은 데이터 송수신을 위해 2개의 연결선을 사용하며, 이 중 하나는 데이터(SDA), 다른 하나는 동기화 신호(SCL) 전송을 위해 사용한다. 반면 **1-와이어 통신은 비동기식 통신으로 동기화 신호를 위한 연결선을 제거함으로써 필요로 하는 연결선을 하나로 줄여 I2C 통신보다 더욱 간단하게 연결할 수 있다.**

그림 12.1 1개 슬레이브를 1-와이어 통신으로 연결

연결선의 개수가 다르다는 점 이외에는 I2C 통신과 1-와이어 통신은 많은 공통점을 가지고 있다. 두 가지 모두 1:N의 마스터-슬레이브 구조를 가지며, **슬레이브 장치를 구별하기 위해 소프트웨어 주소를 사용한다.** 따라서 연결된 슬레이브의 수가 증가하더라도 필요로 하는 연결선의 개수가 늘어나지 않는 점도 같다.

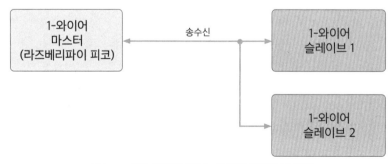

그림 12.2 2개 슬레이브를 1-와이어 통신으로 연결

1-와이어 통신이 단순히 연결선의 수를 줄인 것 이외에도 다른 시리얼 통신 방법에는 없는 특징이 하나 더 있다. 바로 **1-와이어 통신은 VCC 연결 없이도 통신이 가능하다**는 점이다. VCC를 연결하지 않으면 전원을 어떻게 공급할지 의심스럽겠지만, 1-와이어 통신에서는 풀업 저항을 데이터 선에 연결하고 장치가 데이터를 송수신하지 않을 때, 즉 데이터 선이 사용되지 않을 때 데이터 선을 통해 전원을 공급할 수 있다. 하지만 데이터 선을 통해 데이터 송수신과 전원 공급을 동시에 진행할 수는 없다. 1-와이어 통신을 사용하는 슬레이브 장치는 전력을 저장할 수 있는 장치를 제공하므로 데이터 전송이 이루어지지 않을 때 풀업 저항이 연결된 데이터 선을 통해 전력을 공급받아 저장하고, 데이터 송수신이 필요한 경우 저장된 전력을 사용한다. 물론 모든 경우에 VCC 연결 없이 통신이 가능한 것은 아니며, 슬레이브 장치가 필요로 하는 전력이 적고 송수신하는 데이터의 양 역시 적은 경우에만 가능하다. 이처럼 **1-와이어 통신에서 슬레이브는 데이터를 송수신하지 않을 때 풀업 저항이 연결된 데이터 선으로부터 전원을 공급받을 수 있으며, 이를 기생 전력**parasitic power **모드라고 한다.** 그림 12.3은 슬레이브가 기생 전력을 사용하도록 연결한 예를 나타낸다. 기생 전력을 사용하기 위해서는 일시적으로 전력을 저장할 수 있는 커패시터와 같은 장치가 슬레이브에 필요하다는 점을 잊지 말아야 한다.

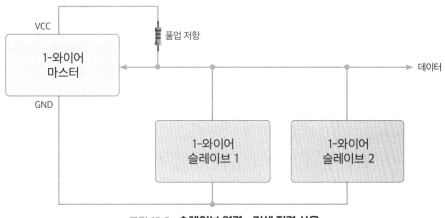

그림 12.3 슬레이브 연결 - 기생 전력 사용

기생 전력은 1-와이어 통신을 사용하는 장치가 배터리를 내장하지 않고 동작할 수 있도록 해준다. 하지만 슬레이브 장치가 많은 연산을 수행하거나 마스터 장치와 슬레이브 장치 사이의 거리가 먼 경우 또는 마스터 장치가 충분한 전력을 공급할 수 없는 경우에는 슬레이브 장치의 정상적인 동작을 보장할 수 없다. 이런 경우에는 슬레이브 장치에 전원을 연결해야 하고, 전원을 연결할 때도 풀업 저항이 필요하다. 그림 12.4는 1-와이어 통신을 위한 전원을 연결한 예를 나타낸 것이다. 이 장에서도 전원을 연결하여 사용하였다.

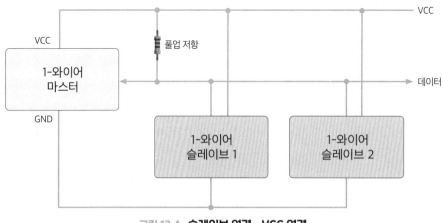

그림 12.4 **슬레이브 연결 - VCC 연결**

여러 개의 슬레이브를 연결하였을 경우 특정 슬레이브를 선택하기 위해서는 I2C 통신에서와 마찬가지로 소프트웨어 주소를 사용한다. **1-와이어 통신에서 슬레이브는 64비트의 주소를 가지며, 슬레이브 주소가 롬에 기록되어 있으므로 주소 검색 명령을 롬 검색 명령이라고 한다.** 64비트 주소는 8비트의 패밀리 코드family code, 48비트의 시리얼 번호 그리고 8비트의 오류 검사용 CRC로 구성된다. 패밀리 코드는 슬레이브 장치의 종류를 나타낸다. 예를 들어, 이 장에서 사용하는 **DS18B20 온도 센서는 0x28의 패밀리 코드를 가진다.** 시리얼 번호는 같은 종류family의 장치를 유일하게 구별하기 위해 사용하는 고유 번호에 해당한다. 롬 검색으로 특정 슬레이브가 검색되면 그 장치를 선택하여 데이터를 주고받을 수 있으며, 데이터를 주고받는 동작은 리셋 전까지 같은 슬레이브와 계속 이루어진다.

표 12.1 **1-와이어 통신에서 슬레이브 주소 구성**

64비트 슬레이브 주소(롬 번호)					
MSB					LSB
8비트 CRC (1바이트)		48비트 시리얼 번호 (6바이트)		8비트 패밀리 코드 (1바이트)	
MSB	LSB MSB		LSB	MSB	LSB

표 12.2는 라즈베리파이 피코에서 주변장치 연결을 위해 사용되는 시리얼 통신 방법을 비교한 것으로 하드웨어로 지원되는 UART, I2C, SPI 통신과 이 장에서 다루는 1-와이어 통신을 비교하였다.

표 12.2 **시리얼 통신 방법 비교**

항목			UART	I2C	SPI	1-와이어
슬레이브 연결 방법			1:1	1:N	1:N	1:N
데이터 전송 방법			전이중	반이중	전이중	반이중
데이터 동기화 방법			비동기식	동기식	동기식	비동기식
연결선 개수	1개 슬레이브 연결	데이터	2개	1개	2개	1개
		동기화 클록	–	1개	1개	–
		슬레이브 선택	–	–	1개	–
		총	2개	2개	4개	1개
	N개 슬레이브 연결		2N개	2개	(3 + N)개	1개
슬레이브 선택			–	소프트웨어 (주소 지정)	하드웨어 (SS 연결선)	소프트웨어 (주소 지정)
전용 하드웨어(포트) 지원			○	○	○	×
하드웨어 포트 수			2	2	2	–
지원 라이브러리			machine	machine	machine	onewire
지원 클래스			UART	I2C	SPI	OneWire

12.2 DS18B20 온도 센서

DS18B20은 1-와이어 통신을 사용하는 온도 센서로 트랜지스터와 같은 모양을 가지고 있다.

3. VDD
2. DQ
1. GND

그림 12.5 **DS18B20 온도 센서**

DS18B20 온도 센서를 18번 핀에 연결하자. DS18B20 온도 센서는 임의의 범용 입출력 핀에 연결하여 사용할 수 있지만, 데이터 연결선에는 4.7kΩ의 풀업 저항을 연결해야 한다. 그림 12.6은 DS18B20 센서를 외부 전원을 사용하도록 연결한 것이다.

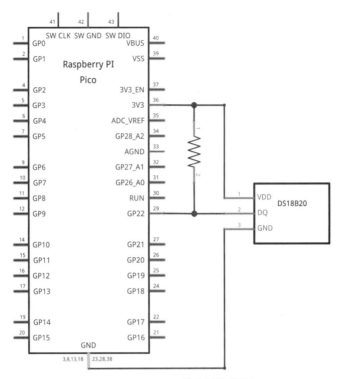

그림 12.6 **DS18B20 센서 연결 회로도**

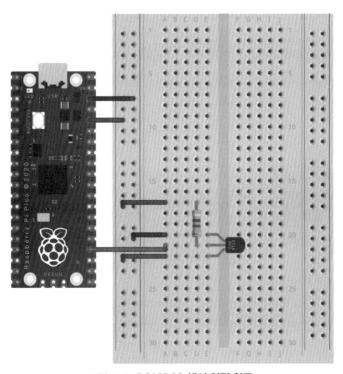

그림 12.7 **DS18B20 센서 연결 회로**

라즈베리파이 피코를 위한 마이크로파이썬에서는 1-와이어 통신을 위해 onewire 라이브러리를, DS18B20 온도 센서를 위해서는 ds18x20 라이브러리를 제공하고 있으므로 별도의 라이브러리 설치 없이 DS18B20 온도 센서를 사용할 수 있다. DS18B20 온도 센서를 제어하기 위해서는 먼저 OneWire 클래스의 객체를 생성하고 생성된 객체를 사용하여 DS18X20 클래스의 객체를 생성해야 한다.

■ OneWire

```
class onewire.OneWire(pin)
```
― 매개변수
　　pin: 데이터 송수신을 위해 사용할 Pin 클래스 객체

1-와이어 통신을 위한 객체를 생성한다. 객체를 생성할 때는 데이터 연결선을 위한 핀을 Pin 클래스의 객체로 지정한다.

■ DS18X20

```
class ds18x20.DS18X20(one_wire)
```
― 매개변수
　　one_wire: DS18B20 온도 센서 제어에 사용할 OneWire 클래스 객체

DS18B20 온도 센서 제어를 위한 객체를 생성한다. 객체를 생성할 때는 OneWire 클래스의 객체를 지정하며 지정한 객체를 통해 1-와이어 통신이 이루어진다.

DS18B20 온도 센서를 위한 DS18X20 클래스는 연결된 온도 센서를 검색하는 scan 함수, 센서에서 온도를 변환하여 저장하는 convert_temp 함수, 저장된 온도를 읽어 오는 read_temp 함수 등을 제공하고 있다.

■ scan

```
DS18X20.scan()
```
― 매개변수: 없음

연결된 DS18B20 온도 센서의 주소를 검색하여 리스트 형식으로 반환한다.

- **convert_temp**

DS18X20.convert_temp()
— 매개변수: 없음

DS18B20 센서에서 온도를 읽어 오기 위해서는 먼저 측정한 온도를 디지털값으로 변환하여 센서 내에 저장하고 읽기 명령으로 센서 내에 저장된 온도를 읽어 와야 한다. **convert_temp 함수는 연결된 모든 DS18B20 센서에 온도를 변환하여 저장하도록 한다.** 온도 변환을 위해서는 최대 750ms의 시간이 필요하다.

- **read_temp**

DS18X20.read_temp(rom)
— 매개변수
    rom: DS18B20 온도 센서의 주소

지정한 주소를 가지는 DS18B20 온도 센서에 저장된 온도를 읽어 온다.

코드 12.1은 그림 12.6과 같이 연결된 온도 센서에서 온도를 읽어 출력하는 코드다.

코드 12.1 온도 읽기 – 1개 센서

```
01  import time
02  import machine
03  import onewire, ds18x20
04
05  data = machine.Pin(18)                    # 온도 센서 연결 핀
06  temp_wire = onewire.OneWire(data)         # 1-와이어 통신을 위한 객체
07
08  temp_sensors = ds18x20.DS18X20(temp_wire) # 온도 센서 제어를 위한 객체
09
10  roms = temp_sensors.scan()                # 온도 센서 검색
11  print(len(roms), 'temperature sensors found.')
12
13  while True:
14      print('Temperatures:', end=' ')
15      temp_sensors.convert_temp()           # 온도를 변환하여 센서 내에 저장
16      time.sleep(1)                         # 온도 변환을 위한 대기시간 최대 750ms
17
18      for rom in roms:                      # 온도 출력
19          t = temp_sensors.read_temp(rom)
20          print('{:>6.2f}'.format(t), end=' ')
21      print()
```

```
>>> %Run -c $EDITOR_CONTENT
 1 temperature sensors found.
 Temperatures:  17.00
 Temperatures:  17.06
 Temperatures:  17.06
 Temperatures:  17.06
 Temperatures:  17.19
 Temperatures:  17.50
 Temperatures:  17.44
 Temperatures:  17.38
```

그림 12.6에서는 1개의 온도 센서만을 연결하였지만, 2개 이상의 온도 센서도 간단하게 연결할 수 있다. 2개의 DS18B20 온도 센서를 그림 12.8과 같이 연결하자.

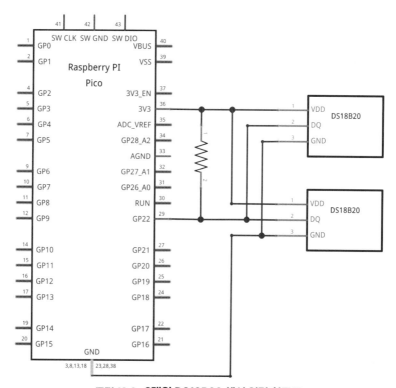

그림 12.8 2개의 DS18B20 센서 연결 회로도

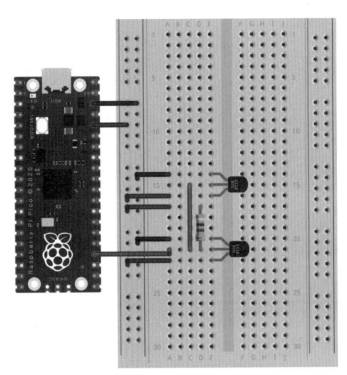

그림 12.9 **2개의 DS18B20 센서 연결 회로**

코드 12.1을 그대로 사용해도 2개의 온도 센서에서 온도를 읽을 수 있다. scan 함수는 연결된 모든 온도 센서의 주소를 알아내고, convert_temp 함수는 모든 센서에 온도 변환 명령을 전달한다. read_temp 함수는 주소를 지정해서 각각의 센서로부터 온도를 읽어야 하지만, 코드 12.1에 이미 구현되어 있다. 2개의 온도 센서를 그림 12.8과 같이 연결하고 코드 12.1을 실행하면 아래와 같이 2개의 온도가 출력된다.

Thonny IDE 셸 실행 결과

```
>>> %Run -c $EDITOR_CONTENT
2 temperature sensors found.
Temperatures:  17.88  18.50
Temperatures:  17.88  18.50
Temperatures:  17.88  18.50
Temperatures:  17.88  18.50
Temperatures:  18.13  18.50
Temperatures:  18.75  19.50
Temperatures:  19.38  20.00
Temperatures:  19.63  20.00
Temperatures:  19.75  20.50
Temperatures:  19.44  20.50
```

1-와이어 통신은 1개의 연결선만을 사용하는 시리얼 통신 방법으로 별도의 동기화 신호를 사용하지 않는 비동기식 통신이며, 송신과 수신을 위해 하나의 연결선을 사용하는 반이중 방식 통신이다. 1-와이어 통신이 다른 시리얼 통신 방식과 비교했을 때 가지는 특징 중 하나는 별도의 전원 연결선 없이 사용할 수 있는 기생 전력 모드를 제공한다는 점이다. 이것이 가능한 것은 지금까지 살펴본 시리얼 통신 방법 중에서 1-와이어 통신의 데이터 전송량이 가장 적기 때문이다. 하지만 DS18B20 센서를 라즈베리파이 피코에 연결하는 경우 전력 공급이 충분하지 않아 정확한 온도 측정이 어려울 수 있으므로 별도의 전원을 연결할 것을 추천한다.

이 장에서는 1-와이어 통신을 사용하는 장치의 예로 DS18B20 온도 센서를 살펴보았다. 온도 센서는 항상 데이터 송수신이 필요한 장치가 아니라 필요한 경우에만 적은 양의 데이터를 전송하므로 1-와이어 통신이 적합한 전형적인 예라 할 수 있다. 이 밖에도 1-와이어 통신을 지원하는 다양한 장치가 판매되고 있으므로 사용할 수 있는 입출력 핀의 수가 제한적일 때 고려해볼 만하다.

파일 시스템

라즈베리파이 피코는 2MB의 플래시메모리를 제공하는데, 이 중 일부는 마이크로파이썬 인터프리터 설치를 위해 사용된다. 나머지 공간에는 마이크로파이썬을 사용하여 작성한 소스 파일, 라이브러리 파일, 데이터 파일 등을 저장할 수 있으며 파일 시스템을 통해 관리한다. 이 장에서는 라즈베리파이 피코의 파일 시스템과 파일 시스템에 파일을 생성하여 데이터를 읽고 쓰는 방법에 대해 알아본다.

라즈베리파이 피코 × 1

이 장에서
사용할 부품

라즈베리파이 피코의 파일 시스템

라즈베리파이 피코는 롬, SRAM, 외장 플래시 등의 메모리를 사용한다. 16KB 크기의 읽기 전용 메모리인 롬에는 마이크로컨트롤러의 기본적인 동작 방식을 결정하는 프로그램이 저장되어 있다. **롬에 저장된 프로그램은 BOOTSEL 버튼을 누르고 전원을 연결했을 때 USB 저장장치로 인식하도록 하는 기능, USB 저장장치로 인식한 후 UF2 파일을 복사해 넣었을 때 자동으로 플래시메모리에 설치하는 기능, BOOTSEL 버튼을 누르지 않고 전원을 연결했을 때 파이썬 인터프리터를 통해 사용자 프로그램이 실행되도록 하는 기능 등을 담당한다.** RP2040 칩은 264KB의 SRAM 역시 포함하고 있으며 실행 중 동적으로 생성되는 데이터 등을 저장하는 휘발성 메모리다.

흔히 펌웨어라고 불리는 사용자 프로그램을 저장하기 위해서는 플래시메모리를 사용한다. 하지만 RP2040 칩은 롬이나 SRAM과 달리 플래시메모리를 제공하지 않으므로 별도의 외부 플래시메모리를 QSPIQuad serial peripheral interface 인터페이스를 통해 연결하여 사용한다. QSPI 인터페이스는 4개의 데이터 연결선을 사용하는 고속의 SPI 인터페이스다.

플래시메모리에는 마이크로파이썬 인터프리터가 설치되며, 나머지 공간은 사용자가 작성한 소스 파일과 데이터 파일, 라이브러리 등을 저장하기 위해 사용할 수 있으며 파일 시스템을 통해 관리된다.

표 13.1 라즈베리파이 피코의 메모리

	롬	SRAM	플래시메모리
크기	16KB	264KB	2MB
휘발성/비휘발성	비휘발성	휘발성	비휘발성
내용 변경 가능	불가능	가능	가능
내용	부팅 시 동작 결정 및 UF2 펌웨어 설치를 위한 프로그램 저장	프로그램 실행을 위한 동적 메모리	마이크로파이썬 인터프리터, 소스 코드, 데이터 파일 등 저장
비고	-	-	파일 시스템을 통해 외부 저장장치로 사용 가능

먼저 라즈베리파이 피코에서 사용할 수 있는 파일 시스템의 크기, 즉 디스크 크기를 확인해보자. 파일 시스템 정보를 얻기 위해서는 os 모듈의 statvfs 함수를 사용하면 된다. statvfs 함수는 튜플 형식으로 파일 시스템 정보를 반환하는 파이썬 함수로, 라즈베리파이 피코를 위한 마이크로파이썬에서는 그 일부 기능만 구현되어 있다.

■ **statvfs**

os.statvfs(directory)
— 매개변수
directory: 파일 시스템 정보를 제공할 디렉터리

파일 시스템 정보를 반환한다. directory에는 특정 디렉터리를 지정할 수 있지만, 라즈베리파이 피코에서는 항상 전체 파일 시스템에 대한 정보를 반환한다. 하지만 directory를 지정하지 않으면 오류가 발생하므로 루트 디렉터리('/')를 지정하면 된다.

Thonny IDE 셸 **실행 결과**

```
>>> os.statvfs('/')
(4096, 4096, 352, 342, 342, 0, 0, 0, 0, 255)
>>>
```

라즈베리파이 피코에서 statvfs 함수의 실행 결과는 여러 가지 파일 시스템 관련 정보들을 포함하고 있는데, 일부는 구현되어 있지 않으므로 0의 값을 가진다. 구현된 기능 중 블록의 크기, 전체 블록의 수, 사용 가능한 블록의 수 등을 통해 파일 시스템 크기를 계산할 수 있다.

표 13.2 **파일 시스템 정보**

순서	값	이름	의미
1	4096	f_bsize	파일 시스템에서 블록의 크기
2	4096	f_frsize	파일 저장을 위해 할당할 수 있는 최소 조각(fragment) 크기. 라즈베리파이 피코에서는 블록 크기와 동일
3	352	f_blocks	파일 시스템 내 전체 블록 수
4	342	f_bfree	사용 가능한 블록 수
5	342	f_bavail	슈퍼 유저가 아닌 사용자가 사용할 수 있는 블록 수로 라즈베리파이 피코에서는 사용 가능한 블록 수와 동일
10	255	f_namemax	파일 이름의 최대 길이

코드 13.1은 라즈베리파이 피코에서 사용 가능한 전체 디스크 공간과 현재 사용할 수 있는 디스크 공간을 출력하는 코드다.

1　파이썬에서 statvfs 함수는 구조체 형식의 값을 반환하는 C 함수를 기초로 하고 있으며, 이름은 구조체에서 필드의 이름에 해당한다.

```
01  import os
02
03  stats = os.statvfs('/')
04
05  block_size = stats[0]        # 블록 크기
06  total_block = stats[2]       # 전체 블록의 수
07  free_block = stats[3]        # 사용 가능한 블록의 수
08
09  print('Disk Space : ', block_size * total_block / 1024, 'kB')
10  print('Free Space : ', block_size * free_block / 1024, 'kB')
```

Thonny IDE 셸 실행 결과

```
>>> %Run -c $EDITOR_CONTENT
 Disk Space :   1408.0 kB
 Free Space :   1372.0 kB
>>>
```

파일 시스템 내에는 사용자가 작성한 코드 파일, 라이브러리 파일, 데이터 파일 등을 저장할 수 있다. 코드 13.1의 실행 결과에서도 알 수 있듯이 **라즈베리파이 피코가 제공하는 2MB의 플래시메모리 중 일부는 마이크로파이썬 인터프리터를 위한 공간이고, 약 1.4MB 정도는 파일 저장을 위해 사용할 수 있다.**

os 모듈의 listdir 함수를 사용하면 파일 시스템 내의 파일 목록을 얻을 수 있다. listdir 함수는 리스트 형식으로 파일 목록을 반환하며, 파일과 디렉터리를 모두 포함하고 있다. 파일과 디렉터리를 구별하기 위해 os 모듈의 stat 함수를 사용할 수 있다.

- **listdir**

  os.listdir(dir)
  — 매개변수
    dir: 파일 목록을 검사할 디렉터리

지정한 디렉터리(dir) 내의 파일 목록을 리스트 형식으로 반환한다. 디렉터리를 지정하지 않으면 현재 디렉터리 내의 파일 목록을 반환한다. 반환되는 리스트에는 파일과 디렉터리가 모두 들어 있다.

- **stat**

  os.stat(path)
  — 매개변수
    path: 전체 경로

지정한 경로의 파일 또는 디렉터리에 대한 정보를 튜플 형식으로 반환한다.

실행 결과

```
>>> os.stat('blink.py')
(32768, 0, 0, 0, 0, 0, 250, 1630484889, 1630484889, 1630484889)
>>>
```

라즈베리파이 피코에서 stat 함수의 실행 결과 역시 여러 가지 정보들을 포함하고 있지만, 일부는 구현되어 있지 않으므로 0의 값을 가진다.

표 13.3 **파일 정보**

순서	값	이름	의미
1	32768	st_mode	파일(32768 = 0x8000) 또는 디렉터리(16384 = 0x4000)
7	250	st_size	바이트 단위 파일 크기
8	1630484889	st_atime	최근 사용 시간(access time), 최근 수정 시간(modification time),
9	1630484889	st_mtime	파일 정보 변경 시간(change time) 등을 나타내지만
10	1630484889	st_ctime	라즈베리파이 피코에서는 모두 최근 수정 시간으로 같은 값을 가짐

코드 13.2는 라즈베리파이 피코의 최상위 디렉터리에 있는 파일과 디렉터리 리스트를 출력하는 코드다.

코드 13.2 **파일과 디렉터리 목록**

```
01   import os, time
02
03   file_list = os.listdir()                    # 파일과 디렉터리 리스트
04
05   for file in file_list:
06       print('{0:<13}'.format(file), end='')    # 이름 출력
07
08       info = os.stat(file)                      # 파일 또는 디렉터리 정보
09       m_time = time.localtime(info[7])          # 수정한 날짜와 시간
10
11       if info[0] == 0x8000:                     # 파일
12           print('FILE : ', end='')
13       elif info[0] == 0x4000:                   # 디렉터리
14           print('DIR  : ', end='')
15
16       print('{0:04d}-{1:02d}-{2:02d} {3:02d}:{4:02d}:{5:02d}'
17             .format(m_time[0], m_time[1], m_time[2],
18                      m_time[3], m_time[4], m_time[5]), end='')
```

---

2   파이썬에서 stat 함수는 구조체 형식의 값을 반환하는 C 함수를 기초로 하고 있다. 이름은 구조체에서 필드의 이름에 해당한다.

```
19
20      if info[0] == 0x8000:                        # 파일인 경우 크기 출력
21          print(', SIZE : ', end='')
22          print(info[6])
23      elif info[0] == 0x4000:
24          print()
```

```
>>> %Run -c $EDITOR_CONTENT
 blink.py     FILE : 2021-09-01 08:28:09, SIZE : 250
 data.log     FILE : 2021-09-01 16:35:11, SIZE : 58
 lib          DIR  : 1970-01-01 00:00:00
 welcome.py   FILE : 2021-08-04 09:34:00, SIZE : 167
>>>
```

os 모듈의 stat 함수를 사용하면 파일이나 디렉터리 존재 여부 또한 확인할 수 있다. 존재하지 않는 파일이나 디렉터리에 대한 정보를 stat 함수로 확인하면 OSError 예외가 발생한다. 따라서 try-except 문장을 사용하여 예외 발생 여부를 확인하면 파일이나 디렉터리의 존재 여부를 확인할 수 있다.

📑 **코드 13.3 파일과 디렉터리 검사**

```
01   import os
02
03   def exists(path):
04       try:
05           os.stat(path)                    # 파일 또는 디렉터리 정보
06           return True
07       except OSError:                      # 존재하지 않는 파일 또는 디렉터리 예외
08           return False
09
10   def check_existance(path):
11       if(exists(path)):
12           print('{0:>20} : Exist...'.format(path))
13       else:
14           print('{0:>20} : DOES NOT exist...'.format(path))
15
16   check_existance('blink.py')
17   check_existance('lib')
18   check_existance('not_a_file.py')
```

```
>>> %Run -c $EDITOR_CONTENT
          blink.py : Exist...
               lib : Exist...
```

```
        not_a_file.py : DOES NOT exist...
>>>
```

예외$_{exception}$란 코드를 실행하는 중에 발생하는 오류를 말한다. 예외가 발생하면 코드는 실행을
멈추고 정지하지만, 예외가 발생했을 때도 실행을 멈추지 않고 계속 실행할 수 있도록 해주는 것
이 바로 try-except다. try-except는 다음과 같이 try에 예외를 발생시킬 수 있는 실행 코드를 넣
고 except에 예외가 발생했을 때 처리할 코드를 넣어주면 된다. 실행 중에 예외가 발생하면 try
내의 코드 실행을 멈추고 except 내 코드를 실행한다.

```
try:
    # 예외가 발생하지 않았을 때 실행할 코드
except 예외_이름:
    # 예외가 발생했을 때 처리할 코드
```

try-except를 사용할 때 처리하고자 하는 예외의 종류를 except에 지정할 수 있다. 예외의 종류를
지정하지 않으면 모든 예외에 대해 처리가 가능하지만, 발생한 예외의 정보를 알아낼 수는 없다.
발생한 예외에 대한 정보가 필요할 경우, 예외 중에서도 최상위에 해당하는 Exception을 사용하
면 모든 예외를 처리하면서 예외의 정보 역시 얻을 수 있다. 코드 13.4는 서로 다른 예외가 발생하
였을 때 발생한 예외에 대한 문자열 설명과 예외의 종류를 나타내는 클래스를 보여주는 코드다.

🗒️ 코드 13.4 **예외 처리**

```python
01  values = [0, 1, 2, 3, 4]
02
03  def handle_exception(index, denominator):
04      try:
05          devided = values[index] / denominator
06          print(devided)
07      except Exception as e:
08          print("예외\t: ", e)          # 예외 설명
09          print("\t: ", type(e))        # 예외의 종류/클래스
10
11  handle_exception(2, 2)                 # 예외 발생하지 않음
12  handle_exception(5, 5)                 # 범위를 벗어난 인덱스 예외
13  handle_exception(3, 0)                 # 0으로 나누는 예외
```

🖥️ Thonny IDE 셀 **실행 결과**

```
>>> %Run -c $EDITOR_CONTENT
 1.0
 예외   :  list index out of range
       :  <class 'IndexError'>
 예외   :  divide by zero
```

```
    : <class 'ZeroDivisionError'>
>>>
```

13.2 파일 읽기와 쓰기

파일에 데이터를 읽거나 쓰기 위해서는 open 함수로 먼저 파일을 열어야 한다. 파일에 데이터를 쓰는 간단한 방법은 write 함수를 사용하여 문자열 기반으로 데이터를 기록하는 것이다. 기록이 끝나면 close 함수로 파일을 닫아야 하며 실제 파일에 쓴 내용은 파일을 닫기 전까지 플래시메모리에 기록되지 않는다. flush 함수를 사용하면 파일을 닫기 전에 파일에 쓴 내용을 플래시메모리에 기록할 수 있다. **파일을 닫는 close 함수는 flush 함수 호출을 포함하고 있으므로 파일을 닫으면 파일에 쓴 내용이 실제로 기록되는 것을 보장한다.** read 함수를 사용하면 파일에서 내용을 읽을 수 있는데, 줄 단위로 읽고 싶다면 readline 함수를 사용한다.

■ open

```
open(name, mode)
 — 매개변수
    name: 파일 이름
    mode: 파일의 입출력 모드
```

지정한 이름의 파일을 지정한 입출력 모드로 열어 해당 파일의 객체를 반환한다. 파일 이름은 디렉터리를 포함하여 지정한다. 입출력 모드는 읽기와 쓰기 모드, 텍스트와 이진 모드 중 선택하여 사용할 수 있다. 디폴트값은 텍스트 읽기 모드이며, 반환값은 TextIOWrapper 클래스의 객체다. 이진 모드로 파일을 열면 FileIO 클래스의 객체를 반환한다.

표 13.4 **파일의 입출력 모드**

모드	설명
r	[디폴트값] 읽기 모드로 연다.
w	쓰기 모드로 연다. 같은 이름의 파일이 존재하면 현재 내용을 지우고, 존재하지 않으면 새로 만든다.
a	추가 모드로 연다. 같은 이름의 파일이 존재하면 기존 파일의 끝에 내용을 추가하고, 존재하지 않으면 새로 만든다.

표 13.4 **파일의 입출력 모드** (계속)

모드	설명
t	[디폴트값] 텍스트 모드로 연다.
b	이진 모드로 연다.

open 함수에서 반환된 객체를 사용하여 파일의 내용을 읽거나 쓸 수 있다. 내용을 읽기 위해서는 read, 내용을 쓰기 위해서는 write 함수 등을 사용하고, 파일 사용이 끝난 후에는 close 함수로 파일을 닫아야 한다.

■ write

```
TextIOWrapper.write()
```
  — 매개변수
    data: 파일에 기록할 문자열 데이터

파일에 지정한 문자열 데이터를 기록하고 기록한 바이트 수를 반환한다.

■ flush

```
TextIOWrapper.flush()
```
  — 매개변수: 없음

파일로 출력한 데이터는 버퍼에 저장된다. flush 함수는 버퍼에만 기록하고 플래시메모리에 저장하지 않은 데이터를 플래시메모리에 저장한다. 파일을 닫는 close 함수 역시 flush 함수의 기능을 포함하고 있다.

■ read

```
TextIOWrapper.read(size)
```
  — 매개변수
    size: 최대로 읽을 바이트 수

매개변수가 없으면 파일의 끝end of file, EOF까지 데이터를 읽어 반환한다. size를 통해 읽을 바이트 수를 제한할 수 있다. 줄 단위로 텍스트 파일을 읽기 위해서는 readline 함수를 사용하면 된다.

- **readline**

TextIOWrapper.readline()
— 매개변수: 없음

파일에서 개행문자나 파일 끝을 만날 때까지 데이터를 읽어 반환한다.

- **close**

TextIOWrapper.close()
— 매개변수: 없음

열려 있는 파일을 닫는다. 파일을 닫기 전에 버퍼에만 기록하고 플래시메모리에 저장하지 않은 데이터는 모두 플래시메모리에 저장한다.

코드 13.5는 number_data.log 파일에 저장된 숫자를 읽고 마지막에 저장된 숫자에 1을 더해 파일 끝에 추가하는 코드다.

📑 **코드 13.5 파일 읽기와 파일에 쓰기**

```
01  import os
02
03  FILE_NAME = 'number_data.log'
04
05  def exists(path):
06      try:
07          os.stat(path)            # 파일 또는 디렉터리 정보
08          return True
09      except OSError:              # 존재하지 않는 파일 또는 디렉터리
10          return False
11
12  def checkLastNumber(fileName):
13      file = open(fileName, 'r')   # 읽기 모드로 파일 열기
14      line = file.readline()       # 줄 단위 읽기
15      while line:
16          count = int(line)        # 문자열을 정수로 변환
17          print(line.strip())      # 양쪽 끝 공백과 개행문자 제거
18          line = file.readline()   # 다음 줄 읽기
19      file.close()                 # 파일 닫기
20
21      return count
22
23  if exists(FILE_NAME):
24      count = checkLastNumber(FILE_NAME)
25  else:
```

```
26      count = 0
27
28  file = open(FILE_NAME, 'a')        # 추가로 쓰기 모드로 파일 열기
29  count = count + 1
30  print('Add Number : ', count)
31  file.write(str(count) + '\n')
32  file.close()                       # 파일 닫기
```

🖥 Thonny IDE 셸 **실행 결과**

```
>>> %Run -c $EDITOR_CONTENT
 Add Number :  1
>>> %Run -c $EDITOR_CONTENT
 1
 Add Number :  2
>>> %Run -c $EDITOR_CONTENT
 1
 2
 Add Number :  3
>>>
```

코드 13.5의 실행 결과는 코드를 세 번 실행한 결과이며 세 번 실행한 후 number_data.log 파일의 내용은 다음과 같다.

📄 number_data.log **코드 13.5를 세 번 실행한 후 내용**

```
1
2
3
```

코드 13.5에서는 한 줄에 숫자 하나만 기록되어 있다. 하지만 한 줄에 여러 가지 정보를 나타내는 것은 흔한 일이며, 엑셀에서도 사용할 수 있는 CSVcomma separated values 형식이 대표적이다. 다음과 같이 학생 정보가 기록된 파일을 생각해보자.

📄 student.txt **학생 정보 파일**

```
1,홍길동,170,65
2,임꺽정,180,100
3,성춘향,165,50
```

split 함수를 사용하면 줄 단위로 읽은 학생 정보 문자열에서 콤마를 기준으로 항목을 분리할 수 있다.

- **split**

> str.split(separator)
> — 매개변수
> separator: 문자열 분리를 위해 사용할 문자열

지정한 분리자(separator)로 문자열을 나누어 리스트 형식으로 반환한다. 분리자를 지정하지 않으면 디폴트로 공백문자_{whitespace}를 분리자로 사용한다.

코드 13.6은 CSV 형식으로 학생 정보가 저장된 student.txt 파일을 읽어 각 항목을 분리한 후 셸로 출력하는 코드다.

코드 13.6 파일에서 데이터를 읽고 항목으로 분리

```
01  import os
02
03  FILE_NAME = 'student.txt'          # 학생 정보 파일
04
05  file = open(FILE_NAME, 'r')        # 읽기 모드로 열기
06  line = file.readline()             # 줄 단위 읽기
07
08  while line:
09      items = line.split(',')        # 콤마를 기준으로 분할
10
11      for item in items:
12          print(item, '\t', end='')
13      print()
14
15      line = file.readline()
16
17  file.close()                       # 파일 닫기
```

Thonny IDE 셸 실행 결과

```
>>> %Run -c $EDITOR_CONTENT
 1    홍길동     170    65
 2    임꺽정     180    100
 3    성춘향     165    50
>>>
```

플래시메모리는 읽고 쓸 수 있는 롬의 한 종류로 마이크로컨트롤러를 위한 펌웨어 설치에 주로 사용한다. 펌웨어는 흔히 실행 파일 또는 기계어 파일 형태로 플래시메모리에 저장되지만, 마이크로파이썬은 인터프리터 언어이므로 플래시메모리 중 일부는 인터프리터 설치를 위해 사용하고 나머지는 코드와 데이터 저장을 위해 사용한다.

라즈베리파이 피코에 사용된 RP2040 마이크로컨트롤러는 플래시메모리를 제공하지 않으므로 별도의 외부 플래시메모리를 연결하여 사용해야 한다. 라즈베리파이 피코는 2MB의 플래시메모리를 제공하는데, 이 중 약 1.4MB의 공간에는 코드와 데이터를 저장할 수 있으므로 컴퓨터의 하드디스크처럼 사용할 수 있다.

이 장에서는 플래시메모리 관리를 위한 파일 시스템과 파일 시스템에서 파일을 읽고 쓰는 방법에 대해 알아보았다. 수명이 있는 플래시메모리의 특성상 잦은 쓰기는 바람직하지 않으므로 환경 설정을 위한 파라미터나 잦은 참조가 필요한 데이터 등을 저장하는 용도로만 사용하는 것을 추천한다. 만약 대용량의 데이터 저장이나 잦은 쓰기가 필요한 경우라면 외부 저장장치 사용을 고려해볼 수 있다.

디지털 온습도 센서

온도와 습도를 측정할 수 있는 센서에는 여러 종류가 있지만, DHT 시리즈 센서는 디지털 데이터를 출력하고 하나의 연결선만 사용하여 온도와 습도 정보를 한꺼번에 얻을 수 있는 등 연결과 사용이 간편하여 흔히 사용된다. 또한, 서로 다른 정밀도를 갖는 센서 중에서 선택하여 사용할 수 있다는 점도 장점이라 할 수 있다. 이 장에서는 DHT 시리즈 센서를 사용하여 온도와 습도 데이터를 얻는 방법을 알아본다.

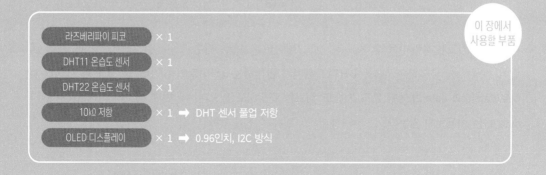

이 장에서
사용할 부품

라즈베리파이 피코	× 1
DHT11 온습도 센서	× 1
DHT22 온습도 센서	× 1
10kΩ 저항	× 1 ➡ DHT 센서 풀업 저항
OLED 디스플레이	× 1 ➡ 0.96인치, I2C 방식

DHT 센서

DHT 센서는 온도와 습도를 측정할 수 있는 센서다. 온도와 습도를 측정할 수 있는 센서의 종류는 다양하다. 그중 DHT 센서는 5V는 물론 3.3V에서도 사용할 수 있고 온도와 습도를 한 번에 측정할 수 있을 뿐만 아니라 하나의 연결선만을 사용하여 연결은 물론 사용하는 것도 간편하다. 이러한 장점 덕분에 온도와 습도 측정이 필요한 경우 유용하게 사용할 수 있다.

DHT 센서에는 DHT11과 DHT22가 있다. 이들 센서는 정밀도에서 차이가 있는 점을 제외하면 사용 방법은 거의 같다. 그림 14.1은 DHT11과 DHT22 센서를 나타낸 것이다. 모양은 서로 다르지만, 모두 4개의 핀을 가지고 있고 3번 핀은 사용하지 않는 것을 포함하여 핀의 배열도 같다.

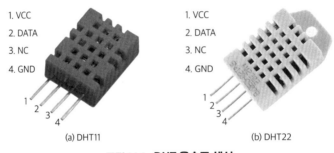

(a) DHT11   (b) DHT22

그림 14.1 **DHT 온습도 센서**

DHT 센서는 데이터 핀으로 한 번에 5바이트의 데이터를 전송한다. 5바이트의 데이터는 2바이트의 습도 데이터, 2바이트의 온도 데이터 그리고 1바이트의 패리티 데이터로 이루어져 있다. 표 14.1은 DHT 시리즈 센서의 데이터 형식을 나타낸 것이다.

표 14.1 **DHT 시리즈 센서 데이터 형식**

습도		온도		패리티 바이트
data[0]	data[1]	data[2]	data[3]	data[4]

패리티 바이트는 4바이트의 온도와 습도 데이터를 모두 더한 값과 일치하며, 이때 자리 올림이 발생하면 무시하면 된다. **DHT11 센서가 반환하는 2바이트의 데이터 중 첫 번째 데이터 바이트(data[0]과 data[2])에만 온도와 습도 정보를 포함하고 있으며, 두 번째 데이터 바이트(data[1]과 data[3])는 사용하지 않는다.** 표 14.1에서 첫 번째 이진숫값만을 십진수로 변환하면 섭씨온도와

상대습도_{relative humidity, RH}를 얻을 수 있다. 상대습도란 공기가 함유할 수 있는 최대한의 수증기의 양(포화수증기량)과 비교해서 현재 수증기의 양을 퍼센티지로 나타낸 것으로 온도에 따라 달라지는 값이다.

DHT22 센서에서 얻어지는 데이터 형식 역시 DHT11의 경우와 같지만, **DHT22 센서는 2바이트 모두에 의미 있는 데이터가 저장된다.** 표 14.1에서 두 바이트의 이진수를 모두 십진수로 변환한 후 10으로 나누면 섭씨온도와 상대습도를 얻을 수 있다. 이처럼 **DHT11 센서는 정숫값만을 결과로 내어주지만 DHT22 센서는 소수점 첫 번째 자리까지 측정값을 제공한다.**

표 14.2는 DHT11 센서와 DHT22 센서의 사양을 비교한 것이다. DHT22 센서로부터 데이터를 얻는 시간 간격은 최소 2초로 DHT11 센서보다 2배 느리다. 하지만 DHT22 센서를 사용하면 DHT11 센서를 사용하는 것보다 더 넓은 범위에서 더 정확한 데이터를 얻을 수 있다.

표 14.2 DHT11 센서와 DHT22 센서 사양

항목		DHT11	DHT22
동작 전압		3~5V	
샘플링 속도		1Hz(1초에 한 번)	0.5Hz(2초에 한 번)
온도	분해능	1℃	0.1℃
	정확도	±2℃	±0.5℃
	측정 범위	0~50℃	-40~80℃
습도	분해능	1%RH	0.1%RH
	정확도	±5%RH	±3%RH
	측정 범위	20~90%RH	0~100%RH

14.2 DHT11 센서 사용

DHT11 센서를 그림 14.2와 같이 라즈베리파이 피코에 연결하자. 데이터 핀에는 5~10㏀ 사이의 풀업 저항을 사용해야 하며, 그림 14.2에서는 10㏀ 저항을 사용하였다.

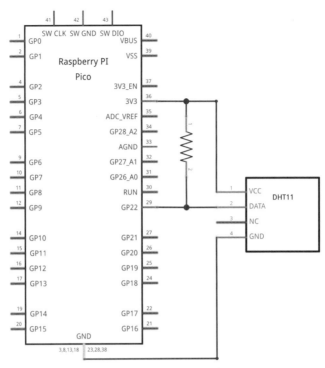

그림 14.2 DHT11 센서 연결 회로도

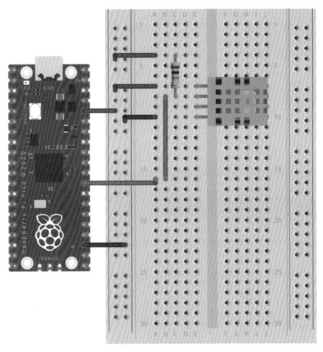

그림 14.3 DHT11 센서 연결 회로

DHT11 센서를 사용하기 위해서는 전용 라이브러리를 설치해야 한다. 먼저 DHT 시리즈 센서를 위한 라이브러리를 라이브러리 홈페이지[1]에서 내려받는다. 내려받은 DHT22.py 파일을 라즈베리 파이 피코의 루트 디렉터리 아래 'lib' 디렉터리('/lib')에 저장한다. DHT22 라이브러리는 이름과 다르게 DHT22 센서 이외에도 DHT11 센서 역시 지원한다.

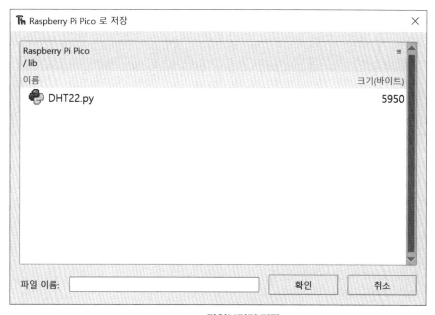

그림 14.4 **라이브러리 저장**

DHT11 센서를 사용하기 위해서는 객체를 생성한 후 read 함수를 호출하는 것으로 충분하다. 다만, DHT22 라이브러리는 DHT22 센서를 기준으로 제작되었으므로 DHT11 센서를 사용하려면 객체를 생성할 때 매개변수를 추가해야 한다. 또한, **연속적으로 온도와 습도를 읽을 때 DHT11 센서의 경우 최소 1초, DHT22 센서의 경우 최소 2초의 시간 간격이 필요하다**는 점도 기억해야 한다.

- **DHT22**

class DHT22.DHT22(dataPin, dht11)
— 매개변수
　　dataPin: 센서가 연결된 핀에 해당하는 Pin 클래스 객체
　　dht11: DHT11 센서를 사용하는 경우 True로 설정, 디폴트값은 False

---

1 https://github.com/danjperron/PicoDHT22

DHT 센서 제어를 위한 객체를 생성한다. DHT 센서는 1개의 연결선만 사용하며, 라즈베리파이 피코의 연결 핀을 Pin 클래스의 객체로 지정한다. 매개변수 dht11은 DHT11 센서 사용 여부를 나타내는 것으로, 디폴트값이 False로 설정되어 있으므로 DHT22 센서의 경우에는 지정할 필요가 없다.

■ read

```
DHT22.read()
    ― 매개변수: 없음
```

DHT 센서에서 5바이트의 값을 읽어 온도와 습도로 변환하여 반환한다. read 함수 내에서 패리티 검사가 이루어지며 오류가 발생하면 온도와 습도의 값 모두 None을 반환한다.

코드 14.1은 1초 간격으로 온도와 습도를 읽어 출력하는 코드다. 센서에 입김을 불면 온도도 상승하지만, 습도가 급격하게 변하는 것을 확인할 수 있다.

📇 **코드 14.1 DHT11 센서 사용**

```
01  from machine import Pin
02  from DHT22 import DHT22
03  from utime import sleep
04
05  dht11 = DHT22(Pin(22), dht11=True)
06
07  while True:
08      T, H = dht11.read()         # 온도와 습도 읽기
09      if T is None:
10          print("Sensor error")
11      else:
12          print("{}'C  {}%".format(T, H))
13
14      sleep(1)                    # DHT11을 위해서는 최소 1초 간격 필요
```

🖥 **Thonny IDE 셸 실행 결과**

```
>>> %Run -c $EDITOR_CONTENT
 22'C  17%
 22'C  17%
 22'C  83%
 24'C  94%
 24'C  94%
 24'C  94%
 25'C  94%
 25'C  94%
```

DHT22 센서를 사용하는 방법은 DHT11 센서를 사용하는 방법과 다르지 않다. DHT22 라이브
러리에서 DHT22 센서를 디폴트로 사용하므로 객체를 생성할 때 센서가 연결된 핀만 지정하면
소수점 아래 한 자리까지 결과를 얻을 수 있다.

DHT22 센서에서 온도와 습도를 읽어 I2C 방식 OLED 디스플레이에 표시해보자. DHT22 센서
와 OLED 디스플레이는 그림 14.5와 같이 연결한다. DHT22 센서를 연결할 때도 10㏀의 풀업 저
항을 사용하였으며 OLED 디스플레이는 0번 I2C 포트의 디폴트 핀에 연결하였다.

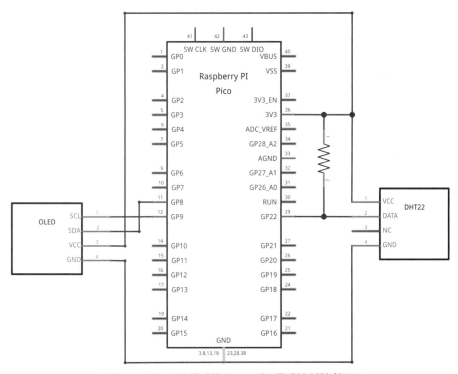

그림 14.5 **DHT22 센서와 OLED 디스플레이 연결 회로도**

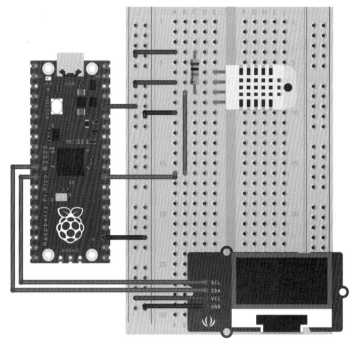

그림 14.6 **DHT22 센서와 OLED 디스플레이 연결 회로**

코드 14.2는 DHT22 센서에서 온도와 습도를 읽고 이를 OLED 디스플레이와 셸로 출력하는 코드다. DHT11 센서와 달리 데이터 갱신 주기는 2초 이상으로 설정해야 한다.

📇 **코드 14.2 DHT22 센서 사용**

```
01  from machine import Pin, I2C
02  from DHT22 import DHT22
03  from utime import sleep
04  from ssd1306 import SSD1306_I2C
05  import framebuf
06
07  data = [                      # 32x32 크기 비트맵 데이터
08      0x00, 0x00, 0x00, 0x00, 0x07, 0xC0, 0x00, 0x00,
09      0x07, 0xE0, 0x00, 0x18, 0x04, 0x20, 0x00, 0x18,
10      0x04, 0x38, 0x00, 0x3C, 0x04, 0x20, 0x00, 0x24,
11      0x04, 0x30, 0x00, 0x66, 0x04, 0x30, 0x00, 0x24,
12      0x04, 0x20, 0x00, 0x3C, 0x05, 0xB8, 0x00, 0x00,
13      0x05, 0xA0, 0x06, 0x00, 0x05, 0xA0, 0x0E, 0x00,
14      0x05, 0xB0, 0x0B, 0x00, 0x05, 0xA0, 0x19, 0x00,
15      0x05, 0xB8, 0x11, 0x80, 0x05, 0xA0, 0x11, 0x80,
16      0x05, 0xA0, 0x1B, 0x00, 0x0D, 0xA0, 0x0E, 0x00,
17      0x19, 0xB8, 0x00, 0x18, 0x31, 0x8C, 0x00, 0x18,
18      0x21, 0x84, 0x00, 0x24, 0x67, 0xC6, 0x00, 0x66,
19      0x47, 0xE2, 0x00, 0x42, 0x47, 0xE2, 0x00, 0x42,
20      0x47, 0xE2, 0x00, 0x42, 0x47, 0xC6, 0x00, 0x7E,
21      0x61, 0x84, 0x00, 0x18, 0x30, 0x0C, 0x00, 0x00,
```

```
22      0x18, 0x18, 0x00, 0x00, 0x0F, 0xF0, 0x00, 0x00,
23      0x01, 0x80, 0x00, 0x00, 0x00, 0x00, 0x00, 0x00
24  ]
25  icon = bytearray(data)                      # 온습도 아이콘
26  fb = framebuf.FrameBuffer(icon, 32, 32, framebuf.MONO_HLSB)
27
28  dht11 = DHT22(Pin(22))
29  i2c = I2C(0)                                 # 0번 I2C 포트 디폴트 핀 사용
30  oled = SSD1306_I2C(128, 64, i2c, 0x3C)       # OLED 디스플레이 제어 객체
31
32  while True:
33      T, H = dht11.read()                      # 온도와 습도 읽기
34      oled.fill(0)                             # 화면 버퍼 지우기
35
36      if T is None:
37          print("Sensor error")
38      else:
39          print("{}'C  {}%".format(T, H))
40
41          oled.blit(fb, 0, 16)                 # 아이콘 표시
42          # 실수를 5칸에 소수점 이하 한 자리로 오른쪽 정렬해서 표시
43          oled.text("T: {0:>5.1f}'C".format(T), 40, 20)
44          oled.text("H: {0:>5.1f} %".format(H), 40, 35)
45          oled.show()
46
47      sleep(2)                                 # DHT22를 위해서는 최소 2초 간격 필요
```

🖥 Thonny IDE 셀 실행 결과

```
>>> %Run -c $EDITOR_CONTENT
 21.6'C  8.5%
 21.6'C  8.5%
 21.6'C  25.1%
 22.1'C  69.1%
 21.9'C  77.1%
 22.0'C  61.8%
```

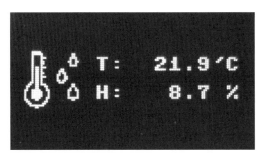

그림 14.7 **코드 14.2 실행 결과**

온도와 습도는 다양한 종류의 센서를 사용하여 간단히 측정할 수 있다. 온도와 습도를 함께 측정하여 하나의 연결선을 통해 디지털 데이터로 출력하는 DHT 센서는 사용 전압 범위가 넓고 용도에 따라 정밀도를 선택하여 사용할 수 있는 등 여러 가지 장점이 있다. DHT 센서 이외에도 온도측정에 흔히 사용하는 센서로는 온도에 비례하는 전압을 출력하는 LM35 센서, 1-와이어 통신을 사용하는 DS18B20 센서 등이 있다. 이들 센서 모두 라즈베리파이 피코와 1개의 연결선으로 연결한다. 다만, DHT 센서는 습도를 함께 얻을 수 있는 장점이 있으며, 실제 제품에 사용된 예도 어렵지 않게 찾아볼 수 있다.

SD 카드

SD 카드는 플래시메모리를 사용하여 만든 외부 저장장치 표준의 하나로 스마트폰, 디지털카메라 등의 외부 저장장치로 흔히 사용된다. 마이크로파이썬에서도 SD 카드 제어를 위한 라이브러리를 제공하고 있으므로 많은 데이터를 저장해야 하는 경우 부족한 라즈베리파이 피코의 메모리를 대신하여 SD 카드를 사용할 수 있다. 하지만 SD 카드는 쓰기 속도가 느리다는 점을 염두에 두어야 한다. 이 장에서는 SD 카드 라이브러리를 사용하여 SD 카드에서 데이터를 읽고 쓰는 방법을 살펴본다.

이 장에서
사용할 부품

라즈베리파이 피코	× 1
SD 카드 모듈	× 1
마이크로 SD 카드	× 1 ➡ 32GB 이하 SDSC 또는 SDHC
DHT11 온습도 센서	× 1
10㏀ 저항	× 1 ➡ DHT 센서 풀업 저항

SD 카드 및 SD 카드 모듈

SD~secure digital~ 카드는 스마트폰, 디지털카메라 등 휴대용 전자기기에서 데이터 저장을 위해 외부 저장장치로 사용하는 비휘발성 메모리를 말한다. SD 카드는 용량에 따라 2GB 이하의 표준 SD 또는 SDSC~standard capacity~, 32GB 이하의 SDHC~high capacity~, 2TB 이하의 SDXC~extended capacity~, 128TB 이하의 SDUC~ultra capacity~ 등으로 구별하여 부른다. SD 카드는 크기에 따라서도 세 가지 종류가 있는데 큰 것부터 SD, 미니 SD, 마이크로 SD라고 부른다. 휴대장치에서 흔히 사용하는 SD 카드는 크기가 가장 작은 마이크로 SD다.

라즈베리파이 피코에 사용된 RP2040 마이크로컨트롤러는 264KB의 램을 제공한다. RP2040과는 별도의 칩으로 라즈베리파이 피코에 포함되어 있는 2MB 크기의 플래시메모리는 일부는 프로그램 저장을 위해, 일부는 사용자 파일을 저장하기 위해 사용할 수 있다. 하지만 그 크기가 크지 않으므로 큰 용량의 데이터를 다루기는 어렵다. 따라서 데이터 로깅~logging~과 같은 응용에서는 데이터 기록을 위한 보조기억장치로 SD 카드를 흔히 사용한다.

SD 카드 모듈과의 통신은 속도를 고려하여 SPI 통신을 사용하는 경우가 많다. 그림 15.1은 이 장에서 사용하는 SD 카드 모듈을 나타낸 것으로 SPI 통신을 사용한다. SD 카드 모듈은 SPI 통신을 위한 4개 핀과 VCC 및 GND의 전원 핀까지 6개의 핀을 가지고 있으며 마이크로 SD 카드를 사용한다. 마이크로 SD 카드는 FAT32 형식으로 포맷한 후 사용하면 된다.

그림 15.1 SD 카드 모듈

SD 카드 모듈 사용

SD 카드 모듈을 그림 15.2와 같이 라즈베리파이 피코에 연결한다. SPI 통신을 위해 사용할 수 있는 핀은 11장을 참고하자.

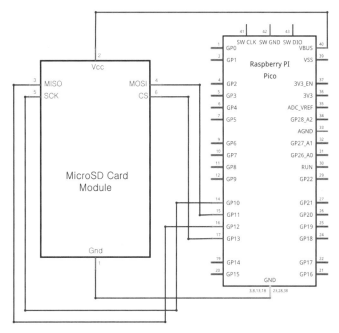

그림 15.2 **SD 카드 모듈 연결 회로도**

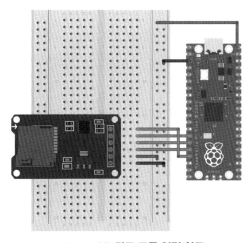

그림 15.3 **SD 카드 모듈 연결 회로**

SD 카드 모듈을 사용하기 위해서는 전용 라이브러리를 설치해야 한다. 먼저 SD 카드 모듈을 위한 라이브러리를 라이브러리 홈페이지[1]에서 내려받는다. 내려받은 sdcard.py 파일을 라즈베리파이 피코의 루트 디렉터리 아래 'lib' 디렉터리('/lib')에 저장한다.

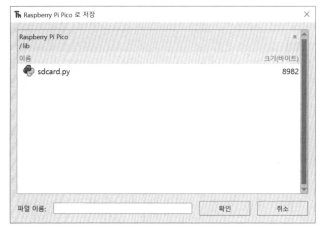

그림 15.4 라이브러리 저장

SD 카드 모듈은 먼저 SPI 통신을 위한 SPI 객체를 생성한 후 이를 이용하여 SDCard 객체를 생성하고, 파일 시스템에 마운트mount해서 사용한다.

■ SDCard

class sdcard.SDCard(spi, cs)
— 매개변수
spi: SD 카드 모듈 제어에 사용될 SPI 통신 제어용 객체
cs: 칩 선택을 위한 Pin 클래스 객체

SD 카드 모듈 제어를 위한 객체를 생성한다. 매개변수로는 SPI 통신을 위한 SPI 클래스 객체와 칩 선택chip select 핀을 위한 Pin 클래스 객체를 지정한다. SPI 클래스 객체를 생성할 때는 MOSI, MISO, SCK 핀은 지정해야 하지만 CS 핀은 지정하지 않으므로 SDCard 클래스 객체를 생성할 때 CS 핀을 함께 지정해야 한다.

생성된 SDCard 클래스 객체는 라즈베리파이 피코의 파일 시스템에 마운트한다. 윈도우에서는 마운트라는 용어를 사용하지 않지만, 유닉스나 리눅스에서는 **마운트를 통해 저장장치를 디렉터리의 특**

---

1   https://github.com/micropython/micropython-lib/tree/master/micropython/drivers/storage/sdcard

정 위치로 연결하여 하나의 디렉터리 체계로 모든 저장장치를 관리할 수 있도록 지원해준다. 이처럼 저장 장치를 디렉터리의 특정 위치로 연결하는 과정을 마운트라고 한다. 즉, 윈도우에서 SD 카드를 연결하 면 'D:\'와 같이 드라이브가 할당되지만, 리눅스에서는 마운트 과정을 통해 루트 디렉터리 아래 임 의의 디렉터리처럼 사용할 수 있다. 예를 들어, 루트 디렉터리 아래의 'sd'라는 디렉터리로 SD 카 드를 마운트했다면 SD 카드에 있는 파일의 읽기와 쓰기는 '/sd' 디렉터리 내에 있는 파일의 읽기와 쓰기를 통해 이루어진다. 라즈베리파이 피코에서는 os 라이브러리를 통해 파일 시스템을 다룰 수 있다.

- **VfsFat**

  os.VfsFat(block_device)
  — 매개변수
    block_device: FAT 파일 시스템을 사용하는 저장장치

FAT 형식의 파일 시스템을 사용하는 저장장치에 대한 파일 시스템 객체를 생성한다. mount 함수 를 통해 생성된 파일 시스템 객체를 디렉터리에 연결하여 사용할 수 있다.

- **mount**

  os.mount(fsobject, mount_point)
  — 매개변수
    fsobject: 파일 시스템 객체 또는 저장장치
    mount_point: 디렉터리

파일 시스템 객체 또는 저장장치를 mount_point로 지정한 디렉터리에 연결한다. 첫 번째 매개변수 에는 VfsFat 함수로 생성한 파일 시스템 객체를 사용하거나 파일 시스템 객체 생성에 사용한 저 장장치(SD 카드 객체)를 사용할 수 있다. 연결할 디렉터리는 루트 디렉터리('/')나 그 아래 하위 디렉 터리('/<name>')를 지정하면 된다.

- **umount**

  os.umount(mount_point)
  — 매개변수
    mount_point: 디렉터리

파일 시스템 연결을 해제한다.

mount 함수로 SD 카드를 디렉터리와 연결한 후 파일 입출력을 위해서는 마이크로파이썬에서 제공하는 함수와 클래스를 사용한다. 파일 입출력을 위해서는 먼저 내장 함수인 open을 사용하여 파일 객체를 얻어야 한다. 파일 객체를 얻고 나면 파일 전체를 읽기 위해 read, 줄 단위로 읽기 위해 readLine, 파일로 쓰기 위해 write 등의 함수를 사용한다. 읽기나 쓰기 작업이 끝난 후에는 close 함수로 파일을 닫아준다. 파일 읽기와 쓰기에 대한 자세한 내용은 13장을 참고하자. 코드 15.1은 SD 카드를 '/sdcard'에 마운트한 후 파일을 생성하여 내용을 쓴 후 이를 다시 읽어 셸로 출력하는 코드다.

코드 15.1 SD 카드에 파일 읽고 쓰기

```
01  from machine import Pin, SPI
02  import sdcard
03  import os
04
05  # SPI 객체를 생성하고 이를 사용하여 SD 카드 객체 생성
06  spi = SPI(1, sck=Pin(10), mosi=Pin(11), miso=Pin(12))
07  sd = sdcard.SDCard(spi, Pin(13))
08
09  # SD 카드에 가상 파일 시스템(virtual file system, VFS) 생성
10  vfs = os.VfsFat(sd)
11
12  # SD 카드를 '/sd' 디렉터리로 마운트
13  os.mount(vfs, '/sdcard')              # 파일 시스템 객체 사용
14  # os.mount(sd, '/sdcard')             # SD 카드 객체를 사용해서도 마운트 가능
15
16  print(os.listdir('/sdcard'))          # 디렉터리 내 파일 목록 출력
17
18  file = open("/sdcard/sample.txt", "w")    # 쓰기 모드로 열기
19
20  for i in range(5):                    # 파일에 문자열 쓰기
21      file.write("Sample text = %s\r\n" % i)
22
23  file.close()                          # 파일 닫기
24
25  file = open("/sdcard/sample.txt", "a")    # 추가 모드로 열기
26  file.write("Appended at the END \n")      # 파일 끝에 문자열 추가
27  file.close()                          # 파일 닫기
28
29  file = open("/sdcard/sample.txt", "r")    # 읽기 모드로 열기
30  if file != 0:
31      print("Reading from SD card")
32      read_data = file.read()           # 전체 내용 읽기
33      print(read_data)
34
35  file.close()                          # 파일 닫기
```

```
>>> %Run -c $EDITOR_CONTENT
 ['System Volume Information', 'sample.txt']
 Reading from SD card
 Sample text = 0
 Sample text = 1
 Sample text = 2
 Sample text = 3
 Sample text = 4
 Appended at the END

>>>
```

15.3 온도 데이터 로깅

데이터를 로깅하는 경우 SD 카드를 흔히 사용한다. 온습도 정보를 로깅하기 위해 DHT11 온습도 센서와 SD 카드 모듈을 그림 15.5와 같이 라즈베리파이 피코에 연결하자.

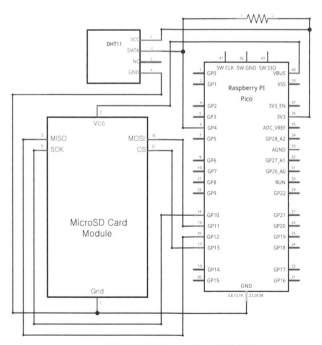

그림 15.5 **온습도 센서와 SD 카드 연결 회로도**

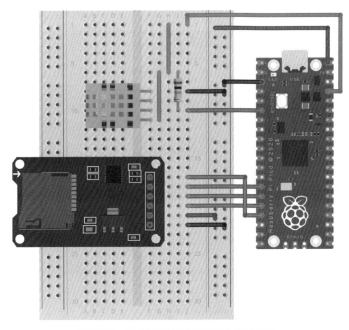

그림 15.6 **온습도 센서와 SD 카드 연결 회로**

코드 15.2는 온습도 센서에서 온도와 습도를 읽어 지정한 시간 간격(WRITE_INTERVAL)으로 SD 카드의 'temp_humid.txt' 파일에 저장하는 코드다. 온습도 센서에 대한 자세한 내용은 14장을 참고하자.

📋 **코드 15.2 온습도 데이터 로깅**

```
01  from machine import Pin, SPI
02  import DHT22
03  import sdcard
04  import os
05
06  WRITE_INTERVAL = 2                         # 초 단위 로깅 시간 간격
07
08  # SPI 객체를 생성하고 이를 사용하여 SD 카드 객체 생성
09  spi = SPI(1, sck=Pin(10), mosi=Pin(11), miso=Pin(12))
10  sd = sdcard.SDCard(spi, Pin(13))
11
12  # SD 카드에 가상 파일 시스템(virtual file system, VFS) 생성
13  vfs = os.VfsFat(sd)
14
15  # SD 카드를 '/sd' 디렉터리로 마운트
16  os.mount(vfs, '/sdcard')                   # 파일 시스템 객체 사용
17
18  dht22 = DHT22.DHT22(Pin(4), dht11=False)   # DHT22 온습도 센서를 위한 객체
19
20  def log_temp_humid(write_timer):
```

```
21     # 추가 모드로 파일을 열어 파일 끝에 로깅 데이터 기록
22     file = open("/sdcard/temp_humid.txt", "a")
23
24     T, H = dht22.read()                          # 온도와 습도 읽기
25     if T is None:
26         print("Sensor error")
27     else:
28         logging_data = "{}'C  {}%".format(T, H)
29
30         print(logging_data, end="")
31         file.write(logging_data)
32
33     file.close()                                 # 파일 닫기
34
35  write_timer = machine.Timer()                   # 타이머 생성
36
37  # 지정한 시간 간격으로 로깅하도록 타이머 설정
38  write_timer.init(freq=(1/WRITE_INTERVAL),
39      mode=machine.Timer.PERIODIC, callback=log_temp_humid)
40
41  print("* Start Logging...")                     # 로깅 시작
42
43  while True:
44      pass                                        # 아무런 작업도 하지 않음
```

🖳Thonny IDE 셸 실행 결과

```
>>> %Run -c $EDITOR_CONTENT
* Start Logging...
 25.0'C  23.7%
 25.0'C  23.8%
 24.8'C  23.9%
 26.4'C  96.50001%
 26.5'C  99.90001%
 25.8'C  99.90001%
 25.4'C  99.90001%
 25.0'C  97.1%
 24.8'C  91.4%
 24.6'C  69.5%
 24.6'C  58.3%
```

일정 시간 동안 데이터 로깅이 이루어진 후 SD 카드를 컴퓨터에서 확인하면 그림 15.7과 같이 SD 카드에 해당하는 드라이브 'F:'의 루트 디렉터리에 'temp_humid.txt' 파일이 만들어진 것을 볼 수 있다. 라즈베리파이 피코에서는 SD 카드를 루트 디렉터리 아래 하위 디렉터리인 '/sdcard'로 마운트하였으므로 파일을 읽고 쓸 때는 '/sdcard/temp_humid.txt'와 같이 경로를 지정하였지만, 윈도우에서는 'F:\temp_humid.txt'로 나타난다. temp_humid.txt 파일을 열면 코드 15.2의 실행 결과에서와 같은 내용을 확인할 수 있다.

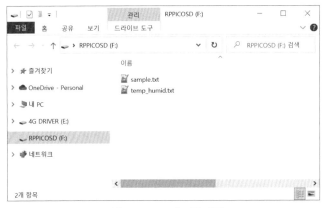

그림 15.7 **SD 카드의 파일**

맞는말

RP2040 마이크로컨트롤러는 플래시메모리를 제공하지 않으므로 라즈베리파이 피코에서는 2MB 크기의 외부 플래시메모리를 사용하고 있다. 외부 플래시메모리 중 일부 공간에 데이터를 저장할 수는 있지만, 그 크기가 크지 않으므로 많은 데이터를 기록할 수는 없다. 클라우드에 데이터를 저장하는 방법도 대안이 될 수 있지만, 인터넷이 연결된 경우에만 사용할 수 있다는 한계가 있다. 따라서 많은 데이터를 기록하기 위해 SD 카드를 사용하는 경우가 매우 흔하다. SD 카드는 플래시메모리를 사용하여 만든 외부 저장장치로 블록 단위의 쓰기를 지원하므로 많은 데이터를 빨리 쓸 수 있는 장점이 있다.

라즈베리파이 피코에서는 전용 라이브러리를 통해 SD 카드에 파일 단위로 데이터를 읽고 쓸 수 있다. 특히, 마이크로파이썬에서는 마운트를 통해 SD 카드를 단일 디렉터리 체계의 일부로 연결할 수 있으며, 마운트 이후에는 마이크로파이썬에서 제공하는 라이브러리를 통해 데이터를 읽고 쓰면 된다. SD 카드를 위한 전용 라이브러리는 실제 데이터를 읽고 쓰는 저수준의 입출력 작업을 담당하며 이 과정은 사용자에게는 숨겨진다.

이 장에서는 FAT 형식으로 포맷된 SD 카드에 파일을 읽고 쓰는 방법을 살펴보았다. FAT 시스템은 호환성이 좋은 장점은 있지만, 쓰기 동작 중 전원이 차단되면 파일 시스템이 쉽게 망가지는 문제점이 있으므로 안정성이 중요한 경우에는 플래시메모리를 위한 파일 시스템인 Littlefs를 사용하는 것도 고려할 수 있다.

네오픽셀

WS2812(B)는 RGB LED를 하나의 제어선으로 제어할 수 있도록 RGB LED와 제어 칩을 하나의 소형 패키지로 만든 것이다. WS2812(B)를 직렬로 계속 연결해도 하나의 제어선만으로 연결된 모든 LED를 제어할 수 있으므로 연결이 간단하고 다양한 색상 표현 또한 지원하여 널리 사용하고 있다. 네오픽셀은 에이다프루트에서 WS2812(B)를 사용하여 만든 다양한 형태의 디스플레이를 가리키는 브랜드 이름이지만, WS2812(B)를 사용한 대표적인 제품이므로 일반 명사처럼 쓰이고 있다. 이 장에서는 네오픽셀 링을 사용하여 다양한 색상을 표시하는 방법에 대해 알아본다.

이 장에서
사용할 부품

라즈베리파이 피코 × 1

네오픽셀 링 × 1 ➡ 24 픽셀

LED 스트립과 네오픽셀

하나의 제어 핀으로 여러 개의 RGB LED를 개별적으로 제어할 수 있도록 개발한 제품을 LED 스트립strip**이라고 한다.** 여러 개의 LED가 직렬로 연결된 형태를 가지고 있는 LED 스트립은 LED 제어를 위한 전용 칩이 포함되어 있어 각 LED의 밝기와 색상을 개별적으로 제어할 수 있다. 하나의 제어 핀으로 여러 개의 LED를 제어할 수 있는 것은 RGB LED와 RGB LED를 제어하는 제어 칩 (또는 드라이버 칩)이 하나의 패키지로 만들어져 있기 때문이다. 제어 칩을 포함하는 RGB LED는 WS2812, WS2812B 등을 주로 사용하며 이를 흔히 픽셀pixel이라고 한다. 즉, **픽셀을 여러 개의 직렬로 연결하여 만들어놓은 것이 LED 스트립이며, 에이다프루트에서 픽셀을 직선뿐만이 아니라 원, 매트릭스 등의 다양한 형태의 디스플레이로 만든 제품을 가리키는 브랜드 이름이 네오픽셀**NeoPixel**이다.** 네오픽셀은 그 인기에 힘입어 일반명사처럼 쓰이고 있다. 이는 화장지를 가리키는 크리넥스Kleenex가 사실은 킴벌리 클라크가 가지고 있는 생활용품 브랜드인 것과 같다. 이 장에서도 에이다프루트의 제품은 아니더라도 WS2812B를 사용하여 하나의 제어선으로 여러 개의 RGB LED를 제어하는 제품을 네오픽셀이라고 지칭한다.

이 장에서 사용하는 네오픽셀은 WS2812B를 사용하여 만든 것으로 흔히 '5050 LED'라고 불린다. 5050은 패키지의 크기를 나타내는 것으로, 5×5mm 크기의 SMD 타입으로 만들어진 픽셀을 말한다. WS2812B는 4개의 핀을 가지고 있으며 각 핀의 기능은 표 16.1과 같다.

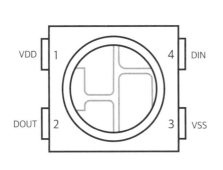

그림 16.1 WS2812B 픽셀

표 16.1 **WS2812B의 핀**

핀 번호	이름	설명
1	VDD	LED 전원(3.5~5.3V)
2	DOUT	제어 신호 출력
3	VSS	GND
4	DIN	제어 신호 입력

VDD와 VSS는 전원을 연결하는 핀이다. 네오픽셀은 3.5~5.3V의 동작 전압을 가지고 있지만, 적은 수의 픽셀로 이루어진 네오픽셀의 경우 3.3V 전원을 연결해서 사용할 수 있다. 제어 신호의 레벨은 VDD에 의해 결정되고 최소 0.7VDD 값에서 HIGH로 인식되므로 3.3V 전원을 연결하였을 때 아무런 문제가 없다. 하지만 5V 전원을 네오픽셀의 동작 전압으로 사용하는 경우라면 0.7VDD = 3.5V이므로 라즈베리파이 피코의 범용 입출력 핀을 그대로 사용하기는 어렵고 레벨 변환장치를 사용해야 한다.

네오픽셀을 사용할 때 주의해야 할 점 중 한 가지는 **네오픽셀의 한 픽셀이 최대 밝기에서 약 50mA의 전류를 사용한다**는 점이다. 따라서 **많은 수의 픽셀을 사용하고자 한다면 네오픽셀을 위한 별도의 전용 전원을 사용해야 한다.**

여러 개의 픽셀을 직렬로 연결하기 위해서는 이전 픽셀의 DOUT 출력을 다음 픽셀의 DIN 입력으로 연결하면 된다. 픽셀마다 VDD와 그라운드 사이에 0.1uF 용량의 커패시터 연결이 필요하지만, 시중에 나와 있는 네오픽셀 대부분은 커패시터를 포함하고 있으므로 커패시터 연결을 고민할 필요는 없다.

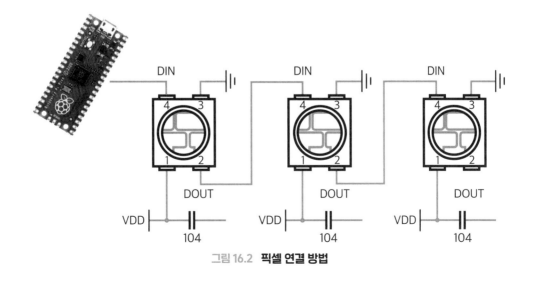

그림 16.2 **픽셀 연결 방법**

네오픽셀 링

이 장에서는 그림 16.3과 같이 24개의 픽셀을 원형으로 배열한 네오픽셀 링을 사용한다.

그림 16.3 네오픽셀 링

네오픽셀을 사용하기 위해서는 전용 라이브러리가 필요하다. 먼저 라이브러리를 라이브러리 홈페이지[1]에서 내려받는다. 내려받은 파일 중 neopixel.py를 라즈베리파이 피코의 루트 디렉터리 아래 'lib' 디렉터리('/lib')에 저장한다.

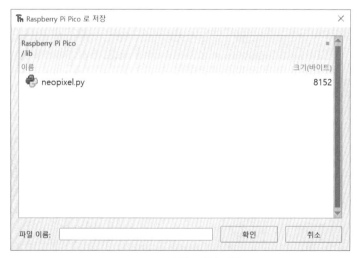

그림 16.4 라이브러리 저장

---

1   https://github.com/blaz-r/pi_pico_neopixel

네오픽셀 링을 그림 16.5와 같이 연결하자.

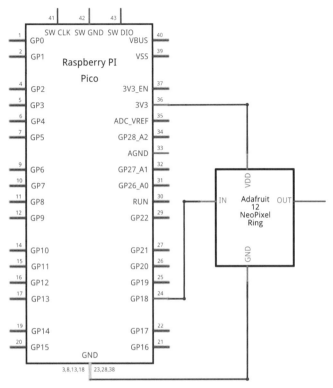

그림 16.5 **네오픽셀 링 연결 회로도**

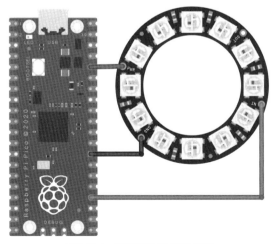

그림 16.6 **네오픽셀 링 연결 회로**

네오픽셀 제어를 위해서는 Neopixel 클래스의 객체를 생성하고 set_pixel 함수로 픽셀의 색상을 지정한 후 show 함수를 통해 지정한 색상이 나타나도록 하면 된다.

- ■ **Neopixel**

class neopixel.Neopixel(num_leds, state_machine, pin, mode)
　— 매개변수
　　num_leds: 픽셀 수
　　state_machine: 사용할 상태 기계 번호(0~8)
　　pin: 라즈베리파이 피코의 연결 핀
　　mode: 픽셀의 색상 배열로 'RGB', 'GRB', 'WRGB' 등 사용 가능

네오픽셀을 제어할 객체를 생성한다. 첫 번째 매개변수는 네오픽셀의 픽셀 수를, 두 번째 매개변수는 사용할 상태 기계(state_machine) 번호를, 세 번째 매개변수는 네오픽셀의 데이터 입력 핀과 연결된 라즈베리파이 피코 핀 번호를 지정한다.

상태 기계

라즈베리파이 피코에 사용된 RP2040 마이크로컨트롤러는 프로그래밍이 가능한 입출력(programmable input output, PIO)을 지원한다. 프로그래밍이 가능하다는 것은 핀을 통해 입출력되는 데이터를 처리할 수 있다는 의미다. 범용 입출력(general purpose input output, GPIO) 핀으로 입출력되는 데이터 역시 처리하는 것에는 차이가 없다. 그렇다면 GPIO와 PIO의 차이는 무엇일까? **PIO의 특징은 데이터를 처리할 때 CPU 를 사용하지 않는다는 점이다.** 즉, CPU의 도움 없이 별도의 전용 하드웨어를 통해 데이터를 처리할 수 있다. 이를 위해 RP2040은 8개의 프로그래밍이 가능한 상태 기계(state machine)를 제공하며 어셈블리어를 사용하여 상태 기계를 위한 프로그램을 작성할 수 있다.

마이크로컨트롤러는 간단한 제어장치를 만드는 데 사용되는 디지털 컴퓨터의 일종이므로 연산 능력과 메모리를 데스크톱 컴퓨터와 같이 자유롭게 사용할 수 없는 것이 사실이다. 따라서 마이크로컨트롤러를 위한 프로그램을 작성할 때는 자원(resource)의 효율적 사용이 중요하며 CPU 시간 역시 마찬가지다. PIO는 간단하면서 반복적인 처리를 CPU 지원 없이 수행하는 데 적합하다. 예를 들어, 펄스폭 변조 신호를 생성할 때 듀티 사이클을 계속 바꾸어야 한다면 PIO를 사용할 수 있다. 네오픽셀에서 픽셀을 위한 RGB 데이터를 출력하는 것 역시 PIO를 활용한 것이다.

- ■ **set_pixel**

Neopixel.set_pixel(pixel_num, rgb_w)
　— 매개변수

pixel_num: 픽셀 번호

rgb_w: 색상값 튜플로 (r, g, b) 또는 (r, g, b, w) 형식

지정한 번호의 픽셀을 지정한 색상값으로 설정한다. 설정한 색상은 show 함수를 호출할 때까지 표시되지 않는다.

■ show

Neopixel.show()

— 매개변수: 없음

설정한 색상값이 실제 네오픽셀에 나타나도록 한다.

코드 16.1은 24개의 픽셀 중 하나만 켜지도록 하고 켜지는 위치가 이웃한 픽셀로 옮겨 가도록 하는 코드다. 켜지는 픽셀이 옮겨 가는 시간 간격은 0.1초로 sleep 함수를 사용하여 구현하였다.

코드 16.1 하나씩 켜기 - sleep 함수 사용

```
01   from utime import sleep
02   from neopixel import Neopixel
03
04   number_pixel = 24
05   circle = Neopixel(number_pixel, 0, 18, 'GRB')
06   circle.brightness(20)                    # 밝기(0~255)
07
08   position = 0
09   red_color = (255, 0, 0)                   # (R, G, B) 형식
10   off_color = (0, 0, 0)
11
12   while True:
13       position = (position + 1) % number_pixel
14
15       for i in range(number_pixel):
16           if i == position:                # 켜지는 픽셀
17               circle.set_pixel(i, red_color)
18           else:                            # 꺼지는 픽셀
19               circle.set_pixel(i, off_color)
20       circle.show()
21
22       sleep(0.1)
```

sleep 함수를 사용하면 일정한 시간 간격으로 켜지는 픽셀이 옮겨 가도록 하는 것은 가능하지만, 대기하는 시간 동안에 다른 작업을 진행할 수 없으므로 다른 작업과 같이 진행하기는 어렵다. 이

런 경우라면 Timer를 통해 일정 시간 간격으로 지정한 함수가 자동으로 호출되도록 하는 방법을
사용할 수 있다. 코드 16.2는 코드 16.1과 같은 기능을 Timer를 사용하여 구현한 것이다.

코드 16.2 하나씩 켜기 – Timer 사용

```
01  from machine import Timer
02  from neopixel import Neopixel
03
04  number_pixel = 24
05  circle = Neopixel(number_pixel, 0, 18, 'GRB')
06  circle.brightness(20)              # 밝기(0~255)
07
08  position = 0
09  red_color = (255, 0, 0)            # (R, G, B) 형식
10  off_color = (0, 0, 0)
11
12  my_timer = Timer()
13
14  def move_pixel(_timer):
15      global position
16
17      position = (position + 1) % number_pixel
18
19      for i in range(number_pixel):
20          if i == position:
21              circle.set_pixel(i, red_color)
22          else:
23              circle.set_pixel(i, off_color)
24      circle.show()
25
26  # 초당 10회, 0.1초 간격으로 콜백 함수를 호출
27  my_timer.init(freq=10, mode=Timer.PERIODIC, callback=move_pixel)
```

코드 16.1과 코드 16.2는 24개 픽셀 중 하나의 픽셀만 단색으로 켜지만 네오픽셀은 RGB 각각을 8
비트로 나타내므로 2^{24}가지의 색상을 표현할 수 있다. 네오픽셀 링에 무지개색을 나타내보자. 무
지개색을 표현할 때 인접한 픽셀의 색이 자연스럽게 변하도록 하기 위해서는 HSV 모델을 사용하
는 것이 편리하다. 색상을 표현하는 대표적인 모델의 하나가 RGB 모델로 R, G, B 각 요소를 얼
마나 섞느냐에 따라 색이 달라진다. 반면 **HSV 모델은 색상**hue, **채도**saturation, **명도**value**로 색을 표현**
하는 방법이다. 색상은 우리가 흔히 이야기하는 빨강, 초록, 파랑 등을 말하며 색상값에 따른 색을
원으로 나타낸 것을 색상환이라고 한다. **색상환에서 바로 옆에 있는 색은 비슷한 색으로 색상값 역시**
비슷한 값을 가진다. 채도는 색의 선명한 정도를 나타내며 채도가 낮아질수록 흰색, 회색, 검은색
등 색상이 없는 무채색에 가까워진다. 명도는 색의 밝기를 나타내며 명도가 낮아질수록 검은색에
가까워진다.

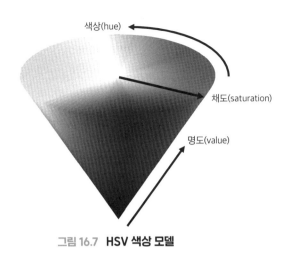

그림 16.7 HSV 색상 모델

그림 16.7에서 알 수 있듯이 **채도와 명도를 고정하고 색상값만 변경함으로써** 자연스럽게 변하는 무지개 색을 얻을 수 있다. HSV값에서 RGB값을 얻기 위해서는 colorHSV 함수를 사용하면 된다.

■ colorHSV

```
Neopixel.colorHSV(hue, sat, val)
 ─ 매개변수
    hue: 색상
    sat: 채도
    val: 명도
```

주어진 색상, 채도, 명도에 해당하는 RGB값을 튜플 형식으로 반환한다. 색상은 0~65535 사이의 값을 가지고 채도와 명도는 0~255 사이의 값을 가진다.

코드 16.3은 HSV 모델을 사용하여 네오픽셀 링에 무지개색을 나타내는 코드다. 색상은 16비트값으로 0~65535 사이의 값을 가지므로 이를 픽셀 수로 나눈 다음 색상환에서 같은 간격으로 24개의 색상을 선택함으로써 가능한 다양한 색을 표현하고, rotate_left 함수를 사용하여 색상을 회전시켰다.

■ rotate_left, rotate_right

```
Neopixel.rotate_left(num_of_pixels)
Neopixel.rotate_right(num_of_pixels)
 ─ 매개변수
    num_of_pixels: 왼쪽 또는 오른쪽으로 이동할 픽셀의 수
```

현재 네오픽셀에 표시된 색상값을 지정한 픽셀 수만큼 왼쪽 또는 오른쪽으로 원형으로 이동시킨다. rotate_left와 rotate_right 함수는 각 픽셀이 나타내는 색상값을 이동시키기만 하므로 이동시킨 후에는 show 함수를 호출해야 실제 네오픽셀에 표시된다.

코드 16.3 무지개색 나타내기

```
01  from time import sleep
02  from neopixel import Neopixel
03
04  number_pixel = 24
05  circle = Neopixel(number_pixel, 0, 18, "GRB")
06  circle.brightness(10)
07
08  def rainbow():                            # 무지개색 표현
09      hue_step = 65536 // number_pixel      # 65535를 픽셀 수로 나눔
10
11      for i in range(number_pixel):
12          # 65536 이상의 값이 나오는 경우 라이브러리에서 자동 조정
13          current_hue = hue_step * i
14          # (hue, saturation, value) 최댓값 (65535, 255, 255)
15          RGB_color = circle.colorHSV(current_hue, 255, 255)
16          circle.set_pixel(i, RGB_color)
17      circle.show()
18
19  rainbow(0)
20  while True:
21      # 원형 버퍼와 같은 방법으로 오른쪽으로 지정한 픽셀만큼 픽셀값 회전
22      circle.rotate_right(1)
23      circle.show()
24      sleep(0.1)
```

16.3 맺는말

네오픽셀은 RGB LED를 직렬로 연결하고 하나의 제어선으로 연결된 모든 LED의 제어가 가능한 표시장치를 가리킨다. RGB LED 하나를 제어하기 위해서도 PWM 출력이 가능한 3개의 연결선이 필요하지만, 네오픽셀에 사용된 WB2812(B) 픽셀은 전용 드라이버를 제공하므로 하나의 제어선만으로 제어가 가능하다. 또한, 제어 신호를 인접한 픽셀로 전달할 수 있으므로 여러 개의 픽셀을 직렬로 연결해도 필요한 제어선의 수는 하나뿐이다. 이러한 장점 덕분에 네오픽셀은 다양한 효과를 나타내기 위한 표시장치로 각광을 받고 있다.

네오픽셀을 사용할 때 주의할 점 중 한 가지는 WS2812(B)가 많은 전력을 소비하므로 전용 전원이 필요하다는 점이다. 이 장에서는 적은 수의 픽셀을 낮은 밝기로 사용하였으므로 라즈베리파이 피코의 3.3V 전원으로 충분했지만, 많은 수의 픽셀을 사용하는 경우라면 안정적인 동작을 위해 별도의 전용 전원이 필요할 수 있다.

정전식 터치 키패드

인체에 전기가 흐르는 특성을 사용하여 접촉과 비접촉 상태를 판별하는 터치 센서가 누르거나 뗀 상태를 입력할 수 있는 기계식 버튼 대신 사용되는 경우가 늘고 있다. 하지만 여러 개의 터치 센서를 동시에 제어하기는 번거로우므로 여러 개의 터치 센서가 필요한 경우에는 전용 컨트롤러와 함께 사용하는 것이 일반적이다. 이 장에서 12개의 터치 센서 상태를 I2C 통신으로 라즈베리파이 피코에 전달하기 위해 사용한 MPR121 컨트롤러가 그 예에 해당한다. 이 장에서는 MPR121 컨트롤러와 12개의 터치 버튼으로 이루어진 터치 키패드의 사용 방법에 대해 살펴본다.

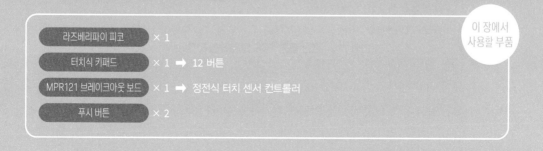

이 장에서
사용할 부품

라즈베리파이 피코	× 1
터치식 키패드	× 1 ➡ 12 버튼
MPR121 브레이크아웃 보드	× 1 ➡ 정전식 터치 센서 컨트롤러
푸시 버튼	× 2

정전식 터치 센서와 터치식 키패드

마이크로컨트롤러에서 흔히 사용하는 버튼은 푸시 버튼이다. 푸시 버튼은 버튼을 누르지 않은 상태에서 접점이 연결되지 않은 A형(NO$_{normal open}$ 타입)과 접점이 연결된 B형(NC$_{normal close}$ 타입)의 두 가지가 있다. 푸시 버튼의 버튼을 누르면 접점이 연결되거나(A형) 연결되지 않은(B형) 상태로 바뀌고, 버튼을 누르지 않으면 버튼 내부의 스프링에 의해 원래의 상태로 복귀한다. 마이크로컨트롤러에서 흔히 사용하는 푸시 버튼은 A형이다.

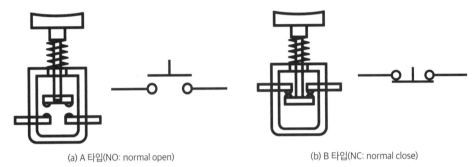

(a) A 타입(NO: normal open) (b) B 타입(NC: normal close)

그림 17.1 푸시 버튼의 내부 구조와 기호

푸시 버튼은 가격이 싸고 사용법이 간단해 많이 사용하고 있지만, 5장에서 살펴본 것처럼 내부 스프링에 의한 채터링chattering 또는 바운싱bouncing 현상이 발생할 수 있다.

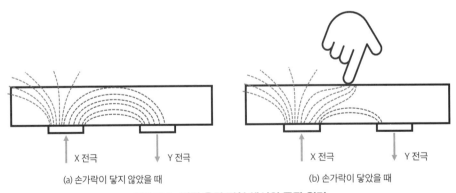

X 전극 Y 전극 X 전극 Y 전극

(a) 손가락이 닿지 않았을 때 (b) 손가락이 닿았을 때

그림 17.2 정전 용량 터치 센서의 동작 원리

최근 정전 용량 터치 센서capacitive touch sensor의 사용이 증가하고 있는데, 흔히 정전식 터치 센서라고 이야기한다. 정전 용량 터치 센서는 인체에 전기가 통한다는 특성을 이용한다. 즉, **인체 또는 전**

기가 통하는 물체가 접촉했을 때 발생하는 정전 용량의 차이를 통해 접촉 여부를 알아낸다. 그림 17.2는 손가락이 정전 용량 터치 센서에 닿지 않았을 때와 닿았을 때 터치 센서의 동작을 나타낸 것이다. 그림 17.2에서 볼 수 있는 것처럼 손가락이 닿았을 때 Y 전극으로 흐르는 전류의 양이 감소하는데, 이를 통해 손가락이 닿았음을 알아낼 수 있다. 정전 용량 터치 센서는 전류 변화를 기본으로 하고 있으므로 센서에 압력을 가하지 않고 닿기만 해도 검출이 가능하지만, 손톱으로 누르거나 장갑을 끼고 누르면 인식하지 못한다.

인체가 도체이기는 하지만 센서에서의 전류 변화는 아주 적으므로 주로 전용 컨트롤러를 사용하며 MPR121 역시 그중 하나다. **MPR121은 정전 용량 터치 센서를 위한 전용 컨트롤러로 최대 12개까지의 터치 센서를 연결할 수 있으며, I2C 통신을 통해 12개 센서의 터치 여부를 2바이트 데이터로 전송한다.** 그림 17.3은 MPR121 브레이크아웃 보드의 예로, 12개의 터치 센서 입력을 위한 연결 핀과 라즈베리파이 피코로 연결할 6개 핀을 가지고 있다. 6개 핀은 전원 2개(VCC와 GND), I2C 통신용 핀 2개(SDA와 SCL), I2C 주소 설정 핀 1개(ADDR), 그리고 터치 입력에 따른 인터럽트 신호 발생을 위한 핀 1개(IRQ)로 구성되어 있다.

그림 17.3 MPR121 브레이크아웃 보드

이 장에서는 MPR121 보드에 12개 버튼을 가진 키패드를 연결하여 사용한다.

그림 17.4 정전식 터치 키패드

터치식 키패드 사용 - 폴링 방식

MPR121 브레이크아웃 보드를 그림 17.5와 같이 라즈베리파이 피코에 연결하고, 정전식 터치 키 패드를 MPR121 브레이크아웃 보드와 12개 핀으로 연결하자. ADDR 핀의 연결에 따라 MPR121 칩의 I2C 주소를 변경할 수 있지만, 여기서는 GND에 연결하고 디폴트 I2C 주소인 0x5A를 사용한다. IRQ는 터치 센서 상태가 바뀔 때 발생하는 인터럽트 신호를 출력하기 위해 사용한다.

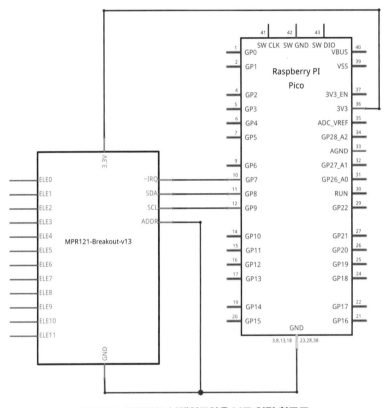

그림 17.5 **MPR121 브레이크아웃 보드 연결 회로도**

정전식 터치 키패드를 사용하기 위해서는 정전식 터치 센서 컨트롤러인 MPR121을 위한 라이브러리가 필요하므로 먼저 라이브러리 홈페이지[1]에서 내려받는다. 내려받은 파일 중 mpr121.py를 라즈베리파이 피코의 루트 디렉터리 아래 'lib' 디렉터리('/lib')에 저장한다.

---

1   https://github.com/mcauser/micropython-mpr121

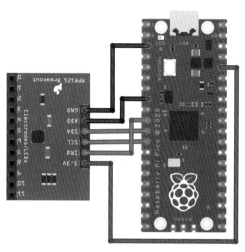

그림 17.6 **MPR121 브레이크아웃 보드 연결 회로**

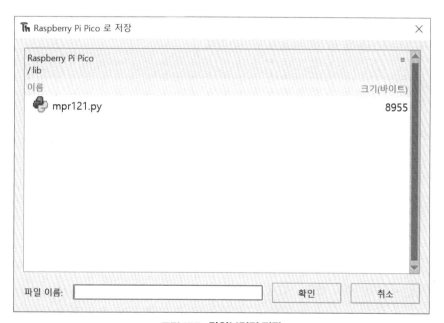

그림 17.7 **라이브러리 저장**

정전식 터치 키패드 제어를 위해서는 MPR121 클래스의 객체를 생성한 후 touched 함수를 사용하여 12비트의 값을 얻어 올 수 있다. 12개 핀 각각의 터치 여부는 is_touched 함수로 알아낼 수 있다.

- **MPR121**

```
class mpr121.MPR121(i2c, address)
— 매개변수
    i2c: I2C 포트 제어를 위한 객체
    address: I2C 주소
```

MPR121 브레이크아웃 보드 제어를 위한 객체를 생성한다. 객체를 생성할 때는 I2C 통신을 담당하는 I2C 클래스 객체를 지정한다. I2C 주소를 지정하지 않으면 디폴트값인 0x5A가 사용된다.

- **touched**

```
MPR121.touched()
— 매개변수: 없음
```

12개 센서의 터치 여부를 12비트의 값으로 반환한다.

- **is_touched**

```
MPR121.is_touched(electrode)
— 매개변수
    electrode: 센서 번호(0~11)
```

지정한 번호의 센서 터치 여부를 True 또는 False로 반환한다.

코드 17.1은 12개 터치 센서의 터치 상태를 1초에 한 번 확인하고 출력하는 것을 코드다. 각 센서의 상태는 touched 함수에서 반환하는 12비트의 값에서 서로 다른 위치의 비트로 표시되므로 2개 이상의 센서를 터치했을 때도 각각의 상태를 구별하여 알아낼 수 있다.

코드 17.1 터치 키패드 검사 – 폴링 방식

```
01  from machine import Pin, I2C
02  import time
03  import mpr121
04
05  i2c = I2C(0)
06  mpr = mpr121.MPR121(i2c)          # 터치 키패드 제어 객체
07
08  while True:
09      state = mpr.touched()         # 12개 센서 상태 읽기
10      print('{0:5d} : '.format(state), end='')
```

```
11
12     for e in range(12):            # 비트별로 센서 상태 출력
13         if state & (1 << e):
14             print('O ', end='')
15         else:
16             print('. ', end='')
17     print()
18
19     time.sleep(1)
```

```
>>> %Run -c $EDITOR_CONTENT
    0 : . . . . . . . . . . . .
    1 : O . . . . . . . . . . .
    2 : . O . . . . . . . . . .
    4 : . . O . . . . . . . . .
    8 : . . . O . . . . . . . .
   16 : . . . . O . . . . . . .
   32 : . . . . . O . . . . . .
   64 : . . . . . . O . . . . .
  128 : . . . . . . . O . . . .
  256 : . . . . . . . . O . . .
  512 : . . . . . . . . . O . .
 1024 : . . . . . . . . . . O .
 2048 : . . . . . . . . . . . O
```

17.3 터치식 키패드 사용 - 인터럽트 방식

코드 17.1에서는 일정한 시간 간격으로 센서 상태를 폴링polling 방식으로 확인하고 있다. 폴링 방식에서는 루프 내에서 센서 상태를 계속 확인해야 하는 데 비해, 인터럽트 방식을 사용하면 센서 상태가 변할 때 인터럽트 핀으로 LOW 신호를 출력하여 라즈베리파이 피코로 상태 변화를 알려줄 수 있다. 그림 17.5에서도 라즈베리파이 피코의 7번 핀에 인터럽트 핀(IRQ)이 연결되어 있으므로 7번 핀 입력이 HIGH에서 LOW로 바뀌는 시점에서 인터럽트가 발생하도록 설정하면 센서 상태가 바뀌는 시점에서 지정한 함수를 자동으로 호출할 수 있다.

범용 입출력 핀의 인터럽트 테스트를 위해 그림 17.8과 같이 2개의 버튼을 연결하자.

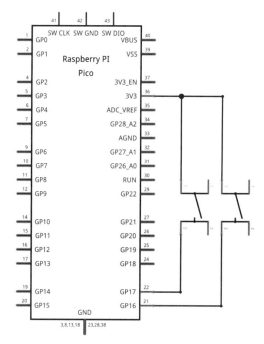

그림 17.8 **2개 버튼 연결 회로도**

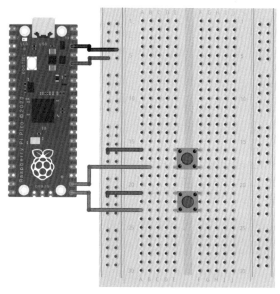

그림 17.9 **2개 버튼 연결 회로**

Pin 클래스의 irq 함수를 사용하면 버튼의 입력 변화를 감지할 수 있다.

■ **irq**

```
Pin.irq(trigger, handler)
```
— 매개변수
　　trigger: 핀의 상태 변화를 나타내는 상수
　　handler: 지정한 상태 변화가 감지되었을 때 호출할 콜백 함수

trigger에는 핀의 상태 변화를 나타내는 IRQ_FALLING이나 IRQ_RISING이 주로 사용되며, 버튼 입력이 HIGH에서 LOW로 변하는 하향falling 에지나 그 반대인 상향rising 에지에서 인터럽트가 발생함을 나타낸다. 인터럽트 발생 시 인터럽트 처리 함수 handler를 자동으로 호출한다.

코드 17.2는 16번 핀에 연결된 버튼을 누를 때 내장 LED를 반전시키는 코드다. 코드를 실행하고 버튼을 눌러 LED의 상태가 변하는 것을 확인해보자.

코드 17.2 버튼 입력에 의한 인터럽트 발생 및 처리

```
01   from machine import Pin
02
03   led = Pin(25, Pin.OUT)                        # 내장 LED
04   button = Pin(16, Pin.IN, Pin.PULL_DOWN)       # 풀다운 저항 사용
05
06   # 인터럽트를 발생시킨 핀 정보(Pin 클래스 객체)를 매개변수로 가짐
07   def button_handler(pin):
08       led.toggle()                             # LED 반전
09
10   led.value(0)                                 # LED는 꺼진 상태로 시작
11
12   # 버튼을 누를 때, 즉 HIGH 입력이 시작될 때 button_handler 함수를 호출하도록 설정
13   button.irq(trigger=Pin.IRQ_RISING, handler=button_handler)
```

인터럽트 처리 함수는 인터럽트를 발생시킨 핀 정보를 매개변수로 가진다. 따라서 **2개 이상의 핀이 같은 인터럽트 함수를 사용하고 매개변수로 인터럽트를 발생시킨 핀을 구별하는 것이 가능하다.** 코드 17.3은 그림 17.8에 연결된 2개의 버튼이 같은 인터럽트 처리 함수를 호출했을 때 이를 구별하는 방법을 보여준다.

코드 17.3 공통 인터럽트 처리 함수

```
01   from machine import Pin
02   from utime import sleep
03
04   led = Pin(25, Pin.OUT)                # 내장 LED
05   button1 = Pin(16, Pin.IN, Pin.PULL_DOWN)
```

```
06    button2 = Pin(17, Pin.IN, Pin.PULL_DOWN)
07
08    # 인터럽트를 발생시킨 핀 정보(Pin 클래스 객체)를 매개변수로 가짐
09    def button_handler(pin):
10        led.toggle()                        # LED 반전
11        sleep(0.2)
12        print(pin)                          # 인터럽트 발생 핀 정보 출력
13
14    led.value(0)                            # LED는 꺼진 상태로 시작
15
16    # 2개 버튼 모두 버튼을 누를 때 같은 인터럽트 처리 함수 호출
17    button1.irq(trigger=Pin.IRQ_RISING, handler=button_handler)
18    button2.irq(trigger=Pin.IRQ_RISING, handler=button_handler)
```

Thonny IDE 셸 실행 결과

```
>>> %Run -c $EDITOR_CONTENT
>>> Pin(16, mode=IN, pull=PULL_DOWN)
 Pin(16, mode=IN, pull=PULL_DOWN)
 Pin(16, mode=IN, pull=PULL_DOWN)
 Pin(17, mode=IN, pull=PULL_DOWN)
 Pin(17, mode=IN, pull=PULL_DOWN)
```

같은 방법으로 터치 센서의 입력이 변할 때 발생하는 인터럽트 신호를 사용하여 센서의 상태 변
화를 알아내는 것도 가능하다. MPR121 컨트롤러는 터치 센서 상태가 변할 때, 즉 키패드를 누를
때와 뗄 때 모두 인터럽트 신호를 출력하므로 이전 상태와 현재 상태를 비교함으로써 눌림 여부
를 구별할 수 있다. 다만, MPR121 컨트롤러는 인터럽트 신호로 LOW를 출력하므로 코드 17.2나
코드 17.3과 다르게 IRQ_FALLING 옵션을 사용해야 한다. 코드 17.4는 코드 17.1과 비슷한 동작을
인터럽트를 사용하여 구현한 것이다. 실행 결과에서 볼 수 있는 것처럼 버튼을 누를 때와 뗄 때
모두 인터럽트가 발생하고 있다.

코드 17.4 터치 키패드 검사 – 인터럽트 방식

```
01    from machine import Pin, I2C
02    import mpr121
03
04    i2c = I2C(0)
05    mpr = mpr121.MPR121(i2c)                # 터치 키패드 제어 객체
06
07    def handler(p):
08        state = mpr.touched()              # 12개 센서 상태 읽기
09        print('{0:5d} : '.format(state), end='')
10
11        for e in range(12):                # 비트별로 센서 상태 출력
12            if state & (1 << e):
13                print('O ', end='')
14            else:
```

```
15          print('. ', end='')
16      print()
17
18  # MPR121 컨트롤러의 상태가 변하면 LOW 입력 발생
19  # 풀업 저항을 사용하여 유휴 상태일 때 HIGH 입력이 가해지도록 설정
20  interrupt_pin = Pin(7, Pin.IN, Pin.PULL_UP)
21  # 키패드의 센서 상태가 변할 때, 즉 LOW 입력이 시작될 때
22  # handler 함수를 호출하도록 설정
23  interrupt_pin.irq(trigger=Pin.IRQ_FALLING, handler=handler)
```

Thonny IDE 셀 실행 결과

```
>>> %Run -c $EDITOR_CONTENT
>>>     1 : 0 . . . . . . . . . . .
      0 : . . . . . . . . . . . .
     16 : . . . . 0 . . . . . . .
      0 : . . . . . . . . . . . .
      2 : . 0 . . . . . . . . . .
     34 : . 0 . . . 0 . . . . . .
    290 : . 0 . . . 0 . . . 0 . .
     34 : . 0 . . . 0 . . . . . .
      2 : . 0 . . . . . . . . . .
    130 : . 0 . . . . . 0 . . . .
      2 : . 0 . . . . . . . . . .
      0 : . . . . . . . . . . . .
    512 : . . . . . . . . . 0 . .
      0 : . . . . . . . . . . . .
```

17.4 맺는말

터치 센서는 인체의 접촉 여부를 알아내기 위해 사용하는 센서로 인체와의 접촉에 따라 전기적인 특성이 변하는 원리를 이용한 것이다. 터치 센서는 간단한 터치식 버튼은 물론 스마트폰에서도 사용되고 있다. 이 장에서 사용한 터치 센서는 접촉 여부만을 알아낼 수 있지만, 스마트폰에 사용된 터치 센서는 터치 위치까지 알아낼 수 있다.

여러 개의 터치 센서를 사용한다면 전용 칩을 사용하는 것을 고려해볼 만하다. 이 장에서도 12개 터치식 버튼으로 이루어진 키패드를 MPR121 컨트롤러에 연결하여 사용하였다. MPR121 컨트롤러는 터치 센서를 12개까지 연결할 수 있고 각 센서의 상태를 12비트의 값으로 I2C 통신으로 전송한다. 또한, 터치 센서의 상태가 바뀌었을 때 인터럽트 신호를 발생시킬 수 있으므로 라즈베리

파이 피코의 입력 핀을 인터럽트 처리가 가능하도록 설정하면 메인 루프에서 계속해서 센서의 상태를 검사하지 않아도 센서 상태가 바뀌는 시점을 정확하게 알아내고 처리할 수 있다. 마이크로컨트롤러에서 사용되는 터치 센서는 터치 버튼 또는 이 장에서 사용한 터치 키패드가 대표적인 예지만, 이 밖에도 다양한 형태의 터치 센서가 존재하므로 자연스러운 사용자 상호작용을 위한 입력장치로 고려해볼 수 있다.

초음파 거리 센서

거리 측정은 기본적인 감지 기술의 하나로 다양한 분야에서 활용하고 있다. 거리를 측정하는 방법은
여러 가지가 있지만, 초음파를 이용한 거리 측정 센서는 가격이 저렴하고 사용법이 간단해서 흔히
사용하는 방법이다. 이 장에서는 초음파 거리 센서의 원리와 사용 방법에 대해 알아본다.

이 장에서
사용할 부품

라즈베리파이 피코	× 1	
초음파 거리 측정 센서	× 1 ➡ HC-SR04	
액티브 버저	× 1	

초음파 거리 센서

거리나 길이는 측정 방법이 다양하고 활용 분야가 넓어 일상생활에서도 거리나 길이를 활용한 제품을 흔히 접할 수 있다. 거리 측정에 사용하는 센서로는 자동차 후방 감지에 사용되는 초음파 거리 센서, 로봇 청소기나 공기청정기 등의 가전제품에서 흔히 사용하는 적외선 거리 센서, 자율 주행 자동차에서 사용하는 라이다light detection and ranging, LiDAR 센서 등이 있다.

이 중 이 장에서 사용하는 초음파 거리 센서는 한 점까지의 거리만 측정할 수 있고 측정 범위도 짧지만, 가격이 싸고 사용법이 간단하여 마이크로컨트롤러와 함께 사용되는 예를 쉽게 찾을 수 있다. 초음파 거리 센서는 우천 시에는 물론이거니와 물속에서 사용할 수도 있지만, **온도에 따라 초음파의 전파 속도가 달라진다**는 점을 고려해야 한다. 또한 천과 같은 재질은 초음파를 흡수하므로 **반사면의 재질에 따라 초음파 거리 센서로는 거리 측정이 불가능한 경우가 생길 수 있다.** 초음파 거리 센서는 RCremote controlled 자동차나 자율 주행 자동차 등에서 장애물 검사용으로 마이크로컨트롤러와 함께 흔히 사용된다.

초음파 거리 센서는 초음파를 이용하여 거리를 측정하는 센서로 발신부와 수신부로 구성된다. 발신부는 (+)와 (–) 전압을 압전소자에 번갈아 가해주면 압전소자의 변형으로 진동이 발생하고, 진동으로 초음파가 발생하는 역압전효과를 이용하여 초음파를 만든다. 수신부는 발신부에서 발생한 초음파가 물체에 반사되어 돌아오는 반사파에 의해 압전소자가 진동하고, 진동으로 전압이 발생하는 정압전효과를 이용한다. **초음파 거리 센서는 발신부에서 초음파를 출력한 시간과 수신부에서 반사파가 감지된 시간을 기초로 거리를 계산한다.**

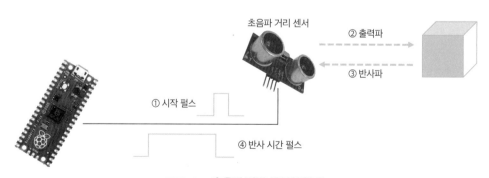

그림 18.1 **초음파 거리 센서의 원리**

초음파는 지향성과 직진성이 높으며 공기 중에서는 20℃에서 약 344.3m/s의 일정한 속도로 진행한다. 초음파를 이용한 대표적인 예가 자동차의 후방 경보 시스템이다. 이 밖에도 물체 검출, 물체 크기 측정, 수위 측정 등 다양한 분야에서 초음파 거리 센서를 활용하고 있다. 초음파 거리 센서는 발신부와 수신부의 결합 상태에 따라 일체형과 분리형으로 나눌 수 있다. 일체형의 경우 발신부와 수신부가 하나로 합쳐진 형태로 작은 공간을 요구하는 반면 센서 구성이 복잡해질 수 있다. 분리형은 발신부와 수신부가 분리된 형태로 이 장에서도 분리형 초음파 거리 센서를 사용한다.

그림 18.2 **초음파 거리 센서**

그림 18.2의 초음파 거리 센서는 4개의 연결 핀을 가지고 있다. 이 중 2개는 전원 연결 핀이며, 나머지 2개는 거리 측정에 사용하는 트리거trigger, TRIG와 에코echo, ECHO 핀이다. 트리거 핀은 거리 측정 시작 신호를 출력하는 핀이며, 에코 핀은 반사파 감지 여부를 출력하는 핀이다. 초음파 거리 센서로 거리를 측정하는 방법은 다음과 같다.

① 트리거 핀으로 10μs의 펄스를 출력하여 거리 측정을 시작한다.
② 트리거 핀의 펄스에 의해 거리 측정에 들어가면 초음파 거리 센서의 발신부는 초음파 펄스를 출력한다.
③ 초음파 펄스 출력이 끝나면 에코 핀은 HIGH 상태가 되고, 초음파 거리 센서의 수신부는 물체에 반사되어 돌아오는 반사파를 기다린다.
④ 초음파 거리 센서의 수신부가 반사파를 감지하면 에코 핀은 LOW 상태로 바뀌면서 거리 측정이 끝난다.
⑤ 라즈베리파이 피코에서는 에코 핀이 HIGH에서 LOW로 변하기까지의 펄스 길이를 바탕으로 거리를 계산한다.

그림 18.3은 초음파 거리 센서로 거리를 측정하는 과정을 나타낸 것이다.

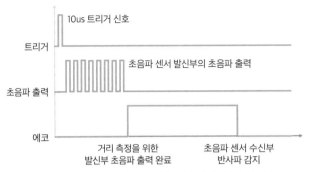

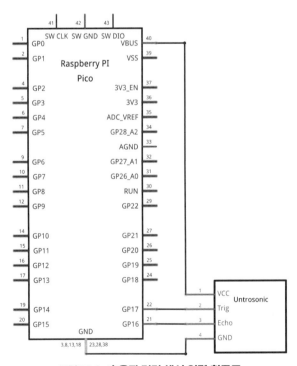 추가 설명

트리거
10us 트리거 신호

초음파 출력
초음파 센서 발신부의 초음파 출력

에코
거리 측정을 위한
발신부 초음파 출력 완료

초음파 센서 수신부
반사파 감지

그림 18.3 초음파 거리 센서로 거리를 측정하는 과정

18.2 초음파 거리 센서 사용

초음파 거리 센서를 그림 18.4와 같이 라즈베리파이 피코에 연결하자. 초음파 거리 센서는 5V에서 동작하므로 라즈베리파이 피코의 5V를 연결해야 한다.

그림 18.4 초음파 거리 센서 연결 회로도

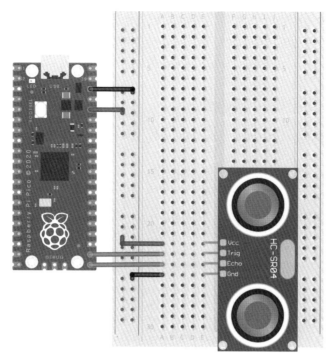

그림 18.5 **초음파 거리 센서 연결 회로**

초음파 거리 센서를 사용하기 위해서는 먼저 전용 라이브러리를 설치해야 한다. 초음파 거리 센서를 위한 라이브러리를 라이브러리 홈페이지[1]에서 내려받는다. 내려받은 hcsr04.py 파일을 라즈베리파이 피코의 루트 디렉터리 아래 'lib' 디렉터리('/lib')에 저장한다.

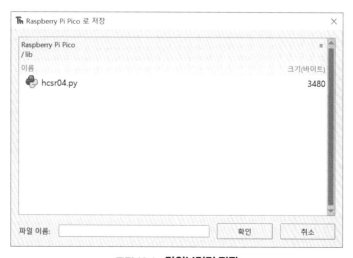

그림 18.6 **라이브러리 저장**

---

1   https://github.com/rsc1975/micropython-hcsr04

초음파 거리 센서를 사용하기 위해서는 객체를 생성한 후 센티미터 단위의 거리를 얻는 distance_cm 함수나 밀리미터 단위의 거리를 얻는 distance_mm 함수를 호출하기만 하면 된다. 객체를 생성할 때는 트리거와 에코를 위한 핀과 거리를 측정하기 위한 최대 대기시간을 설정할 수 있다.

■ HCSR04

class hcsr04.HCSR04(trigger_pin, echo_pin, echo_timeout_us)
— 매개변수
trigger_pin: 트리거 신호를 내보낼 핀 번호
echo_pin: 에코 신호를 수신할 핀 번호
echo_timeout_us: 에코 신호 수신 대기시간

트리거 신호와 에코 신호를 위한 핀 번호를 사용하여 초음파 거리 센서를 위한 객체를 생성한다. 이때 에코 신호 수신 대기시간을 지정할 수도 있다. 대기시간을 길게 설정하면 더 먼 거리를 측정할 수 있지만, 초음파 거리 센서의 최대 측정 거리는 4m이고 디폴트값도 이에 맞게 설정되어 있다. 대기시간 이내에 에코 신호를 수신하지 못하면 OSError가 발생한다.

■ distance_cm

HCSR04.distance_cm()
— 매개변수: 없음

거리를 센티미터 단위로 반환한다. 거리 계산에서는 실수 연산을 사용한다.

■ distance_mm

HCSR04.distance_mm()
— 매개변수: 없음

거리를 밀리미터 단위로 반환한다. 거리 계산에서 실수 연산을 사용하지 않는다.

코드 18.1은 초음파 거리 센서로 1초에 한 번 거리를 측정하여 출력하는 코드다.

🖥 코드 18.1 **초음파 거리 센서로 거리 측정**

```
01  from hcsr04 import HCSR04
02  import time
03
04  sensor = HCSR04(trigger_pin=17, echo_pin=16)   # 객체 생성
05
```

```
06    while True:
07      try:
08        distance = sensor.distance_cm()
09        print('Distance:', distance, 'cm')        # 거리 측정
10      except OSError as ex:                        # 거리 측정 실패
11        print('ERROR getting distance:', ex)
12
13      time.sleep(1)
```

```
>>> %Run -c $EDITOR_CONTENT
Distance: 13.95189 cm
Distance: 27.04468 cm
Distance: 39.82818 cm
Distance: 44.86254 cm
Distance: 51.18556 cm
Distance: 51.80412 cm
Distance: 45.94501 cm
Distance: 39.67354 cm
Distance: 34.38144 cm
Distance: 27.85223 cm
Distance: 21.08248 cm
Distance: 17.25086 cm
Distance: 15.10309 cm
Distance: 11.2543 cm
Distance: 7.319588 cm
```

그림 18.4의 회로도에 액티브 버저를 연결해서 일정 거리 이내에서 물체를 감지하면 경고음을 출력하도록 해보자. 버저buzzer는 직류로 구동하는 음향 장치로 초음파 거리 센서와 마찬가지로 압전효과를 통해 진동을 발생시키고 그 결과로 소리를 내는 장치다. 압전효과는 피에조 효과라고도 하며 버저는 흔히 피에조 버저라고 부른다.

피에조 버저는 다시 액티브active 버저와 패시브passive 버저로 나눌 수 있다. **액티브 버저는 발진 회로를 제공하므로 ON/OFF 신호만으로 버저음을 낼 수 있다.** 하지만 액티브 버저 내부의 발진 회로는 고정된 주파수의 단음만을 낼 수 있으므로 간단한 경고음 등을 내는 데 주로 사용한다. 반면 발진 회로가 없는 **패시브 버저는 PWM 신호를 사용하여 원하는 주파수의 버저음을 낼 수 있다.** 액티브 버저와 패시브 버저는 모두 극성이 있으며 윗면에 극성이 표시되어 있다.

그림 18.8과 같이 액티브 버저를 추가하자.

(a) 액티브 버저

(b) 패시브 버저

그림 18.7 액티브 버저와 패시브 버저

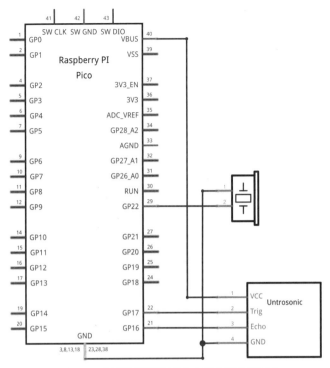

그림 18.8　초음파 센서와 액티브 버저 연결 회로도

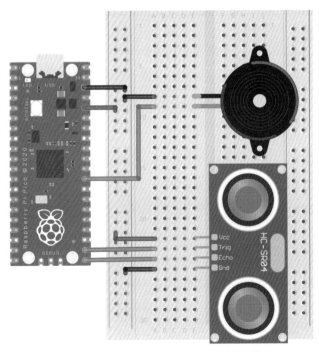

그림 18.9　초음파 센서와 액티브 버저 연결 회로

코드 18.2는 초음파 거리 센서로 측정한 물체까지의 거리가 15cm 이내일 때 경고음을 내는 코드다. 액티브 버저는 연결된 핀을 통해 HIGH를 출력하는 것만으로 소리를 낼 수 있으므로 HIGH 또는 LOW만 출력하면 된다.

코드 18.2 초음파 거리 센서를 이용한 경보 시스템

```
01  from machine import Pin
02  from hcsr04 import HCSR04
03  import time
04
05  sensor = HCSR04(trigger_pin=17, echo_pin=16)   # 객체 생성
06  buzzer = Pin(22, Pin.OUT)                       # 버저 연결 핀
07
08  THRESHOLD = 15                                  # 버저 동작을 위한 임계치
09  state_previous = False                          # 이전 버저 상태
10
11  while True:
12      try:
13          distance = sensor.distance_cm()
14          print('Distance:', distance, 'cm')     # 거리 측정
15
16          if distance <= THRESHOLD:               # 물체가 임계치 내로 들어오고
17              if state_previous == False:         # 버저가 정지 상태이면
18                  buzzer.value(1)                 # 버저 동작
19                  print("Buzzer ON !")
20              state_previous = True               # 버저 동작 상태
21          else:                                   # 물체가 임계치 밖으로 벗어나고
22              if state_previous == True:          # 버저가 동작 상태이면
23                  buzzer.value(0)                 # 버저 정지
24                  print("Buzzer OFF !")
25              state_previous = False
26      except OSError as ex:                       # 거리 측정 실패
27          print('ERROR getting distance:', ex)
28
29      time.sleep(0.5)
```

Thonny IDE 셸 실행 결과

```
>>> %Run -c $EDITOR_CONTENT
Distance: 20.80756 cm
Distance: 18.19588 cm
Distance: 14.2268 cm
Buzzer ON !
Distance: 12.35395 cm
Distance: 12.90378 cm
Distance: 9.432989 cm
Distance: 7.66323 cm
Distance: 5.996563 cm
Distance: 7.66323 cm
```

```
Distance: 13.65979 cm
Distance: 18.00687 cm
Buzzer OFF !
Distance: 19.38144 cm
Distance: 20.99656 cm
Distance: 25.17182 cm
```

18.3 맺는말

거리는 일상생활에서도 흔히 접하는 기본적인 물리량 중 하나로, 자동차의 후방 장애물 감지, 로봇 청소기의 장애물 감지 등 거리 측정 센서를 적용한 예를 주변에서도 쉽게 찾아볼 수 있다. 예를 든 두 가지 모두 물체까지의 거리를 측정한다는 점은 같지만, 자동차가 초음파 센서를 사용하는 반면 로봇 청소기는 적외선 센서를 사용한다는 점에서 차이가 있다. 초음파 거리 센서와 적외선 거리 센서는 대표적인 거리 측정용 센서로, 정밀한 거리 측정이 필요하지 않을 때 흔히 사용하는데, 그 특성이 서로 달라 사용처 또한 다르다. 이 장에서는 초음파 거리 센서의 사용 방법에 대해 살펴보았다.

초음파 거리 센서와 적외선 거리 센서 이외에 최근 주목을 받는 것이 레이저를 이용한 라이다 센서다. 라이다 센서는 산업용 정밀 측정, 국방 분야 장비, 우주선 등에서 사용해왔는데, 최근 무인 자동차에서 채택하면서 많은 관심을 받고 있다. 초음파나 적외선 거리 센서가 한 점까지의 거리를 측정하는 데 비해 라이다 센서는 일정 범위를 스캔하는 방식으로 동작하며 자동차에서 사용하는 라이다 센서 중에는 360도 스캔이 가능한 것도 있다. 다른 센서에 비해 정밀한 측정이 가능한 대신 가격이 비싸고 많은 데이터를 처리해야 하는 점에서 마이크로컨트롤러에서 사용하기가 쉽지 않을 수 있다는 점은 염두에 두어야 한다.

모터

모터는 전자기유도 현상을 사용하여 전기에너지를 운동에너지로 변환하는 장치로 움직임을 구현하기 위해 필수적인 부품의 하나다. 마이크로컨트롤러에서 사용하는 모터는 종류가 다양하고 그 특성이 서로 다르므로 용도에 맞게 선택해야 한다. 이 장에서는 마이크로컨트롤러와 함께 흔히 사용하는 DC 모터, 서보 모터 그리고 스테핑 모터의 동작 원리와 이들 모터를 제어하는 방법을 살펴본다.

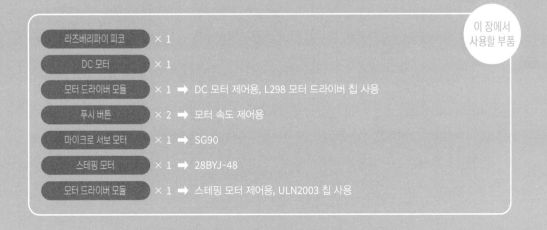

이 장에서 사용할 부품

라즈베리파이 피코	× 1
DC 모터	× 1
모터 드라이버 모듈	× 1 ➡ DC 모터 제어용, L298 모터 드라이버 칩 사용
푸시 버튼	× 2 ➡ 모터 속도 제어용
마이크로 서보 모터	× 1 ➡ SG90
스테핑 모터	× 1 ➡ 28BYJ-48
모터 드라이버 모듈	× 1 ➡ 스테핑 모터 제어용, ULN2003 칩 사용

19.1 모터

모터는 전기장의 변화에 따라 자기장의 변화가 발생하고 자기장의 인력과 척력에 의해 움직임을 만들어내는 장치로 주변에서 다양한 종류의 모터를 사용하는 경우를 쉽게 찾아볼 수 있다. 마이크로컨트롤러에서는 DC$_{direct\ current}$ 모터, 서보$_{servo}$ 모터, 스테핑$_{stepping}$ 모터 등을 흔히 사용한다. 모든 모터의 기본 원리는 같지만, 모터에 따라 다음과 같은 특징이 있다.

- DC 모터: 축이 연속적으로 회전하고 전원이 끊어질 때 정지하는 모터다. 정지할 때는 관성으로 인해 정확한 정지 위치를 지정할 수는 없지만, 가격이 저렴하고 제어가 간단해서 흔히 사용된다.

- 서보 모터: DC 모터의 한 종류로, DC 모터에 귀환 제어 회로를 추가하여 정확한 위치 제어가 가능하다. 귀환 제어 회로로 인해 가격이 비싼 단점을 정밀 제어가 가능하다는 장점이 상쇄해준다.

- 스테핑 모터: 전원을 공급하면 축이 일정 각도를 회전하고 멈추는 모터로, 축을 연속적으로 회전시키기 위해서는 모터에 펄스열을 전달해야 한다. 이때 하나의 펄스에 반응하여 회전하는 양을 분할각$_{step\ angle}$이라고 한다. 스테핑 모터는 회전 정도를 제어하기 쉬운 장점은 있지만, 분할각 단위로만 제어할 수 있는 한계가 있다. 스텝$_{step}$ 모터, 스테퍼$_{stepper}$ 모터 등으로도 불린다.

이처럼 각각의 모터는 특징이 서로 다르므로 사용하고자 하는 목적에 맞는 모터를 선택하는 것이 관건이다. 먼저 DC 모터부터 살펴보자.

19.2 DC 모터

DC 모터는 모터 중에서 가장 먼저 만들어진 모터다. DC 모터를 포함하여 모든 모터는 고정자와 회전자로 구성되며, 고정자와 회전자 모두 자석으로 이루어져 자석 사이의 인력과 척력에 의해 회전이 발생한다. 자석은 영구자석과 전자석의 두 종류가 있으므로 표 19.1과 같이 네 가지 조합으로 모터를 구성할 수 있다.

표 19.1　**고정자와 회전자 조합에 따른 모터의 종류**

-	브러시드 모터	브러시리스 모터	션트 모터
고정자	영구자석	영구자석	전자석	전자석
회전자	영구자석	전자석	영구자석	전자석
비고	회전이 발생하지 않음	브러시 마모로 수명이 짧음	-	큰 회전력을 얻을 수 있음

모터가 회전하기 위해서는 고정자나 회전자 중 하나 이상은 자기장을 변화시킬 수 있어야 하므로 고정자와 회전자가 모두 영구자석인 경우는 모터로 사용할 수 없다. 고정자와 회전자가 모두 전자석인 경우는 네 가지 조합 중 가장 큰 힘을 발휘하므로 기차, 자동차 등에서 사용한다. 마이크로 컨트롤러와 함께 사용되는 모터는 고정자와 회전자 중 하나는 영구자석, 다른 하나는 전자석으로 이루어진 브러시드brushed 모터와 브러시리스brushless 모터다. 두 모터의 차이는 단어 의미 그대로 브러시brush 유무에 있다. DC 모터와 서보 모터는 브러시드 모터와 브러시리스 모터 모두 마이크로컨트롤러와 함께 사용된다. 반면 스테핑 모터는 브러시리스 모터가 주로 사용된다. 브러시드 DC 모터의 구성은 그림 19.1과 같다.

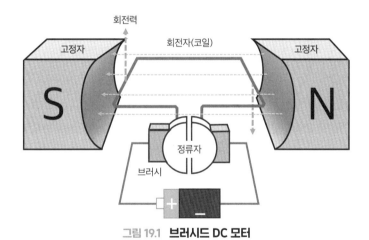

그림 19.1　브러시드 DC 모터

그림 19.1의 브러시드 DC 모터에서는 회전자가 전자석으로 만들어져 있다. 전자석에 가하는 전압의 방향에 따라 N극과 S극이 번갈아 만들어지고 바깥쪽의 영구자석과 척력이 발생하여 회전자는 계속 회전할 수 있다. 이때 코일에 가해지는 전압 방향을 바꾸는 것이 중요하며 이를 위해 필요한 것이 브러시와 정류자다. **정류자**commutator**는 회전축의 양쪽에 금속을 붙여서 만들고 회전축이 반 바퀴 회전할 때마다 코일에 흐르는 전류의 방향을 바꾸어준다. 정류자에 전력을 공급하는 역할을 하는 것이 브러시로, 정류자와 브러시는 접촉을 통해 전력을 공급한다.** 따라서 정류자의 회전에 따라 접촉하고 있는 브러시의 마모와 더불어 열이 발생하여 모터가 뜨거워지는 등의 문제가 일어난다. 브러시리스

모터는 회전자를 영구자석으로 만들어 이러한 단점을 없앴다. 브러시리스 모터는 수명이 길고 발열이 적으며 효율이 높아 작은 크기로도 큰 힘을 얻을 수 있다. 반면 가격이 비싸고 제어가 어려운 단점도 가지고 있다. 이 장에서는 브러시드 DC 모터를 사용한다.

DC 모터는 2개의 연결선만 제공하므로 연결선을 전원에 연결하는 순서에 따라 모터의 회전 방향이 결정된다. 또한 PWM 신호를 사용하여 간단하게 속도 제어가 가능하다. 하지만 DC 모터를 사용하는 경우 기억해야 할 점이 있다. 첫 번째는 **모터에 충분한 전력을 공급하기 위해 모터 전용 전원이 필요하다**는 점이고, 두 번째는 **속도와 방향 제어를 위해 H 브리지 회로가 필요하다**는 점이다.

DC 모터의 연결선 하나를 마이크로컨트롤러의 데이터 핀에 연결하고 다른 하나를 GND에 연결한 후 데이터 핀으로 HIGH를 출력하면 모터가 회전하고 PWM 신호로 회전 속도 역시 조절할 수 있을 것으로 생각하기 십상이다. 하지만 모터 구동을 위해서는 많은 전류가 필요하며, 데이터 핀으로 공급할 수 있는 전류는 아주 적다는 점을 염두에 두어야 한다. 라즈베리파이 피코의 디지털 출력 핀으로 공급할 수 있는 최대 전류는 수십 mA에 불과하다.

DC 모터를 포함해서 모터 대부분은 마이크로컨트롤러의 데이터 핀으로 공급할 수 있는 것보다 많은 전류를 필요로 하며, 데이터 핀에서의 출력 레벨보다 높은 전압이 필요한 경우도 많다. 따라서 DC 모터를 사용할 때는 라즈베리파이 피코를 위한 전원과는 별도로 모터 전용 전원을 사용하고, 디지털 출력 핀은 전원을 제어하는 스위치 역할을 하도록 구성하는 것이 일반적이다. 디지털 출력 핀으로 전원을 제어하기 위해 흔히 사용하는 것이 트랜지스터다. **디지털 출력 핀으로 출력되는 낮은 전압과 적은 전류로 모터 구동에 필요한 높은 전압과 많은 전류를 제어해주는 것이 트랜지스터의 역할이다.**

전용 전원과 트랜지스터를 사용하면 많은 전력을 소모하는 모터에 충분한 전력을 공급할 수 있지만, 이것만으로는 충분하지 않다. DC 모터 사용에서 또 다른 문제점은 전원을 연결하는 방향에 따라 DC 모터의 회전 방향이 결정된다는 점으로, 모터를 연결한 후에는 회전 방향을 변경하기가 쉽지 않다. 따라서 **DC 모터의 연결 핀에 (+) 또는 (–) 전원을 선택해서 연결하는 방법이 필요하며, 이를 위해 H 브리지**bridge **회로를 사용한다.** H 브리지 회로는 그림 19.2와 같이 4개의 스위치로 표현할 수 있다. H 브리지 회로는 스위치 1(S1)과 4(S4)가 눌러진 경우와 스위치 2(S2)와 3(S3)이 눌러진 경우 모터에 가해지는 전압이 서로 반대가 되는 원리를 이용하여 모터에 가해지는 전원 방향을 조절하고, 이를 통해 모터의 회전 방향을 제어한다. H 브리지 회로에서 사용하는 스위치 역시 트랜지스터로 만들어진다.

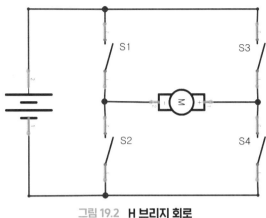

그림 19.2 **H 브리지 회로**

모터의 속도 제어를 위해서는 PWM 신호를 사용한다. 예를 들어, PWM 신호를 H 브리지 회로의 스위치 개폐에 사용함으로써 평균적으로 모터에 공급되는 전력을 조절하고, 이를 통해 모터의 속도를 제어할 수 있다. 이처럼 트랜지스터와 H 브리지 회로를 사용하면 모터에 필요한 전력 공급 문제와 모터의 속도 및 방향 제어 문제를 해결할 수 있다.

모터 제어에서 전용 전원 연결과 회전 방향 및 속도 제어를 담당하는 전용 칩을 모터 드라이버 motor driver 칩 또는 간단히 모터 드라이버라고 부른다. 또한, 모터 드라이버에 모터와 전용 전원 연결 커넥터 등 필요한 부품을 추가하여 만든 모듈을 모터 드라이버 모듈이라고 한다. DC 모터 제어를 위한 모터 드라이버로는 L293, L298 등을 흔히 사용하며, 이 장에서는 L298을 사용한다. 그림 19.3은 L298 모터 드라이버를 사용하여 만든 모터 드라이버 모듈의 연결 핀을 나타낸 것이다.

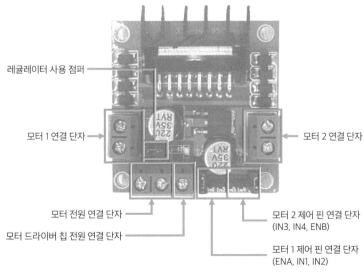

레귤레이터 사용 점퍼

모터 1 연결 단자

모터 2 연결 단자

모터 전원 연결 단자

모터 드라이버 칩 전원 연결 단자

모터 2 제어 핀 연결 단자
(IN3, IN4, ENB)

모터 1 제어 핀 연결 단자
(ENA, IN1, IN2)

그림 19.3 **모터 드라이버 모듈**

그림 19.3의 모터 드라이버 모듈에서 L298 모터 드라이버 칩을 위한 전원은 두 가지 방법으로 공급할 수 있다. 첫 번째는 '모터 드라이버 칩 전원 연결 단자'에 L298 모터 드라이버 칩을 위한 5V 전원을 연결하는 것이다. 두 번째는 모터 구동을 위한 전원에서 L298 모터 드라이버 칩을 위한 전원을 만들어 사용하는 것이다. 두 번째 방법을 사용하기 위해서는 레귤레이터 사용 점퍼를 연결해야 한다. 모터 구동을 위한 전원을 연결하는 모터 전원 연결 단자에는 최대 46V의 전원을 연결할 수 있다.

그림 19.3의 모터 드라이버 모듈에는 2개의 모터를 연결할 수 있으며, 하나의 모터를 제어하기 위해 [Enable A(ENA), Input 1(IN1), Input 2(IN2)] 또는 [Enable B(ENB), Input 3(IN3), Input 4(IN4)]의 3개 제어선을 사용한다. 제어선 중 **Enable 입력이 HIGH인 상태에서만 모터를 제어할 수 있으며**, LOW인 상태에서 모터는 정지한다. **나머지 2개의 입력**Input **핀이 모터의 회전 방향을 결정한다.** 표 19.2는 모터 드라이버 칩의 입력 핀에 가하는 신호에 따른 모터의 동작을 나타낸 것이다. 기본적으로 모터에 주어지는 입력 신호가 LOW-LOW 또는 HIGH-HIGH로 서로 같은 경우 모터는 정지하고, 서로 다른 입력이 주어질 때만 회전한다. 물론 Enable 핀에 HIGH를 가해 모터가 제어 가능한 상태에 있는 경우에만 모터를 제어할 수 있다.

표 19.2 **모터 제어 신호**

Enable	Input n	Input n+1	설명
LOW	–	–	정지
HIGH	LOW	LOW	정지
HIGH	LOW	HIGH	정회전
HIGH	HIGH	LOW	역회전
HIGH	HIGH	HIGH	정지

Input 핀은 그림 19.2의 H 브리지 회로에서 스위치 개폐를 통해 모터에 가하는 전압의 방향을 결정하는 역할을 하며 이를 통해 정회전과 역회전을 선택할 수 있다. 반면 **모터의 속도는 Enable 핀에 PWM 신호를 가하여 조절할 수 있다.** 따라서 모터의 속도를 제어해야 한다면 Enable 핀은 PWM 신호 출력이 가능한 핀에 연결해야 하지만, 속도 제어 없이 회전 방향 제어만 필요하다면 Enable 핀을 VCC에 연결하거나 디지털 출력 핀에 연결한 후 HIGH를 출력하면 된다.

모터 드라이버 칩의 동작 전압이 5V이므로 제어 핀의 논리 레벨 역시 5V를 기준으로 한다. 하지만 5V 기준 전압을 사용할 때 3.3V가 가해져도 논리 1로 인식하므로 3.3V 논리 레벨을 사용하는 라즈베리파이 피코의 데이터 핀을 사용하여 모터 드라이버를 제어할 수 있다.

모터 드라이버 모듈과 모터를 그림 19.4와 같이 라즈베리파이 피코에 연결하자. 모터를 위한 전용 전원을 사용할 때 모터 전원과 라즈베리파이 피코의 그라운드를 서로 연결해야 한다는 점에 주의해야 한다. 그림 19.3의 모터 드라이버 모듈에는 2개의 모터를 연결할 수 있지만, 두 모터의 제어 방법이 같으므로 이 장에서는 1개의 모터만 연결하여 사용한다.

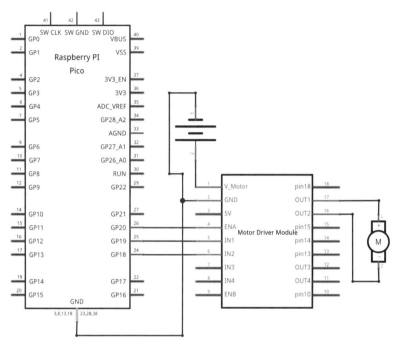

그림 19.4 **모터 드라이버 모듈과 모터 연결 회로도**

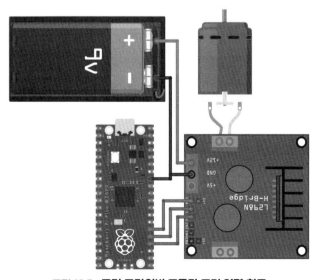

그림 19.5 **모터 드라이버 모듈과 모터 연결 회로**

코드 19.1은 모터를 정방향과 역방향으로 회전하는 코드로, Enable A 핀으로 HIGH를 출력하여 모터를 최고 속도로 회전시키고 있다.

📇 코드 19.1 모터의 정방향 및 역방향 회전

```
01   from machine import Pin, PWM
02   from time import sleep
03
04   pin1 = Pin(19, Pin.OUT)        # 모터 제어 핀 1
05   pin2 = Pin(18, Pin.OUT)        # 모터 제어 핀 2
06
07   enable = Pin(20, Pin.OUT)      # 모터 활성화
08   enable.value(1)                # HIGH를 출력, 모터를 제어 가능한 상태로
09
10   def forward():                 # 전진
11       global pin1, pin2
12       pin1.value(0)
13       pin2.value(1)
14
15   def backward():                # 후진
16       global pin1, pin2
17       pin1.value(1)
18       pin2.value(0)
19
20   def stop():                    # 정지
21       global pin1, pin2
22       pin1.value(0)
23       pin2.value(0)
24
25   print('Forward...')
26   forward()
27   sleep(3)
28
29   print('Backward...')
30   backward()
31   sleep(3)
32
33   print('Stop...')
34   stop()
```

📇 Thonny IDE 셀 실행 결과

```
>>> %Run -c $EDITOR_CONTENT
 Forward...
 Backward...
 Stop...
>>>
```

모터의 회전 속도를 조절해보자. Enable 핀으로 PWM 신호를 출력하면 회전 속도를 조절할 수 있다.

모터가 회전할 수 있는 최소 듀티 사이클은 모터와 모터 전원에 따라 달라지므로 실험을 통해 결정해야 한다.

코드 19.2는 모터의 속도를 조절하는 코드다. set_duty 함수는 PWM 신호의 듀티 사이클로 속도를 조절한다. set_duty 함수는 속도값을 0~100 사이의 값으로 입력받은 후 그에 해당하는 듀티 사이클을 계산하여 모터를 제어한다. 회전 속도 디폴트값은 100으로 최고 속도로 회전하도록 구현하였다.

코드 19.2 모터의 속도 조절

```
01  from machine import Pin, PWM
02  from time import sleep
03
04  pin1 = Pin(19, Pin.OUT)          # 모터 제어 핀 1
05  pin2 = Pin(18, Pin.OUT)          # 모터 제어 핀 2
06
07  enable = PWM(Pin(20))            # 모터 활성화
08  enable.duty_u16(0)               # 모터 정지 상태
09
10  def set_duty(speed):
11      global enable
12      duty_min = int(65535 * 0.7)  # 70% 듀티 사이클에서 최저 속도
13      duty_max = int(65535 * 0.99) # 99% 듀티 사이클에서 최대 속도
14
15      if speed == 0:
16          duty = 0
17      else:
18          duty = int(duty_min + (duty_max - duty_min) * speed / 100)
19
20      enable.duty_u16(duty)
21
22  def forward(speed=100):          # 전진
23      global pin1, pin2
24      set_duty(speed)
25      pin1.value(0)
26      pin2.value(1)
27
28  def backward(speed=100):         # 후진
29      global pin1, pin2
30      set_duty(speed)
31      pin1.value(1)
32      pin2.value(0)
33
34  def stop(speed=0):               # 정지
35      global pin1, pin2, enable
36      enable.duty_u16(0)
37      pin1.value(0)
38      pin2.value(0)
39
40  print('Forward... Half Speed...')
```

```
41  forward(50)
42  sleep(2)
43
44  print('Forward... Full Speed...')
45  forward()
46  sleep(2)
47
48  print('Backward... Half Speed...')
49  backward(50)
50  sleep(2)
51
52  print('Backward... Full Speed...')
53  backward()
54  sleep(2)
55
56  print('Stop...')
57  stop()
```

Thonny IDE 셸   실행 결과

```
>>> %Run -c $EDITOR_CONTENT
Forward... Half Speed...
Forward... Full Speed...
Backward... Half Speed...
Backward... Full Speed...
Stop...
>>>
```

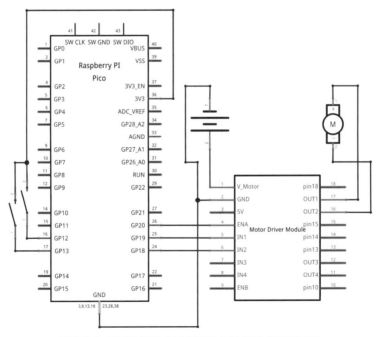

그림 19.6 모터의 회전 속도 조절을 위한 버튼 추가 회로도

회전 속도를 3단계로 나누고 정지 상태에서 '속도 증가' 버튼을 누르면 '저속 ➡ 중속 ➡ 고속'의 순서로 회전 속도가 증가하고, '속도 감소' 버튼을 누르면 반대 방향으로 회전 속도가 감소하도록 코드를 작성해보자. 이를 위해 2개의 버튼을 그림 19.6과 같이 추가한다.

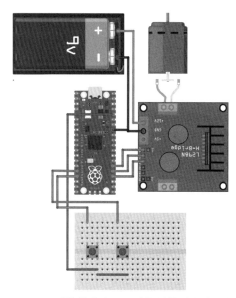

그림 19.7 모터의 회전 속도 조절을 위한 버튼 추가 회로

그림 19.6에서 버튼은 내부 풀다운 저항을 사용하므로 별도의 외부 저항은 사용하지 않았다. 코드 19.3은 버튼을 눌러 모터의 회전 속도를 조절하는 코드다. 버튼을 누르면서 모터의 회전 속도가 변하는 것을 확인해보자.

코드 19.3 모터의 회전 속도 조절

```
01  from machine import Pin, PWM
02  from time import sleep
03
04  pin1 = Pin(19, Pin.OUT)           # 모터 제어 핀 1
05  pin2 = Pin(18, Pin.OUT)           # 모터 제어 핀 2
06
07  enable = PWM(Pin(20))             # 모터 활성화
08  enable.duty_u16(0)                # 모터 정지 상태
09
10  def set_duty(speed):
11      global enable
12      duty_min = int(65535 * 0.7)   # 70% 듀티 사이클에서 최저 속도
13      duty_max = int(65535 * 0.99)  # 99% 듀티 사이클에서 최대 속도
14
15      if speed == 0:
16          duty = 0
```

```
17      else:
18          duty = int(duty_min + (duty_max - duty_min) * speed / 100)
19
20      enable.duty_u16(duty)
21
22  def forward(speed=100):                    # 전진
23      global pin1, pin2
24      set_duty(speed)
25      pin1.value(0)
26      pin2.value(1)
27
28  def backward(speed=100):                   # 후진
29      global pin1, pin2
30      set_duty(speed)
31      pin1.value(1)
32      pin2.value(0)
33
34  def stop(speed=0):                         # 정지
35      global pin1, pin2, enable
36      enable.duty_u16(0)
37      pin1.value(0)
38      pin2.value(0)
39
40  mode = 0                                   # 정지(0), 저속, 중속, 고속(3)
41  mode_changed = False                       # 모드 변화 여부
42
43  # 모드 변화를 위한 버튼
44  up_btn = Pin(12, Pin.IN, pull=Pin.PULL_DOWN)
45  down_btn = Pin(13, Pin.IN, pull=Pin.PULL_DOWN)
46
47  up_previous = False                        # 모드 증가 버튼의 이전 상태
48  down_previous = False                      # 모드 감소 버튼의 이전 상태
49
50  up_current = False                         # 모드 증가 버튼의 현재 상태
51  down_current = False                       # 모드 감소 버튼의 현재 상태
52
53  print("시작")
54
55  while True:
56      up_current = up_btn.value()            # 모드 증가 버튼 상태 읽기
57      down_current = down_btn.value()        # 모드 감소 버튼 상태 읽기
58
59      if up_current:
60          if not up_previous:                # LOW -> HIGH로 변하는 상승 에지
61              mode = mode + 1                # 모드 증가
62              mode = min(mode, 3)            # 고속에서 모드 증가 후 고속 유지
63              mode_changed = True
64      up_previous = up_current
65
66      if down_current:
67          if not down_previous:              # LOW -> HIGH로 변하는 상승 에지
68              mode = mode - 1                # 모드 감소
69              mode = max(mode, 0)            # 정지에서 모드 감소 후에도 정지 유지
```

```
70              mode_changed = True
71          down_previous = down_current
72
73          if mode_changed:                        # 모드가 바뀐 경우 회전 속도 변경
74              mode_changed = False
75              if mode == 0:
76                  stop()
77                  print("정지")
78              elif mode == 1:
79                  forward(30)
80                  print("저속")
81              elif mode == 2:
82                  forward(60)
83                  print("중속")
84              else:
85                  forward(90)
86                  print("고속")
```

Thonny IDE 셸 실행 결과

```
>>> %Run -c $EDITOR_CONTENT
 시작
 저속
 중속
 고속
 고속
 중속
 저속
 정지
 정지
```

19.3 서보 모터

서보란 **서보 메커니즘**servomechanism을 줄여서 부르는 말로 **오류를 검출하고 이를 보정하기 위한 피드백을 제공해주는 자동 장치**를 가리킨다. DC 모터에 서보 메커니즘을 적용한 서보 모터는 피드백을 통해 회전 위치를 알아내고 정확한 위치로 회전시킬 수 있다.

서보 모터는 표준 서보 모터와 연속 회전 서보 모터로 나눌 수 있다. 표준 서보 모터는 0~180도 범위에서만 회전할 수 있으며 회전 각도를 지정할 수 있다. 반면 연속 회전 서보 모터는 DC 모터와 마찬가지로 360도 회전하며 회전 각도가 아닌 회전 속도를 조절할 수 있다. 서보 모터라고 하면 일반적으로 표준 서보 모터를 가리키며, 이 장에서도 표준 서보 모터를 사용한다.

서보 모터는 3개의 연결선을 가지며 전원을 제외한 나머지 하나의 연결선으로 PWM 신호를 출력하여 0~180도 사이의 회전 위치를 제어한다. 3개의 연결선은 색상에 따라 기능을 구별하는데, 표 19.3의 색상을 흔히 사용한다.

표 19.3 서보 모터의 연결선 색상

연결선	색상
VCC	붉은색
GND	검은색, 갈색
제어선	노란색, 주황색, 흰색

DC 모터는 2개의 연결선을 사용하고 VCC와 GND를 연결하는데 극성이 없어 반대로 연결하면 모터가 반대 방향으로 회전한다. 반면 서보 모터는 극성이 있어 전원을 반대로 연결하면 모터가 파손될 수 있다.

그림 19.8 표준 마이크로 서보 모터

서보 모터는 PWM 신호를 사용하여 위치 제어를 한다. 서보 모터가 PWM 신호를 받으면 입력 PWM 신호 위치와 현재 위치를 비교하고, 모터를 PWM 신호에 의한 위치로 회전한다. 이때 PWM 신호에 의한 모터의 위치는 듀티 사이클에 의해 결정된다. **서보 모터는 주파수 50Hz, 주기 20ms(= 1 / 50Hz)의 PWM 신호를 사용한다.** 20ms의 주기 중 서보 모터의 위치를 결정하는 구간은 1~2ms로, 1ms 펄스폭에서 반시계 방향으로 최대로 회전한 위치(0도), 2ms 펄스폭에서 시계 방향으로 최대로 회전한 위치(180도)로 회전시킨다.

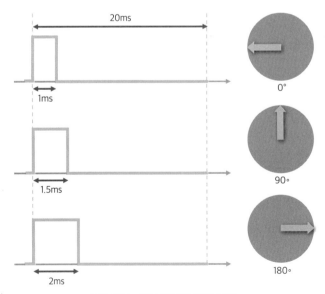

그림 19.9 서보 모터의 위치 제어

그림 19.8의 마이크로 서보 모터 동작 전압은 5V로 라즈베리파이 피코의 5V 전원을 연결하여 사용할 수 있다. 하지만 많은 전력이 필요한 서보 모터의 경우 전용 전원이 필요한 것은 DC 모터의 경우와 마찬가지다. 위치 제어를 위한 PWM 신호의 레벨 역시 5V를 기준으로 하지만, DC 모터를 위한 모터 드라이버 칩의 경우와 마찬가지로 제어 핀에 3.3V 전압이 가해지면 논리 1로 인식하므로 3.3V 논리 레벨을 사용하는 라즈베리파이 피코의 데이터 핀을 사용하여 제어할 수 있다. 이때 라즈베리파이 피코의 데이터 핀은 PWM 신호를 출력해야 한다. 마이크로 서보 모터를 그림 19.10과 같이 라즈베리파이 피코에 연결하자.

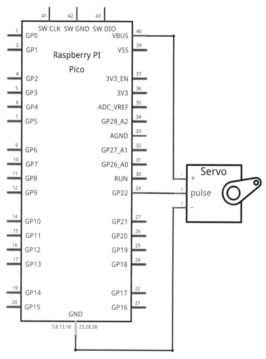

그림 19.10 **서보 모터 연결 회로도**

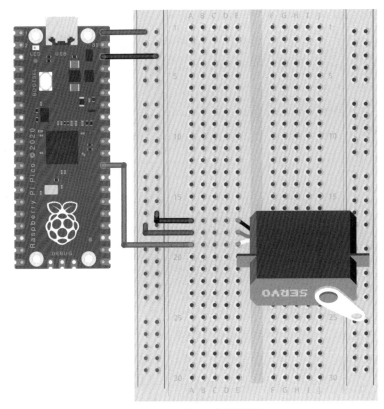

그림 19.11 서보 모터 연결 회로

코드 19.4는 서보 모터를 좌우로 180도 회전하는 코드로 PWM 신호의 듀티 사이클을 조절하여 각도를 0도, 90도, 180도로 바꾸고 있다. 서보 모터는 기본적으로 그림 19.9와 같이 1~2ms 사이의 펄스폭으로 위치를 조절하지만, 서보 모터에 따라 범위가 달라질 수도 있으므로 데이터 시트를 확인해야 한다. 실험에 사용한 모터도 0.7ms에서 0도, 2.3ms에서 180도 위치로 회전하였으므로 코드 19.4 역시 이 범위를 사용하였다.

코드 19.4 서보 모터의 회전 각도 제어

```
01   from machine import Pin, PWM
02   from time import sleep
03
04   # 나노초 단위의 펄스폭
05   MIN =  700000              # 0도에서의 펄스폭: 0.7ms
06   MID = 1500000              # 90도에서의 펄스폭: 1.5ms
07   MAX = 2300000              # 180도에서의 펄스폭: 2.3ms
08
09   pwm = PWM(Pin(22))
10   pwm.freq(50)               # PWM 신호의 주파수 설정
11
```

```
12  while True:
13      pwm.duty_ns(MIN)              # 0도 위치로 이동
14      sleep(1)
15      pwm.duty_ns(MID)              # 90도 위치로 이동
16      sleep(1)
17      pwm.duty_ns(MAX)              # 180도 위치로 이동
18      sleep(1)
```

가변저항으로 서보 모터의 회전 위치를 조절해보자. 가변저항값은 ADC를 통해 16비트의 값으로 얻을 수 있다. 이를 서보 모터를 위한 펄스폭으로 변환하면 가변저항의 위치에 따라 서보 모터의 위치를 조절할 수 있다. 먼저 서보 모터와 가변저항을 그림 19.12와 같이 연결하자.

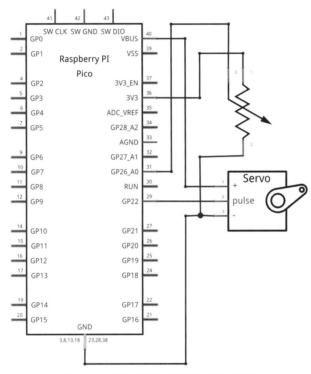

그림 19.12 서보 모터와 가변저항 연결 회로도

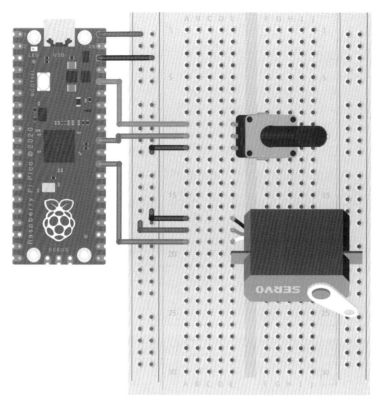

그림 19.13 **서보 모터와 가변저항 연결 회로**

코드 19.5는 가변저항으로 서보 모터의 위치를 제어하는 코드다. ADC를 통해 읽은 값을 듀티 사이클로 변환하기 위해 직선의 방정식을 이용하였다. 가변저항을 돌리면서 서보 모터가 가변저항의 위치에 따라 회전하는지 확인해보자.

📄 코드 19.5 **가변저항으로 서보 모터 위치 제어**

```
01   from machine import Pin, PWM, ADC
02
03   # 나노초 단위의 펄스폭
04   MIN =  700000              # 0도에서의 펄스폭: 0.7ms
05   MID = 1500000              # 90도에서의 펄스폭: 1.5ms
06   MAX = 2300000              # 180도에서의 펄스폭: 2.3ms
07
08   pwm = PWM(Pin(22))
09   pwm.freq(50)               # PWM 신호의 주파수 설정
10
11   vr = ADC(0)                # 0번 채널에 가변저항 연결
12
13   # 가변저항값을 서보 모터 제어를 위한 펄스폭으로 변환
14   def convert(x, in_min, in_max, out_min, out_max):
15       return (x - in_min) * (out_max - out_min) // (in_max - in_min) + out_min
16
```

```
17   while True:
18       # 가변저항값을 16비트로 읽기
19       reading = vr.read_u16()
20
21       # PWM 신호를 위한 펄스폭으로 변환
22       converted = convert(reading, 0, 65535, MIN, MAX)
23
24       # 서보 모터 제어
25       pwm.duty_ns(converted)
```

19.4 스테핑 모터

스테핑 모터는 스텝 모터, 스테퍼 모터, 펄스 모터 등으로도 불리며 펄스로 회전을 제어할 수 있는 모터를 말한다. 앞에서 살펴본 DC 모터나 서보 모터와 달리 **스테핑 모터는 영구자석이 회전하는 브러시리스 모터로 브러시가 없어 내구성이 높다.** 이 밖에도 회전을 제어하기가 쉽고, 정확한 위치 지정이 가능하며, 반응 속도가 빠른 등의 장점이 있다. 하지만 펄스에 의해 회전하는 모터라는 특징은 제어가 쉬운 장점이 되기도 하지만, 이산적인 회전만 가능하다는 한계를 드러내기도 한다. **스텝 모터에서 펄스 하나가 주어질 때 모터가 회전하는 각도는 미리 정해져 있으며, 이를 분할각**step angle**이라고 한다.** 스텝 모터는 분할각 단위의 이산적인 회전만 가능하고, 분할각보다 작은 각도의 회전은 불가능하므로 필요한 정밀도에 따라 모터나 모터 제어 방식을 선택해야 한다.

스테핑 모터는 브러시리스 모터로 코일이 감겨 있고 회전하지 않는 고정자와 축에 연결되어 회전하는 회전자로 구성된다. 스테핑 모터는 회전자를 만드는 방법에 따라 회전이 발생하는 원리가 달라지며, 회전이 발생하는 원리에 따라 가변 릴럭턴스variable reluctance 모터, 영구자석permanent magnet 모터 그리고 두 가지를 결합한 하이브리드 모터 등 크게 세 종류로 나눌 수 있다. 이 중 이 장에서 사용하는 모터는 영구자석 모터로, 코일(고정자)에 전류를 흘려 전자석을 만들고 영구자석(회전자)과의 인력 및 척력으로 회전이 발생하는 원리를 이용한다.

영구자석 모터는 단극unipolar과 양극bipolar으로 나눌 수 있으며, 이들의 차이는 코일에 전원을 가하는 방식에 있다. **단극 모터는 2개의 코일로 구성되며 각 코일의 중앙에 공통 연결선이 존재한다.**[1] 코일 중앙에서 나오는 공통 연결선은 2개가 모두 모터 밖으로 나오는 경우가 일반적이지만, 공통 연

---

1   단극 모터는 각 코일에서 공통 연결선을 기준으로 절반씩 사용하므로 4개의 코일로 구성되어 있다고 설명하기도 한다.

결선에 가해지는 전원의 극성이 같으므로 이 장에서 사용하는 28BYJ-48처럼 하나만 모터 밖으로 나올 수도 있다. 따라서 2개 코일의 양쪽 끝에 해당하는 연결선 4개에 1개 또는 2개의 공통 연결선까지 **단극 모터는 5개 또는 6개 연결선을 가진다**. 그림 19.14의 단극 모터는 6개 연결선을 가지는 경우다. 영구자석 모터에서 코일의 양쪽 끝은 흔히 'A'와 '/A', 'B'와 '/B'로 표시한다.

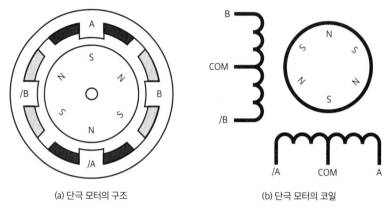

(a) 단극 모터의 구조   (b) 단극 모터의 코일

그림 19.14 **단극 모터의 구조**

단극 모터의 회전자에는 영구자석이 배치되어 있다. 코일에 전원을 가하면 고정자가 전자석이 되고 회전자와의 인력과 척력에 의해 회전이 발생한다. 그림 19.14의 단극 모터에 한 번에 한 코일 절반에만 전원을 가하면, 즉 A, /A, B, /B 중 하나와 공통 단자에만 전원을 가하면(표 19.4) 그림 19.15에서와 같이 한 번에 30도씩 회전하여 12스텝에 1회전 한다. 그림 19.15는 단극 모터에서 회전이 발생하는 원리를 설명하기 위한 것일 뿐 분할각이 30도인 모터는 그다지 쓸모가 없는 것이 사실이다. 따라서 실제 스테핑 모터에서는 같은 코일을 여러 번 배치하고 회전자에 더 많은 자석을 톱니바퀴 형태로 번갈아 배치해서 분할각을 줄인다. 흔히 사용하는 모터는 1.8도 분할각을 갖는 모터로 200스텝에 1회전 한다.

표 19.4 **단극 모터의 1상 여자 방식 구동 - 시계 방향 1회전**

스텝	1	2	3	4	5	6	7	8	9	10	11	12
A	1	0	0	0	1	0	0	0	1	0	0	0
B	0	1	0	0	0	1	0	0	0	1	0	0
/A	0	0	1	0	0	0	1	0	0	0	1	0
/B	0	0	0	1	0	0	0	1	0	0	0	1

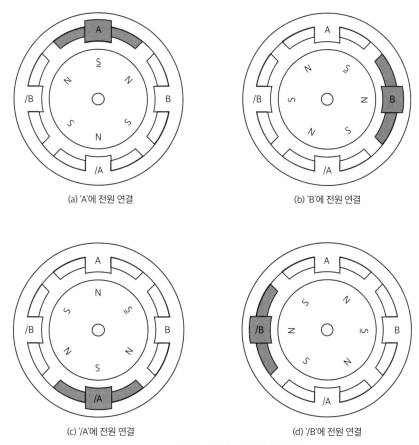

(a) 'A'에 전원 연결　　　　　　　　　(b) 'B'에 전원 연결

(c) '/A'에 전원 연결　　　　　　　　　(d) '/B'에 전원 연결

그림 19.15　**단극 모터의 시계 방향 회전**

표 19.4와 같이 코일 하나의 절반에만 전원을 가하는 방식(표 19.1)을 1상 여자magnetization 방식이라고 한다. 반면 인접한 두 코일의 절반에 동시에 전원을 가하는 방식을 2상 여자 방식이라고 한다. 2상 여자 방식은 1상 여자 방식에 비해 회전력은 크지만 그만큼 전력 소비도 많다.

표 19.5　**단극 모터의 2상 여자 방식 구동 - 시계 방향 1회전**

스텝	1	2	3	4	5	6	7	8	9	10	11	12
A	1	0	0	1	1	0	0	1	1	0	0	1
B	1	1	0	0	1	1	0	0	1	1	0	0
/A	0	1	1	0	0	1	1	0	0	1	1	0
/B	0	0	1	1	0	0	1	1	0	0	1	1

두 가지 방식을 함께 사용하는 1-2상 여자 방식은 전력 소비가 1상 여자 방식의 1.5배이며, 1상 여자 방식이나 2상 여자 방식과 비교했을 때 2분의 1 크기의 분할각을 가지므로 정밀한 움직임이 가

능한 장점이 있다. 하지만 스텝에 따라 사용하는 코일의 수가 다르므로 토크가 일정하지 않은 점은 단점이라 할 수 있다. 1–2상 여자 방식에서 분할각은 1상 여자 방식과 2상 여자 방식의 절반이므로 하프 스텝half step 모드라고 부르고, 1상 여자 방식이나 2상 여자 방식은 풀 스텝full step 모드라고 한다.

표 19.6 단극 모터의 1–2상 여자 방식 구동 - 시계 방향 2분의 1 회전

스텝	1	2	3	4	5	6	7	8	9	10	11	12
A	1	1	0	0	0	0	0	1	1	1	0	0
B	0	1	1	1	0	0	0	0	0	1	1	1
/A	0	0	0	1	1	1	0	0	0	0	0	1
/B	0	0	0	0	0	1	1	1	0	0	0	0

양극 모터 역시 2개의 코일을 사용한다. 하지만 **양극 모터는 코일 중앙에 공통 연결선이 없으므로 4개의 연결선을 가지고 있다.** 단극 모터는 공통 연결선을 중심으로 코일의 절반만 사용하지만, 양극 모터는 코일 전체를 사용하므로 같은 크기의 모터라면 양극 모터의 토크가 단극 모터보다 크다. 하지만 단극 모터보다 제어가 복잡한 것은 단점이라 할 수 있다.

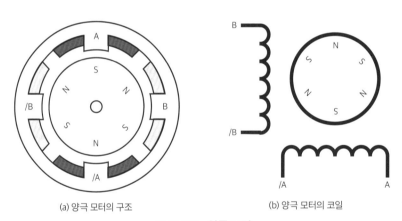

(a) 양극 모터의 구조　　　　　　(b) 양극 모터의 코일

그림 19.16 양극 모터

그림 19.16은 30도의 분할각을 갖는 양극 모터로 그림 19.14의 **단극 모터와 비교하면 공통 연결선이 없는 점 이외에는 구조가 똑같다.** 따라서 일부 단극 모터는 공통 연결선을 제외하고 4개의 연결선만으로 양극 모터처럼 사용하는 것도 가능하다.

양극 모터를 구동하는 방법은 기본적으로 단극 모터와 같다. 다만, 양극 모터에는 공통 연결선이 없으므로 2개 이상의 연결선에 전원을 가해야 하고, 연결선에 가해지는 전압의 극성을 바꾸어주는 H 브리지 회로가 필요하다는 점이 단극 모터와 다르다.

그림 19.17은 이 장에서 사용하는 스텝 모터로, 하나의 공통 연결선만 모터 밖으로 나와 있는 5개의 연결선을 갖는 단극 모터다. 28BYJ-48 모터는 풀 스텝 모드에서 32스텝에 1회전 하고 64분의 1 감속 기어를 포함하고 있으므로 2048(=32스텝 × 64)스텝에 1회전 하는 방식을 흔히 사용한다.

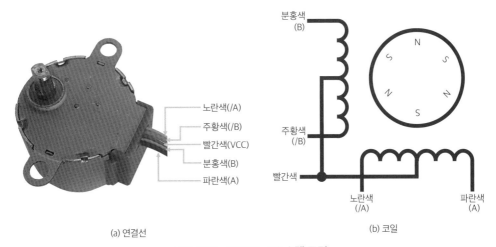

(a) 연결선   (b) 코일

그림 19.17 **28BYJ-48 스텝 모터**

단극 모터의 제어를 위해서는 코일에 전원을 연결하거나 연결하지 않는 것만 제어하고 전원의 극성을 바꿀 필요가 없으므로 H 브리지 회로를 사용하지 않아도 된다. 따라서 28BYJ-48 모터는 ULN2003 칩으로 만들어진 모터 드라이버 모듈을 사용할 수 있다. ULN2003은 7개의 달링턴Darlington 트랜지스터로 구성된 칩으로 아두이노 핀의 적은 전류로 모터 구동에 필요한 많은 전류를 스위칭하기 위해 사용한다. 일반적인 트랜지스터의 동작과 차이가 없는 것으로 보이고 실제로도 큰 차이가 없다. 다만, 달링턴 트랜지스터는 2개의 트랜지스터를 연결하여 사용하므로 하나의 트랜지스터를 사용하는 경우보다 많은 전류를 제어할 수 있다.

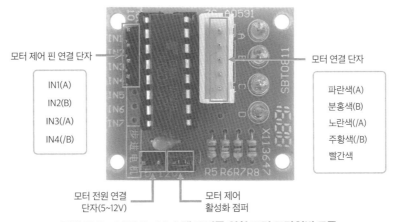

모터 제어 핀 연결 단자

IN1(A)
IN2(B)
IN3(/A)
IN4(/B)

모터 연결 단자

파란색(A)
분홍색(B)
노란색(/A)
주황색(/B)
빨간색

모터 전원 연결 단자(5~12V)

모터 제어 활성화 점퍼

그림 19.18 **28BYJ-48 스텝 모터를 위한 모터 드라이버 모듈**

그림 19.18은 28BYJ-48 스텝 모터 제어를 위해 ULN2003 칩을 사용하여 만든 모터 드라이버 모듈이다. 모터 전원 연결 단자에는 5~12V의 전원을 연결할 수 있지만, 28BYJ-48 모터는 5V를 사용하므로 5V 전원을 연결하면 된다. 모터 제어 핀(IN1~IN4)은 ULN2003의 제어 신호로 사용하는 핀으로 5V와 3.3V 레벨 신호를 모두 사용할 수 있다.

모터 드라이버 모듈과 28BYJ-48 모터를 그림 19.19와 같이 연결하자. 2개 코일의 4개 연결선에 대한 전원 연결만을 제어하면 모터 제어가 가능하므로 ULN2003의 7개 달링턴 트랜지스터 중 4개만 사용하고 나머지 3개는 사용하지 않는다. 라즈베리파이 피코의 4개 디지털 출력은 모터 제어 핀 연결 단자를 통해 모터에 가해지는 전원을 제어한다.

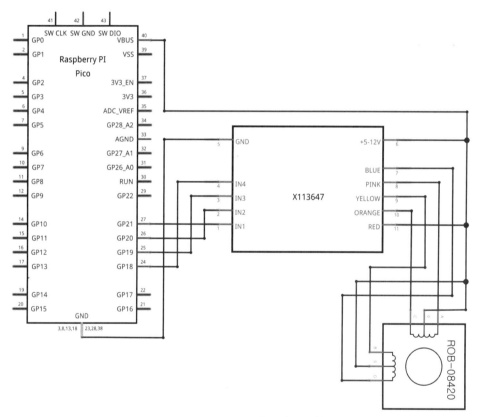

그림 19.19 **28BYJ-48 스텝 모터 연결 회로도**

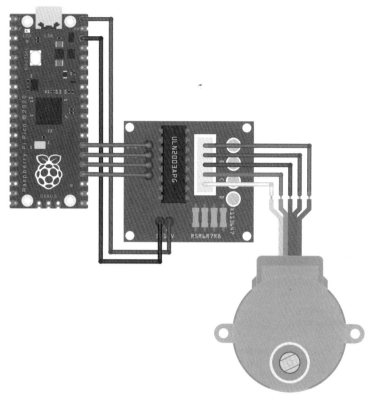

그림 19.20 **28BYJ-48 스텝 모터 연결 회로**

코드 19.6은 1상 여자 방식(풀 스텝 모드)을 사용하여 모터를 시계 방향과 반시계 방향으로 회전시키는 코드다. 28BYJ-48 스텝 모터는 풀 스텝 모드에서 2048스텝에 1회전 하므로 표 19.4의 4개 패턴을 512번 반복하면 모터를 1회전시킬 수 있다.

📇 코드 19.6 **스테핑 모터의 회전**

```
01  from machine import Pin
02  from time import sleep
03
04  in1 = Pin(21, Pin.OUT)              # 제어 핀을 출력으로 설정
05  in2 = Pin(20, Pin.OUT)
06  in3 = Pin(19, Pin.OUT)
07  in4 = Pin(18, Pin.OUT)
08
09  pins = [in1, in2, in3, in4]       # 제어 핀 리스트
10
11  # 분할각 단위의 회전을 위한 제어 패턴
12  sequence = [[1, 0, 0, 0], [0, 1, 0, 0], [0, 0, 1, 0], [0, 0, 0, 1]]
13
14  while True:
15      # 시계 방향 회전
```

```
16    for _ in range(512):              # 512회 4개 패턴 반복
17      for i in range(4):              # 512 * 4 = 2048스텝 1회전
18        step = sequence[i]
19        for j in range(len(pins)):
20          pins[j].value(step[j])
21          sleep(0.001)
22
23    # 패턴 출력 순서를 반대로 하여 반시계 방향 회전
24    for _ in range(512):
25      for i in range(3, -1, -1):
26        step = sequence[i]
27        for j in range(len(pins)):
28          pins[j].value(step[j])
29          sleep(0.001)
```

19.5 맺는말

모터는 움직이는 장치를 만들기 위해 필수적인 부품 중 하나로, 이 장에서는 마이크로컨트롤러와 함께 흔히 사용되는 모터들을 살펴보았다. 그중 가장 역사가 오래된 DC 모터는 정밀한 제어는 어렵지만 간단한 장치를 쉽게 만들 수 있다는 장점이 있다. 180도 범위에서만 회전하는 서보 모터는 지정된 범위 내에서 위치 제어가 필요한 경우 주로 사용한다. 스테핑 모터는 회전 정도를 제어하기가 쉽고 내구성이 뛰어난 장점이 있다. 이처럼 모터는 종류에 따라 각기 특성이 다르므로 필요에 따라 골라 사용하면 된다.

모터를 사용할 때 기억해야 할 점 중 하나는 모터를 구동하기 위해서는 많은 전력이 필요하다는 것이다. 따라서 모터를 위한 별도 전원을 연결하는 것이 안전하다. 이 장에서는 라즈베리파이 피코의 5V를 모터 전원으로 사용한 예도 있지만, 이러한 구성은 모터가 많은 전력을 필요로 하지 않는 경우에만 가능하다. 라즈베리파이 피코의 5V 출력으로 모터 구동에 문제가 없다 하더라도 모터는 전기 잡음을 발생시킬 수 있으므로 동작의 안전성을 위해 별도의 전원을 사용하는 것을 추천한다.

CHAPTER

20

RTC 모듈

라즈베리파이 피코에서 날짜와 시간을 유지하는 방법으로는 utime 라이브러리를 사용하는 방법과 machine 모듈의 RTC 클래스를 사용하는 방법이 있다. 하지만 이 두 가지 방법은 모두 라즈베리파이 피코의 클록을 기준으로 하기 때문에 라즈베리파이 피코에 전원이 주어질 때만 사용할 수 있다. 그런 이유로 절대적인 시간보다는 상대적인 시간을 관리하기 위한 용도로 쓰인다. 이 장에서는 라즈베리파이 피코와는 별도로 날짜와 시간을 유지하고 필요할 때 날짜와 시간을 알아낼 수 있는 외부 RTC 모듈의 사용 방법에 대해 알아본다.

이 장에서
사용할 부품

라즈베리파이 피코 × 1

DS3231 RTC 모듈 × 1

DHT22 온습도 센서 × 1

10㏀ 저항 × 1 ➡ DHT 센서 풀업 저항

RTC 모듈

날짜와 시간은 마이크로컨트롤러에서 다루는 중요한 정보 중 하나다. utime 모듈이나 machine 모듈의 RTC 클래스를 사용하면 라즈베리파이 피코에서 날짜와 시간을 관리할 수 있다. 하지만 이들은 모두 라즈베리파이 피코의 클록을 기준으로 하는 탓에 라즈베리파이 피코에 전원이 주어질 때만 동작한다는 한계가 있다. 즉, 절대적인 날짜와 시간보다는 상대적인 경과 시간을 관리하기 위한 용도에 적합하다.

이 장에서 소개하는 외부 RTCreal time clock 모듈은 날짜와 시간을 관리하기 위한 전용 칩과 별도의 전용 배터리를 사용하므로 라즈베리파이 피코의 전원과는 무관하게 날짜와 시간을 유지할 수 있다. 라즈베리파이 피코에 계속 전원이 연결되어 있다고 가정하면 절대적인 날짜와 시간을 유지할 수 있으므로 별도 전원을 사용하는 RTC 모듈의 장점이 크게 와닿지 않을 수도 있다. 하지만 RTC 모듈에서 사용하는 전용 칩은 라즈베리파이 피코보다 더 적은 전력으로 동작할 뿐 아니라 무엇보다 라즈베리파이 피코의 클록보다 정밀한 시간 관리가 가능하다는 점이 RTC 모듈의 장점 중 하나이다.

마이크로컨트롤러와 함께 사용되는 RTC 모듈은 DS1307 또는 DS3231 RTC 칩을 장착한 경우가 대부분이며 I2C 통신을 지원한다. 그림 20.1은 DS1307과 DS3231 칩을 사용하여 만든 RTC 모듈의 예를 보여준다.

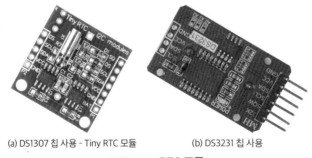

(a) DS1307 칩 사용 - Tiny RTC 모듈   (b) DS3231 칩 사용

그림 20.1 **RTC 모듈**

이 장에서는 DS3231 칩을 사용한 RTC 모듈을 사용한다. DS3231 칩은 DS1307 칩과 기본적인 기능은 같다. 하지만 DS3231 칩은 DS1307 칩보다 정밀한 시간 관리가 가능할 뿐 아니라 다음과 같은 여러 가지 장점이 있다.

- RTC 칩을 사용하기 위해 꼭 필요한 부품 중 하나가 외부 크리스털이다. 시간의 정확도는 연결된 크리스털의 정밀도에 영향을 받는다. 하지만 DS3231 RTC 칩은 내부 발진자를 포함하고 있으므로 별도의 크리스털을 연결할 필요가 없으며, 내부 온도 센서를 통해 온도에 따른 발진 주파수의 보상이 가능하다. 이처럼 **온도 보상 발진 회로를 사용함으로써 DS3231 칩은 DS1307 칩에 비해 높은 시간 정밀도를 얻을 수 있다.**

- 내부 온도 센서의 값은 말 그대로 칩의 내부 온도이기는 하지만 별도로 읽어 와 사용할 수 있다.

- DS1307 칩은 5V 전원을 사용하지만, DS3231 칩은 2.3~5.5V 전원에서 동작하므로 사용 범위가 넓다. 라즈베리파이 피코와 같이 3.3V를 사용하는 마이크로컨트롤러가 증가하고 있으므로 3.3V에 직접 연결할 수 있다는 것은 큰 장점이다.

- DS3231 칩은 다양한 주파수의 구형파 출력이 가능하고 2개의 알람 기능을 지원하여 여러 가지 애플리케이션에서 사용할 수 있다. 다만, 이 장에서 사용하는 **RTC** 라이브러리는 구형파 출력과 알람 기능을 제공하지 않으므로 사용하지 않는다.

20.2 DS3231 RTC 모듈 사용

RTC 모듈을 I2C 통신으로 라즈베리파이 피코에 그림 20.2와 같이 연결한다.

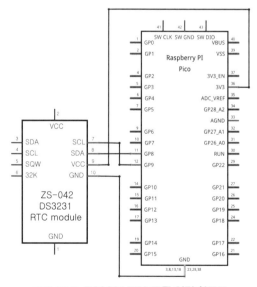

그림 20.2 **DS3231 RTC 모듈 연결 회로도**

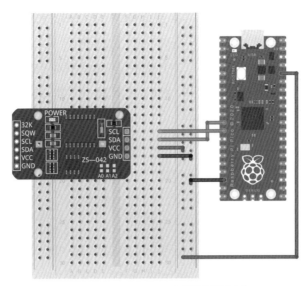

그림 20.3 **DS3231 RTC 모듈 연결 회로**

먼저 RTC 모듈의 I2C 주소를 확인해보자. 코드 20.1은 I2C 주소를 확인하는 코드로 자세한 내용은 10장을 참고하자.

📑 코드 20.1 **I2C 주소 검색**

```
01  from machine import Pin
02  from machine import I2C
03
04  sdaPIN = Pin(8)                          # 데이터 핀
05  sclPIN = Pin(9)                          # 클록 핀
06
07  i2c = I2C(0, sda=sdaPIN, scl=sclPIN)     # 0번 I2C 포트 사용
08
09  devices = i2c.scan()                     # 주소 검색
10
11  if len(devices) == 0:
12      print('* No I2C device !')
13  else:
14      print('* I2C devices found :', len(devices))
15
16  for device in devices:                   # 슬레이브 주소 출력
17      print("  => HEX address : ", hex(device))
```

📊 Thonny IDE 셸 **실행 결과**

```
>>> %Run -c $EDITOR_CONTENT
 * I2C devices found : 2
   => HEX address :  0x57
   => HEX address :  0x68
>>>
```

코드 20.1의 결과에서 볼 수 있듯이 RTC 모듈은 2개의 I2C 주소를 사용하고 있다. 이 중 날짜와 시간을 얻기 위해 사용하는 주소는 0x68이다. 다른 주소인 0x57은 RTC 모듈에 포함된 I2C 방식 EEPROM인 AT24C32 칩의 주소로 RTC 모듈에서 관리하는 날짜와 시간 정보를 저장하기 위해 사용한다.

DS3231 모듈을 사용하기 위해서는 전용 라이브러리가 필요하다. 먼저 라이브러리를 홈페이지[1]에서 내려받는다. 내려받은 파일 중 ds3231_port.py를 라즈베리파이 피코의 루트 디렉터리 아래 'lib' 디렉터리('/lib')에 저장한다.

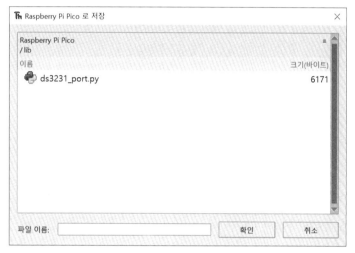

그림 20.4 **라이브러리 저장**

RTC 모듈의 기본 기능은 시간을 설정하는 것과 현재 시간을 알아내는 것이다. RTC 모듈을 위한 객체를 생성한 후에는 save_time 함수로 현재 날짜와 시간을 설정하고 필요할 때 get_time 함수로 날짜와 시간을 알아낼 수 있다.

■ **DS3231**

class ds3231_port.DS3231(i2c)
 — 매개변수
  i2c: I2C 포트 제어를 위한 객체

RTC 모듈 제어를 위한 객체를 생성한다. 객체를 생성할 때는 I2C 통신을 담당하는 I2C 클래스 객체를 지정한다. I2C 주소는 104(= 0x68)를 사용한다.

---

1 https://github.com/peterhinch/micropython-samples/tree/master/DS3231

- **save_time**

  DS3231.save_time()
  — 매개변수: 없음

utime 라이브러리의 localtime 함수가 반환하는 현재 날짜와 시간을 사용하여 RTC 시간을 설정한다. localtime 함수가 반환하는 날짜와 시간은 machine 모듈의 RTC 클래스를 통해 변경할 수있다.

- **get_time**

  DS3231.get_time()
  — 매개변수: 없음

튜플 형태로 날짜와 시간 정보를 반환한다. 반환값은 (연, 월, 일, 시, 분, 초, 요일, 일수)[2] 순서다.

코드 20.2는 RTC 모듈의 시간을 설정한 후 1초에 한 번 날짜와 시간을 출력하는 코드다. save_time 함수는 RTC 모듈이 초기화되지 않은 것으로 가정하고 사용한 것이므로 한 번 초기화한 이후에는 사용하지 않아도 무방하다.

코드 20.2 RTC 모듈의 사용

```
01  import utime
02  from machine import Pin
03  from machine import I2C
04  from ds3231_port import DS3231
05
06  sdaPIN = Pin(8)                        # 데이터 핀
07  sclPIN = Pin(9)                        # 클록 핀
08  i2c = I2C(0, sda=sdaPIN, scl=sclPIN)   # 0번 I2C 포트 사용
09
10  ds3231 = DS3231(i2c)                   # RTC 모듈 제어 객체 생성
11
12  ds3231.save_time()                     # RTC 모듈 날짜와 시간 설정
13
14  while True:
15      dateTime = ds3231.get_time()       # 현재 날짜와 시간 얻기
16      print("{:04d}-{:02d}-{:02d} {:02d}:{:02d}:{:02d}".format(
17          dateTime[0], dateTime[1], dateTime[2],
18          dateTime[3], dateTime[4], dateTime[5]))
19      utime.sleep(1)
```

---

2 라이브러리 버그로 요일과 일수는 잘못된 값이 반환될 수 있다.

```
>>> %Run -c $EDITOR_CONTENT
    2022-01-06 13:22:37
    2022-01-06 13:22:38
    2022-01-06 13:22:39
    2022-01-06 13:22:40
    2022-01-06 13:22:41
    2022-01-06 13:22:42
    2022-01-06 13:22:43
```

DS3231 칩은 발진 회로의 주파수 보상을 위한 온도 센서를 포함하고 있으며 이를 읽어 사용할 수 있다. 다만, 반환하는 온도는 칩 내부 온도로 실내 온도와는 차이가 있을 수 있다.

- **get_temperature**

DS3231.get_temperature()
— 매개변수: 없음

칩의 내부 온도를 반환한다.

DS3231 칩에서 반환하는 온도를 DHT22 온습도 센서에서 반환하는 온도와 비교해보자. 먼저 그림 20.2의 회로도에서 라즈베리파이 피코의 2번 핀에 DHT22 온습도 센서를 추가한다.

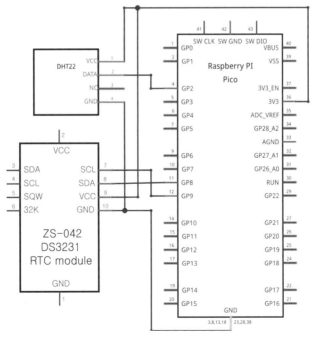

그림 20.5 **온습도 센서 추가 회로도**

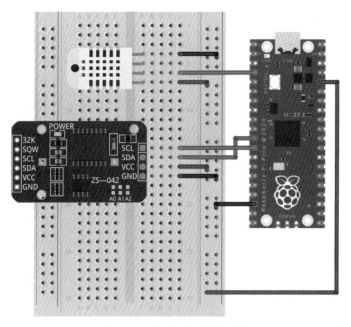

그림 20.6 온습도 센서 추가 회로

코드 20.3은 2초에 한 번 DHT22 온습도 센서와 DS3231 칩에서 반환하는 온도를 비교한 것으로 결과를 살펴보면 큰 차이가 없는 것을 확인할 수 있다. 하지만 DHT 온습도 센서가 주변 온도를 측정하는 데 반해 DS3231 칩의 온도 센서는 칩 내부의 온도를 측정하므로 주변 온도 변화에 빠르게 반응하지 못한다. 실행 결과에서도 주변 온도를 상승시켰을 때 DHT22 센서에서 측정한 온도는 높아지지만, DS3231 칩에서 반환하는 온도는 같은 값을 유지하고 있다. DHT22 온습도 센서에 대한 자세한 내용은 14장을 참고하자.

코드 20.3 DS3231 칩과 DHT22 온습도 센서의 측정 온도 비교

```
01   import utime
02   from machine import Pin
03   from machine import I2C
04   from ds3231_port import DS3231
05   from DHT22 import DHT22
06
07   sdaPIN = Pin(8)                      # 데이터 핀
08   sclPIN = Pin(9)                      # 클록 핀
09   i2c = I2C(0, sda=sdaPIN, scl=sclPIN) # 0번 I2C 포트 사용
10
11   dht11 = DHT22(Pin(2))                # DHT22 온습도 센서 제어 객체 생성
12   ds3231 = DS3231(i2c)                 # RTC 모듈 제어 객체 생성
13
14   # ds3231.save_time()                 # RTC 모듈 날짜와 시간 설정
15
16   while True:
```

```
17      dateTime = ds3231.get_time()          # 현재 날짜와 시간 얻기
18
19      temp = ds3231.get_temperature()       # DS3231 칩 온도
20      T, H = dht11.read()                   # 주변 온도와 습도
21
22      print("{:04d}-{:02d}-{:02d} {:02d}:{:02d}:{:02d} : {:.2f}, {:.2f}".format(
23          dateTime[0], dateTime[1], dateTime[2],
24          dateTime[3], dateTime[4], dateTime[5], temp, T))
25      utime.sleep(2)
```

Thonny IDE 셸 실행 결과

```
>>> %Run -c $EDITOR_CONTENT
 2022-01-06 17:29:45 : 21.75, 22.20
 2022-01-06 17:29:46 : 21.75, 22.30
 2022-01-06 17:29:48 : 21.75, 22.50
 2022-01-06 17:29:49 : 21.75, 22.70
 2022-01-06 17:29:50 : 21.75, 22.90
 2022-01-06 17:29:51 : 21.75, 23.00
 2022-01-06 17:29:52 : 21.75, 23.10
 2022-01-06 17:29:54 : 21.75, 23.20
```

20.3 맺는말

RTC는 현재 날짜와 시간을 유지하는 장치를 말한다. 라즈베리파이 피코에서도 클록을 기준으로 시간과 날짜를 유지할 수 있다. 하지만 상대적인 시간 관리에만 사용할 수 있고 전용 칩을 사용하는 것과 비교하면 전력 소비와 정밀도에서 한계를 보이므로 정밀한 시간을 유지하고 싶다면 별도의 RTC 모듈을 사용하는 것이 바람직하다.

마이크로컨트롤러에서 흔히 사용하는 RTC 칩으로는 DS1307, DS3231 등이 있다. 이 중 DS3231 칩은 발진 회로와 온도 보상 회로까지 포함하여 실온에서 사용하는 경우 하루 0.2초 이하의 오차만 발생하고, 5V 전원이 필요한 DS1307 칩과 달리 3.3V 전원에서도 동작하므로 라즈베리파이 피코와 함께 사용하기에 적합하다. DS3231 칩은 칩 내부 온도를 사용할 수 있다는 장점도 제공한다. 칩 내부 온도는 주변 온도와는 다르고 빠른 온도 변화에는 대응할 수 없지만, 대략적인 실행 환경의 온도를 측정하는 용도로는 매우 유용하다. 인터넷에 연결되어 있다면 항시 정확한 시간을 알아낼 수도 있지만, 항상 인터넷에 연결되어 있음을 보장하지 못하거나, 다양한 원인으로 시스템이 동작하지 않을 때도 시간과 날짜를 유지할 필요가 있다면 RTC 사용을 고려해볼 수 있다.

블루투스

블루투스는 유선통신인 RS-232C를 대체하기 위해 선보인 저전력의 무선통신 표준 중 하나로 컴퓨터와 스마트폰 등 여러 전자제품에서 널리 사용되고 있다. 마이크로컨트롤러에서 블루투스 통신을 사용하기 위해서는 UART 유선통신을 블루투스 무선통신으로 바꾸어주는 변환 모듈을 사용해야 한다. 블루투스 최신 버전은 연결 기반의 클래식 블루투스와 저전력에 중점을 둔 저전력 블루투스(bluetooth low energy, BLE)의 두 가지로 구성되며, 이 장에서는 HC-06 블루투스 모듈을 사용하여 클래식 블루투스를 사용하는 방법에 대해 알아본다.

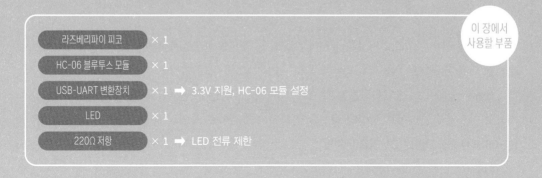

이 장에서
사용할 부품

라즈베리파이 피코	× 1	
HC-06 블루투스 모듈	× 1	
USB-UART 변환장치	× 1	➡ 3.3V 지원, HC-06 모듈 설정
LED	× 1	
220Ω 저항	× 1	➡ LED 전류 제한

21.1 블루투스

블루투스는Bluetooth 1990년대 초 에릭슨Ericsson이 개발한 개인 근거리 무선통신personal area network, PAN을 위한 표준으로 RS-232C 유선통신을 대체하는 저가격, 저전력 무선 기술로 각광을 받고 있다. 블루투스는 기본적으로 10m 이내 짧은 거리에서의 통신을 목표로 하며 2.4GHz 대역인 ISMindustrial, scientific, medical 대역을 사용한다. **ISM 대역은 산업, 과학 및 의료 목적으로 할당된 대역으로 전파 사용에 대한 허가를 받을 필요가 없어 저전력의 개인용 무선기기에 많이 사용**되고 있으며 블루투스 이외에도 무선랜WiFi, 지그비ZigBee 등이 ISM 대역을 사용한다.

블루투스는 기기 간의 통신 방식을 정의하기 위해 프로파일profile**을 사용한다.** 프로파일은 애플리케이션을 개발할 때 사용할 기준을 제시하는 역할을 하므로 프로파일에 따라 제작된 애플리케이션은 제작사와 무관하게 호환되는 장점이 있다. 블루투스 표준을 관리하는 블루투스 SIGspecial interest group에서는 애플리케이션에서 사용할 수 있는 다양한 프로파일을 정의하고 있으며, 여기에는 파일 전송 프로파일, 전화 접속 네트워크 프로파일, 팩스 프로파일, 시리얼 포트 프로파일 등 여러 가지가 있다. 이 장에서는 **시리얼 통신을 에뮬레이션하기 위한 프로파일인 시리얼 포트 프로파일**serial port profile, SPP**을 사용한다.** 마이크로컨트롤러에서 SPP를 지원하는 블루투스 모듈을 사용하는 경우 UART 통신 코드를 약간만 수정하고 블루투스 모듈을 연결하는 것만으로 UART 유선통신을 블루투스를 이용한 무선통신으로 바꿀 수 있다.

마이크로컨트롤러에서 사용하는 블루투스는 특정 기기 사이 연결을 위해 주로 2.x 버전을 사용한다. 블루투스 3.0은 2009년 블루투스 2.1의 후속으로 고속 통신 기능을 추가한 것인데 WiFi Direct와의 차별성 부족으로 널리 사용되지는 않는다. 2010년 제정된 블루투스 4.0은 저전력 블루투스Bluetooth Low Energy, BLE로 인해 주목받고 있다. 하지만 블루투스 4.0은 서로 호환되지 않는 블루투스 3.x까지의 기술인 클래식 블루투스Classic Bluetooth와 BLE가 합해진 형태를 띠고 있으며 서로 다른 목적으로 사용된다.

이 장에서는 블루투스 2.x 버전을 지원하는 모듈과 SPP 프로파일을 통한 통신, 즉 클래식 블루투스를 다룬다. 클래식 블루투스는 마스터와 슬레이브 구조를 가지며 하나의 마스터 기기에 최대 7개까지 슬레이브 기기를 연결할 수 있다. 블루투스 통신에서는 마스터가 모든 통신의 책임을 지므로 마스터와 슬레이브 사이의 통신만 가능하고 슬레이브 사이의 통신은 불가능하다. 하지만 **HC-06 블루투스 모듈은 1:1 연결만 지원**하므로 이 장에서는 마스터와 1개 슬레이브 사이의 통신만을 다룬다. 즉, HC-06 모듈이 연결된 라즈베리파이 피코를 슬레이브로 하고 스마트폰을 마스터로 하여 두 기기 사이의 통신을 알아본다.

21.2 HC-06 블루투스 모듈

이 장에서는 블루투스 통신을 위해 HC-06 시리얼 블루투스 모듈을 사용한다. 블루투스는 무선 연결로 유선 시리얼 통신과는 그 방식이 전혀 다르다. 하지만 시리얼 블루투스 모듈은 UART 시리얼 통신으로 모듈에 전달된 데이터를 무선통신을 통해 보내고, 무선통신으로 받은 데이터를 UART 시리얼 통신으로 변환하여 라즈베리파이 피코로 전달하는 역할을 담당하므로 **라즈베리파이 피코에서는 UART 시리얼 통신과 같은 방법으로 블루투스 통신을 사용할 수 있다.** 즉, 라즈베리파이 피코에서는 무선통신에 관해 신경 쓸 필요 없이 UART 시리얼 통신만 생각하면 되고, 이를 지원하는 것이 바로 SPP(serial port profile)다.

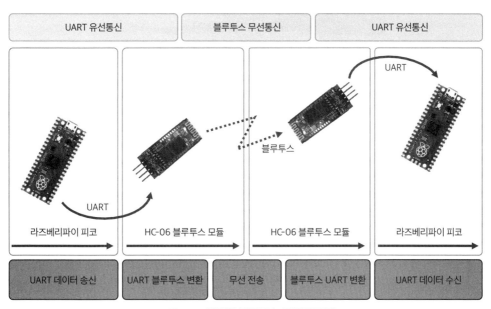

그림 21.1 시리얼 블루투스 모듈의 동작

HC-06 모듈은 4개 또는 6개 핀을 가지고 있는 모듈이 존재하지만, 라즈베리파이 피코에 연결하여 사용할 때는 VCC, GND, RX, TX의 4개 핀만 사용하면 된다.

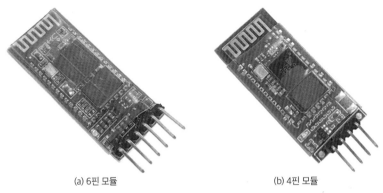

(a) 6핀 모듈   (b) 4핀 모듈

그림 21.2 **HC-06 블루투스 모듈**

먼저 HC-06 블루투스 모듈을 초기화하는 방법을 살펴보자. HC-06 블루투스 모듈은 UART 시리얼 통신을 통해 초기화가 가능하며 이를 위해 USB-UART 변환장치가 필요하다. 블루투스 모듈과 USB-UART 변환장치를 연결할 때 블루투스 모듈의 TX 및 RX는 USB-UART 변환장치의 RX 및 TX와 교차하여 연결해야 한다.

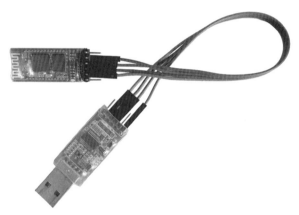

그림 21.3 **HC-06 모듈과 USB-UART 변환장치 연결**

데이터 시트에 의하면 HC-06 블루투스 모듈의 동작 전압은 3.3V이므로 전원은 물론 데이터 역시 3.3V 기준 전압을 사용해야 한다. 하지만 HC-06 모듈 내에 레귤레이터를 포함하고 있으므로 3.6~6.0V 전원을 연결하여 사용할 수 있다. RX와 TX 핀에 5V 기준 전압의 신호를 가하는 것에 대한 근거를 찾을 수는 없지만, 흔히 5V 기준 전압을 사용하며 문제없이 동작한다. 그림 21.3에서도 5V를 기준 전압으로 사용하는 USB-UART 변환장치를 사용하였다.

USB-UART 변환장치를 컴퓨터에 연결하고 터미널 프로그램을 통해 문자열 기반의 명령을 사용하여 블루투스 모듈을 설정할 수 있으며, 이때 사용하는 명령을 'AT 명령command'이라고 한다. 한 가지 주의할 점은 **블루투스 모듈이 다른 블루투스 기기와 연결되지 않았을 때만 AT 명령을 사용할 수 있다**는 점이다. 블루투스 모듈에 전원을 가하면 LED가 깜빡거린다. 블루투스 모듈이 다른 블루투스 기기와 연결되면 LED 깜빡임이 멈추고 항상 켜진 상태로 바뀌므로 AT 명령을 사용할 때는 다른 기기와 연결되지 않은 상태, 즉 LED가 깜빡이고 있는 상태여야 한다.

CoolTerm을 실행하고 USB–UART 변환장치에 할당된 COM 포트를 선택한다. 통신 속도는 디폴트값인 9600을 선택한다. HC-06 모듈은 펌웨어 버전에 따라 통신 속도의 디폴트값이 다를 수 있으므로 9600보율로 동작하지 않을 때는 데이터 시트를 확인하여 해당 속도를 선택하면 된다. 툴바의 'Options' 버튼을 누르고 'Terminal' 패널을 선택한다. AT 명령을 사용하기 위해서는 문장 단위로 데이터를 전달해야 하므로 'Terminal Mode'를 'Line Mode'로 선택한다. **HC-06 모듈의 AT 명령은 명령의 끝에 개행문자를 포함해서는 안 된다.** Terminal 패널의 'Enter Key Emulation'을 'Custom'으로 선택하고 'Custom Sequence(Hex)' 부분을 모두 지운다.

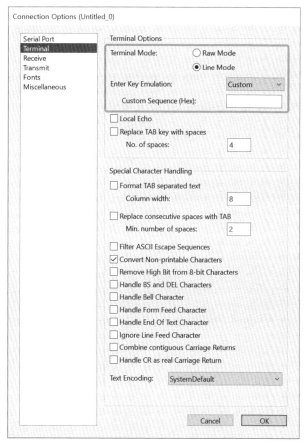

그림 21.4 **AT 명령 사용을 위한 옵션 설정**

설정이 끝났으면 CoolTerm에서 'Connect' 버튼을 눌러 USB–UART 변환장치로 연결하고 표 21.1
의 AT 명령을 순서대로 실행하자.

표 21.1 HC-06 모듈 설정을 위한 AT 명령[1]

명령	사용 방법	반환값	비고
AT	AT	OK	모듈 동작 확인
AT+VERSION	AT+VERSION	OKlinvorV1.8	펌웨어 버전 확인
AT+NAME	AT+NAMEPicoBlue	OKsetname	이름 설정
AT+PIN	AT+PIN1234	OKsetPIN	핀 설정
AT+BAUD	AT+BAUD4	OK9600	통신 속도 설정
AT+ROLE	AT+ROLE=S	OK+ROLE:S	슬레이브 설정

AT 명령을 전송했을 때 OK가 반환되면 블루투스 모듈이 정상적으로 연결되어 동작하고 있다는
의미다. AT+NAME은 블루투스 모듈의 이름을 설정할 때 사용한다. 모듈의 이름은 블루투스 기
기를 검색했을 때 표시되는 이름이다. AT+PIN은 페어링 과정에서 필요한 비밀번호 설정 시 사용
한다. 핀은 패스 코드passcode, 페어링 코드pairing code 등으로도 불린다. 핀은 페어링 과정에서만 사
용하므로 페어링이 이루어진 이후에는 다시 입력할 필요는 없다. AT+BAUD는 통신 속도 설정 시
사용하며, 숫자에 따른 통신 속도는 표 21.2와 같다. AT+ROLE은 마스터 또는 슬레이브 역할을
지정할 때 사용하며 이 장에서는 슬레이브로 설정하였다.[2]

표 21.2 전송 속도

숫자	전송 속도(baud)	숫자	전송 속도(baud)
1	1200	5	19200
2	2400	6	38400
3	4800	7	57600
4	9600	8	115200

표 21.1의 명령을 순서대로 실행한 결과는 CoolTerm에서 확인할 수 있다.

---

1 AT 명령 사용 방법과 반환값은 펌웨어 버전에 따라 달라질 수 있다. 이 장에서는 1.8 버전을 기준으로 한다.

2 HC-06 모듈을 마스터 또는 슬레이브로 설정할 수 있는 AT 명령은 펌웨어 버전 1.7 이상에서만 사용할 수 있다. 이전 버전의 펌웨어를
사용하는 모듈은 마스터와 슬레이브 모듈을 별도로 판매하고 있다.

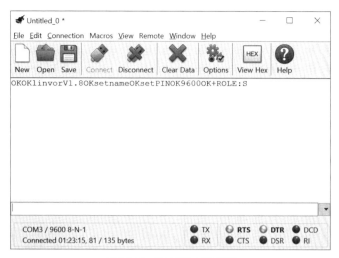

OKOKlinvorV1.8OKsetnameOKsetPINOK9600OK+ROLE:S

그림 21.5 **AT 명령 실행 결과**

그림 21.5에서는 통신 속도가 변경되지 않았지만, 통신 속도를 처음 연결한 속도와 다른 값으로 변경하였다면 CoolTerm에서 통신 속도를 변경하여 다시 연결해야 이후 설정이 가능하다. 마스터 또는 슬레이브로 역할을 바꾼 경우에도 블루투스 모듈을 다시 시작해야 한다.

21.3 스마트폰과 블루투스 통신

스마트폰과 라즈베리파이 피코 사이의 블루투스 통신을 위해 먼저 블루투스 모듈을 그림 21.6과 같이 라즈베리파이 피코에 연결하자. HC-06 모듈의 데이터 시트에는 3.6~6.0V의 전원을 연결할 수 있다고 나와 있지만, 사용한 HC-06 모듈의 경우 라즈베리파이 피코의 3.3V 전원을 사용해도 동작에 문제는 없었다. HC-06 모듈이 정상적으로 동작하지 않는다면 VBUS의 5V 전원을 사용하자.

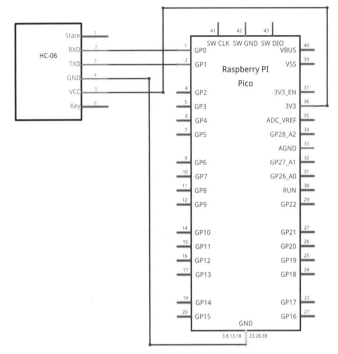

그림 21.6 **HC-06 모듈과 라즈베리파이 피코 연결 회로도**

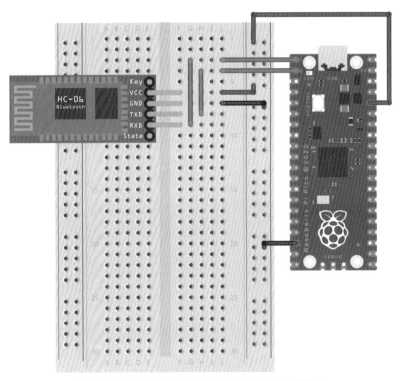

그림 21.7 **HC-06 모듈과 라즈베리파이 피코 연결 회로**

블루투스 모듈을 컴퓨터에 연결하여 표 21.1의 AT 명령을 통해 슬레이브 모드로 설정한 후 라즈베리파이 피코에 연결하였으므로 이제 라즈베리파이 피코와 통신할 수 있도록 스마트폰을 설정해보자.

스마트폰은 마스터 역할을 한다. 스마트폰의 블루투스를 활성화하면 연결할 수 있는 블루투스 기기를 검색하여 보여준다. '연결 가능한 디바이스' 목록에서 블루투스 모듈의 이름으로 설정한 'PicoBlue'를 확인할 수 있다. **블루투스 통신을 위한 연결은 '페어링'과 '연결'의 두 단계를 거쳐 이루어진다.** 연결 대상이 되는 기기들 사이에서 인증을 통해 연결할 기기를 등록하는 과정을 페어링pairing이라고 하며, 페어링 과정에서 인증을 위해 비밀번호(또는 PIN)를 사용한다. 한 번 페어링된 기기는 페어링을 해제하기 전까지 비밀번호를 다시 입력할 필요가 없다. **페어링이 이루어진 이후에 실제로 데**

그림 21.8 **블루투스 기기 목록**

이터를 주고받기 위한 연결을 진행할 수 있다. 그림 21.8에서 'PicoBlue'를 선택하면 그림 21.9와 같이 비밀번호를 입력하는 창이 나타난다.

그림 21.9 **블루투스 기기 페어링**

그림 21.9에 표 21.1에서 설정한 핀인 '1234'를 입력하면 페어링은 끝난다. 그림 21.10에서 PicoBlue가 '연결 가능한 디바이스'에서 '등록된 디바이스'로 바뀐 것을 통해 페어링이 성공적으로 이루어진 것을 확인할 수 있다.

그림 21.10 **페어링 완료**

스마트폰에 블루투스 모듈이 등록되었으므로 이제 스마트폰과 라즈베리파이 피코를 연결해서 데이터를 주고받는 방법을 살펴보자. 데이터를 주고받기 위해서는 스마트폰에 블루투스 통신을 위한 애플리케이션을 설치해야 한다. 플레이스토어에서 '블루투스 터미널'을 검색하면 여러 가지 애플리케이션을 찾을 수 있다. 이 장에서는 'Serial Bluetooth Terminal'[3]을 사용한다. 애플리케이션을 설치한 후 실행해보자.

그림 21.11 **Serial Bluetooth Terminal 초기 화면**

---

3   https://play.google.com/store/apps/details?id=de.kai_morich.serial_bluetooth_terminal&hl=ko

초기 화면에서 왼쪽 위의 메인 메뉴(≡)를 열어보자.

그림 21.12 **Serial Bluetooth Terminal 메인 메뉴**

메인 메뉴에서 'Devices'를 선택하면 페어링된 기기의 목록이 나타난다. 목록에 'PicoBlue'라는 이름을 가진 블루투스 모듈이 나타나지 않는다면 페어링을 먼저 해주어야 한다.

그림 21.13 **페어링된 기기 목록**

기기 목록에서 'PicoBlue'를 선택하면 자동으로 연결된다. 연결이 완료되면 애플리케이션에서는 데이터 송수신을 위한 창이 나타난다. **HC-06 블루투스 모듈의 경우 마스터와 연결이 되지 않은 상태에서는 LED가 깜빡거리지만, 연결 이후에는 LED가 켜져 있는 상태로 바뀌므로 연결 상태를 쉽게 확인할 수 있다.**

라즈베리파이 피코에 그림 21.6과 같이 블루투스 모듈을 연결하고 코드 21.1을 실행하자. 코드 21.1은 2초마다 1씩 증가하는 카운터값을 스마트폰으로 전달하고, 스마트폰에서 전달한 문자열을 셀에 출력한다.

```
01   from machine import Pin, UART, Timer
02
03   uart = UART(0, 9600, timeout=100)    # 0번 UART 포트
04   bt_timer = Timer()                   # 타이머 객체 생성
05
06   count = 0                            # 2초에 1씩 증가하는 카운터
07
08   def send_count(_timer):              # 콜백 함수
09       global count
10
11       count = count + 1               # 카운터값 1 증가
12       uart.write(str(count))          # 블루투스 모듈을 통해 스마트폰으로 전송
13       uart.write('\r\n')
14
15   # 2초에 한 번(freq)씩 반복해서(mode) 콜백 함수(callback) 호출
16   bt_timer.init(mode=Timer.PERIODIC, freq=0.5, callback=send_count)
17
18   while True:
19       if uart.any():                  # 수신 데이터가 있는 경우
20           command = uart.readline()
21           print(command.decode('UTF-8'), end='')
```

📋 **Thonny IDE 셸** **실행 결과**

```
>>> %Run -c $EDITOR_CONTENT
 from phone
 test
```

그림 21.14 **코드 21.1 실행 결과**

그림 21.14의 실행 결과와 같이 라즈베리파이 피코에서 2초에 한 번 보내는 카운터값은 Serial Bluetooth Terminal에 나타나고, Serial Bluetooth Terminal에 입력한 내용이 셸에 표시되면 스마트폰과 라즈베리파이 피코는 블루투스를 통해 연결되어 데이터 교환이 이루어지고 있는 상태다.

라즈베리파이 피코와 스마트폰 사이의 통신이 단순히 문자열을 주고받는 것이 전부인 것처럼 보일 수 있지만, 블루투스는 데이터 전달을 위한 방법이라는 사실을 기억해야 한다. 블루투스는 데이터를 교환하는 방법을 제공할 뿐이며 그 데이터를 어떻게 사용할 것인지는 다른 이야기다.

스마트폰에서 0~100 사이의 듀티 사이클을 라즈베리파이 피코로 전송하고, 라즈베리파이 피코에서는 수신된 듀티 사이클에 따라 LED의 밝기를 변경하도록 해보자. 이를 위해서 먼저 그림 21.15와 같이 LED를 2번 핀에 연결한다.

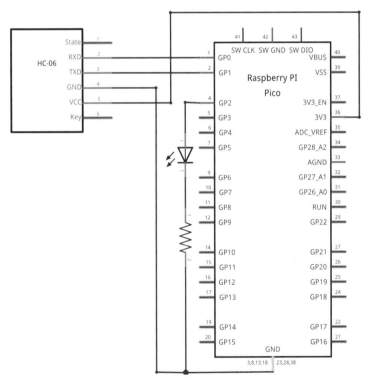

그림 21.15 **HC-06 모듈과 LED 연결 회로도**

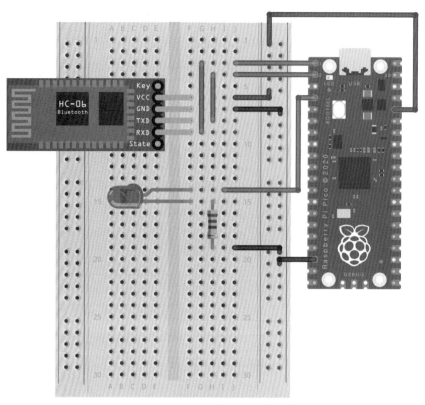

그림 21.16 **HC-06 모듈과 LED 연결 회로**

스마트폰에서는 Serial Bluetooth Terminal을 통해 0~100 사이의 값을 전송한다. 이때 전송되는 값은 문자열로 변환되어 전달되므로 숫자의 끝을 표시하기 위해 Serial Bluetooth Terminal에서 전송 버튼을 누르면 자동으로 추가되는 '\r\n'을 사용하면 된다. 그림 21.12의 'Settings' 메뉴에서 'Send' 또는 'Receive' 탭을 선택한 후 'Newline' 항목을 클릭하면 전송 버튼을 눌렀을 때 자동으로 추가되는 문자를 고를 수 있다.

코드 21.2는 스마트폰에서 전송된 값을 읽어 숫자로 변환한 후, 전송한 값이 범위를 벗어나면 잘못된 입력임을 알려주고 범위 내 값이면 그에 따라 LED 밝기를 조절하는 코드다.

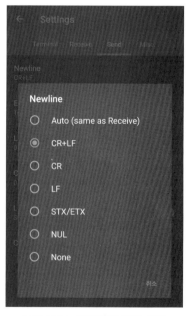

그림 21.17 **자동 추가 문자 선택**

🖥️ 코드 21.2 스마트폰으로 LED 밝기 제어

```
01  from machine import Pin, UART, PWM
02
03  uart = UART(0, 9600)                    # 0번 UART 포트
04
05  command = ''                            # 듀티 사이클을 저장할 변수
06  process = False                         # 수신 문자열 처리 여부
07  pwm = PWM(Pin(2))                       # LED 연결 핀
08
09  while True:
10      if uart.any():                      # 수신 데이터가 있는 경우
11          data = uart.read(1).decode('UTF-8')
12
13          if data == '\r':                # 수신 데이터의 끝
14              process = True
15          elif data == '\n':              # '\r' 이후 '\n'은 무시
16              continue
17          else:
18              command = command + data    # 듀티 사이클 저장
19
20          if process:                     # 듀티 사이클 수신이 끝나면 처리
21              print('Received : ', command)
22              duty_cycle = int(command)   # 숫자로 변환
23              # 듀티 사이클이 0~100 사이의 값인지 검사
24              if duty_cycle < 0 or duty_cycle > 100:
25                  print('Wrong input... (0~100)')
26                  uart.write('Wrong input... (0~100)\r\n')
27              else:
28                  # 0~65535 사이의 값으로 변환하여 LED 밝기 제어
29                  pwm.duty_u16(int(655.35 * duty_cycle))
30                  print(duty_cycle, '% brightness')
31                  uart.write(str(duty_cycle) + '% brightness\r\n')
32              process = False             # 수신 문자열 처리 완료
33              command = ''                # 수신 문자열 버퍼 비움
```

🖥️ Thonny IDE 셸 실행 결과

```
>>> %Run -c $EDITOR_CONTENT
Received :  100
100 % brightness
Received :  50
50 % brightness
Received :  0
0 % brightness
Received :  120
Wrong input... (0~100)
```

코드 21.2를 실행하고 Serial Bluetooth Terminal에서 숫자를 입력하면 LED 밝기가 조절되고 그
결과는 셸과 Serial Bluetooth Terminal에서 확인할 수 있다.

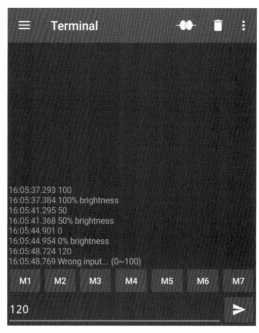

그림 21.18 코드 21.2 실행 결과

맺는말

블루투스는 근거리 저전력 무선통신 방법의 하나로 RS-232C 유선통신을 대체하기 위한 개인용 무선통신이다. 블루투스는 다양한 가전제품 및 휴대용 기기를 간단하게 연결해서 사용할 때 매우 유용하며, 컴퓨터 주변기기 중에서도 블루투스를 사용하는 장치들을 쉽게 발견할 수 있다. 마이크로컨트롤러에서는 시리얼 통신 대용으로 블루투스를 사용하는 경우가 대부분인데, 주로 SPPserial port profile를 사용한다. UART 시리얼 통신을 사용하여 시스템을 구성하였다면, SPP를 지원하는 블루투스 모듈을 사용하여 간단하게 무선 시스템으로 변경할 수 있다.

이 장에서는 블루투스 2.x 버전을 사용하여 스마트폰과 블루투스 통신을 수행하는 방법을 살펴보았다. 무선통신을 사용하는 것이 복잡하게 느껴질 수도 있지만, 실제 코드에서는 UART 시리얼 통신을 사용하는 것과 거의 차이가 없다. UART 시리얼 통신을 간단하게 블루투스로 변경하는 것이 가능한 것은 SPP를 사용하기 때문이다. SPP의 목적이 유선통신을 대체하는 것이라는 점을 기억하자.

ESP-01 모듈과
와이파이 통신

ESP-01 모듈은 ESP8266 칩을 사용하여 만든 ESP-nn 시리즈 중 가장 간단한 모듈로, 저렴한 가격과 쉬운 사용 방법으로 마이크로컨트롤러에 와이파이 통신 기능이 필요할 때 많이 사용한다. 이 장에서는 ESP-01 모듈의 특징과 라즈베리파이 피코에 연결하는 방법 그리고 ESP-01 모듈을 사용하여 인터넷에 연결하는 방법을 알아본다.

이 장에서
사용할 부품

라즈베리파이 피코	× 1
ESP-01 모듈	× 1 ➡ 와이파이 통신 모듈
USB-UART 변환장치	× 1 ➡ 3.3V 지원, ESP-01 모듈 설정

ESP8266은 에스프레시프[1]에서 제작하여 판매하는 와이파이 통신 기능을 포함하고 있는 마이크로컨트롤러다. ESP8266은 2014년 처음 등장한 이후 불과 몇 년 사이에 성공적으로 시장에 안착하였다. ESP8266 이전에도 와이파이 통신 모듈은 여러 종류가 있었지만, ESP8266의 가장 큰 경쟁력은 가격이다. 최소한의 회로만을 추가하여 시리얼 와이파이 모듈로 사용할 수 있는 ESP-01 모듈의 경우 이전에 판매되던 모듈과는 비교할 수 없을 정도로 저렴한 2달러 정도면 구입할 수 있다. ESP8266의 주요 사양은 표 22.1과 같다.

표 22.1 **ESP8266 사양**

특징	설명
동작 전압	3.3V(3.0~3.6V)
전류 소비	10µA~500mA
프로세서	Tensilica L106 32비트
동작 클록	80~160MHz
플래시메모리	칩 내에 플래시메모리가 포함되어 있지 않으며, 최소 512KB에서 최대 16MB 외부 플래시메모리를 연결하여 사용
범용 입출력 핀	17개
아날로그-디지털 변환장치	10비트 1채널
와이파이	802.11 b/g/n
TCP 동시 연결	최대 5개

ESP8266을 사용할 때는 전원 연결에 특히 주의해야 한다. ESP8266의 동작 전압은 3.3V다. 시중에 나와 있는 많은 ESP8266 기반 모듈은 아두이노 보드와 같이 5V 기준 전압을 사용하는 장치를 위해 3.3V 변환 회로를 포함하고 있다. 즉, 5V 전원을 연결할 수 있고 시리얼 통신을 지원하는 레벨 변환장치도 제공한다. 이처럼 변환 회로가 포함된 모듈을 라즈베리파이 피코에 연결하면 변환 회로로 인해 전압이 낮아져 정상적인 동작이 어려울 수 있으므로 레벨 변환 회로 유무를 확인해야 한다. 이 장에서 사용하는 ESP-01 모듈에는 레벨 변환 회로가 없다.

ESP8266이 와이파이 통신을 수행할 때 순간적인 최대 전류 소모량이 500mA에 달한다는 점도 주의해야 한다. USB 2.0의 최대 공급 가능 전류 역시 500mA이지만 여러 개의 USB 장치가 연결

---

1 http://espressif.com

되어 있다면 하나의 장치가 공급받을 수 있는 전류는 이보다 적다. 따라서 라즈베리파이 피코가 컴퓨터에 USB로 연결되어 있고 ESP8266의 전원을 라즈베리파이 피코 전원에 연결하였다면 전류 부족으로 오동작이 발생할 수 있다. **ESP8266을 사용하는 도중 원인을 알 수 없는 오류가 발생한다면 전류 부족을 의심해볼 수 있다.** 따라서 많은 와이파이 통신이 필요한 경우라면 라즈베리파이 피코에 전용 전원을 연결하는 것을 추천한다.

22.2 ESP-01 모듈

라즈베리파이 피코를 위한 RP2040 마이크로컨트롤러와 마찬가지로 ESP8266도 펌웨어를 저장하기 위한 플래시메모리를 제공하지 않는다. 따라서 ESP8266 칩 단독으로는 사용할 수 없으며, ESP8266 칩과 SPI 방식의 플래시메모리 그리고 몇 가지 부가 기능을 위한 회로를 추가한 모듈 형태를 주로 사용한다. ESP8266 칩을 사용한 모듈은 여러 가지가 있지만, 대표적인 것은 AI-Thinker[2]에서 제작하는 ESP-nn 시리즈 모듈이다. ESP-nn 시리즈 중 가장 먼저 나오고 가장 간단한 형태를 띠고 있는 것이 ESP-01 모듈이다. ESP-01 모듈은 1MB 크기의 플래시메모리를 포함하고 있으며 8개의 핀을 가지고 있다. 하지만 그림 22.1의 ESP-01 모듈 핀 배치에서 볼 수 있듯이 8개의 핀은 두 줄로 배열되어 있어 브레드보드에 연결하여 사용할 수는 없다.

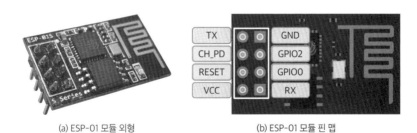

(a) ESP-01 모듈 외형   (b) ESP-01 모듈 핀 맵

그림 22.1 **ESP-01 모듈**

ESP-01 모듈의 8핀 중 VCC와 GND 2핀은 전원 핀이며, RX와 TX 2핀은 라즈베리파이 피코와의 UART 시리얼 통신을 위한 것이다. CH_PD와 RESET은 제어 핀에 해당하며, GPIO0 핀과 GPIO2 핀은 범용 입출력을 위한 용도다. 하지만 GPIO0 핀의 경우 펌웨어를 업데이트할 때 LOW

---

2   http://www.ai-thinker.com

를, 설치된 펌웨어 실행을 위해 부팅할 때 HIGH를 연결해야 하므로 범용 입출력 핀으로 사용하기는 어렵다. 따라서 **ESP-01 모듈에서 범용 입출력 핀으로 사용할 수 있는 핀은 GPIO2뿐이다.** 이 장에서는 ESP-01 모듈에 미리 설치된 펌웨어를 통해 와이파이 통신을 위한 용도로만 사용할 것이므로 범용 입출력 핀이 필요하지 않다. ESP-01 모듈의 각 핀 기능을 요약하면 표 22.2와 같다.

표 22.2 ESP-01 모듈의 핀 설명

핀	설명
TX	Transmit: UART 시리얼 통신을 위한 데이터 송신 핀으로 라즈베리파이 피코의 RX 핀으로 연결한다.
RX	Receive: UART 시리얼 통신을 위한 데이터 수신 핀으로 라즈베리파이 피코의 TX 핀으로 연결한다.
CH_PD	Chip Enable: HIGH를 연결하는 경우 정상적으로 동작하며 풀업 저항을 사용할 수 있다.
RESET	LOW를 가하면 리셋된다. 정상적인 동작을 위해서는 HIGH를 가해주는 것을 추천하며 풀업 저항을 사용할 수 있다.
GPIO0	ESP8266의 펌웨어를 업데이트할 때 LOW를 가해야 한다. 설치된 펌웨어 실행을 위해 부팅하는 경우에는 HIGH를 가하는 것을 추천하며 풀업 저항을 사용할 수 있다.
GPIO2	부팅 시에는 HIGH를 가해주는 것을 추천하며 풀업 저항을 사용할 수 있다.
VCC	3.3V
GND	그라운드

ESP-01 모듈을 연결할 때 4개 핀에는 풀업 저항 사용을 추천하지만, 풀업 저항 사용이 필수는 아니다. 따라서 미리 설치된 와이파이 통신을 위한 펌웨어를 사용하는 경우라면 CH_PD 핀만 HIGH로 연결하여 사용할 수 있다. 이때 풀업 저항을 사용하지 않아도 별문제는 없다.

ESP-01 모듈은 시리얼 와이파이 모듈의 한 종류로 시리얼 블루투스 모듈인 HC-06과 기본적으로 동작 방식이 같다. 즉, 시리얼 와이파이 모듈은 UART 시리얼 통신으로 모듈에 전달된 데이터를 무선통신을 통해 보내고, 무선통신으로 받은 데이터를 UART 시리얼 통신으로 변환하여 라즈베리파이 피코로 전달하는 역할을 담당한다.

HC-06 모듈의 설정을 위해 AT 명령을 사용한 것과 마찬가지로 ESP-01 모듈 역시 AT 명령을 사용하여 모듈을 설정할 수 있다. 물론 ESP-01 모듈을 위한 AT 명령은 HC-06을 위한 AT 명령과는 차이가 있다. **HC-06을 위한 AT 명령이 초기 설정만을 담당하였다면, ESP-01 모듈을 위한 AT 명령은 초기 설정 과정은 물론 와이파이 통신 전 과정의 제어가 가능하므로 AT 명령어 개수가 많고 사용 방법 역시 복잡하다.** 따라서 AT 명령을 바탕으로 와이파이 통신을 수행할 수 있도록 지원하는 라이브러리를 주로 사용한다. 이 장에서 사용하는 라이브러리 역시 마찬가지다.

먼저 ESP-01 모듈을 설정하는 방법을 살펴보자. ESP-01 모듈은 HC-06 모듈과 마찬가지로

UART 시리얼 통신을 통해 설정할 수 있으며 이를 위해 USB-UART 변환장치가 필요하다. ESP-01 모듈과 USB-UART 변환장치를 연결할 때 ESP-01 모듈의 TX 및 RX는 USB-UART 변환장치의 RX 및 TX와 교차하여 연결해야 한다.

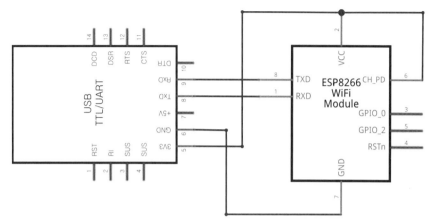

그림 22.2 **USB-UART 변환장치와 ESP-01 모듈 연결 회로도**

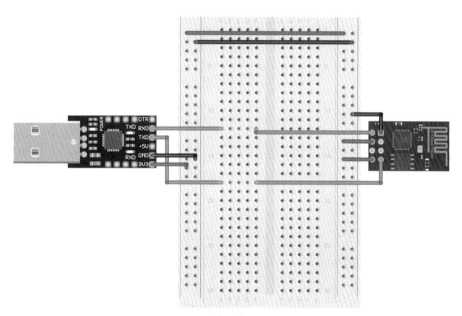

그림 22.3 **USB-UART 변환장치와 ESP-01 모듈 연결 회로**

CoolTerm을 실행하고 USB-UART 변환장치에 할당된 COM 포트를 선택한다. 통신 속도는 디폴트값인 115200을 선택한다. ESP-01 모듈은 펌웨어 버전에 따라 통신 속도의 디폴트값이 다를 수 있으므로 115200보율로 동작하지 않을 때는 데이터 시트를 확인하여 해당 속도를 선택하면 된다.

툴바의 'Options' 버튼을 누르고 'Terminal' 패널을 선택한다. AT 명령을 사용하기 위해서는 문장 단위로 데이터를 전달해야 하므로 'Terminal Mode'를 'Line Mode'로 선택한다. **ESP-01 모듈의 AT 명령은 명령의 끝에 개행문자를 사용하므로 'Enter Key Emulation'을 'CR+LF'로 선택한다.**

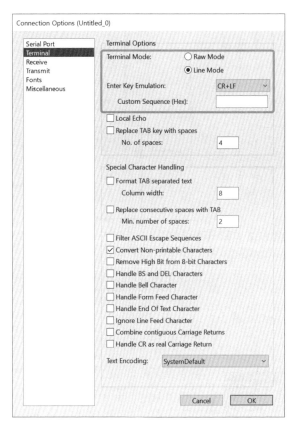

그림 22.4 AT 명령 사용을 위한 옵션 설정

설정이 끝났으면 CoolTerm에서 'Connect' 버튼을 눌러 USB-UART 변환장치로 연결한다. HC-06 모듈은 SPP를 사용하므로 초기 설정 후 통신 과정은 UART 시리얼 통신을 사용하는 것과 다르지 않다. 하지만 ESP-01 모듈은 초기 설정 이외에도 인터넷에 연결하여 서버에 요청을 보내고 응답을 받는 일련의 과정을 모두 AT 명령을 통해 수행할 수 있으며, 이러한 과정은 UART 시리얼 통신에는 없다.

AT 명령을 전송했을 때 OK가 반환되면 와이파이 모듈이 정상적으로 연결되어 동작하고 있다는 의미다. AT+GMR 명령은 ESP-01 모듈에 설치된 펌웨어 버전을 확인하는 것이다. AT+UART_DEF 명령을 실행하면 와이파이 모듈의 UART 시리얼 통신 속도를 지정할 수 있다. 이때 보율, 데이터 비트 수, 정지 비트 수, 패리티 비트, 흐름 제어 등을 지정할 수 있다. 디폴트값인 115200보율, 8비트 데이터 비트, 1비트 정지 비트, 패리티 없음, 흐름 제어 사용하지 않음으로 설정하기 위해 'AT+UART_DEF=115200,8,1,0,0'의 명령을 실행하면 된다.

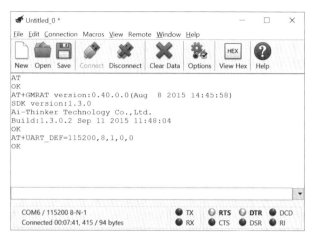

그림 22.5 ESP-01 모듈 설정

그림 22.5는 모듈 설정을 위해 AT 명령을 실행한 결과다. AT나 AT+GMR 명령은 꼭 필요한 것은 아니며 라이브러리를 통해서도 확인할 수 있다. AT+UART_DEF 명령은 통신 속도 설정을 위해 필요한 것으로 디폴트값인 115200을 사용한다면 역시 꼭 필요한 명령은 아니다. 따라서 **와이파이 통신을 위한 펌웨어가 설치되어 있는 ESP-01 모듈을 사용하고 통신 속도를 디폴트값으로 사용한다면 초기 설정 과정은 생략해도 무방하다.**

22.3 와이파이 통신

ESP-01 모듈 설정이 끝났으면 이를 라즈베리파이 피코에 연결하여 인터넷에 연결해보자. ESP-01 모듈을 사용하여 인터넷에 연결하기 위해서는 모듈을 설정하는 것과 마찬가지로 AT 명령을 사용해야 하는데, AT 명령을 사용하는 것은 간단하지 않다. 다행히 AT 명령을 사용하여 인터넷에 연결하는 과정을 클래스로 구현해놓은 라이브러리를 사용하면 간단하게 인터넷에 연결할 수 있으므로 이 장에서도 라이브러리를 사용한다. 먼저 ESP-01 모듈을 그림 22.6과 같이 라즈베리파이 피코에 연결하자.

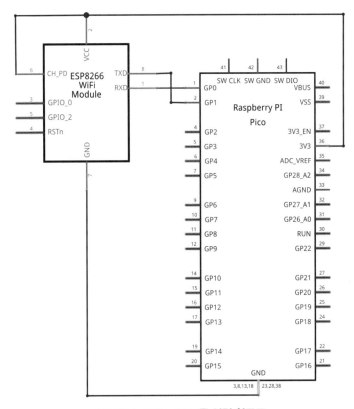

그림 22.6 **ESP-01 모듈 연결 회로도**

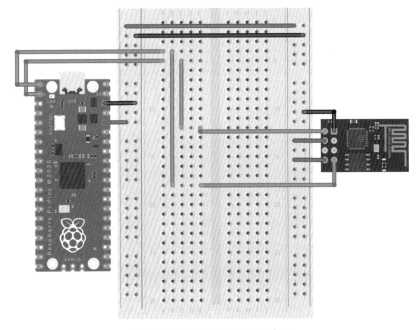

그림 22.7 **ESP-01 모듈 연결 회로**

ESP-01 모듈을 사용하기 위해서는 전용 라이브러리가 필요하므로 먼저 라이브러리 홈페이지[3]에서 내려받는다. 내려받은 파일 중 esp8266.py와 httpParser.py를 라즈베리파이 피코의 루트 디렉터리 아래 'lib' 디렉터리('/lib')에 저장한다.

그림 22.8 **라이브러리 저장**

ESP-01 모듈을 제어하기 위해서는 먼저 ESP8266 클래스의 객체를 생성하고 초기화하는 과정이 필요하다.

- **ESP8266**

```
class esp8266.ESP8266(uartPort=0, baudRate=115200, txPin=0, rxPin=1)
  — 매개변수
     uartPort: ESP 모듈과 통신할 UART 포트 번호(디폴트값 0)
     baudRate: UART 시리얼 통신 속도(디폴트값 115200)
     txPin: 데이터 송신 핀(디폴트값 0번 핀)
     rxPin: 데이터 수신 핀(디폴트값 1번 핀)
```

ESP8266 클래스의 객체를 생성할 때는 UART 통신 포트와 사용할 핀 번호 그리고 통신 속도를 지정할 수 있다. 디폴트값으로 0번과 1번 핀을 통한 UART 포트 0번과 115200의 속도를 사용한다. 그림 22.6에서 0번과 1번 핀을 사용하도록 연결하고, AT 명령으로 115200 속도를 사용하도록 설정하였으므로 별도로 매개변수를 지정하지 않아도 된다.

---

3 https://github.com/Circuit-Digest/rpi-pico-micropython-esp8266-lib

■ startUP

ESP8266.startUP()
   — 매개변수: 없음

ESP-01 모듈에 AT 명령을 전송하여 OK를 수신하는지를 True 또는 False로 반환한다. True를 반환하면 정상적으로 연결되어 동작하고 있음을 나타낸다.

Thonny IDE 셸 실행 결과

```
>>> from esp8266 import ESP8266
>>> esp01 = ESP8266()
>>> print("StartUP : ", esp01.startUP())
StartUP :  True
>>>
```

■ getVersion

ESP8266.getVersion()
   — 매개변수: 없음

ESP-01 모듈에 AT+GMR 명령을 전송하여 ESP-01 모듈에 설치된 펌웨어 버전 정보를 반환한다.

Thonny IDE 셸 실행 결과

```
>>> print(esp01.getVersion())
AT+GMR
AT version:1.6.2.0(Apr 13 2018 11:10:59)
SDK version:2.2.1(6ab97e9)
>>>
```

■ setCurrentWiFiMode

ESP8266.setCurrentWiFiMode(mode = 3)
   — 매개변수
     mode: 와이파이 통신 모드

ESP-01 모듈에 AT+CWMODE_CUR 명령을 전송하여 ESP-01 모듈의 현재 와이파이 통신 모드를 설정하고 설정 결과를 True 또는 False로 반환한다. 와이파이를 통해 무선으로 네트워크에 접속하기 위해서는 AP_{access point}가 필요하며, AP는 무선 연결을 사용하여 네트워크(또는 인터넷)에 연결하기 위한 접점에 해당한다. **가정이나 사무실에서 사용하는 무선 공유기가 AP 역할을 하는 대표적인 기기다.** AP를 통해 인터넷으로 연결하는 기기는 스테이션station(단말)이라고 한다.

AP의 경우 스테이션의 연결을 받아들이면서 인터넷과 같은 외부 네트워크로의 연결도 가능하지만, 스테이션의 연결을 받아들이는 역할만을 하고 외부 네트워크와의 연결은 지원하지 않는 AP를 소프트soft AP라고 한다. ESP8266의 경우 스테이션 역할과 소프트 AP 역할만 가능하다. 즉, ESP8266은 무선 공유기 역할을 할 수는 없다.

매개변수 mode를 통해 ESP-01 모듈의 역할에 따라 스테이션 모드(mode = 1), 소프트 AP 모드(mode = 2), 그리고 이들 두 역할을 동시에 수행하는 소프트 AP + 스테이션 모드(mode = 3) 중 하나를 선택할 수 있다. 인터넷에 연결하기 위해서는 스테이션 모드 또는 소프트 AP + 스테이션 모드로 설정해야 하며 디폴트값은 소프트 AP + 스테이션 모드다.

📠 Thonny IDE 셸 실행 결과

```
>>> print("WiFi Current Mode :", esp01.setCurrentWiFiMode())
 WiFi Current Mode : True
>>>
```

모듈이 초기화된 후에는 먼저 AP에 연결해야 하고 AP를 통해 인터넷에 연결하여 홈페이지에 접속하거나 서버에서 데이터를 읽어 오는 등의 작업이 가능하다. 연결 가능한 AP 목록은 getAvailableAPs 함수를 통해 얻을 수 있고, 특정 AP로 연결하기 위해서는 connectWiFi 함수를 사용하면 된다.

■ getAvailableAPs

ESP8266.getAvailableAPs()
— 매개변수: 없음

ESP-01 모듈에 AT+CWLAP 명령을 전송하여 주변에 접속 가능한 AP 정보를 리스트 형식으로 얻어 온다. 반환되는 리스트의 첫 번째 항목은 실행한 AT 명령을 포함하고 있으며, 이후 항목에 AP 정보가 리스트로 저장되어 있다. 리스트 정보에는 다양한 항목이 들어 있는데, 첫 번째가 암호화 방식, 두 번째가 AP 이름, 세 번째가 RSSI, 네 번째가 MAC 주소 등이다. RSSIreceived signalstrength indicator는 수신되는 신호의 강도를 가리키며 dBm 단위로 나타낸다. dBm 단위는 1mW를 기준으로 했을 때의 전력을 로그값으로 나타낸 것이다. AP에서는 1mW 미만의 전력을 가지는 신호가 수신되므로 음수로 나타나며, 절댓값이 작을수록 신호 강도가 센 AP를 나타낸다.

```
>>> aps = esp01.getAvailableAPs()
>>> for i in range(1, len(aps)):          # 첫 번째 항목은 AP 정보가 아님
        ap = aps[i]
        for j in range(4):
            print(ap[j] + ", ", end="")
        print()
3, "iptime-718", -80, "88:36:6c:7d:c2:f8",
3, "dyedye", -82, "88:36:6c:24:ed:f4",
5, "eduroam", -61, "84:23:88:1b:6d:48",
5, "u-deu", -62, "84:23:88:5b:6d:48",
3, "iptime_dhan", -56, "00:26:66:cc:e4:ac",
3, "hgycap", -24, "70:5d:cc:da:f1:3a",
3, "619 Lab", -77, "90:9f:33:e7:18:28",
3, "dblab-2g", -86, "84:16:f9:ed:bc:2e",
1, "dlink", -66, "00:22:b0:b3:c5:a8",
>>>
```

- **connectWiFi**

ESP8266.connectWiFi(ssid, pwd)
— 매개변수
　ssid: AP 이름
　pwd: AP의 비밀번호

ESP-01 모듈에 AT+CWJAP_CUR 명령을 전송하여 지정한 AP로 연결하고 연결 상태를 문자열로 반환한다. 반환 문자열은 표 22.3의 문자열 중 하나다.

표 22.3 **와이파이 연결 결과로 반환되는 문자열**

반환 문자열	의미
WIFI CONNECTED	AP에 연결됨
WIFI DISCONNECT	AP에 연결 중 오류 발생
WIFI AP NOT FOUND	지정한 이름의 AP를 찾는 데 실패
WIFI AP WRONG PASSWORD	지정한 AP의 비밀번호 오류

- **disconnectWiFi**

ESP8266.disconnectWiFi()
— 매개변수: 없음

ESP-01 모듈에 AT+CWQAP 명령을 전송하여 현재 와이파이 연결을 종료하고, 종료 여부를 True 또는 False로 반환한다.

코드 22.1 magic.py는 인터넷 연결에 사용할 AP의 이름과 연결 비밀번호를 정의하는 파일이다. 사용하고자 하는 AP의 이름과 비밀번호를 지정한 후 magic.py를 라즈베리파이 피코의 루트 디렉터리 아래 'lib' 디렉터리('/lib')에 저장한다. magic.py를 라이브러리 디렉터리에 저장하면 다른 라이브러리처럼 import 문을 통해 사용할 수 있다.

코드 22.1 magic.py

```
01   ssid = "your_ap_name_here"                      # AP 이름
02   pwd = "password_for_your_ap_here"               # AP 연결 비밀번호
```

코드 22.2는 지정한 AP에 연결하고 종료하는 과정을 보인 것이다. 코드에서 magic.ssid와 magic.pwd는 연결하고자 하는 AP의 이름과 비밀번호에 해당하며, 필요한 경우 magic.py에서 변경하면 된다.

코드 22.2 AP 연결 및 연결 끊기

```
01   import magic
02   from esp8266 import ESP8266
03   import utime
04
05   esp01 = ESP8266()                          # ESP-01 모듈 제어 객체 생성
06
07   print("StartUP : ", esp01.startUP())       # ESP-01 모듈과의 통신 검사
08   print("Echo-Off : ", esp01.echoING())      # AT 명령 에코 끄기, 디폴트를 끈 상태
09   print("")
10
11   print("Firmware Version :")                # ESP-01 모듈의 펌웨어 버전 정보 확인
12   print(esp01.getVersion())
13   print("")
14
15   # ESP-01 모듈의 와이파이 모드 확인
16   print("WiFi Current Mode :", esp01.setCurrentWiFiMode())
17   print("")
18
19   print("Try to connect with the WiFi..")
20   while (1):                                  # 연결될 때까지 2초 간격으로 시도
21       if "WIFI CONNECTED" in esp01.connectWiFi(magic.ssid, magic.pwd):
22           print("ESP8266 connect with the WiFi..")
23           break;
24       else:
25           print(".")
26           utime.sleep(2)
27
```

```
28    print("")
29    print("Now you are connected...")
30    print("")
31
32    if esp01.disconnectWiFi():          # 연결 끊기
33        print("Disconnected...")
34    else:
35        print("Problem during disconnection...")
```

🖥️ **Thonny IDE 셸 실행 결과**

```
>>> %Run -c $EDITOR_CONTENT
StartUP :  True
Echo-Off :  True

Firmware Version :
AT version:1.6.2.0(Apr 13 2018 11:10:59)
SDK version:2.2.1(6ab97e9)
compile time:Jun  7 2018 19:34:26

WiFi Current Mode : True

Try to connect with the WiFi..
ESP8266 connect with the WiFi..

Now you are connected...

Disconnected...
>>>
```

22.4 맺는말

ESP8266은 와이파이 기능을 포함하고 있는 마이크로컨트롤러로 RP2040처럼 와이파이 기능이 없는 마이크로컨트롤러에 와이파이 기능을 제공하기 위한 모듈로 흔히 사용하고 있다. ESP8266은 라즈베리파이 피코에 사용된 RP2040 마이크로컨트롤러와 마찬가지로 프로그램을 저장하기 위한 플래시메모리를 제공하지 않으므로 외부 플래시메모리가 추가된 모듈을 흔히 사용하며, 이 장에서도 ESP8266을 사용한 가장 간단한 모듈인 ESP-01을 사용하였다.

ESP-01 모듈을 사용할 때 주의해야 할 점 중 하나가 3.3V 전원을 사용한다는 점이다. 라즈베리파이 피코가 3.3V를 사용하므로 ESP-01 모듈을 라이베리파이 피코에 연결하여 사용하는 데 문제는

없다. 그러나 시중에는 아두이노를 포함하여 5V를 사용하는 마이크로컨트롤러 보드에서는 ESP-01 모듈이 정상적으로 동작하지 않을 수 있으므로, 5V를 사용하는 마이크로컨트롤러 보드를 위해 5V 전원 변환 회로를 포함하고 있는 모듈을 선택하는 것이 좋다.

ESP-01 모듈을 사용하여 와이파이 통신을 수행하는 것과 HC-06 모듈을 사용하여 블루투스 통신을 수행하는 것은 와이파이와 블루투스의 차이를 빼면 기본적으로 같다. 즉, 통신 기능을 지원하는 마이크로컨트롤러가 UART 시리얼 통신을 통해 메인 컨트롤러에 연결되고, 메인 컨트롤러에서 텍스트 기반의 AT 명령을 통해 통신 모듈을 제어한다. 다만, 와이파이 통신 과정에서 AT 명령을 사용하여 통신 모듈을 제어하는 것은 간단하지 않으므로 AT 명령을 사용하는 과정을 라이브러리로 구현한 esp8266 라이브러리를 활용하였다. 이 장에서는 직접 AT 명령을 사용하지 않고 esp8266 라이브러리를 사용하여 와이파이 통신을 수행하는 것과 인터넷에 연결하는 과정까지 살펴보았다. 23장에서는 인터넷을 통해 제공되는 서비스를 사용하는 방법을 살펴볼 것이다.

오픈 API 활용

인터넷에서 흔히 사용하는 프로토콜 중 하나가 웹 서비스를 위한 HTTP다. 하지만 일반적으로 웹 페이지에는 데이터 이외의 많은 양식 정보뿐 아니라 이미지나 소리 등 마이크로컨트롤러에서 처리하기 어려운 데이터 역시 포함되어 있다. 따라서 컴퓨터에서 브라우저로 웹 서버에 접속하는 것과 같은 방식으로 마이크로컨트롤러에서 웹 서비스를 사용하기는 어렵다. 이러한 단점을 해결하는 방법의 하나가 오픈 API로 필요한 데이터만을 JSON이나 XML 등의 형식으로 HTTP 프로토콜을 사용하여 얻어 오는 것이다. 이 장에서는 전 세계 날씨 정보와 국내 공공데이터를 오픈 API를 통해 얻어 오는 방법을 알아본다.

이 장에서
사용할 부품

라즈베리파이 피코 × 1

ESP-01 모듈 × 1 ➡ 와이파이 통신 모듈

22장에서는 라즈베리파이 피코에 ESP-01 모듈을 연결하고 와이파이를 통해 AP에 연결하는 방법을 살펴보았다. AP에 연결이 되었다는 것은 인터넷을 포함하여 다른 네트워크에 연결할 준비가 되었다는 의미다. 라즈베리파이 피코는 AP를 통해 인터넷에 연결할 수 있으며, 인터넷에 연결된 서버의 데이터를 읽어 오거나 다른 클라이언트에 데이터를 제공하는 것이 가능하다.

인터넷 연결을 위해 필요한 기술은 크게 하드웨어 관련 기술과 소프트웨어 관련 기술로 나눌 수 있다. 하드웨어 관련 기술은 인터넷에 물리적으로 연결하고 이를 통해 전기적인 신호를 사용하여 데이터를 주고받는 방법과 관련된 기술로, 유선 연결에 사용되는 이더넷ethernet과 무선 연결에 사용되는 와이파이가 대표적이다. 소프트웨어 관련 기술은 이더넷이나 와이파이를 사용하여 비트열bit stream로 전송되는 데이터를 통해 서비스를 제공하는 기술을 포함하고 있다.

그림 23.1은 인터넷 연결을 위한 계층 구조를 나타낸 것으로, 물리적인 연결을 다루는 이더넷과 와이파이를 바탕으로 IP, TCP, HTTP 등의 프로토콜을 통해 인터넷 서비스가 이루어지는 방법을 보여주고 있다. 유선 연결과 무선 연결이 서로 다를 것 같지만, 물리적인 연결이 다른 점을 제외하면 인터넷 서비스를 이용하는 방법은 같다. 이 책에서는 와이파이를 통한 무선 연결을 사용하며, 와이파이를 사용하는 물리적인 연결을 담당하는 것이 바로 ESP-01 모듈이다.

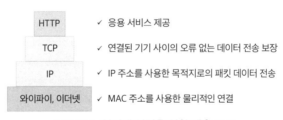

그림 23.1 **인터넷 연결을 위한 계층 구조**

물리적인 연결이 이루어지고 난 후 데이터 전달을 담당하는 프로토콜이 IP와 TCP인데 흔히 TCP/IP로 묶어서 이야기한다. 인터넷에는 수많은 컴퓨터가 연결되어 있으므로 특정 컴퓨터와 데이터를 교환하기 위해서는 특정 컴퓨터를 구별하는 방법이 필요한데, 이를 위해 사용하는 것이 바로 IP 주소다. '192.168.0.1'과 같이 4개 숫자를 연결하여 인터넷에 연결된 컴퓨터를 구별하는 것이 현재 주로 사용하는 IP 주소다. IPinternet protocol**는 IP 주소를 사용하여 데이터가 지정된 컴퓨터까**

지 전송되도록 하는 역할을 담당한다. 그 이름에서도 알 수 있듯이 **TCP**transfer control protocol**는 데이터 전송 과정을 제어하고 손실 없이 데이터를 전달하는 역할을 맡고 있다.** 인터넷을 통한 데이터 전송은 원본 데이터를 여러 개의 패킷으로 나누어 이루어진다. 따라서 패킷을 순서대로 보낸다고 하더라도 순서가 바뀌어 도착하거나 패킷 중 하나가 손실되는 등의 문제가 발생할 수 있으므로 오류 없이 최단 경로로 패킷을 전달하는 것이 TCP의 역할이다. **TCP/IP를 사용하여 전달된 데이터 패킷을 통해 웹 페이지나 파일 등을 전송하는 서비스를 제공하는 것이 HTTP의 역할이며,** HTTP 이외에도 다양한 서비스 프로토콜이 존재한다. 표 23.1은 TCP/IP를 바탕으로 서비스를 제공하기 위해 흔히 사용하는 프로토콜의 예를 보여준다.

표 23.1 서비스 계층의 프로토콜

프로토콜	설명	비고
HTTP	hyper text transfer protocol	웹 페이지 표시
FTP	file transfer protocol	파일 전송
Telnet	terminal over network	원격 로그인
SMTP	simple mail transfer protocol	메일 전송

인터넷 서비스를 사용하기 위해서는 IP 주소가 있어야 한다. 하지만 22장에서는 AP에 연결하기 위해 IP 주소를 지정하지 않았는데, 이는 AP에서 IP 주소를 자동으로 설정해주기 때문이다. 실제로는 좀 더 복잡한 과정이 필요하지만, AP에 연결하면 인터넷 연결에 사용할 수 있는 IP 주소를 자동으로 할당받고 이를 통해 인터넷 연결을 사용할 수 있다.

23.2 HTTP

HTTP는 인터넷에서 데이터를 주고받기 위해 사용하는 대표적인 프로토콜 중 하나다. HTTP를 사용하는 대표적인 예가 웹 페이지를 서비스하는 것이다. 프로토콜은 간단하게 약속이라고 생각하면 된다. 약속이 정해지면 모든 프로그램은 정한 약속에 따라 데이터를 요청하거나 제공할 수 있다. 22장에서 AP에 접속하는 방법을 살펴보았으므로 이 장에서는 AP에 접속한 후 HTTP를 사용하여 웹 서버에서 웹 페이지를 내려받는 것부터 시작해보자. ESP-01 모듈은 22장과 마찬가지로 그림 23.2와 같이 라즈베리파이 피코에 연결한다.

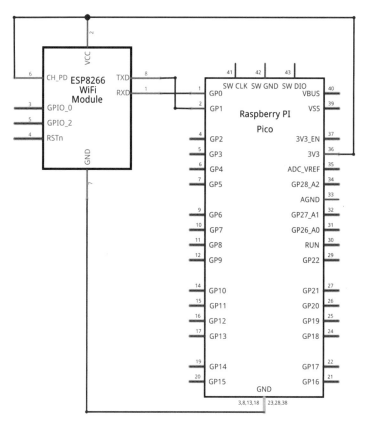

그림 23.2 **ESP-01 모듈 연결 회로도**

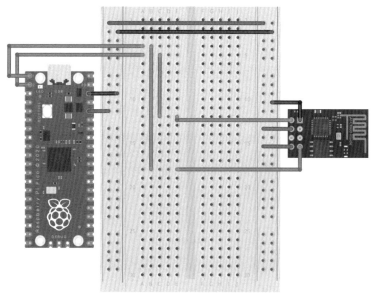

그림 23.3 **ESP-01 모듈 연결 회로**

22장에서 사용한 ESP8266 클래스는 doHttpGet 함수를 제공하고 있으며, 이 함수는 HTTP 프로토콜을 사용하여 웹 서버에 웹 페이지를 요청하여 내려받을 수 있다.

■ doHttpGet

ESP8266.doHttpGet(host, path)
 ─ 매개변수
    host: 서버 주소
    path: 실행 경로

지정한 서버(host)의 지정한 경로(path)에 있는 데이터(또는 웹 페이지)를 요청하여 받는다. 수신한 데이터는 HTML 형식의 데이터인 경우가 대부분이며, HTML 형식에서 내용 부분은 다양한 데이터를 포함한다.

코드 23.1은 웹 서버(www.google.com)의 루트 페이지(/)를 요청하여 출력하는 코드다. AP의 이름과 비밀번호는 magic.py 파일로 작성하여 라이브러리 디렉터리에 저장한 것으로 가정한다.

📑 코드 23.1 웹 서버에서 웹 페이지 요청

```
01  import magic
02  from esp8266 import ESP8266
03
04  esp01 = ESP8266()                              # ESP-01 모듈 제어 객체 생성
05
06  print("StartUP : ", esp01.startUP())           # ESP-01 모듈과의 통신 검사
07  print("Echo-Off : ", esp01.echoING())
08
09  print("Try to connect with the WiFi..")
10  while (1):                                     # 연결될 때까지 2초 간격으로 시도
11      if "WIFI CONNECTED" in esp01.connectWiFi(magic.ssid, magic.pwd):
12          print("ESP8266 connect with the WiFi..")
13          break;
14      else:
15          print(".")
16          utime.sleep(2)
17
18  print("")
19  print("Now you are connected...")
20  print("")
21
22  # GET 방식의 HTTP 요청
23  httpCode, httpRes = esp01.doHttpGet("www.google.com", "/")
24  print("HTTP Code:", httpCode)                  # 응답 코드
25  print("HTTP Response:", httpRes)               # 응답 내용
26
27  if esp01.disconnectWiFi():                     # 연결 끊기
```

```
28      print("Disconnected...")
29  else:
30      print("Problem during disconnection...")
```

Thonny IDE 셸 실행 결과

```
>> %Run -c $EDITOR_CONTENT
StartUP : True
Echo-Off : True
Try to connect with the WiFi..
ESP8266 connect with the WiFi..

Now you are connected...

HTTP Code: 200
HTTP Response: 3011\r\n<!doctype html><html itemscope="" itemtype="http://schema.org/WebPage"
lang="ko"><head><meta content="text/html; charset=UTF-8" http-equiv="Content-Type"><meta content="/images/
branding/googleg/1x/googleg_standard_color_128dp.png" itemprop="image"><title>Google</title><script nonce=
"I7NnL7W27vLg0zPqBQFnHA=="><(function(){window.google={kEI:\'feTgYd2lGs3M-QaK6rOoDw\',kEX
PI:\'0,202407,12,1100117,56873,1710,4349,206,2415,2389,896,1420,383,246,5,1354,4013,1238,1122515,1197792,6
09,380089,16115,19398,9286,17572,4858,1362,283,9008,3024,17584,4020,978,13228,3847,4192,6430,14763,7979,50
80,889,704,1279,2453,289,149,1103,840,2197,4100,3514,606,2023,2297,14670,3227,2845,7,17450,8101,7666,553,
908,2,9\r\n+I
PD,1430:40,2615,13142,3,346,230,6459,149,13975,4,1528,2304,6462,577,4683,15626,4764,2658,6701,656,30,11412
,2216,2305,2132,9358,7428,652,5154,2551,4094,17,3121,6,908,3,3541,1,14261,2265,281,912,5998,18437,2,14022,
1931,3911,407,1271,744,5852,10463,1160,5678,1021,2378,2720,18280,2,6,6963,32,742,4568,2577,10,3671,2966,90
51,2,6609,4790,1252,3369,8549,5177,3329,378,3872,461,19,2751,1615,495,83,54,1073,117,1715,7,2,2,1,1407,355
,1246,12159,303,478,371,3,213,2,106,576,409,2,1,3444,3,315,53,873,113,952,2,750,259,162,69,621,938,10,1,19
8,116,1,121,320,763,2318,1272,6,3128,203,82,'
Disconnected...
>>>
```

코드 23.1의 실행 결과에서 요청의 결과로 'HTTP Code: 200'이 수신된 것을 알 수 있다. HTTP 코드는 요청이나 응답 결과를 나타내는 값으로 200은 요청 성공을 의미한다. 'HTTP Rresponse'는 요청의 결과로 받은 내용을 나타낸다. 응답 내용 중에 '<!doctype html>'에서 응답이 HTML 형식의 데이터임을 알 수 있다. 응답으로 받은 내용이 HTML 형식의 문서이므로 브라우저에서 표시한다면 우리가 흔히 볼 수 있는 웹 페이지를 확인할 수 있다. 하지만 라즈베리파이 피코에서는 응답을 그대로 문자열로 출력하기만 하므로 데스크톱 컴퓨터에서와 같은 방법으로 웹 페이지를 확인할 수는 없다.

응답으로 웹 페이지를 수신했을 때 주의할 점 중 하나는 응답 내용 중에서 실제 필요한 내용은 극히 일부분에 지나지 않는다는 점이다. HTML 형식 문서에는 데이터도 포함되어 있지만, 대부분은 웹 페이지를 표시하기 위한 레이아웃 데이터다. 레이아웃을 위한 데이터는 라즈베리파이 피코에서는 쓸모가 없는 데이터다. 뿐만 아니라 코드 23.1의 실행 결과에서 볼 수 있듯이 ESP8266

클래스의 **doHttpGet 함수는 수신된 내용 중 약 1KB만 반환한다.** 라즈베리파이 피코를 포함하여 마이크로컨트롤러는 사용할 수 있는 메모리가 제한되어 있으므로 웹 서버에서 받은 데이터를 사용하기 위해서는 불필요한 레이아웃 데이터를 제외한 작은 크기의 데이터만 받는 방법이 필요하며, 이때 유용한 것이 바로 오픈 API다.

23.3 오픈 API와 오늘의 날씨

API application programming interface 는 프로그램 작성을 쉽게 할 수 있도록 제공하는 함수와 도구들을 가리키는 말이다. 이러한 **API를 웹을 통해 확장한 것을 오픈 API, 웹 API 등으로 부른다.** 한마디로 **웹 서비스를 제공하는 회사에서 회사의 특정 서비스에 접근하여 데이터를 요청하는 과정을 쉽게 사용할 수 있도록 해놓은 것이다.**

오픈 API를 사용하는 방법은 기본적으로 웹 페이지를 요청하는 것과 같고, 그 결과로 내려받는 내용 역시 HTML 형식의 데이터라는 점도 같다. 하지만 일반적인 웹 페이지는 실제로 필요한 정보 이외에도 웹 페이지의 양식 지정을 위한 많은 정보를 포함하고 있는 데 반해, 오픈 API에서는 실제 필요한 정보만 제공하므로 해석이 용이할뿐더러 사용하기 편리하다. 오픈 API를 통해 세계의 날씨 정보를 제공하는 사이트 중 하나가 OpenWeather[1]다. 먼저 OpenWeather 사이트에 접속해서 현재 날씨를 알고 싶은 도시를 입력해보자.

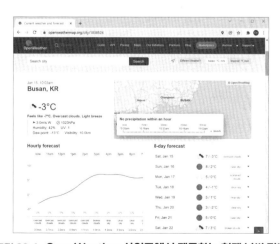

그림 23.4 **OpenWeather 사이트에서 제공하는 현재 날씨 정보**

---

1   https://openweathermap.org

'Busan'을 입력하면 날씨와 관련된 다양한 정보가 나타난다. 하지만 이는 웹 페이지로 표시하기 위해 만들어진 HTML 형식의 데이터라는 점에서 라즈베리파이 피코에서 직접 사용하기에는 어려움이 있다. 따라서 OpenWeather 사이트에서 제공하는 오픈 API를 통해 현재 날씨와 관련된 정보만을 가져와 사용할 것이다.

날씨 정보를 사용하기 위해서는 먼저 회원 가입이 필요하다. 가입 후 'My API keys' 메뉴를 열면 오픈 API를 사용하여 날씨 정보를 얻기 위한 키를 확인할 수 있다. API key는 사용자를 식별하기 위한 길이 32의 문자열이다.

그림 23.5 **API key**

API key를 사용하면 특정 도시의 날씨를 확인할 수 있다. 도시를 지정하는 방법은 여러 가지가 있으며, 그중 하나가 각 도시에 주어지는 ID를 사용하는 것이다. 도시의 ID는 OpenWeather 사이트에서 제공하는 JSON_{JavaScript object notation} 형식의 문서[2]에서 확인할 수 있다. 표 23.2는 부산의 정보를 발췌한 것으로 '1838519' 또는 '1838524'의 ID 값을 사용하면 된다. 두 위치는 모두 부산을 가리키지만, 위도와 경도에 약간의 차이가 있다.

표 23.2 **OpenWeather 사이트의 도시 정보 표시 형식**

JSON 표시 형식	의미	JSON 표시 형식	의미
{		{	
"id": 1838519,	아이디	"id": 1838524,	아이디
"name": "Busan",	도시 이름	"name": "Busan",	도시 이름
"state": "",		"country": "KR",	국가 코드
"country": "KR",	국가 코드	"coord": {	위치
"coord": {	위치	"lon": 129.040283,	경도
"lon": 129.050003,	경도	"lat": 35.102779	위도
"lat": 35.133331	위도	}	
}		}	
},			

---

2   http://bulk.openweathermap.org/sample/city.list.json.gz

OpenWeather 사이트에서 반환하는 날씨 정보의 기본 형식은 JSON이다. 브라우저의 주소창에 다음과 같이 입력하여 JSON 형식으로 제공되는 부산의 현재 날씨를 확인해보자. 이때 'API_key' 부분에는 자신의 API key를 입력해야 한다.

api.openweathermap.org/data/2.5/weather?id=1838524&APPID=API_key

그림 23.6 오픈 API를 사용한 날씨 검색

반환되는 날씨 정보에는 다양한 내용을 포함하고 있으며 흔히 사용되는 필드의 설명은 표 23.3과 같다. 자세한 내용은 OpenWeather 사이트의 필드 설명[3]을 참고하자.

표 23.3 JSON 형식 날씨 정보

JSON 표시 형식	의미	JSON 표시 형식	의미
{		"visibility":10000,	
"coord":{		"wind":{	
"lon":129.0403,	도시의 경도	"speed":3.8,	풍속
"lat":35.1028},	도시의 위도	"deg":270,	풍향
"weather":[{		"gust":4.64},	
"id":804,		"clouds":{	
"main":"Clouds",	날씨	"all":100},	
"description":"overcast	날씨 세부 정보	"dt":1642215951,	
clouds",		"sys":{	
"icon":"04d"}],		"type":1,	
"base":"stations",		"id":5507,	
"main":{		"country":"KR",	국가 코드
"temp":277.23,	기온	"sunrise":1642199497,	일출 시간
"feels_like":274,		"sunset":1642235645},	일몰 시간
"temp_min":277.23,		"timezone":32400,	
"temp_max":277.23,		"id":1838524,	도시 ID
"pressure":1022,	대기압	"name":"Busan",	도시 이름
"humidity":40,	습도	"cod":200}	
"sea_level":1022,			
"grnd_level":1022},			

---

3   http://openweathermap.org/current#current_JSON

날씨 정보 중 위치, 기온, 날씨 세부 정보를 찾아 출력해보자. 위치는 'name' 필드, 기온은 'main. temp' 필드, 날씨 세부 정보는 'weather.description' 필드에서 확인할 수 있다. 다만, 'weather' 필드는 다른 필드와 다르게 대괄호를 하나 더 포함하고 있다.

그림 23.6과 같이 JSON 형식 데이터를 얻었을 때 필요한 필드의 데이터를 확인하기 위한 json 라이브러리는 기본 라이브러리 중 하나로 포함되어 있으므로 별도로 설치하지 않고 사용할 수 있다. 먼저 json 클래스 객체를 생성한 후 문자열로 이루어진 JSON 형식의 데이터를 loads 함수로 읽으면 필드별로 사전 형태의 데이터를 얻을 수 있다. 한 가지 주의할 점은 대괄호로 싸인 부분은 리스트 형식으로 주어진다는 점이다.

■ **json**

```
class json.json()
  — 매개변수: 없음
```

JSON 형식 데이터를 다루기 위한 객체를 생성한다.

■ **loads**

```
json.loads(str)
  — 매개변수
     str: JSON 형식의 문자열
```

문자열로 표현된 JSON 형식 데이터를 dict 형식으로 해석하여 반환한다. 사전에서 해당 항목의 값을 알아내기 위해서는 get 함수를 사용하면 된다. **JSON 형식을 해석할 때 주의해야 할 점은 중괄호로 표현된 부분만 사전 형식으로 변환된다는 점이다.** 대괄호를 사용한 데이터는 리스트 형식으로 반환된다.

AP 이름과 비밀번호를 정의한 magic.py 파일에 OpenWeather 사이트에서 사용할 키 역시 정의하자. magic.py를 라이브러리 디렉터리에 저장하면 다른 라이브러리를 사용하는 것과 마찬가지로 import 문을 통해 사용할 수 있다.

📇 코드 23.2 **magic.py**

```
01  ssid = "your_ap_name_here"           # AP 이름
02  pwd = "password_for_your_ap_here"    # AP 연결 비밀번호
03
04  weatherKey = "your_key_for_openWeather"  # OpenWeather 사이트의 키
```

코드 23.3은 AP에 연결한 후 OpenWeather 사이트에서 날씨 정보를 얻고, doHttpGet 함수로 JSON 형식 데이터를 얻어 온 후, 필요한 필드의 값을 찾아 출력하는 코드다. 반환되는 JSON 형식 데이터의 무결성을 위해 먼저 중괄호로 싸인 부분만을 HTTP 응답 내용에서 찾아냈다. 문자열 내에서 특정 문자열을 검색하기 위해서는 find 함수를 사용하면 된다.

코드 23.3 OpenWeather 사이트에서 날씨 얻기

```
01  import magic
02  from esp8266 import ESP8266
03  import utime
04  import json
05
06  def print_info(response):
07      pos_start = response.find('{')        # 왼쪽부터 찾기
08      pos_end = response.rfind('}')         # 오른쪽부터 찾기
09
10      # 중괄호로 시작해서 중괄호로 끝나도록 자르기
11      response = response[pos_start:(pos_end+1)]
12
13      # JSON 형식 데이터를 사전(dict) 형식으로 변환
14      parsed = json.loads(response)
15
16      print('Location    : ' + parsed.get('name'))
17      print('Temperature : ' +              # 켈빈온도(절대온도) 반환
18          '{0:.2f}'.format(parsed.get('main').get('temp') - 273.15))
19
20      # 대괄호 내의 내용은 리스트로 변환되고
21      # 리스트 내 중괄호 내의 내용은 사전 형식으로 변환
22      weather = parsed.get('weather')       # 리스트 반환
23      print('Weather     : ' + weather[0].get('description'))
24      print("")
25
26  esp01 = ESP8266()                         # ESP-01 모듈 제어 객체 생성
27
28  print("StartUP : ", esp01.startUP())      # ESP-01 모듈과의 통신 검사
29  print("Echo-Off : ", esp01.echoING())
30
31  print("Try to connect with the WiFi..")
32  while (1):                                # 연결될 때까지 2초 간격으로 시도
33      if "WIFI CONNECTED" in esp01.connectWiFi(magic.ssid, magic.pwd):
34          print("ESP8266 connect with the WiFi..")
35          break;
36      else:
37          print(".")
38          utime.sleep(2)
39
40  print("")
41  print("Now you are connected...")
42  print("")
43
```

```
44  for count in range(10):                    # 10회 날씨 정보 요청
45      # GET 방식의 HTTP 요청
46      httpCode, httpRes = esp01.doHttpGet("api.openweathermap.org",
47          "/data/2.5/weather?id=1838524&APPID=" + magic.weatherKey)
48      print("HTTP Code:", httpCode)           # 응답 코드
49      print("HTTP Response:", httpRes)        # 응답 내용
50      print("")
51
52      print_info(httpRes)                     # 정보 출력
53
54      utime.sleep(10)                         # 10초 간격으로 요청
55
56  if esp01.disconnectWiFi():                  # 연결 끊기
57      print("Disconnected...")
58  else:
59      print("Problem during disconnection...")
```

🖥️ Thonny IDE 셸 실행 결과

```
>>> %Run -c $EDITOR_CONTENT
StartUP :  True
Echo-Off :  True
Try to connect with the WiFi..
ESP8266 connect with the WiFi..

Now you are connected...

HTTP Code: 200
HTTP Response: {"coord":{"lon":129.0403,"lat":35.1028},"weather":[{"id":800,"main":"Clear","description":
"clear sky","icon":"01d"}],"base":"stations","main":{"temp":269.23,"feels_like":263.36,"temp_mi
n":269.23,"temp_max":269.23,"pressure":1021,"humidity":42,"sea_level":1021,"grnd_level":1020},"visibility"
:10000,"wind":{"speed":4.96,"deg":310,"gust":7.24},"clouds":{"all":0},"dt":1641953082,"sys":{"type":1,"id"
:5507,"country":"KR","sunrise":1641940332,"sunset":1641976276},"timezone":32400,"id":1838524,"name":"Busan
","cod":200}'

Location    : Busan
Temperature : -3.92
Weather     : clear sky
```

오픈 API를 활용하면 다양한 종류의 데이터를 사용할 수 있다. 정부에서는 이러한 데이터를 효율적으로 제공하고 활용도를 높이기 위해 2013년 공공데이터법을 제정하고 '공공데이터포털'을 통해 데이터를 제공하고 있다. 공공데이터포털에서는 오픈 API를 통해 사용할 수 있는 데이터는 물론 파일 형태로 내려받을 수 있는 데이터도 제공한다. 공공데이터포털에서 제공하는 데이터에는 코로나, 미세먼지, 날씨, 대중교통 등 다양한 데이터가 포함되어 있다. 즉, 공공데이터포털은 공공기관이 관리하는 데이터를 한곳에서 모아 제공하는 통합 창구로 이해하면 된다.

그림 23.7 **공공데이터포털**

먼저 회원 가입을 한 후 사용하고자 하는 공공데이터를 검색하여 제공되는 공공데이터의 종류를 확인한다. 그림 23.8은 코로나 감염 현황과 관련하여 공공데이터가 제공하는 자세한 정보를 나타낸 것이다.

---

4 https://www.data.go.kr

그림 23.8 **코로나19 감염 현황 데이터를 위한 오픈 API 상세 설명**

일부 공공데이터의 경우 사용하기 전에 데이터 사용 신청 과정이 필요하며 코로나19 감염 현황 데이터 역시 마찬가지다. 오른쪽 위의 '활용신청' 버튼을 클릭하여 데이터 활용을 신청한다. 활용을 신청한 데이터는 '마이페이지' 메뉴에서 확인할 수 있다.

그림 23.9 **데이터 활용신청**

마이페이지에서 활용신청이 승인된 공공데이터를 클릭하면 상세 정보가 나타나며 공공데이터를 사용하는 데 필요한 인증키 역시 확인할 수 있다. 인증키가 발급될 때까지는 활용신청 후 몇 시간이, 인증키를 발급받은 후에도 실제 사용이 가능할 때까지 하루 정도의 시간이 필요할 수 있다. 인증키를 사용할 수 있도록 등록이 완료되지 않았다면 'SERVICE KEY IS NOT REGISTERED ERROR'가 HTTP 응답으로 주어진다.

```
<?xml version="1.0" encoding="UTF-8" standalone="yes"?><response><header><resultCode>99</
resultCode><resultMsg>SERVICE KEY IS NOT REGISTERED ERROR.</resultMsg></header></response>
```

그림 23.10 데이터 활용 승인 및 인증키 발급

'참고문서'에서 공공데이터를 요청하기 위한 형식을 확인할 수 있으며 아래쪽의 '활용신청 상세기능정보'에서 '확인'을 눌러 실제 요청 결과를 확인할 수 있다.

그림 23.11 **오픈 API 테스트**

'활용신청 상세기능정보'에서 '확인'을 누른 후 'ServiceKey'에 인코딩된 인증키를 넣고 '미리보기'를 눌렀을 때 코로나19 감염 현황 데이터를 브라우저에서 확인할 수 있다면 인증키 등록이 완료된 것이다. '요청변수' 중 'startCreateDt'와 'endCreateDt'는 데이터가 만들어진 날짜 범위를 나타낸다. 그림 23.12는 2022년 1월 10일 만들어진 데이터를 XML 형식으로 브라우저에서 표시한 것이다.

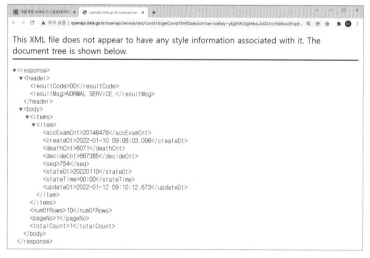

그림 23.12 **코로나19 감염 현황 데이터**

서비스 키와 검색 날짜를 사용하여 공공데이터를 요청하는 형식은 다음과 같다.

```
openapi.data.go.kr/openapi/service/rest/Covid19/getCovid19InfStateJson?serviceKey=Service_key&startCreateDt=20220110&&endCreateDt=20220110
```

코로나19 감염 현황 데이터는 XML 형식으로 제공된다. OpenWeather 사이트에서 제공하는 JSON 형식 데이터는 기본 라이브러리로 간단하게 필드 정보를 찾아낼 수 있지만, XML 형식 데이터에 대한 기본 라이브러리는 제공하지 않는다. 하지만 XML 형식은 시작과 끝 태그가 정확하게 정의되어 있으므로 문자열 검색 기능을 사용하면 필요한 필드의 값을 찾아낼 수 있다. 각 필드의 설명은 데이터 상세 설명 페이지에서 확인할 수 있다. 하지만 데이터 상세 설명 페이지의 필드 이름과 실제 반환되는 XML 형식 데이터의 필드 이름이 다를 수도 있으므로 실제 반환되는 데이터에서 확인해야 한다.

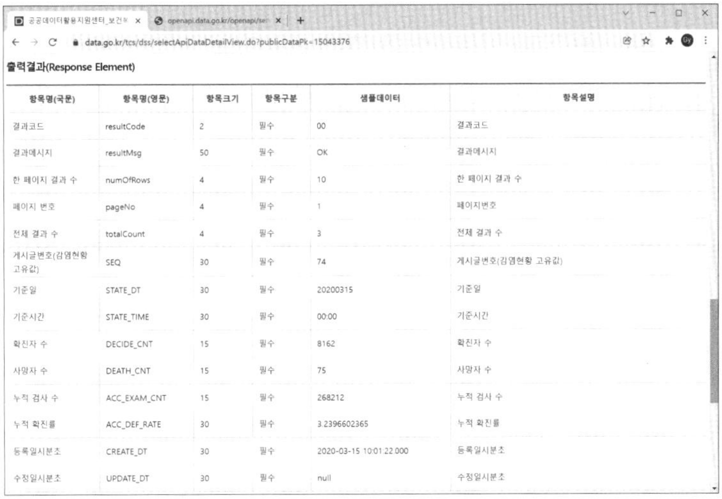

그림 23.13 **반환 데이터의 필드 설명**

공공데이터포털을 사용하기 위한 서비스 키를 magic.py에 추가하자.

📋 코드 23.4 **magic.py**

```
01  ssid = "your_ap_name_here"                      # AP 이름
02  pwd = "password_for_your_ap_here"               # AP 연결 비밀번호
03
04  weatherKey = "your_key_for_openWeather"          # OpenWeather 사이트의 키
05  dataPortalKey = "your_key_for_dataPortal"        # 공공데이터포털 사이트의 키
```

코드 23.5는 AP에 연결한 후 공공데이터포털에서 코로나19 감염 현황 데이터를 등록 날짜 기준으로 검색하여 출력하는 코드다. esp8266 라이브러리의 doHttpGet 함수에서 반환하는 데이터 크기는 1KB 정도다. 따라서 검색 날짜 범위를 너무 넓게 설정하면 데이터 전체를 가져오지 못해 찾고자 하는 항목 검색에 실패할 수 있으므로 검색 날짜 범위를 가능한 좁게 설정하는 것이 좋다.

코드 23.5 공공데이터포털에서 코로나19 감염 현황 데이터 얻기

```
01  import magic
02  from esp8266 import ESP8266
03  import utime
04
05  def extract_data(response, field):      # 필드 데이터 추출
06      index_from = response.find('<' + field + '>')
07      index_to = response.find('</' + field + '>')
08
09      data = response[(index_from + 2 + len(field)):index_to]
10
11      return data
12
13  def print_info(response):
14      date_time = extract_data(response, 'stateDt')        # 기준 날짜
15      print(date_time)
16
17      death_count = extract_data(response, 'deathCnt')      # 사망자 수
18      print('\t사망자 수\t: ' + death_count)
19
20      decide_count = extract_data(response, 'decideCnt')    # 확진자 수
21      print('\t확진자 수\t: ' + decide_count)
22
23      print("")
24
25  esp01 = ESP8266()                        # ESP-01 모듈 제어 객체 생성
26
27  print("StartUP : ", esp01.startUP())     # ESP-01 모듈과의 통신 검사
28  print("Echo-Off : ",esp01.echoING())
29  print("")
30
31  print("Try to connect with the WiFi..")
32  while (1):                               # 연결될 때까지 2초 간격으로 시도
33      if "WIFI CONNECTED" in esp01.connectWiFi(magic.ssid, magic.pwd):
34          print("ESP8266 connect with the WiFi..")
35          break;
36      else:
37          print(".")
38          utime.sleep(2)
39
40  print("")
41  print("Now you are connected...")
42  print("")
43
```

```
44    startCreateDate = "20211210"          # 데이터 검색 시작 날짜
45    endCreateDate = "20211211"            # 데이터 검색 끝 날짜
46
47    for count in range(10):
48        httpCode, httpRes = esp01.doHttpGet("openapi.data.go.kr",
49            "/openapi/service/rest/Covid19/getCovid19InfStateJson?" +
50            "serviceKey=" + magic.dataPortalKey +
51            "&startCreateDt=" + startCreateDate + "&endCreateDt=" + endCreateDate)
52        print("HTTP Code:", httpCode)      # 응답 코드
53        print("HTTP Response:", httpRes)   # 응답 내용
54        print("")
55
56        print_info(httpRes)                # 정보 출력
57
58        utime.sleep(10)                    # 10초 간격으로 요청
59
60    if esp01.disconnectWiFi():             # 연결 끊기
61        print("Disconnected...")
62    else:
63        print("Problem during disconnection...")
```

Thonny IDE 셸 실행 결과

```
>>> %Run -c $EDITOR_CONTENT
StartUP :  True
Echo-Off :  True


Try to connect with the WiFi..
ESP8266 connect with the WiFi..

Now you are connected...

HTTP Code: 200
HTTP Response: <?xml version="1.0" encoding="UTF-8" standalone="yes"?><response><header><resultCode>00</r
esultCode><resultMsg>NORMAL SERVICE.</resultMsg></header><body><items><item><accExamCnt>18024403</
accExamCnt><createDt>2021-12-11 06:19:00.000</createDt><deathCnt>4210</deathCnt><decideCnt>510578</de
cideCnt><seq>724</seq><stateDt>20211211</stateDt><stateTime>00:00</stateTime></item><item><accExamC
nt>17950721</accExamCnt><createDt>2021-12-10 09:04:53.786</createDt><deathCnt>4130</
deathCnt><decideCnt>503601</decideCnt><seq>723</seq><stateDt>20211210</stateDt><stateTime>00:00</
stateTime><updateDt>2021-12-17 09:08:03.447</updateDt></item></items><numOfRows>10</numOfRows><pageNo>1</
pageNo><totalCount>2</totalCount></body></response>'

20211211
   사망자 수   : 4210
   확진자 수   : 510578
```

라즈베리파이 피코에 ESP-01 모듈을 연결하면 간단하게 무선으로 인터넷에 연결하여 서비스를 이용할 수 있다. 인터넷의 대표적인 서비스가 웹 페이지를 제공하는 것이지만, 웹 서비스는 컴퓨터나 스마트폰에서 웹 브라우저를 통해 사용하는 데 최적화된 것이므로 메모리가 부족하고 브라우저 역시 사용할 수 없는 라즈베리파이 피코에서는 사용하기 어렵다. 대신 필요한 데이터만을 JSON, XML 등의 형식으로 제공하는 오픈 API를 통해 웹 서버에서 제공하는 데이터를 라즈베리파이 피코에서 사용할 수 있다.

이 장에서는 세계 날씨 데이터를 제공하는 OpenWeather 사이트와 공공기관에서 관리하는 데이터를 제공하는 공공데이터포털에서 오픈 API를 통해 데이터를 얻는 방법을 살펴보았다. 오픈 API를 사용하기 위해서는 데이터를 활용하기 위한 계정 등록이 필요하며 유료 서비스인 것도 있다. 개인적인 용도로 사용하기 위해서는 무료 계정으로 충분하지만, 완성 프로그램을 다수가 사용한다면 무료 계정으로 사용할 수 있는 요청을 초과할 수 있다. 또한, 일부 공공데이터포털에서 제공하는 URL은 리디렉션_{redirection}을 통해 다른 사이트로 연결되며, 이 경우에는 이 장에서 설명한 방법으로는 데이터를 얻을 수 없으므로 응답 코드를 통해 확인해야 한다.

서킷파이썬

서킷파이썬은 에이다프루트에서 만든 마이크로파이썬의 변형으로 마이크로컨트롤러를 위한 파이썬의 한 종류다. 마이크로파이썬과 서킷파이썬 모두 파이썬을 기반으로 하고 있지만, 서킷파이썬은 교육용 언어라는 뚜렷한 목표 아래 등장한 것이니만큼 마이크로파이썬에 비해 간단하고 쉽게 사용할 수 있다. 또한, 에이다프루트에서 서킷파이썬을 위한 다양한 마이크로컨트롤러 보드와 주변장치는 물론, 이를 지원하기 위한 라이브러리까지 제공하고 있으므로 마이크로파이썬보다 쉽게 다양한 제어장치를 만드는 것이 가능하다. 이 장에서는 라즈베리파이 피코에서 서킷파이썬을 사용하는 방법에 대해 알아본다.

라즈베리파이 피코　 × 1

이 장에서
사용할 부품

이 책에서는 파이썬 언어를 사용하여 라즈베리파이 피코를 위한 프로그램을 작성하는 방법을 살펴보았다. 이 책에서 파이썬 언어를 사용한다고는 하였지만, 파이썬은 데스크톱 컴퓨터를 위한 프로그래밍 언어이므로 메모리와 처리 능력이 제한된 마이크로컨트롤러에서 파이썬을 사용한다는 것은 쉽지 않다. 따라서 마이크로컨트롤러에서 파이썬의 일부 핵심적인 문법만을 사용할 수 있도록 만들어진 것이 마이크로파이썬MicroPython이다.

마이크로컨트롤러를 위한 파이썬으로 마이크로파이썬 이외에도 서킷파이썬CircuitPython[1]이 있다. 마이크로파이썬은 하드웨어 제어를 위한 기능을 추가한 점 이외에는 기존 파이썬과 거의 같다. 반면 서킷파이썬은 기존 파이썬 언어의 일부분을 변경하여 배우고 사용하기 쉽게 만든 마이크로파이썬의 변형에 해당한다. **서킷파이썬은 에이다프루트에서 교육용을 염두에 두고 만든 것이다.** 서킷파이썬이 마이크로파이썬의 변형인 만큼 두 가지 언어의 차이가 크지 않지만 서로 호환되지는 않는다. 에이다프루트에서는 서킷파이썬을 사용할 수 있는 다양한 보드를 판매하고 있다. 에이다프루트에서 제공하는 보드 이외에도 라즈베리파이 피코, 아두이노 나노 RP2040 커넥트 역시 서킷파이썬을 사용할 수 있으며, 서킷파이썬을 사용할 수 있는 보드의 수는 계속 늘어나고 있다.

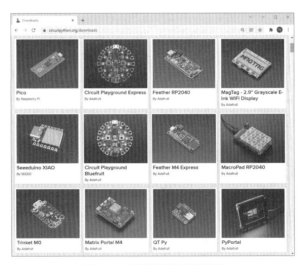

그림 24.1 **서킷파이썬 지원 보드**

---

1   https://circuitpython.org

서킷파이썬을 사용하기 위해서는 서킷파이썬을 위한 인터프리터를 설치해야 한다. 서킷파이썬을 위한 인터프리터는 마이크로파이썬 인터프리터와 마찬가지로 다음과 같은 순서에 따라 설치하면 된다.

① BOOTSEL 버튼을 누른 상태에서 라즈베리파이 피코를 컴퓨터에 연결한다. 라즈베리파이 피코는 이동식 디스크로 인식된다.

② 서킷파이썬을 위한 인터프리터에 해당하는 UF2 형식 펌웨어를 홈페이지에서 내려받는다.

③ 내려받은 펌웨어를 라즈베리파이 피코에 해당하는 이동식 디스크에 복사한다. 복사가 끝나면 펌웨어가 자동으로 설치되고 라즈베리파이 피코가 다시 시작된다.

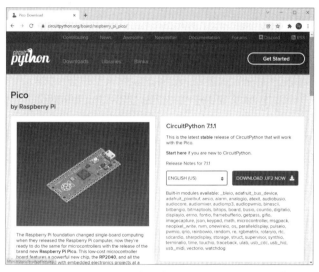

그림 24.2 서킷파이썬을 위한 펌웨어 다운로드 페이지[2]

서킷파이썬을 위한 인터프리터 설치 과정은 마이크로파이썬을 위한 인터프리터 설치 과정과 복사해 넣는 파일만 다를 뿐 나머지는 같다. 한 가지 주의할 점은 서킷파이썬을 위한 인터프리터(펌웨어)를 설치하면 마이크로파이썬을 위한 인터프리터가 지워진다는 점이다. 따라서 마이크로파이썬을 사용하고 싶다면 마이크로파이썬을 위한 인터프리터를 다시 설치해야 한다.

서킷파이썬 역시 Thonny IDE를 통해 사용할 수 있다. 먼저 '도구 ➡ 옵션...' 메뉴 항목을 선택하여 옵션 다이얼로그를 실행한다. 옵션 다이얼로그에서 '인터프리터' 탭을 선택하고 인터프리터 종류로 'Circuit파이썬 (제네릭)'을 선택하면 준비는 끝난다.

---

2   https://circuitpython.org/board/raspberry_pi_pico

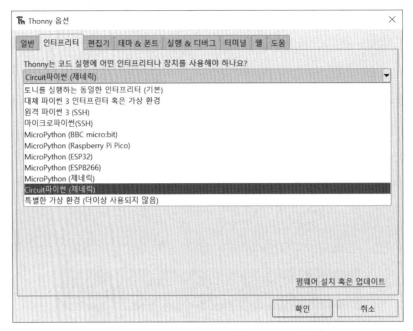

그림 24.3 **파이썬 인터프리터 선택 - Circuit파이썬**

이후 사용 방법은 마이크로파이썬과 다르지 않다. 셸에서 파이썬 문장을 입력하면 실행 결과를 셸에서 확인할 수 있으며, 편집기에서 스크립트를 작성하고 저장한 후 실행하는 것도 마찬가지다.

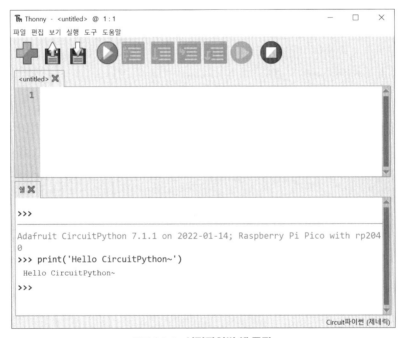

그림 24.4 **서킷파이썬 셸 동작**

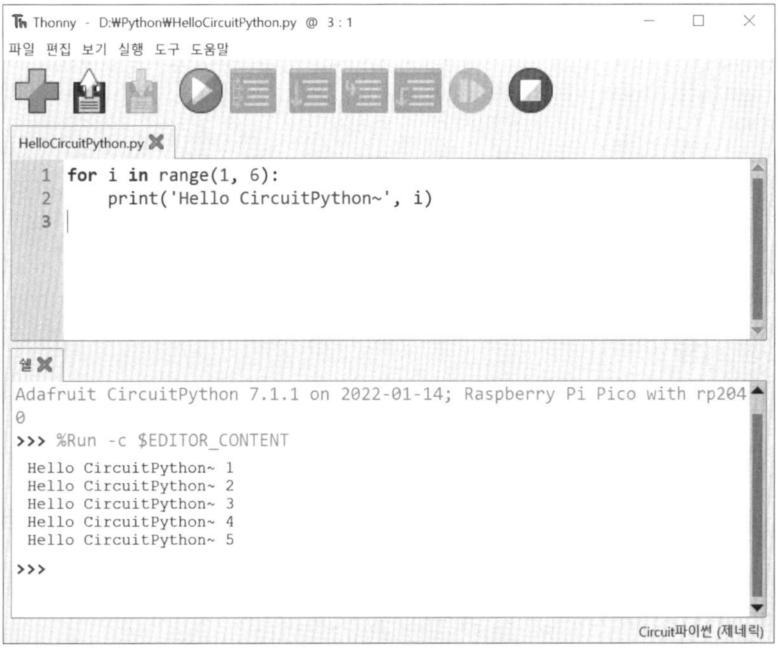

그림 24.5 **스크립트 파일 실행**

서킷파이썬과 마이크로파이썬은 사용할 수 있는 파이썬 언어 요소와 내부적인 처리 방식에서 일부 차이가 있지만, 지금까지의 과정에서는 별다른 차이점이 보이지 않는다. 두 언어의 차이는 라이브러리에서 찾아야 한다. 코드 24.1은 마이크로파이썬에서 내장 LED를 0.5초 간격으로 점멸시키는 코드다.

📟 코드 24.1 **블링크 – 마이크로파이썬**

```
01  from machine import Pin        # Pin 클래스 사용을 위해 포함
02  import time                    # 시간 지연 함수를 위해 포함
03
04  led = Pin(25, Pin.OUT)         # 내장 LED 연결 핀을 출력으로 설정
05
06  while True:
07      led.value(1)               # LED 켜기
08      time.sleep(0.5)            # 0.5초 대기
09      led.value(0)               # LED 끄기
10      time.sleep(0.5)            # 0.5초 대기
```

코드 24.2는 코드 24.1과 같은 동작을 하는 코드를 서킷파이썬으로 작성한 것이다. 파이썬을 기반으로 한다는 점은 같지만, 사용하는 라이브러리가 다르므로 사용 방법에서 차이가 있음을 알 수 있다.

```
01   import board
02   import digitalio
03   import time
04
05   led = digitalio.DigitalInOut(board.GP25)      # LED 제어 핀
06   led.direction = digitalio.Direction.OUTPUT    # 출력으로 설정
07
08   while True:
09       led.value = True                          # LED 켜기
10       time.sleep(0.5)                           # 0.5초 대기
11       led.value = False                         # LED 끄기
12       time.sleep(0.5)                           # 0.5초 대기
```

24.2 서킷파이썬 라이브러리

라즈베리파이에서는 라즈베리파이 피코를 위한 프로그래밍 언어로 마이크로파이썬을 추천하고 있다. 서킷파이썬 역시 마이크로컨트롤러를 위한 파이썬의 한 종류로 마이크로파이썬과 큰 차이는 없다. 그렇다면 서킷파이썬을 사용하는 이유는 무엇일까? **마이크로파이썬에 비해 서킷파이썬의 최대 장점은 다양한 라이브러리를 제공한다는 점이다.** 사실 인터넷에서 찾을 수 있는 마이크로파이썬을 위한 라이브러리는 다양하며 서킷파이썬에 비해 적지 않다. 오히려 마이크로파이썬의 역사가 더 길어 서킷파이썬보다 더 많은 라이브러리를 사용할 수 있다.

하지만 라즈베리파이 피코는 최근 발표된 마이크로컨트롤러 보드로, 모든 마이크로파이썬 라이브러리를 라즈베리파이 피코에서 사용할 수는 없다는 점에 한계가 있다. 앞으로 라즈베리파이 피코에서 사용할 수 있는 마이크로파이썬 라이브러리가 늘어나겠지만, 아직은 서킷파이썬 라이브러리가 우세하다. 이는 마이크로파이썬이 자발적인 참여자 위주로 운영되고 있다면, 서킷파이썬은 에이다프루트에서 체계적으로 관리하고 있다는 점도 작용한다. 서킷파이썬 홈페이지에서는 에이다프루트에서 관리하는 라이브러리를 묶어 제공하고 있다. 라이브러리 홈페이지에서 서킷파이썬을 위한 라이브러리를 내려받자.

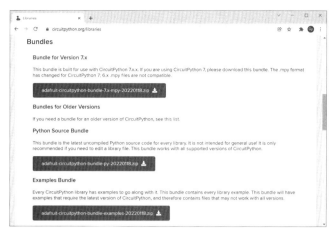

그림 24.6 **서킷파이썬의 공식 라이브러리 다운로드 사이트**[3]

압축 파일에는 다양한 라이브러리가 포함되어 있는데, HID_{human interface device} 장치를 에뮬레이션 하는 라이브러리도 그중 하나다. RP2040 마이크로컨트롤러는 USB 인터페이스를 지원하므로 간단하게 USB 장치를 만들 수 있지만, 마이크로파이썬에서는 이를 위한 라이브러리를 제공하지 않고 있다. 내려받은 라이브러리 중 'adafruit_hid' 디렉터리를 라즈베리파이 피코의 '/lib' 디렉터리에 복사한다.

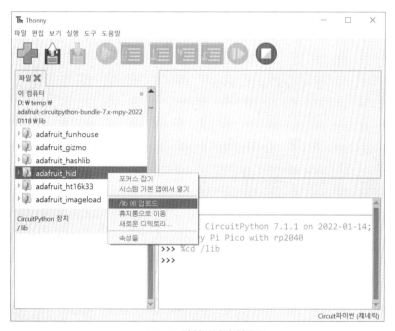

그림 24.7 **라이브러리 업로드**

---

3   https://circuitpython.org/libraries

코드 24.3은 라즈베리파이 피코를 키보드로 에뮬레이션하여 1초 간격으로 'Hello World~'와 증가하는 카운터값을 키보드 입력으로 컴퓨터에 전달하는 코드다. 키보드 입력은 현재 활성화된 창에 가해지므로 편집기를 열어놓으면 편집기에 키보드로 입력되는 내용이 나타나는 것을 확인할수 있다.

코드 24.3 키보드 에뮬레이션

```
01  import time
02  import usb_hid
03  from adafruit_hid.keyboard import Keyboard
04  from adafruit_hid.keyboard_layout_us import KeyboardLayoutUS
05
06  time.sleep(1)
07
08  keyboard = Keyboard(usb_hid.devices)      # 키보드 객체를 생성하고 레이아웃 설정
09  keyboard_layout = KeyboardLayoutUS(keyboard)
10
11  count = 0
12
13  while True:
14      count = count + 1
15
16      keyboard_layout.write('Hello World~ ')
17      keyboard_layout.write(str(count))
18      keyboard_layout.write('\n')
19
20      time.sleep(1)               # 1초 간격으로 반복 입력
```

그림 24.8 **코드 24.3 실행 결과**

마이크로파이썬은 마이크로컨트롤러를 위한 파이썬으로 2013년 시작된 프로젝트를 기반으로 하고 있다. 반면 서킷파이썬은 에이다프루트에서 마이크로파이썬을 교육용 언어라는 목적에 맞게 파이썬과 마이크로파이썬을 수정하여 2017년 발표한 것으로 에이다프루트에서 판매하는 SAMD21 마이크로컨트롤러 기반 보드를 위한 언어로 선보인 것이다. 이후 서킷파이썬은 다양한 마이크로컨트롤러에서 사용할 수 있도록 이식되었고 여기에는 라즈베리파이 피코에 사용된 RP2040 마이크로컨트롤러 역시 포함된다. 서킷파이썬의 장점은 에이다프루트에서 제공하는 다양한 하드웨어를 사용할 수 있다는 점과 이들 하드웨어를 제어하는 데 필요한 라이브러리를 제공한다는 점에서 찾을 수 있다. 마이크로파이썬 역시 다양한 하드웨어를 지원하고 많은 라이브러리를 사용할 수 있지만 자발적인 참여에 의존하고 있다는 점에서, 에이다프루트라는 마이크로컨트롤러 전문 회사의 지원을 받는 서킷파이썬에 비해 체계적이지 못하다는 단점이 있을 수밖에 없다.

라즈베리파이 피코를 위한 공식 언어 중 하나가 마이크로파이썬이지만, 서킷파이썬 역시 라즈베리파이 피코를 위한 대안 중 하나가 될 수 있다. 두 언어 중 어느 언어가 더 낫다고 이야기하기는 어려우므로 필요에 따라, 특히 사용할 수 있는 라이브러리에 따라 두 가지 중 하나를 골라 사용하는 것을 추천한다.

아두이노 환경에서의
라즈베리파이 피코

아두이노는 비전공자를 위한 마이크로컨트롤러 플랫폼으로서 쉽고 간단한 사용 방법을 내세워 다양한 사용자층을 끌어들임으로써 마이크로컨트롤러 분야에서 대표 프로젝트 중 하나로 자리 잡고 있다. 아두이노의 장점 중 하나는 거의 모든 마이크로컨트롤러를 아두이노 환경에서 사용할 수 있는 확장성에 있으며, 라즈베리파이 피코 역시 아두이노 환경에서 사용할 수 있다. 이 장에서는 아두이노 환경에서 C/C++ 언어를 사용하여 라즈베리파이 피코를 위한 스케치를 작성하고 업로드하는 방법을 알아본다.

라즈베리파이 피코 × 1

이 장에서
사용할 부품

아두이노

아두이노는 이탈리아 이브레아Ivrea에서 비전공자들을 위한 마이크로컨트롤러 플랫폼으로 첫선을 보인 이후 쉽고 간단한 환경이라는 무기를 앞세워 마이크로컨트롤러 분야에서 대표 플랫폼으로 거론될 정도까지 성장하였다. 아두이노의 여러 가지 장점 중 하나가 다양한 마이크로컨트롤러를 아두이노 환경에서 사용할 수 있다는 점이다. 8비트의 AVR 시리즈 마이크로컨트롤러에서 시작된 아두이노는 이후 32비트의 ARM Cortex-M 기반 마이크로컨트롤러까지 사용할 수 있도록 확장되었다. **라즈베리파이 피코에 사용된 RP2040 마이크로컨트롤러 역시 Cortex-M 기반 마이크로컨트롤러이므로 아두이노 환경에서 라즈베리파이 피코를 사용할 수 있다.**

아두이노 환경에서는 라즈베리파이 피코를 포함하여 다양한 RP2040 마이크로컨트롤러 기반 보드를 사용할 수 있으며, 아두이노에서도 RP2040 마이크로컨트롤러를 사용하여 만든 아두이노 나노 RP2040 커넥트 보드를 출시하였다. 아두이노 나노 RP2040 커넥트 보드는 와이파이와 블루투스 통신을 지원하는 모듈을 포함하고 있으므로 라즈베리파이 피코보다 쉽게 다양한 애플리케이션을 구현할 수 있지만, 라즈베리파이 피코의 5배에 달할 만큼 고가라는 점은 고려해야 한다.

그림 25.1 **라즈베리파이 피코와 아두이노 나노 RP2040 커넥트**

아두이노 환경을 사용하기 위해서는 아두이노 환경에서 사용할 수 있는 보드인 하드웨어와 아두이노 스타일의 코드를 작성할 수 있는 통합개발환경이 필요하다. 이 책에서는 라즈베리파이 피코와 아두이노에서 제공하는 아두이노 IDE를 사용한다. 아두이노 IDE는 아두이노 사이트에서 무료로 내려받아 사용할 수 있다. 아두이노 사이트에서 아두이노 IDE의 최신 버전을 내려받아 설치하자.

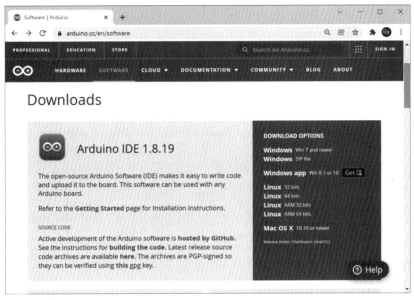

그림 25.2 **아두이노 IDE 다운로드 페이지**[1]

아두이노 IDE의 설치 과정은 복잡하지 않으며 몇 번의 클릭으로 쉽게 설치할 수 있다. 설치가 완료되면 아두이노 IDE를 실행해보자. 비전공자를 위한 쉽고 간단한 플랫폼을 염두에 두고 개발한 것이니만큼 아두이노 IDE의 사용자 인터페이스는 매우 간단하다. 하지만 아두이노 IDE의 통합개발환경 기능은 매우 강력하므로 마이크로컨트롤러를 위한 펌웨어를 작성하고 마이크로컨트롤러에 업로드하는 데 아무 문제가 없다.

그림 25.3에서 볼 수 있는 것처럼 아두이노는 마이크로파이썬이 아닌 C/C++ 언어를 사용한다. 하지만 C/C++ 언어라면 반드시 가져야 하는 main 함수 없이 직관적인 프로그래밍이 가능하도록 setup과 loop 함수로

그림 25.3 **아두이노 IDE**

이루어져 있다. 이 장에서는 아두이노 환경에서 C/C++ 언어를 사용하여 라즈베리파이 피코를

---

1   https://www.arduino.cc/en/software

위한 펌웨어를 작성할 수 있다는 점을 보이는 것이 주목적이므로 아두이노 환경과 아두이노를 위한 C/C++ 언어에 대해서는 자세히 설명하지 않는다. 아두이노에 관해 궁금한 독자라면 아두이노 관련 책을 참고하자.

25.2 라즈베리파이 피코를 위한 아두이노 환경 설정

아두이노 IDE를 설치했다면 아두이노 IDE에서 라즈베리파이 피코에 C/C++ 언어를 사용하여 스케치[2]를 작성하고 업로드할 수 있도록 환경을 설정해보자. 먼저 라즈베리파이 피코를 컴퓨터에 연결한다. 만약 **라즈베리파이 피코를 아두이노 IDE에서 사용하기 위해 처음 연결하는 경우라면 'BOOTSEL' 버튼을 누른 상태에서 컴퓨터에 연결해야 한다.** BOOTSEL 버튼을 누른 상태에서 컴퓨터에 연결하면 라즈베리파이 피코는 이동식 디스크로 인식된다.

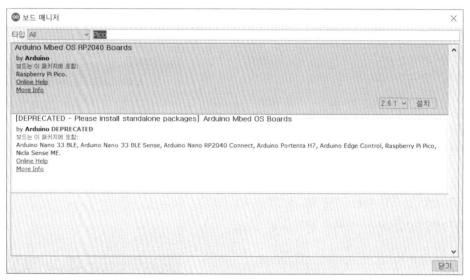

그림 25.4 **보드 지원 파일 설치**

라즈베리파이 피코를 연결하였으면 아두이노 IDE에서 '툴 ➡ 보드 ➡ 보드 매니저...' 메뉴 항목을

---

2   아두이노는 C/C++ 언어를 사용하며 C/C++ 언어를 사용하여 작성한 프로그램을 '스케치'라고 부른다. 스케치는 그림을 그리듯이 쉽고 간단하게 코드를 작성할 수 있다는 점을 강조하기 위해 선택된 단어다.

선택하여 보드 매니저 다이얼로그를 실행하고, 다이얼로그에서 'Pico'를 검색한다. 검색 결과 중 아두이노에서 제공하는 'Arduino Mbed OS RP2040 Boards'를 선택하여 '설치'를 누르면 라즈베리 파이 피코를 위한 지원 파일이 설치된다.

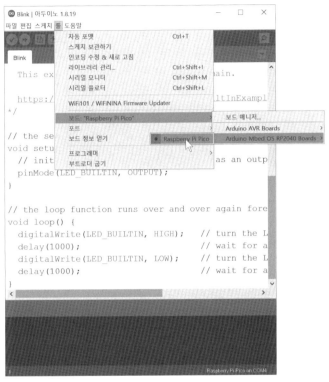

그림 25.5 **보드 선택**

보드 지원 파일을 설치하였으면 내장 LED를 1초 간격으로 점멸시키는 블링크 스케치를 업로드 해보자. '파일 ➡ 예제 ➡ 01.Basics ➡ Blink' 메뉴 항목을 선택하여 블링크 스케치를 연다. 스 케치를 업로드하기 전에 보드의 종류와 보드가 연결된 시리얼 포트를 선택해야 한다. 보드는 'Raspberry Pi Pico'를 선택한다.

포트를 선택할 때는 주의가 필요하다. 아두이노 환경에서는 컴퓨터에 아두이노 보드를 연결하였 을 때 할당되는 시리얼 포트를 통해 스케치를 업로드한다. 하지만 라즈베리파이 피코를 아두이노 IDE에서 처음 사용하는 경우라면 BOOTSEL 버튼을 누른 상태에서 컴퓨터에 연결하여 이동식 디스크로 인식시켜야 한다고 설명했다. 이동식 디스크로 인식한 상태에서는 그림 25.6과 같이 포 트가 나타나지 않는다. 즉, 라즈베리파이 피코에 시리얼 포트가 할당되지 않는다. 하지만 걱정할 필요는 없다. **라즈베리파이 피코에 처음 스케치를 업로드할 때는 포트를 선택하지 않아도 된다.** 보드만 선택한 상태에서 툴바의 '업로드' 버튼을 누르면 블링크 스케치가 컴파일되고 자동으로 업로드되어 내장 LED가 1초 간격으로 점멸하는 것을 확인할 수 있다.

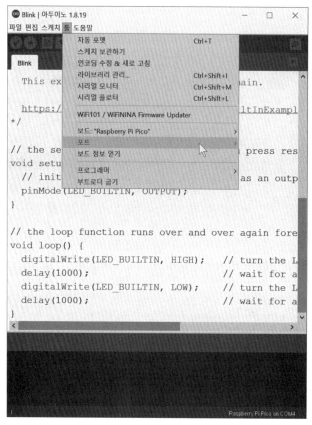

그림 25.6 **포트 선택 불가능**

라즈베리파이 피코에 처음 스케치를 업로드하는 데 성공했다면 한 가지 바뀐 점을 확인할 수 있을 것이다. 그림 25.6에서는 라즈베리파이 피코를 이동식 디스크로 인식하여 포트가 나타나지 않았다면, 업로드에 성공한 후에는 그림 25.7과 같이 포트가 나타난다. 이처럼 **처음 업로드에 성공한 이후에는 라즈베리파이 피코에 시리얼 포트가 할당되며, 이후 업로드를 위해서는 반드시 할당된 포트를 선택한 후 스케치를 업로드해야 한다.**

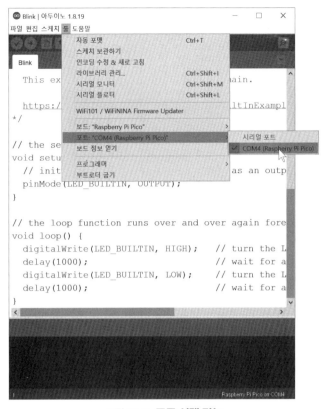

그림 25.7 **포트 선택 가능**

블링크 스케치 업로드에 성공하였다면 블링크 스케치에서 delay 함수의 매개변수를 1000에서 500으로 바꾸어 LED가 0.5초 간격으로 점멸하도록 수정한 후 다시 업로드해보자. 처음 스케치를 업로드할 때와 달라진 점이 있는가? 처음 스케치를 업로드할 때는 이동식 디스크로 인식한 상태에서 업로드가 이루어졌다. 두 번째 스케치를 업로드할 때는 시리얼 포트로 인식한 상태에서 업로드를 시작하지만, 실제 스케치가 업로드될 때는 이동식 디스크로 바뀐 후 업로드를 진행하고 업로드가 끝나면 다시 시리얼 포트로 인식된다. 두 번째 이후 업로드 과정에서 장치 관리자를 살펴보면 이를 확인할 수 있다. 다소 복잡해 보일 수도 있지만, **라즈베리파이 피코에 스케치를 업로드할 때 라즈베리파이 피코는 이동식 디스크로 인식된 상태여야 한다**는 점만 기억하면 된다. 시리얼 포트로 인식한 상태라면 아두이노 IDE에서 자동으로 라즈베리파이 피코를 이동식 디스크로 인식시킨 후 업로드를 진행하므로 걱정하지 않아도 된다. 그림 25.8은 첫 번째와 두 번째 스케치의 업로드 전 라즈베리파이 피코의 인식 상태를 나타낸 것이다.

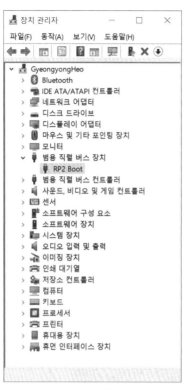
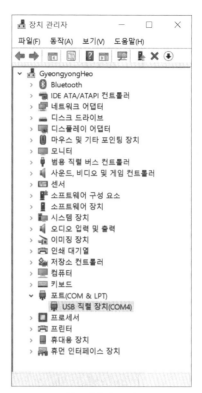

| (a) 스케치 업로드 전 | (b) 스케치 업로드 후 |

그림 25.8 스케치 업로드 전후의 장치관리자

한 가지 주의해야 할 점은 아두이노 IDE에서 스케치를 업로드한 이후에는 Thonny IDE에서 파이썬으로 작성한 코드를 업로드할 수 없다는 점이다. 파이썬은 인터프리터 언어이므로 인터프리터가 라즈베리파이 피코에 설치된 상태에서 스크립트를 저장하여 실행하는 방법을 따른다. 즉, Thonny IDE에서 프로그램을 작성하여 실행할 때 필요한 것이 파이썬 인터프리터이며, 파이썬 인터프리터는 라즈베리파이 피코에 펌웨어로 설치되어 있다. 따라서 **마이크로파이썬으로 프로그램을 작성하는 경우 라즈베리파이 피코에 설치된 펌웨어는 바뀌지 않으며 텍스트 형식의 스크립트만 바뀐다. 반면 아두이노 IDE에서 C/C++ 언어로 스케치를 작성할 때는 업로드할 때마다 새로운 펌웨어가 설치된다.** 즉, 아두이노 IDE에서 스케치를 업로드하면 파이썬 인터프리터 대신 컴파일된 스케치가 설치되므로 파이썬 인터프리터는 사라지고 더는 파이썬 코드를 실행할 수 없다. Thonny IDE와 파이썬 코드를 사용하고 싶다면 파이썬 인터프리터를 다시 설치하면 된다.

파이썬 인터프리터를 설치하기 위해서는 BOOTSEL 버튼을 누른 상태에서 라즈베리파이 피코를 컴퓨터에 연결하여 이동식 디스크로 인식시킨 후 라즈베리파이 피코 사이트에서 내려받은 UF2 파일을 복사해 넣으면 된다. 아두이노 IDE에서 펌웨어를 설치하는 과정과 비슷하지 않은가? 라즈베리파이 피코에 펌웨어를 설치하기 위해서는 라즈베리파이 피코가 이동식 디스크로 인식된 상태여야 한다는 점은 파이썬 인터프리터를 설치하는 과정에서도 그대로 적용된다.

25.3 컴퓨터와의 시리얼 통신

처음 아두이노 IDE에서 스케치를 업로드한 후에 라즈베리파이 피코는 시리얼 포트로 인식된다. 이 포트는 스케치를 업로드하는 통로뿐 아니라, 외부 장치와의 시리얼 통신을 담당하는 역할도 한다. '파일 ➡ 예제 ➡ 04.Communication ➡ ASCIITable' 메뉴 항목을 선택하여 아스키코드 문자와 그 값을 다양한 진법으로 컴퓨터로 전송하여 출력해보자. 이미 블링크 스케치를 업로드했으므로 보드는 'Raspberry Pi Pico'를 선택하고 포트는 라즈베리파이 피코에 할당된 포트를 선택한다. 툴바의 '업로드' 버튼을 눌러 스케치를 업로드하고 툴바의 오른쪽 끝에 있는 '시리얼 모니터' 버튼을 누르면 그림 25.9와 같이 다양한 형식으로 출력되는 아스키코드 문자와 값을 확인할 수 있다.

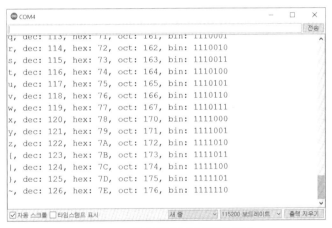

그림 25.9 **아스키코드 문자와 값 출력**

아두이노의 시리얼 모니터는 Thonny IDE에서의 파이썬 셸과 비슷하게 출력 결과를 확인하는 용도로 사용할 수 있다. 하지만 파이썬 셸은 파이썬 코드를 입력하고 그 실행 결과를 출력해주는 역할을 한다. 즉, **파이썬 셸은 파이썬 인터프리터와의 대화 창구에 해당한다. 반면 시리얼 모니터는 시리얼 통신을 통해 주고받는 데이터를 확인하는 용도로 쓰인다.** 그림 25.9에서 볼 수 있는 것처럼 시리얼 모니터에는 컴퓨터에서 라즈베리파이 피코로 데이터를 전송하기 위해 사용할 수 있는 입력 창과 라즈베리파이 피코에서 컴퓨터로 전송한 데이터를 출력하는 출력 창이 분리되어 있다는 점도 파이썬 셀과 다른 점이다.

코드 25.1은 라즈베리파이 피코와 컴퓨터 사이의 데이터 송수신을 보여주는 코드로, 시리얼 모니터에 입력한 문자를 라즈베리파이 피코에서 수신하고, 수신 문자 중 알파벳 대문자는 소문자로, 소문자는 대문자로 바꾸어 컴퓨터로 다시 전송한다. 알파벳 이외의 문자는 그대로 재전송한다. 코드 25.1을 업로드한 후 시리얼 모니터의 입력 창에 문자열을 입력하고 출력 창으로 나오는 결과를 확인해보자.

코드 25.1 라즈베리파이 피코와 컴퓨터 사이의 시리얼 통신

```
01  void setup() {
02      Serial.begin(9600);                     // 컴퓨터와 연결된 시리얼 포트 초기화
03  }
04
05  void loop() {
06      if (Serial.available() > 0) {           // 데이터 수신 여부 확인
07          byte readData = Serial.read();      // 바이트 단위로 수신 데이터 읽기
08          byte writeData;
09
10          if (readData >= 'a' && readData <= 'z') {
11              writeData = readData - 'a' + 'A';           // 소문자를 대문자로 변환
12          }
13          else if (readData >= 'A' && readData <= 'Z') {
14              writeData = readData - 'A' + 'a';           // 대문자를 소문자로 변환
15          }
16          else {
17              writeData = readData;           // 알파벳 문자 이외에는 그대로 둠
18          }
19
20          Serial.write(writeData);            // 변환된 문자를 컴퓨터로 재전송
21      }
22  }
```

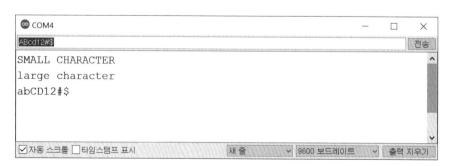

그림 25.10 **코드 25.1 실행 결과**

라즈베리파이 피코는 32비트 마이크로컨트롤러를 사용하여 만든 마이크로컨트롤러 보드로, 다양한 방법으로 프로그램을 작성할 수 있으며 이 책에서는 마이크로파이썬을 사용한다. 이 밖에도 C/C++ 언어를 사용하여 프로그램을 작성할 수도 있고 아두이노 환경에서의 프로그래밍 역시 가능하다.

쉽고 간단하게 사용할 수 있는 수많은 라이브러리를 제공하는 아두이노 환경은 빠른 프로토타입 구현과 DIY에 적합한 환경이라 할 만하다. 라즈베리파이 피코를 아두이노 환경에서 프로그래밍하는 데 필요한 도구는 아두이노에서 제공하므로 간단하게 지원 파일만 추가하면 라즈베리파이 피코를 아두이노 환경에서 사용할 수 있다. 또한 아두이노에서도 라즈베리파이 피코에 사용된 RP2040 마이크로컨트롤러를 사용한 보드를 출시하고 있으므로 아두이노와 라즈베리파이 피코의 협력은 더 늘어날 것으로 기대된다.

이 장에서는 아두이노 환경에서 라즈베리파이 피코를 위한 프로그램을 작성하고 업로드하여 실행하는 방법을 살펴보았다. 이 책에서는 마이크로파이썬을 사용한다면 아두이노 환경에서는 C/C++ 언어를 사용한다. 아두이노 환경에서 다른 마이크로컨트롤러 보드를 사용하는 방법이 라즈베리파이 피코에도 거의 그대로 적용되므로 아두이노 환경에서 라즈베리파이 피코를 사용하고 싶은 독자라면 아두이노 관련 책을 참고하면 된다.

찾아보기